Fontes Christiani

JOHANNES CHRYSOSTOMUS
TAUFKATECHESEN
I

Fontes Christiani

Zweisprachige Neuausgabe christlicher Quellentexte
aus Altertum und Mittelalter

Herausgegeben von
Norbert Brox, Wilhelm Geerlings, Gisbert Greshake,
Rainer Ilgner, Rudolf Schieffer

Band 6/1

JOHANNES CHRYSOSTOMUS
TAUFKATECHESEN
I

GRIECHISCH
DEUTSCH

HERDER

FREIBURG · BASEL · WIEN
BARCELONA · ROM · NEW YORK

JOHANNES CHRYSOSTOMUS

CATECHESES BAPTISMALES

TAUFKATECHESEN

ERSTER TEILBAND

ÜBERSETZT UND EINGELEITET
VON
REINER KACZYNSKI

HERDER

FREIBURG · BASEL · WIEN
BARCELONA · ROM · NEW YORK

Abdruck des von A. Wenger edierten Textes aus SCh 50bis sowie des von A. Piédagnel unter Mitarbeit von L. Doutreleau edierten Textes aus SCh 366 mit freundlicher Genehmigung des Verlages Les Éditions du Cerf, Paris.

Fontes-Redaktion:
Marcus Beck, Volkmar Hamp, Nicolaus Klimek

Die Deutsche Bibliothek – CIP-Einheitsaufnahme

Johannes ‹Chrysostomus›:
Catecheses baptismales : griechisch, deutsch = Taufkatechesen / Johannes Chrysostomus. Übers. und eingeleitet von Reiner Kaczynski. – Freiburg [im Breisgau] ; Basel ; Wien ; Barcelona ; Rom ; New York : Herder.
(Fontes Christiani ; Bd. 6)
NE: Kaczynski, Reiner [Hrsg.]; GT
Teilbd. 1 (1992)
ISBN 3-451-22130-6 kart.
ISBN 3-451-22230-2 geb.

Umschlagbild: Marmorplatte eines Lesepults,
Ravenna, S. Apollinare Nuovo, 6. Jh.

Satz: Nicolaus Klimek, Bochum
Herstellung: Freiburger Graphische Betriebe 1992
ISBN 3-451-22130-6 kartoniert
ISBN 3-451-22230-2 gebunden

INHALTSVERZEICHNIS

ERSTER TEILBAND

EINLEITUNG

A. Leben und Werk des Johannes Chrysostomus

B. Die Taufkatechesen des Johannes Chrysostomus

C. Die christliche Initiation in Antiochien

D. Erläuterungen zur Edition

Text und Übersetzung

Zweiter Teilband

Text und Übersetzung

Anhang

EINLEITUNG

A. LEBEN UND WERK DES JOHANNES CHRYSOSTOMUS

I. Persönlichkeit und Wirken

Zeitliche Angaben zu den frühen Lebensjahren des Johannes Chrysostomus sind mit letzter historischer Sicherheit nicht möglich. Bischof Palladius von Helenopolis († vor 431), der mutmaßliche Verfasser seiner Biographie[1], ist vor allem von apologetischem Interesse geleitet und beschäftigt sich daher besonders mit den Ereignissen während der Bischofsjahre des Kirchenvaters in Konstantinopel und nach seiner Absetzung. Die Angaben zu seiner Kindheit und Jugend sind deshalb äußerst lückenhaft.

1. Kindheit und Jugend

Johannes ist um die Mitte des 4. Jahrhunderts, mit großer Wahrscheinlichkeit im Jahr 349, zu Antiochien in Syrien in einer vornehmen und wohlhabenden christlichen Familie geboren[2]; er hatte eine ältere Schwester. Sein Vater, ein in Antiochien stationierter Offizier, dessen Name Secundus auf römische Herkunft deutet, starb, noch bevor Johannes zwei Jahre alt war. Seine Mutter, die den griechischen

---

[1] Vgl. PALLADIUS, *dial.* Ergänzende, mit großer Vorsicht zu verwendende Angaben finden sich bei SOCRATES SCHOLASTICUS, *hist. eccl.* 6,2–23; 7,25.45 (PG 67,661–736.793–798.835f) und SOZOMENUS, *hist. eccl.* 8,2–24.26.28 (GCS 50, 349–389).

[2] Vgl. CARTER, *Chronology* 362, und zur Person des Johannes Chrysostomus BAUR, *Johannes Chrysostomus;* MALINGREY, *Giovanni Crisostomo;* LEROUX, *Johannes Chrysostomus.*

Namen Anthusa trug, war mit 20 Jahren Witwe geworden. Sie wußte sich dafür verantwortlich, ihrem Sohn eine gediegene und umfassende geistige Ausbildung zu verschaffen. Allerdings lernte Johannes weder Latein noch das auf dem Land gesprochene Syrisch, sondern war zeitlebens nur seiner griechischen Muttersprache mächtig. Da er sich dem Studium der Rhetorik widmete, war einer seiner Lehrer vermutlich der gefeierte, dem Christentum freilich feindlich gesinnte Sophist und Rhetor Libanius († 393), der seit dem Jahr 354 in seiner Heimatstadt Antiochien wirkte[3].

Ob Johannes sich unter dem Einfluß seiner tief religiösen Mutter bereits während seiner weltlichen Ausbildung auch von christlichen Lehrern unterweisen ließ, ist nicht sicher, jedoch wahrscheinlich. Jedenfalls nahm er im 18. Lebensjahr, vermutlich im Jahr 367, von seinen heidnischen Lehrern Abschied und wandte sich den Kreisen um Bischof Meletius (360–381) zu.

Die Christen der Stadt waren damals durch das sogenannte „Antiochenische Schisma" in drei Gemeinden gespalten. Eine kleine Gruppe meinte, dem strengen nizänisch ausgerichteten und deshalb im Jahr 330 abgesetzten und verbannten Bischof Eustathius treu bleiben zu sollen, und hatte sich um den Presbyter Paulinus geschart. Als im Jahr 360 Bischof Meletius von Sebaste rechtmäßig zum Bischof von Antiochien berufen wurde, verweigerte ihm diese Gruppe, obwohl sie zunächst seiner Wahl zugestimmt hatte, die Gefolgschaft. Meletius, der rasch die Mehrheit der Antiochener für sich gewonnen hatte, wurde wegen einer Predigt, mit der er sich eindeutig zum Glauben von Nizäa bekannt hatte, sehr bald vom arianisch gesinnten Kaiser Konstantius II. (337–361) abgesetzt und ver-

---

[3] Die Historizität des von SOZOMENUS, *hist. eccl.* 8,2,2 (GCS 50,350,5) überlieferten Diktums, wonach LIBANIUS gern Johannes als Nachfolger gesehen hätte, „wenn ihn die Christen nicht geraubt hätten" (εἰ μὴ Χριστιανοὶ τοῦτον ἐσύλησαν), wird bestritten.

bannt. Der Arianer Euzoius wurde zum Bischof bestellt. Um nach dem Tod des arianerfreundlichen Kaisers (3.11.361) die Anhänger des Meletius und die des Eustathius miteinander zu versöhnen, wurde Paulinus im März des Jahres 362 voreilig und in Abwesenheit des rechtmäßigen Bischofs Meletius zum Bischof geweiht. Als wenig später Meletius aus dem Exil in seine Bischofsstadt zurückkehrte, hatte er nach wie vor die größte Anhängerschaft. Doch standen sich nun drei Gemeinden, zwei rechtgläubige und eine arianische, mit je einem Bischof gegenüber. Alexandrien und Rom aber erkannten Paulinus als rechtmäßigen Bischof von Antiochien an und hielten mit ihm Kirchengemeinschaft.

In dieser verworrenen kirchenpolitischen Lage hatte Johannes sich sowohl von der streng nizänischen als auch von der arianischen Gemeinde ferngehalten und sich für Bischof Meletius entschieden, der im Jahr 367 aus seiner zwei Jahre dauernden zweiten Verbannung nach Antiochien zurückgekehrt war. Vier Jahre konnte Meletius in seiner Bischofsstadt wirken, bevor er von 371 bis 378 zum dritten Mal ins Exil mußte. Da Johannes von Meletius getauft und nach dreijährigem engerem Kontakt mit ihm zum Lektor bestellt wurde, kann man annehmen, daß die Taufe zu Ostern 368, die Beauftragung zum Lektor im Jahr 371 stattfand.

2. *Asket und Einsiedler*

Die Kontakte mit Meletius hatten Johannes auch in Verbindung gebracht mit den beiden einflußreichen antiochenischen Mönchen Diodor, dem späteren Bischof von Tarsus (378 bis vor 394), und Flavian, dem Nachfolger von Meletius als Bischof von Antiochien (381–404). Flavian war der geistige Führer der antiochenischen Gemeinde während der Verbannungen des Meletius unter dem arianischen Kaiser Valens (364–378). Diodor war zusammen mit

Karterius der Leiter des Asketerions, das Johannes — vielleicht gemeinsam mit Theodor von Mopsuestia (um 350 bis 428) — besuchte, um dort die historisch-grammatische Exegese der antiochenischen Schule zu studieren, theologische und geistliche Vorträge zu hören und wohl auch Gottesdienste mitzufeiern. Dies muß vor dem Jahr 372 gewesen sein, da sich Diodor zusammen mit Meletius in die Verbannung begeben mußte. Den beiden antiochenischen Asketen Diodor und Flavian hatte Johannes aber nicht nur seine exegetische und dogmatische Bildung, sondern auch seine Vorliebe für die Lebensweise der Asketen zu verdanken.

Es war der Wunsch des Johannes, auf dem Weg zur sittlichen und geistlichen Vollkommenheit fortzuschreiten, der ihn dazu veranlaßte, sich (wohl im Jahr 372) in die Berge bei seiner Vaterstadt zurückzuziehen und ein entbehrungsreiches asketisches Leben zu führen. Er tat dies zunächst vier Jahre lang unter Anleitung eines alten syrischen Mönches, wobei er möglicherweise nicht mit diesem allein zusammenlebte, sondern in einer größeren Gemeinschaft. Nach dieser Zeit zog er sich als Einsiedler in eine Höhle zurück und lernte dort die Heilige Schrift auswendig. Diese zweijährige intensive Beschäftigung mit der Bibel ermöglichte es ihm später, seine rhetorische Kunst ganz in den Dienst am Wort Gottes zu stellen. Die souveräne Beherrschung der Heiligen Schrift hatte er sich freilich mit einer ernsthaften Schädigung seiner Gesundheit erkauft, die ihn zwang, seine Abgeschiedenheit aufzugeben und nach Antiochien zurückzukehren; Palladius bezeichnet dies als Werk „der Vorsehung des Erlösers zum Nutzen der Kirche“[4]. Dies war vermutlich im Jahr 378, als der arianische Kaiser Valens verstorben und auch Meletius wieder auf seinen Bischofsstuhl zurückgekehrt war. Johannes er-

---

[4] PALLADIUS, *dial.* 5: τοῦτο τῆς τοῦ Σωτῆρος προνοίας (SCh 341, 110, 30).

holte sich von seiner körperlichen Schwächung und nahm seinen Lektorendienst wieder auf.

3. Diakon und Presbyter der Kirche von Antiochien

Bischof Meletius weihte Johannes schließlich zum Diakon der antiochenischen Kirche. Das mag Ende 380 oder Anfang 381 gewesen sein, bevor sich Meletius zum Zweiten Ökumenischen Konzil nach Konstantinopel begab, als dessen Vorsitzender er im Mai 381 verstarb.

Johannes übte fünf Jahre lang unter dem Nachfolger des Meletius, Bischof Flavian, das Amt des Diakons aus, das freilich den Predigtdienst noch nicht einschloß. Zu Beginn des Jahres 386 weihte Bischof Flavian ihn im Alter von etwa 37 Jahren zum Presbyter der antiochenischen Kirche. Die „Primizfeier" bestand damals darin, daß der Neugeweihte zum ersten Mal predigte. So hielt auch Johannes unmittelbar im Anschluß an seine Priesterweihe seine erste Predigt, die als programmatisch für seinen künftigen Dienst gelten kann[5]. Er sprach davon, diese erste Predigt Gott, der ihm den Mund zum Reden gegeben hatte, als „Erstlingsgabe" darzubringen und als „heiliges Loblied" zu weihen[6].

Der Dienst, den Johannes mit seinem Weihetag übernahm, bestand für ihn in erster Linie in der Verkündigung des Wortes Gottes, die er nicht nur als Dienst für die Menschen, sondern auch als Dienst für Gott, als Opfer, interpretierte[7]. Diese Auffassung von seinem Predigtdienst behielt er sein ganzes weiteres Leben bei. Auch als Bischof

---

[5] Vgl. *Sermo cum presbyter fuit ordinatus.*

[6] Ebd. 1: τῶν προοιμίων ἀπάρξασθαι τῷ τὴν γλῶσσαν ἡμῖν ταύτην δεδωκότι Θεῷ ... ὕμνον δὲ ἱερόν (SCh 272,394,56–63).

[7] Vgl. ebd. (SCh 272,396,76–81).

verstand er die Verkündigung des Wortes Gottes als Mitte der zur Ehre Gottes gefeierten Liturgie[8].

Nach seiner Priesterweihe konnte Johannes seine rhetorische Begabung und seine umfassende Schriftkenntnis in den Dienst der Vermittlung des Wortes Gottes stellen, den er zunächst 12 Jahre lang in der Kirche von Antiochien versah. Außer seiner Predigttätigkeit sind keine weiteren seelsorglichen Initiativen bekannt. Die Predigten aber machten ihn weit über seine antiochenische Gemeinde hinaus bekannt und berühmt. Sie wurden zum großen Teil mitstenographiert, von ihm selbst überarbeitet und schließlich veröffentlicht. Ihretwegen hat er seit dem 5./6. Jahrhundert den Beinamen „Chrysostomus" (Goldmund) erhalten, der schließlich, was bei keinem anderen Kirchenvater der Fall ist, zu seinem Eigennamen wurde.

Ein Ereignis etwa ein Jahr nach seiner Priesterweihe trug wesentlich zu seinem Ruf bei: der „Antiochener Säulensturz" Anfang März 387. Kaiser Theodosius (379–395) hatte durch eine besonders drückend empfundene Steuererhebung den Unwillen der Antiochener erregt, der sich in einem offenen Aufruhr gegen den Kaiser entlud. Die Volksmenge ließ sich in ihrer unbesonnenen Wut so weit treiben, daß sie die Standbilder des Kaisers und seiner Familie umstürzte. Damit hatte man sich das Verbrechen der Majestätsbeleidigung zuschulden kommen lassen, das nach römischem Recht mit der Todesstrafe geahndet werden konnte.

Der Aufruhr war rasch niedergeschlagen. Das Volk kam zur Besinnung und wurde sich der zu erwartenden schrecklichen Folgen für die Stadt bewußt. Während nun Bischof Flavian am Beginn der Fastenzeit die beschwerliche Reise nach Konstantinopel auf sich nahm, um beim Kaiser persönlich um Gnade für die Stadt zu bitten, fiel

---

[8] Vgl. z.B. die Interpretation von Apg 13,2 in *hom. in Act.* 27,1 (PG 60,205).

Johannes die Aufgabe zu, in seinen Fastenpredigten die Gemeinde zu besänftigen. Es gelang ihm in den berühmten „Säulenhomilien“ [9], die von jeher als rhetorische Meisterleistung angesehen wurden. Bischof Flavian aber war es geglückt, den Kaiser zur Milde zu stimmen. Noch vor Ostern war die Kunde von der Amnestie in Antiochien eingetroffen, und Flavian konnte mit seiner Gemeinde das Osterfest feiern, bei dem Johannes die Festpredigt hielt [10].

4. Bischof von Konstantinopel

Das Ansehen des Presbyters Johannes von Antiochien war so gestiegen, daß Kaiser Arkadius (395–408) auf Anraten seines mächtigen ersten Ministers, des Eunuchen Eutropius, nach dem Tod des Bischofs Nektarius von Konstantinopel (27.9.397) dem Statthalter in Antiochien, Asterius, Anweisung gab, Johannes, ohne in Antiochien Aufsehen zu erregen, nach Konstantinopel zu schicken. Der Statthalter bestellte den nichtsahnenden Presbyter zu den Märtyrergedenkstätten vor dem Romanesischen Tor, ließ ihn den wartenden Staatswagen besteigen, eröffnete ihm, er sei zum Bischof der Reichshauptstadt bestimmt und ließ ihn nach Konstantinopel entführen. Am 26. Februar 398 wurde Johannes von seinem entschiedensten Gegner, Theophilus von Alexandrien, zum Bischof geweiht und übernahm die Leitung der Kirche von Konstantinopel. Damit war er nach *can. 3* des Konzils von Konstantinopel (381) rangmäßig zweiter Bischof des Reiches.

Eine ganze Reihe anderer Männer hatte sich nach der Nachfolge des Nektarius gedrängt, die Wahl des Kaisers aber war auf einen Seelsorger gefallen. Als solcher ging Johannes sogleich an die innere Reform seines Bistums. Seine erste Sorge galt dem Lebenswandel der Geistlichen.

---

[9] Je nach Zählung sind es 21 bzw. 22 Homilien; vgl. *hom. ad pop. Ant.; cat.* 1 und dazu unten 30–34.

[10] Vgl. *hom. ad pop. Ant.* 21 (PG 49,211–222).

Er schritt gegen das Syneisaktentum — das Zusammenleben von Mönchen und Nonnen — ein und verlangte von seinem Klerus einen einfachen Lebensstil, worin er selbst Vorbild war. Er widersetzte sich der aufwendigen Lebensführung, die man von seinem Vorgänger gewohnt gewesen war, und nahm am gesellschaftlichen Leben der Stadt nicht teil. Stattdessen widmete er sich dem Studium der Heiligen Schrift und karitativen Aufgaben. Mit den erübrigten finanziellen Mitteln unterstützte er die Kranken und gründete neue Krankenhäuser und Fremdenunterkünfte, deren Leitung er Priestern anvertraute und in denen er Ärzte, Köche und Krankenwärter anstellte. Er forderte auch die Laien auf, auf übertriebenen Reichtum zu verzichten und für die Bedürftigen Sorge zu tragen. Seine bischöfliche Sorge galt ferner den Mönchen und Jungfrauen, den Diakonissen und Witwen. Er verlangte ein dem jeweiligen Stand entsprechendes, vorbildhaftes Leben oder andernfalls das Aufgeben des Standes. Ein besonderes Anliegen waren ihm die Gottesdienstfeiern und hierbei die Gebetsgottesdienste und Prozessionen während der Nacht, an denen vor allem die Männer teilnehmen, während die Frauen am Tag zur Kirche kommen sollten. Das religiöse Leben in der Stadt nahm einen erfreulichen Aufschwung. Freilich machte sich der Bischof mit diesen Maßnahmen nicht nur Freunde. Proteste gerade aus dem Klerus fehlten nicht.

Ein herausragendes innerkirchliches Ereignis seiner Bischofszeit war seine dreimonatige Reise nach Ephesus, die er im Januar des Jahres 401 antrat, um die Amtsenthebung von sechs simonistischen Bischöfen zu veranlassen und sie durch andere zu ersetzen, deren Lebenswandel als einwandfrei galt.

5. Absetzung, Verbannung und Tod

Im folgenden Jahr (402) kündigte sich an, was zwei Jahre später schließlich zur Absetzung und Verbannung des Bischofs führen sollte. Johannes hatte die vier „Langen Brüder“ mit ihren Gefährten, insgesamt etwa fünfzig ägyptische Mönche, die des Origenismus beschuldigt und deshalb von ihrem Bischof Theophilus von Alexandrien exkommuniziert worden waren und verfolgt wurden, in Konstantinopel aufgenommen. In der Sache selbst nahm er keine Stellung, verlangte aber ein sachliches und vor allem unparteiisches Verfahren. Der Kaiser kam der Bitte der Mönche nach und lud aufgrund ihrer Anklageschrift Theophilus von Alexandrien nach Konstantinopel, damit er sich vor einem geistlichen Gericht unter Vorsitz des von ihm einst geweihten Bischofs Johannes rechtfertige. Theophilus versuchte zunächst, durch den greisen Bischof Epiphanius von Salamis († 12.5.403), den er nach Konstantinopel schickte, Johannes selbst des Origenismus zu überführen, und verzögerte seine eigene Ankunft in der Reichshauptstadt bis zum August des Jahres 403. Durch verschiedene Machenschaften gelang es ihm schließlich, die geistlichen und weltlichen Gegner des Johannes für die Durchführung seiner gegen diesen gerichteten Pläne zu gewinnen: den Klerus von Konstantinopel, der mit den Reformmaßnahmen des Johannes nicht einverstanden war, die auswärtigen Bischöfe, denen der Bischof der Reichshauptstadt in seiner Askese und seinen Ermahnungen zur Sittsamkeit zu weit ging, die Frauen der vornehmen Gesellschaft bis hin zur Kaiserin Eudoxia, die sich durch die schonungslosen Aufforderungen des Bischofs zu Bescheidenheit und Absage an Eitelkeit und übertriebenen Luxus verletzt fühlten.

Theophilus hatte sogar in Antiochien, aber auch in Kleinasien und Konstantinopel selbst über Johannes Nachforschungen anstellen lassen und eine lange Liste fadenscheiniger und offenkundig falscher Anklagepunkte gegen ihn zusammengetragen. Johannes selbst beabsichtigte gar nicht, über Theophilus zu richten, wie der Kaiser auf Bitten der Mönche verlangte; vielmehr wollte er die Streitfragen im Gespräch klären. Dennoch hatte er etwa vierzig ihm ergebene Bischöfe in seinem Palast versammelt, um sich mit Theophilus auseinanderzusetzen. Dieser aber war, nach eigener Aussage, mit dem erklärten Ziel nach Konstantinopel gekommen, Johannes abzusetzen. Deshalb weigerte er sich, dem Ansinnen des Kaisers zu entsprechen und sich Johannes und seiner Synode zu stellen. Er versammelte seinerseits auf dem Landgut „Zur Eiche" vor den Toren Chalcedons 36 Bischöfe, die im Herbst des Jahres 403 Bischof Johannes in Abwesenheit verurteilten und ihn seines Amtes enthoben („Eichensynode").

Der Kaiserhof stimmte dem Urteil zu. Johannes wurde gegen den Widerstand des größten Teils seiner Gemeinde von bewaffneten Soldaten in die Verbannung abgeführt und auf die asiatische Seite des Bosporus gebracht. Am folgenden Tag ereignete sich „im kaiserlichen Schlafgemach ein Unglück" [11]. Welcher Art es war, ist nicht eindeutig auszumachen; man nimmt an, es habe sich um eine Fehlgeburt der Kaiserin gehandelt. Eudoxia selbst wertete dieses Unglück als Zeichen des Himmels infolge der ungerechten Verbannung des Bischofs und ließ Johannes zurückholen. Dieser hielt einen triumphalen Einzug in Konstantinopel und verlangte eine neue unparteiische Synode.

Noch bevor diese zusammentreten konnte, kam es zu neuen Spannungen, zu deren Verschärfung möglicherweise der Bischof selbst beitrug durch seine unerschrockene Weise, zu predigen und für sein eigenes Recht und das seiner Kirche einzutreten. Auf Drängen einiger mit Johannes verfeindeter Bischöfe gab der schwächliche Kaiser Arkadius nach und forderte vor dem Osterfest 404 den Bischof auf, seine Gemeinde zu verlassen. Der Bischof befolgte diese Anweisung nicht, hatte aber auch nicht mehr die Möglichkeit, in seiner Kathedrale den Ostergottesdienst

---

[11] PALLADIUS, *dial.* 9: συνέβη θραῦσίν τινα γενέσθαι ἐν τῷ κοιτῶνι (SCh 341,180,5).

mit der Tauffeier zu halten. Daher wurde diese in die Thermen des Konstantius verlegt, wo sie in einem Blutbad endete.

Am 9. Juni 404 unterzeichnete Kaiser Arkadius das endgültige Verbannungsdekret. Man brachte Johannes nach Kukusus in Kappadokien, wo er Mitte September anlangte. Im folgenden Jahr kam er in die nicht weit entfernt gelegene Grenzfestung Arabissus, während seine Anhänger in Konstantinopel großen Bedrängnissen ausgesetzt waren. Der Einfluß, den Johannes von seinem Verbannungsort aus während dreier Jahre durch seine Briefe auf manche Getreuen seiner Gemeinde und auf die Missionstätigkeit, vor allem in Phönizien und Persien, ausübte, erweckte erneut das Mißtrauen seiner Feinde, und man beschloß seine Verbannung nach Pityus an die Ostküste des Schwarzen Meers. Auf dem Weg dorthin ist er an den ihm abverlangten Anstrengungen und Entbehrungen am 14. September 407 in Komana im Pontus verstorben. Seine letzten Worte waren sein häufiges Stoßgebet: „Gott sei gelobt für alles. Amen.“ [12]

Im Jahr 412 wurde er auf Verlangen des ersten Bischofs des Reiches, des Papstes Innozenz I. (402–417), an den er selbst appelliert hatte, rehabilitiert. Seine Gebeine wurden im Jahr 438 im Triumphzug nach Konstantinopel überführt und ruhen seit dem 1. Mai 1626 in der Chorkapelle von St. Peter in Rom.

II. Schriften und Verkündigung

Von den griechischen Kirchenvätern hat keiner ein so umfangreiches Schrifttum hinterlassen wie Johannes Chryso-

---

[12] Palladius, *dial.* 11: Δόξα τῷ θεῷ πάντων ἕνεκεν ... ἀμήν (SCh 341,226,140 – 228,141).

stomus. Im lateinischen Westen wurde sein literarisches Schaffen nur von Augustinus übertroffen.

Von Chrysostomus sind 16 Abhandlungen, mehr als 700 sicher authentische Predigten, drei Kommentare zu Büchern der Heiligen Schrift und 240 Briefe überliefert. Diese Einteilung seiner Werke entspricht bereits in etwa der zeitlichen Aufeinanderfolge ihrer Abfassung. Eine genaue Festlegung auf ein bestimmtes Jahr beziehungsweise bei Predigten auch auf einen bestimmten Tag ist nur in seltenen Fällen möglich[13].

1. Abhandlungen

Die aszetischen Abhandlungen des Chrysostomus sind zum größten Teil in der Zeit vor seiner Priesterweihe entstanden. Noch vor seiner Weihe zum Diakon dürften die Bücher geschrieben sein, die sich mit dem Mönchtum beschäftigen oder an Mönche gerichtet sind: der möglicherweise als Erstlingswerk entstandene „Vergleich zwischen König und Mönch", die Schrift zur Verteidigung der antiochenischen Mönche und Einsiedler „Gegen die Feinde des Mönchslebens", die beiden an zwei verschiedene Personen gerichteten Bücher „An den gefallenen Theodor", die Trostschrift an den unter Epilepsie leidenden befreundeten Mönch Stagirius und der zwei Bücher umfassende, an die Mönche Demetrius und Stelechius gerichtete Traktat über „Die Zerknirschung des Herzens"[14].

Als Diakon schrieb Chrysostomus das Buch über „Die Jungfräulichkeit", das Trostschreiben „An eine junge Witwe" und die Schrift „Daß man kein zweites Mal heiraten

---

[13] Immer noch weitgehende Gültigkeit beanspruchen kann die Studie von BONSDORFF, *Predigttätigkeit*; vgl. ferner MEYER, *Jean Chrysostome* XIII–XXXVIII, und MALINGREY, *Giovanni Crisostomo* 1552–1556.

[14] *Comparatio regis et monachi; Adversus oppugnatores vitae monasticae; Ad Theodorum lapsum; Ad Stagirium a daemone vexatum; De compunctione.*

soll", ferner höchstwahrscheinlich den Dialog „Über das Priestertum", der ihn über Antiochien hinaus bekannt gemacht hat und von Hieronymus schon im Jahr 392 erwähnt wird, vielleicht auch die beiden Abhandlungen gegen das Syneisaktentum, deren Abfassung Palladius allerdings in die Konstantinopeler Zeit verlegt[15].

Vermutlich erst als Presbyter verfaßte Johannes die beiden apologetischen Schriften „Über den heiligen Babylas gegen Julian und die Heiden" und „Gegen Juden und Heiden, daß Christus Gott ist" sowie die Schrift „Über Hoffart und Kindererziehung", die allem Anschein nach zwischen der 10. und 11. Homilie zum Epheserbrief entstanden ist und zunächst eine Predigtvorlage war[16].

In die Zeit der Verbannung nach Kukusus und Arabissus fallen schließlich die beiden Trostschriften darüber, „Daß niemand Schaden nimmt außer durch sich selbst" und über „Die Vorsehung Gottes"[17].

2. *Predigten*

Den weitaus größten Teil des Werkes von Johannes Chrysostomus bilden seine Predigten. Es handelt sich vor allem um Homilien, aber auch um thematische Predigtzyklen, Reden zu bestimmten Anlässen und Katechesen.

In den Homilien werden im allgemeinen ganze Bücher der Heiligen Schrift fortlaufend ausgelegt. Doch gibt es auch Homilien zu einzelnen Schriftversen. Den Homilienreihen sind auch die Erklärungen zum Buch Ijob, zu 58 Psalmen, zu Jesaja 1–8, 10 und zum Galaterbrief hinzuzu-

---

[15] *De virginitate; Ad viduam iuniorem; De non iterando coniugio; De sacerdotio* — erwähnt in HIERONYMUS, *De viris illustribus* 129 (PL 23, 753f) —; *Adversus eos qui apud se habent virgines subintroductas; Quod regulares feminae viris cohabitare non debeant.*

[16] *De S. Babyla contra Iulianum et Gentiles; Contra Iudaeos et Gentiles: Quod Christus sit Deus; De inani gloria et de educandis liberis.*

[17] *Quod nemo laeditur nisi a se ipso; Liber ad eos, qui scandalizati sunt.*

rechnen. Die Annahme, es handle sich auch hierbei um redigierte Homilien, liegt beim Kommentar zum Galaterbrief, weniger bei den Erklärungen zu den Psalmen und bei den Kommentaren zu Ijob und Jesaja, nahe.

a) Homilien und Kommentare

Während Chrysostomus aus dem Alten Testament vollständig nur die Bücher Genesis und Ijob, unvollständig nur den Psalter und den Propheten Jesaja auslegt, kommentiert er außer dem Markus- und dem Lukasevangelium sowie dem Jakobus- und dem 1. Petrusbrief alle zu seinem neutestamentlichen Kanon gehörenden Bücher. Alle Homilien und Schriftkommentare sind in den 18 Jahren zwischen seiner Priesterweihe (Anfang 386) und seiner Verbannung (9.6.404) entstanden. Da sein Predigtstil sich im Lauf des Lebens nicht änderte, ist bei manchen Homilien nicht eindeutig zu klären, wo er sie gehalten hat.

Im allgemeinen werden nach Antiochien verlegt: die 6 Reden und 67 Homilien zur Genesis, die inhaltlich besonders bedeutsamen 90 Homilien zum Matthäusevangelium, die 88 Homilien zum Johannesevangelium, die 32 Homilien zum Römerbrief, die zu den hervorragendsten exegetischen Leistungen des Chrysostomus gerechnet werden, die 44 Homilien zum 1. Korintherbrief, die einzigen, in denen Chrysostomus selbst bezeugt, daß er sie in Antiochien hielt, die 30 Homilien zum 2. Korintherbrief, der höchstwahrscheinlich aus Homilien entstandene Kommentar zum Galaterbrief, die 18 Homilien zum 1. und die 10 zum 2. Timotheusbrief, die 6 Homilien zum Titusbrief und die 24 zum Epheserbrief[18].

---

[18] *Serm. in Gen.; hom. in Gen.; hom. in Mt.; hom. in Io.; hom. in Rom.; hom. in 1 und 2 Cor.* — die Erwähnung Antiochiens findet sich in *hom. in 1 Cor.* 21,6 (PG 61,178) —; *comm. in Gal.; hom. in 1 und 2 Tim.; hom. in Tit.; hom. in Eph.*

In Antiochien hielt Chrysostomus auch mehrere Predigten über ausgewählte Stellen der Heiligen Schrift und über biblische Personen[19].

Der Konstantinopeler Zeit werden zugewiesen: die 15 Homilien zum Philipperbrief, die 12 zum Kolosserbrief, die formal wenig sorgfältig ausgearbeiteten 55 Homilien zur Apostelgeschichte, die 11 Homilien zum 1. und die 5 zum 2. Thessalonicherbrief, die 3 Homilien zum Philemonbrief und die 34 zum Hebräerbrief, die erst nach seinem Tod erschienen sind[20].

Wann die Kommentare zum Buch Ijob, zu den Psalmen 4–12, 43–49, 108–117, 119–150 und zu Jesaja 1–8, 10 verfaßt wurden, läßt sich nicht ausmachen[21].

Von zahlreichen Anspielungen auf Schriftworte abgesehen, verwendet Chrysostomus in seinen Werken insgesamt ungefähr 18 000 wörtliche Zitate der Heiligen Schrift, nämlich etwa 7000 aus dem Alten und etwa 11 000 aus dem Neuen Testament. Dabei fällt auf, daß aus dem Alten Testament die Bücher Judit, Rut, Esra, Nehemia sowie 1 und 2 Makkabäer überhaupt nicht, die Bücher Richter, 1 und 2 Chronik, Tobit und Ester nur sehr selten zitiert werden. Von den neutestamentlichen Büchern werden der 2. Petrusbrief, die drei Johannesbriefe, der Judasbrief und die Offenbarung nicht zitiert, gehörten also offensichtlich nicht zu seinem Kanon.

b) Reden

Aus der antiochenischen Zeit des Kirchenvaters sind mehrere Predigtzyklen überliefert: Die bekanntesten sind die

---

19 Sie finden sich in PG 51, 17*–388; PG 55, 155–167. 499–528; PG 56, 141–192. 247–280; SCh 277 und SCh 300.

20 *Hom. in Phil.; hom. in Col.; hom. in Act.; hom. in 1 und 2 Thess.; hom. in Phlm.; hom. in Hebr.*

21 *Comm. in Ijob; expos. in Ps.; comm. in Is.* Auch von manchen der 25 Homilien zu einzelnen Schriftversen (PG 51, 17*–388) läßt sich dies nicht sagen.

„Säulenhomilien"; hinzu kommen beispielsweise die Reden gegen die Anomöer und gegen die Juden beziehungsweise die judaisierenden Christen seiner Gemeinde sowie die Homilien über die Buße[22]. In die gleiche Zeit fallen Predigten zu den großen Herrenfesten des Kirchenjahres und zu Heiligengedenktagen[23].

Eine Reihe von Reden wurde in Verbindung mit den politischen und den seine eigene Person betreffenden Ereignissen in Konstantinopel gehalten[24].

c) Katechesen

Aus der Zeit, in der Johannes Chrysostomus Presbyter der antiochenischen Kirche war, sind die 12 beziehungsweise 11 Katechesen überliefert, die in diesem Band herausgegeben werden. Sie wurden teils zur Vorbereitung auf die Feier der Eingliederung in die Kirche während der Osternacht, teils als mystagogische Katechesen während der Osterwoche gehalten. Auch die vier Homilien über den Anfang der Apostelgeschichte wurden in einer Osterwoche vorgetragen und enthalten Abschnitte, die an die Neugetauften gerichtet sind[25].

3. Briefe

Unter dem Namen des Johannes Chrysostomus sind 240 Briefe überliefert. Mit Ausnahme des ersten, an Papst Innozenz I. gerichteten, den Chrysostomus nach Ostern 404 in Konstantinopel abfaßte, bevor er zum zweiten Mal verbannt wurde, sind alle übrigen in der Verbannung geschrieben. Eine besondere Kostbarkeit stellen die 17 Trostbriefe

---

22 *Hom. ad pop. Ant.; hom. de incomprehens.; or. adv. Iud.; hom. de poen.*

23 Sie finden sich in PG 49,351–418; PG 50,417–470.515–526.571–716 und SCh 362,294–312.

24 Sie finden sich in PG 52,391–460 und PG 63,461–530.

25 *Hom. in princ. Act.*

an die Diakonissin Olympias (367–408) dar, mit der den Bischof eine herzliche geistliche Freundschaft verband[26].

4. *Zweifelhafte und unechte Werke*

Viele unbedeutende Autoren, die ihren Schriften Verbreitung und Geltung sichern wollten, haben diese unter dem Namen des Johannes Chrysostomus veröffentlicht. In den meisten Fällen sind die Fälschungen leicht zu erkennen. Das bekannteste Beispiel dürfte die alljährlich in der byzantinischen Osternacht verlesene „Katechetische Rede des Johannes Chrysostomus" sein[27], die sicher nicht von ihm stammt. Vom Formular der „Chrysostomus-Liturgie", die im byzantinischen Ritus, von wenigen Tagen im Jahr abgesehen, gefeiert wird, reicht vermutlich weit mehr in die Zeit des Johannes Chrysostomus zurück, als man lange angenommen hatte, wenn auch Chrysostomus keine unmittelbare Urheberschaft der Liturgie in ihrer heutigen Fassung zugeschrieben werden kann[28].

5. *Zum Inhalt und zur Art und Weise seiner Verkündigung*[29]

Von Johannes Chrysostomus wurde behauptet, man habe nur selten außerhalb der Kirche mit ihm zusammentreffen können. Er habe sich ängstlich davor gehütet, mit jedem, der dies wollte, ein längeres Gespräch zu führen, und nicht nur größere Menschenmengen, sondern schon das Gespräch mit zwei oder drei Personen gemieden. Dieses Verhalten brachte ihm den Vorwurf des Hochmuts ein. Palladius weist zwar auf die Zurückgezogenheit Johannes' des Täufers und Jesu hin, die Chrysostomus sich zum Vorbild

---

[26] *Epistulae ad Innocentium*; *ad Olympiam*; die anderen Briefe finden sich in PG 52,541*–542*.623–742.746–748.

[27] PG 59,721–724.

[28] Vgl. WAGNER, *Ursprung*.

[29] Vgl. zu diesem Abschnitt KACZYNSKI, *Wort Gottes*.

genommen habe, und versucht auf diese Weise, den Vorwurf des Hochmuts zu entkräften. Aber er bemüht sich nicht etwa darum, die Tatsache seiner Menschenscheu im persönlichen Umgang zu bestreiten[30]. Sie mag in Zusammenhang stehen mit seiner Berufung zur mönchischen Askese und zum Einsiedlerleben, der er folgte, solange seine Gesundheit dies zuließ.

Als die Krankheit ihn zwang, das Mönchsleben aufzugeben, konnte er nicht plötzlich zum weltgewandten Seelsorger werden, der den Menschen nachgeht, sich in langen persönlichen Gesprächen mit ihnen auseinandersetzt und dabei die größten pastoralen Erfolge hat. Er konnte nur das Charisma seiner außergewöhnlichen Rednergabe in den Dienst der Kirche stellen und wurde so zum genialen Verkünder des Wortes Gottes, mit dem er sich während seines Mönchslebens und wohl auch noch später eingehend beschäftigt hatte. Infolgedessen kann er trotz seiner Befangenheit im persönlichen Umgang mit Menschen als der große Seelsorger seiner Gemeinden in Antiochien und Konstantinopel und als der tatkräftige und erfolgreiche Erneuerer ihres religiösen und sittlichen Lebens gelten.

Chrysostomus verstand seinen Predigtdienst nicht als Gelegenheit, vor seinen Gemeinden breit und ausführlich die theologischen Probleme zu erörtern, die die Kirche seinerzeit erschütterten: Auf dem 1. Konzil von Konstantinopel (381) hatte man die Trinitätslehre zu einem gewissen Abschluß gebracht; doch die großen christologischen Auseinandersetzungen des 5. Jahrhunderts bahnten sich bereits an. Die Behandlung dieser Probleme in den Predigten sah er ebensowenig als seine wichtigste Aufgabe an wie die Abfassung dogmatischer Traktate.

Mag sein, daß es ihm auch nicht lag, theologische Fragen systematisch darzustellen und spekulativ zu durchdringen.

---

30 Vgl. PALLADIUS, *dial.* 19 (SCh 341,378–380); vgl. auch SOCRATES SCHOLASTICUS, *hist. eccl.* 6,3 (PG 67,669).

Seine Werke weisen ihn jedenfalls nicht als besonders eigenwilligen theologischen Denker aus, der beabsichtigt hätte, die kirchliche Glaubenslehre entscheidend weiterzuentwickeln. Doch nach seiner eigenen Auskunft verzichtet er deshalb darauf, „spekulative Fragen zu behandeln, weil ihnen das Volk doch nicht folgen könnte; und wenn es folgen könnte, hätte es doch nichts Festes und Sicheres“ [31]. Er ist eben Redner und weiß, was seine Zuhörer verkraften, und zugleich, was sie vor allem benötigen: Sicherlich gediegene Antworten auf alle sie bewegenden Fragen des Glaubens, insbesondere jedoch eindeutige Hinweise für ein sittlich einwandfreies christliches Leben.

Man wird Johannes Chrysostomus auch hinsichtlich seines Predigtdienstes und seiner glänzenden rednerischen Begabung niemals den Vorwurf des Hochmuts, des Stolzes und der Überheblichkeit machen können. Er weiß zwar darum, daß so mancher seiner Zuhörer in den Gottesdienst kommt, weil er ihn wegen seiner Rhetorik, seiner meisterhaften Beherrschung der griechischen Sprache und seiner Ausdruckskraft bewundert und dem damaligen Zeitgeschmack entsprechend eine packende Rede in der Kirche hören will. Wie wäre die Tatsache erklärbar, daß seine erste, an seinem Weihetag gehaltene Predigt der Nachwelt schriftlich überliefert ist[32], wenn nicht dadurch, daß ihm von Anfang an der Ruf seiner Beredsamkeit vorausging? Und diese freudige Begeisterung, ihn zu hören, hielt während seiner ganzen Tätigkeit in Antiochien und Konstantinopel an.

Aber er widersteht erfolgreich der Versuchung, sich bei seinem Reden im Gottesdienst allein um rhetorischen

---

[31] *Hom. in Io.* 4 (3),2: διὸ πολλαχοῦ καὶ τὰ ἀπὸ τῶν λογισμῶν ἀναβαλλόμεθα κινεῖν, ὅτι οὔτε παρακολουθεῖν αὐτοῖς ὁ λοιπὸς δύναιτ' ἂν δῆμος· οὔτε, εἰ παρακολουθήσειεν, ἔχει τι βέβαιον καὶ ἀσφαλές (PG 59,48).

[32] Vgl. *Sermo cum presbyter fuit ordinatus.*

Glanz zu bemühen. Vielmehr sieht er in der Begeisterung der Gemeinde für seine Predigten einen Ansporn, sich in seiner Verkündigung um so mehr am Wort Gottes auszurichten und auf diese Weise selbst hinter das Gotteswort zurückzutreten.

Die Berufung zum Presbyter der antiochenischen und zum Bischof der konstantinopolitanischen Kirche ist für ihn letztlich Beauftragung zum „Dienst des Wortes"[33]. Dabei weiß er sich als Diener, ja Sklave derer, denen er das Wort zu verkündigen hat, und dessen, zu dessen Ruhm er es tut[34]. Er lehnt alles Streben des Predigers nach eigener Ehre und nach persönlichem Ruhm ab. Es geht ihm nicht darum, mit seiner Rhetorik zu prunken; alleiniges Ziel der Verkündigung, wie überhaupt allen seelsorglichen Tuns, muß die Erbauung der Gemeinde und die Ehre Gottes bleiben[35].

Von thematischen Predigten zu besonderen Anlässen abgesehen, in denen Chrysostomus das Wort Gottes auch immer wieder als Beleg für seine Ansichten heranzieht, geht er in seinen Homilien fast immer vom Wort der Schrift aus. Dabei vertritt er selbstverständlich die zuallererst den Literalsinn ernst nehmende historisch-grammatische Schriftauslegung der antiochenischen Schule, innerhalb der ihm allerdings infolge seiner geringen theologischen Originalität kein besonders bedeutsamer Rang zukommt; sein exegetischer Einfluß bleibt weit hinter dem seines mehr der Systematik zuneigenden Studienfreundes Theodor von Mopsuestia zurück[36]. Doch beabsichtigte Johannes Chrysostomus ebensowenig exegetische Vorträge zu halten wie

---

[33] *Hom. in Hebr.* 24,3: εἰς λόγου διακονίαν τεταγμένος (PG 63,171).

[34] Vgl. *Hom. in 2 Cor.* 8,3 (PG 61,456); vgl. auch *hom. de Anathemate* 4 (PG 48,950); *hom. de mut. nom.* 2,1 (PG 51,124).

[35] Vgl. hierzu beispielsweise *hom. in Tit.* 2,4 (PG 62,675) und *sac.* 6,4 (SCh 272,320,87f).

[36] Vgl. hierzu BARDY, *Interprétation* 581.

dogmatische. Seine Verkündigung galt vorwiegend der christlichen Lebensführung. So bilden Homilien, in denen er sich auf die bloße Schrifterklärung beschränkt, eine große Ausnahme, die er eigens begründet[37]. Es ist für ihn gerade charakteristisch, im jeweils zweiten Teil seiner Homilien eine Stellungnahme zu irgendeiner Frage des christlichen Lebens abzugeben. Doch wie er Exegese nicht um ihrer selbst willen betreibt, so predigt er christliche Moral auch nicht ohne die exegetische Grundlage. Seine auf das christliche Leben bezogene mit großem pädagogischem Geschick vorgetragene Paränese überzeugt eben dadurch, daß sie niemals unabhängig vom Wort Gottes erfolgt, sondern sich wie selbstverständlich aus den Worten der Heiligen Schrift ergibt, die im Gottesdienst vorgelesen und im ersten Teil der jeweiligen Homilie kommentiert wurden. Wie einerseits alle Verkündigung des Wortes Gottes das sittliche Leben der Gemeinde beeinflussen soll, so muß andererseits alle Belehrung und Ermahnung von Gottes Wort ausgehen und es situationsgerecht aktualisieren.

Chrysostomus selbst blieb zeitlebens im Grunde Mönch und Einsiedler. So wird verständlich, daß er — vor allem in Antiochien — die Mönche immer wieder als Vorbilder hinstellt, deren geistliche Gewohnheiten, etwa die Schriftlesung, alle Christen nachahmen sollten, womit er auf entschiedenen Widerstand stieß[38]. So kommt es freilich auch, daß manche seiner Ansichten von mönchischer Weltfremdheit zeugen, so etwa, wenn er das Weinen während des Psalmengesangs beim Begräbnis als Theater und Heuchelei bezeichnet[39] oder wenn seiner Meinung nach bei weltlichen Zusammenkünften selten etwas Brauchbares gesagt

---

[37] So etwa die *hom. in Rom.* 16 (PG 60,547–564); zur Begründung vgl. den abschließenden Abschnitt 16,10 (PG 60,564).

[38] Vgl. z. B. *hom. in Mt.* 2,5 (PG 57,30); *hom. in Eph.* 21,1 (PG 62,150) und die übrigen Belegstellen bei KACZYNSKI, *Wort Gottes* 318–321. 323–325.

[39] Vgl. *hom. in Hebr.* 4,5 (PG 63,43).

werde[40]. Damit mag schließlich zu erklären sein, daß er in seinen Predigten eher harmlose Fehler bisweilen dramatisiert und alltägliche Schwächen, wie etwa in einigen Taufkatechesen das leichtsinnige Schwören, geißelt, als wären es die schlimmsten Laster. Obwohl also seine Forderungen manchmal offensichtlich über das Maß hinausgingen, das die in der Welt lebenden Christen damals zu erfüllen vermochten, ist seine Verkündigung im ganzen keineswegs weltfern oder weltscheu, sondern lebensnah. Seine lebendige, bildhafte Sprache verzichtet auf unverständliche Abstraktionen und bezieht alle irdischen Gegebenheiten mit ein. Ob der Verkündigung des Johannes Chrysostomus nachhaltiger Erfolg beschieden war, läßt sich freilich weder seinen Werken noch anderen literarischen Zeugnissen entnehmen.

B. DIE TAUFKATECHESEN DES JOHANNES CHRYSOSTOMUS

I. Überlieferung und Abfassungszeit

Kein Teil des Gesamtwerkes des Johannes Chrysostomus hat der Wissenschaft im Laufe des 20. Jahrhunderts so viele Überraschungen gebracht wie seine Taufkatechesen.

1. Die zu Beginn des 20. Jahrhunderts bekannten Taufkatechesen

a) Der Diakon Anianus von Celeda hat um das Jahr 415 neben anderen Predigten des Johannes Chrysostomus auch eine Katechese ins Lateinische übersetzt, die als *Sermo ad Neophytos* im Abendland

[40] Vgl. *hom. in illud „propter fornicationes uxorem"* 1,2 (PG 51,210).

weithin bekannt wurde und in nahezu alle im 16. Jahrhundert erschienenen lateinischen Editionen von Chrysostomuswerken Eingang fand. Sie beginnt mit den Worten „Benedictus Deus“. Da das griechische Original unbekannt war, konnte die Katechese nicht in die griechischen Editionen der Schriften des Chrysostomus aufgenommen werden. So fehlt der griechische Text in der im Jahr 1612 erschienenen, von Henry Savile herausgegebenen ersten griechischen Gesamtausgabe der Werke des Johannes Chrysostomus. Dies wiederum bewirkte, daß Zweifel an der Echtheit der Katechese aufkamen und man in den großen lateinischen Editionen der Werke des Kirchenvaters im 17. Jahrhundert auf die Katechese verzichtete. Auch Bernard de Montfaucon, der in den Jahren 1718–1738 die bisher umfangreichste griechisch-lateinische Ausgabe der Werke des Chrysostomus besorgte, nahm die Katechese nicht auf, obwohl ihm, wie Antoine Wenger aufgrund der eingesehenen Unterlagen feststellen konnte, ein griechisches Manuskript dieses Werkes bekannt gewesen sein muß [41]. Es blieb Sebastian Haidacher vorbehalten, im Jahr 1904 die Echtheit des *Sermo ad Neophytos* nachzuweisen; er stellte auch eine deutsche Übersetzung her [42]. Obwohl inzwischen der griechische Urtext in mehreren Manuskripten aufgefunden ist, ist auch die aus dem Altertum stammende lateinische Fassung in diesem Band enthalten (*cat.* 2/4).

b) Fronton du Duc veröffentlichte im Jahr 1609 in seiner sechsbändigen griechisch-lateinischen Chrysostomus-Ausgabe eine Katechese des Kirchenvaters, die mit den Worten Ὡς ποθεινός beginnt und überschrieben ist: Τοῦ αὐτοῦ κατήχησις πρώτη πρὸς τοὺς μέλλοντας φωτίζεσθαι beziehungsweise *Catechesis prima ad illuminandos* („Erste Katechese an die Taufbewerber“). Die gleiche Katechese findet sich in der griechischen Ausgabe von H. Savile (1612), allerdings nach einem anderen Manuskript, dessen Text freilich mit dem von F. du Duc benützten fast identisch ist. Bis zum Beginn des 18. Jahrhunderts war diese Taufkatechese die einzige bekannte Katechese des Chrysostomus in griechischer Sprache. B. de Montfaucon übernahm sie in der bei F. du Duc vorgefundenen Fassung in seine griechisch-lateinische Ausgabe als „Erste Katechese an die Taufbewerber“ [43]. Als solche findet sie sich auch in der *Patrologia graeca* von Jacques-Paul Migne [44]. In diesem Band ist sie als *cat.* 2/1 enthalten.

---

[41] Vgl. WENGER, Einleitung zu SCh 50bis, 30–35.
[42] Vgl. HAIDACHER, *Eine unbeachtete Rede* 169–176.
[43] Vgl. PIÉDAGNEL, Einleitung zu SCh 366, 14 f.
[44] PG 49, 223–232.

c) Aus dieser zuletzt erwähnten Katechese geht hervor, daß Johannes Chrysostomus sie 30 Tage vor Ostern gehalten hat. B. de Montfaucon vermutete mit Recht, daß ihr weitere Katechesen gefolgt sein müssen. Doch führt ihn diese Überlegung dazu, in seiner Edition eine einer anderen Homilienreihe zugehörige Predigt, in der der Kirchenvater sich mehrfach an die Täuflinge wendet, als Κατήχησις δευτέρα πρὸς τοὺς μέλλοντας φωτίζεσθαι beziehungsweise *Catechesis secunda ad illuminandos* („Zweite Katechese an die Taufbewerber") der ersten Katechese folgen zu lassen. Ihr griechischer Text beginnt mit den Worten Τῶν πρώην εἰρημένων und war seit der ersten Ausgabe der berühmten „Säulenhomilien" durch John Harmar im Jahr 1590 als deren 22. und letzte bekannt. F. du Duc und H. Savile übernahmen sie in ihren Editionen ebenfalls als letzte „Säulenhomilie", die allerdings bei ihnen, da sie die 19. aus der Reihe nahmen, als 21. gezählt wurde. B. de Montfaucon schloß aus dem Satz im ersten Kapitel: „Wundert euch nicht, daß ich schon nach zehn Tagen komme und den Ertrag meiner Aussaat von euch verlange", daß diese „Katechese" während der gleichen Fastenzeit wie die erste, und zwar zehn Tage danach, gehalten worden sein muß [45]. Die „Zweite Katechese an die Taufbewerber" ist als solche ebenfalls von J.-P. Migne übernommen worden [46].

Die Richtigkeit der Zuordnung dieser „Katechese" zur Katechese Ὡς ποθεινός durch B. de Montfaucon hat zuerst im Jahr 1909 Athanasios Papadopoulos-Kerameus und danach im Jahr 1957 A. Wenger bezweifelt [47]. Die im Jahr 1983 von Frans van de Paverd mündlich in Oxford vorgetragenen Argumente für eine erneute Zuweisung der zweiten „Katechese" zu den „Säulenhomilien", und zwar an 21. Stelle vor der bei B. de Montfaucon und J.-P. Migne als *hom. ad pop. Ant.* 21 stehenden [48], die als 22. zu gelten hat, haben Auguste Piédagnel und Louis Doutreleau im Jahr 1990 zusammengestellt [49]:

— In nahezu sämtlichen Manuskripten gehört die „Katechese" zu den „Säulenhomilien". Die in den Manuskripten üblicherweise allen Predigten vorangestellte Zusammenfassung beginnt bei dieser Homilie mit den Worten Κατήχησις πρὸς τοὺς μέλλοντας φωτίζεσθαι („Unterweisung der Taufbewerber"). Dieser Umstand verführte B. de Montfaucon zu der Annahme, die ganze Homilie sei eine Taufkatechese. Doch dies ist nicht der Fall: Chrysostomus wendet sich zwar

---

[45] Vgl. PIÉDAGNEL, Einleitung zu SCh 366,20–22.

[46] PG 49,231–240.

[47] Vgl. PIÉDAGNEL, Einleitung zu SCh 366,23 und WENGER, Einleitung zu SCh 50bis,24–26.

[48] PG 49,211–222.

[49] Vgl. PIÉDAGNEL, Einleitung zu SCh 366, 24–32.

an einigen Stellen ausdrücklich an die anwesenden Taufbewerber, ruft aber dann auch einer weit größeren Gemeinde Grundsätze des christlichen Lebens in Erinnerung, die sich aus der Taufe ergeben. Die Überschrift nennt darum auch zwei weitere Themen der Homilie, mit denen er sich nicht (nur) an die Taufbewerber wendet: Die luxuriöse Haarpflege der Frauen und die abergläubischen Praktiken.

— Auch inhaltlich sind die beiden Predigten nicht aufeinander bezogen: Die Katechese Ὡς ποθεινός enthält keinerlei Anspielungen auf den antiochenischen Säulensturz. Die Homilie Τῶν πρώην εἰρημένων ist in ihrem auf die Taufe bezogenen Abschnitt nicht die inhaltliche Fortsetzung der Katechese, sondern behandelt den gleichen Gegenstand in einer Weise, die nicht voraussetzt, daß zehn Tage zuvor die Katechese Ὡς ποθεινός gehört wurde. Während in der Homilie über weite Strecken die getauften Christen angesprochen werden, ist die Katechese vom Anfang bis zum Ende sehr deutlich nur auf Taufbewerber ausgerichtet. Wenn ferner die Katechese 30 Tage vor Ostern vorgetragen wurde, müßte man die Homilie, die zehn Tage später gehalten wurde, zwanzig Tage vor Ostern ansetzen. Dies würde bedeuten, daß der Prediger die gegen Ende der Homilie fünfmal wiederholte Absageformel, Ἀποτάσσομαί σοι, Σατανᾶ, den Täuflingen bereits lange bevor sie sie am Karfreitag zu sprechen hatten, nahegebracht und erklärt hätte. Entsprechend dem liturgischen Brauch ist diese Homilie vermutlich kurz vor dem Ende der Quadragesima gehalten worden.

Daß es sich um die Quadragesima des Jahres 387, des Jahres also, in dem der Säulensturz stattfand, gehandelt haben muß, legt sich aus zwei Gründen nahe: Erstens wendet sich Chrysostomus an eine aus getauften Christen und Katechumenen gemischte Gottesdienstgemeinde, wie sie für das Jahr 387 gut vorstellbar ist, als die Furcht vor kaiserlicher Bestrafung die Menge in die Kirche trieb und trotzdem die Taufvorbereitung nicht unterbrochen werden durfte; dagegen wurde die Katechese vor einer homogenen, nur aus Taufbewerbern bestehenden Zuhörerschaft gehalten. Zweitens ähnelt die Homilie Τῶν πρώην εἰρημένων sehr der 20. (eigentlich 19.) „Säulenhomilie" [50], in der der Prediger die Gemeinde dazu auffordert, die Fastenzeit zur Umkehr zu nutzen, während er in der Homilie Τῶν πρώην εἰρημένων — zehn Tage später! — gleich zu Beginn den Ertrag seiner Predigt einfordert. In beiden Homilien ist die gleiche Strenge gegen-

[50] Vgl. *hom. ad pop. Ant.* 20 (PG 49, 197–212); zur Zählung — Umstellung von *hom.* 19 und 20 — vgl. die Tabelle bei PIÉDAGNEL, Einleitung zu SCh 366, 25, letzte Spalte.

über den Nachlässigen festzustellen, die er auch von der Taufe auszuschließen willens ist[51].

— Im Jahr 387 fiel Ostern in Antiochien auf den 25. April; die vorausgehende Quadragesima, die im Osten allgemein acht Wochen dauert — Samstag und Sonntag sind keine Fasttage —, begann in der Woche nach dem 28. Februar. Als die 20. „Säulenhomilie" gehalten wurde, waren bereits vierzig Tage vergangen[52]; es war der 9. April. Auf den 21. April, den Mittwoch in der Karwoche, fiel die Homilie Τῶν πρώην εἰρημένων, auf den Ostertag die letzte „Säulenhomilie"[53].

— Kein Forscher kam auf den Gedanken, die *hom. ad pop. Ant.* 9 und 10[54], die beide in keiner Weise auf die Ereignisse des Säulensturzes direkt Bezug nehmen, aus der Reihe der „Säulenhomilien" herauszunehmen, denn ihre Zugehörigkeit zur Reihe geht aus deutlichen Anspielungen hervor. Ebensowenig hätte B. de Montfaucon sich veranlaßt sehen dürfen, die Homilie Τῶν πρώην εἰρημένων unter Mißachtung ihrer Verbindungen zu anderen „Säulenhomilien" mit der Katechese Ὡς ποθεινός in Verbindung zu bringen und sie ebenfalls als „Katechese" zu bezeichnen.

Obwohl es sich bei dieser „Katechese" also um die 21. „Säulenhomilie" aus dem Jahr 387 handelt, wird sie wegen der in ihr enthaltenen katechetischen Elemente als *cat.* 1 in dieser Ausgabe dokumentiert. Auf eine kritische Edition ist verzichtet; diese müßte zusammen mit der der anderen „Säulenhomilien" erfolgen.

2. *Die von A. Papadopoulos-Kerameus herausgegebenen Taufkatechesen (1909)*

a) Der Fund

F. du Duc hatte die von ihm im Jahr 1609 erstmals veröffentlichte Katechese Ὡς ποθεινός in der Überschrift als κατήχησις πρώτη bezeichnet. Ihr mußte also zumindest eine weitere gefolgt sein. Die von B. de Montfaucon κατήχησις δευτέρα benannte Predigt war — wie gezeigt — nicht die Fortsetzung, sondern muß einer anderen Predigtreihe zugeordnet werden. A. Papadopoulos-Kerameus entdeckte am Beginn des 20. Jahrhunderts in Codex 129 der damaligen Bibliothek

[51] Vgl. *hom. ad pop. Ant.* 20,1.9 (PG 49,197.211) und *cat.* 1,7.
[52] Vgl. *hom. ad pop. Ant.* 20,9 (PG 49,211).
[53] Vgl. *hom. ad pop. Ant.* 21 (PG 49,211–222).
[54] PG 49,103–120.

des hl. Synod zu Moskau das griechische Manuskript von vier Predigten, deren erste die von F. du Duc und B. de Montfaucon bereits edierte „Erste Katechese“ Ὡς ποθεινός war, während die folgenden drei bisher unveröffentlicht waren. Ihre Initien sind: Ἆρα ἀπηλάσατε (2), Ἐσχάτη τῆς κατηχήσεως (3) und Εὐλογητὸς ὁ Θεός (4). Diese drei veröffentlichte A. Papadopoulos-Kerameus im Jahr 1909 zusammen mit anderen von ihm gefundenen religiösen byzantinischen Texten von geringerer Bedeutung in einem Sammelwerk („Varia graeca sacra“), das infolge der Zeitumstände und des entlegenen Publikationsortes (St. Petersburg) im Westen auch von Spezialisten lange nicht zur Kenntnis genommen wurde [55].

b) Die Zusammengehörigkeit der drei ersten Katechesen

A. Wenger hat darauf hingewiesen, daß die Urheberschaft des Chrysostomus für alle vier Katechesen als gesichert gelten kann, und aufgezeigt, daß zumindest die zweite und dritte Katechese unschwer als Fortsetzung der ersten zu erkennen sind [56]. Die zweite Katechese beginnt mit der Frage: „Habt ihr die schlechte Angewohnheit des Schwörens aus eurem Mund getilgt? Ich habe weder vergessen, worüber ich zu euch gesprochen habe, noch was ihr mir diesbezüglich versprochen habt.“ [57] Daher muß diese Katechese als Fortsetzung der ersten verstanden werden. Dies geht noch deutlicher aus einer anderen Passage hervor: Chrysostomus spielt darauf an, daß er in der vorhergehenden Predigt das Thema gewechselt hat, weil er es für notwendig erachtete, auf das Schwören zu sprechen zu kommen. Eigentlich — so sagt er in der zweiten Katechese und eben mit fast den gleichen Worten bereits in der ersten — wollte er darüber sprechen, warum die Väter Ostern als Tauftermin gewählt haben [58]. Auch dies spricht nochmals gegen B. de Montfaucons Einordnung der ursprünglich 21. „Säulenhomilie“ als Fortsetzung der „Ersten Katechese“.

Ähnlich stellt Chrysostomus in der dritten Katechese eine Verbindung zur zweiten her: „Ich hatte euch zu erklären versprochen,

---

[55] Für eine weitere Verbreitung sorgte erst der 1975 in Leipzig hergestellte fotomechanische Nachdruck.

[56] Vgl. WENGER, Einleitung zu SCh 50bis, 26–30.

[57] *Cat.* 2/2, 1: Ἆρα ἀπηλάσατε ἐκ τοῦ στόματος ὑμῶν τὴν πονηρὰν τῶν ὅρκων συνήθειαν; Οὐ γὰρ ἐπιλέλησμαι οὔτε ὧν αὐτὸς διελέχθην πρὸς ὑμᾶς, οὔτε ὧν ὑμεῖς ὑπέσχεσθε πρός με περὶ τῆς ὑποθέσεως ταύτης.

[58] Vgl. *cat.* 2/2, 3 mit *cat.* 2/1, 7.

weshalb wir Gläubige genannt werden“ [59]. In der zweiten Katechese hatte er gesagt: „Ich müßte etwas darüber sagen, warum wir Gläubige genannt werden, die Nicht-Eingeweihten aber Katechumenen.“ [60] Dazu kam er aber nicht, weil er meinte, wieder gegen die schlechte Angewohnheit des Schwörens sprechen zu müssen. Aber auch zur ersten Katechese stellt der Prediger von der dritten eine Verbindung her, indem er sich selbst in dieser wie in jener dem Gebet der Zuhörer unmittelbar nach ihrer Taufe empfiehlt und dies in Anlehnung an die Worte tut, mit denen sich Josef dem Obermundschenk empfahl: „Das erbat ich neulich schon von euch“ (vgl. Gen 40, 14) [61].

c) Die vierte Katechese

Mit der Katechese Εὐλογητὸς ὁ Θεός, der vierten, hatte A. Papadopoulos-Kerameus das griechische Original des seit dem 5. Jahrhundert nur in lateinischer Übersetzung des Anianus von Celeda bekannten *Sermo ad Neophytos* gefunden. Sie trägt die Überschrift Τοῦ αὐτοῦ πρὸς τοὺς φωτισθέντας εἰς τὸ Πάσχα. Der Begriff κατήχησις, der sich in den Überschriften und Zusammenfassungen der anderen drei Katechesen findet, fehlt hier. Er fehlt ebenfalls in den beiden später noch aufgetauchten Manuskripten dieser Katechese. In einem von ihnen lautet die Überschrift: Τοῦ αὐτοῦ ὁμιλία λεχθεῖσα πρὸς νεοφωτίστους [62].

A. Wenger hat darauf hingewiesen, daß eine inhaltliche Verbindung der vierten Katechese zu den vorausgehenden nicht so eindeutig ist wie die der vorausgehenden untereinander, die vierte Katechese darum nicht zwingend der gleichen Reihe zugewiesen werden kann, zumal sie auch in einer anderen Katechesenreihe, von der noch die Rede sein wird, enthalten ist [63]. Solch inhaltliche Verbindungen aber sind eigentlich gar nicht möglich. Es ist zwar höchst angebracht und sinnvoll, daß eine Predigt in der Osternacht vor allem das Taufgeschehen behandelt und geistlich deutet, da ja alle, die den Gottesdienst mitfeiern, einmal in einer Osternacht getauft wurden. Aber

---

59 *Cat.* 2/3, 3: καὶ γὰρ ἤμην ὑποσχόμενος ὑμῖν εἰπεῖν τίνος ἕνεκεν πιστοὶ λεγόμεθα.

60 *Cat.* 2/2, 8: ἀναγκαῖον δὲ ἦν εἰπεῖν τίνος ἕνεκεν ἡμεῖς μὲν πιστοί, οἱ δὲ ἀμύητοι κατηχούμενοι; er spricht freilich auch in *cat.* 2/3 nicht darüber, warum die Nicht-Eingeweihten Katechumenen genannt werden.

61 Vgl. *cat.* 2/3, 9 (τοῦτο καὶ πρώην ὑμῶν ἐδεήθην) mit *cat.* 2/1, 2.

62 SCh 50bis, 151.

63 Vgl. WENGER, Einleitung zu SCh 50bis, 30f.

der Prediger wird darauf Rücksicht nehmen, daß nicht die ganze Zuhörerschaft die vorausgehenden Katechesen gehört hat, die ja nur den Taufbewerbern galten. Damit ergibt sich zwangsläufig ein gewisser Einschnitt zwischen den der Osterfeier vorausgehenden, aufeinander aufbauenden Katechesen für die Taufbewerber und der Katechese in der Osternacht, die mit guten Gründen auch als „Homilie“ bezeichnet werden kann.

Es lassen sich dennoch auch in dieser vierten Katechese, eben der in der Osternacht gehaltenen „Homilie“, Anklänge an die ersten Katechesen feststellen, die eine Zuordnung zur Reihe dieser Katechesen nahelegen: der Vergleich der Vorbereitungszeit auf die Taufe mit einem Übungsplatz und des Neugetauften mit einem Athleten im Wettkampf[64] sowie der Hinweis auf den Kampf mit dem Teufel[65]. Auch sind Ähnlichkeiten insofern festzustellen, als Chrysostomus die Taufbewerber am Mittwoch der Karwoche auffordert, die Gaben zu zählen, die sie erwarten, und dann selbst zu Ostern zehn Gaben aufzählt[66], sowie in zwei Katechesen Taufbewerber und Neugetaufte mit der gleichen Zuneigung als „Brüder“ anspricht[67].

Diese Anklänge und Ähnlichkeiten allein zwingen noch nicht dazu, den ursprünglichen Ort der vierten Katechese, die in zwei Katechesenreihen erscheint, in dieser 1909 entdeckten Reihe zu sehen. Es kann hier aber bereits vorweggenommen werden, daß dies aus anderen noch zu erläuternden Gründen nahezu mit Sicherheit möglich ist. Das wird bei der Untersuchung der von A. Wenger herausgegebenen Katechesenreihe deutlich werden. Darum werden die vier Katechesen in dieser Ausgabe als *cat.* 2/1–4 wiedergegeben, wie A. Papadopoulos-Kerameus sie im Jahr 1909 entdeckt hat.

d) Der Ort, an dem die vier Katechesen gehalten wurden

Gegen Ende der dritten Katechese (Ἐσχάτη τῆς κατηχήσεως) bittet Chrysostomus die Taufbewerber um das Gebet, wie er dies auch in anderen Katechesen tut[68]. Hier aber bittet er ausdrücklich um das

---

[64] Vgl. *cat.* 2/4,8 mit *cat.* 2/1,16; A. WENGER hält die stilistische Ähnlichkeit dieser beiden Passagen für den ausschlaggebenden Grund, *cat.* 2/4 möglicherweise der Reihe von *cat.* 2/1–3 zuzuweisen. Auch auf den Vergleich der Neugetauften mit den Sternen, den er bereits vor der Taufe andeutet, läßt sich hinweisen; vgl. *cat.* 2/4,1 mit *cat.* 2/2,10.

[65] Vgl. *cat.* 2/4,11 mit *cat.* 2/1,16.

[66] Vgl. *cat.* 2/3,4 mit *cat.* 2/4,5f.

[67] Vgl. *cat.* 2/1,1 und *cat.* 2/4,7.

[68] Vgl. *cat.* 2/3,9; *cat.* 2/1,2; *cat.* 3/2,19.

Gebet für den Bischof, durch den sie die Sakramente empfangen, und für die Priester, die mit ihm zum Presbyterium gehören[69]. Das weist eindeutig darauf hin, daß die Katechesen in Antiochien gehalten wurden, wo Chrysostomus Presbyter, nicht Bischof war.

e) Das Jahr, in dem die vier Katechesen gehalten wurden

Eindeutig festzustellen sind die Tage, an denen Johannes Chrysostomus die Katechesen hielt. *Cat.* 2/1 hielt er 30 Tage vor Ostern, *cat.* 2/2 zehn Tage später, *cat.* 2/3 am Mittwoch der Karwoche und *cat.* 2/4 in der Osternacht des Jahres 388, wie A. Wenger mit guten Gründen vorschlägt. Zum einen nimmt Chrysostomus in den ersten beiden Katechesen nochmals seinen Kampf gegen die Angewohnheit des leichtfertigen Schwörens auf, gegen das er im Jahr zuvor in den „Säulenhomilien" während der Quadragesima so energisch Stellung bezogen hatte und das später nicht mehr ein derart beherrschendes Thema seiner Verkündigung sein wird. Zum anderen enthalten zwei der sicher im Jahr 388 gehaltenen Homilien zur Genesis Anspielungen auf die Taufkatechesen. Am Beginn der 12. Homilie zur Genesis spricht Chrysostomus davon, daß er die Predigtreihe unter anderem wegen einer Unterweisung der Bewerber, die sich für die Taufe angemeldet haben, unterbrechen muß[70]. Es handelt sich um die 30 Tage vor Ostern gehaltene *cat.* 2/1[71].

Chrysostomus hielt während der Quadragesima 32 der 67 Homilien zur Genesis. Am Beginn der 33. Homilie kommt er auf die Unterbrechung der Genesispredigten durch die Osterfeier zu sprechen: Er hatte am Gründonnerstag über den Verrat des Judas, am Karfreitag über das Kreuz und zu Ostern über die Auferstehung zu predigen, in den Tagen nach dem Osterfest aber über den Beginn der Apostelgeschichte. Auch diese Predigten während der Osterwoche sind an die ganze Gemeinde gerichtet, doch hielt er damit auch „täglich eine reiche Ermahnung an die eben erst der Taufe Gewürdigten"[72]. Die vier erhaltenen Homilien über den Anfang der Apostelgeschichte — eine fünfte, die zweite jener Reihe, ging verloren — bildeten oder ersetzten in diesem Jahr also die in der Osterwoche

---

[69] Vgl. *cat.* 2/3,9.

[70] Vgl. *hom. in Gen.* 12,1 (PG 53,98).

[71] Wenngleich Chrysostomus die ganze Heilige Schrift auswendig konnte und stets zur Zitation zur Verfügung hatte, könnte die zur Begründung der Gebetsbitte etwas ungewöhnliche Bezugnahme auf Gen 40,14 in *cat.* 2/1,2 und *cat.* 2/3,9 vielleicht auf die besondere Beschäftigung mit dem Buch Genesis im Jahr 388 zurückzuführen sein.

[72] *Hom. in Gen.* 33,1: πολλὴν τὴν παραίνεσιν καθ' ἑκάστην πρὸς τοὺς νεωστὶ τῆς χάριτος ἀξιωθέντας ποιησάμενοι (PG 53,305).

üblichen Katechesen an die Neugetauften[73]. In der ersten und dritten dieser Homilien geht der Prediger jeweils gegen Ende auf die Neugetauften ein, freilich nicht ohne auch die früher Getauften, sofern sie ihre Taufgnade bewahrt haben, als „Neugetaufte" zu bezeichnen[74]. Auf die Wiedergabe dieser Homilien wird in dieser Ausgabe verzichtet.

3. Die von A. Wenger herausgegebenen Taufkatechesen (1957)

a) Der Fund

Am 5. Oktober 1955 entdeckte A. Wenger im Codex 6 des Athos-Klosters Stavronikita eine Reihe von acht zweifellos echten ὁμιλίαι κατηχητικαὶ πρὸς τοὺς μέλλοντας φωτίζεσθαι καὶ πρὸς νεοφωτίστους („Katechetische Homilien an die Taufbewerber und an die Neugetauften") von Johannes Chrysostomus[75], die er im Jahr 1957 veröffentlichen konnte (SCh 50). Sieben dieser Katechesen waren bisher unbekannt, nur eine, nämlich die dritte, die mit den Worten Εὐλογητὸς ὁ Θεός beginnt, war bekannt. Es handelt sich um die vierte der von A. Papadopoulos-Kerameus entdeckten Katechesen und damit um ein weiteres Manuskript des lateinischen *Sermo ad Neophytos* in der griechischen Originalsprache. Von dieser Katechese steht fest, daß sie in der Osternacht gehalten wurde, die ihr vorausgehenden Katechesen richten sich an Taufbewerber, die ihr folgenden an bereits Getaufte.

b) Die vorösterlichen Katechesen

Nur zwei Katechesen der Reihe sind an Taufbewerber gerichtet[76]. — Die erste, mit den Worten Χαρᾶς καὶ εὐφροσύνης beginnende, trägt wie die erste von B. de Montfaucon herausgegebene, die auch die erste der von A. Papadopoulos-Kerameus aufgefundenen Reihe bildet (*cat.* 2/1), die Überschrift Κατήχησις πρώτη πρὸς τοὺς μέλλοντας φωτίζεσθαι. Diese Überschrift zeigt an, daß mit dieser Katechese eine eigene Reihe eröffnet wird, deren Predigten nicht mit denen der anderen Reihe vermischt werden dürfen. Sie wurde am Beginn der

---

[73] Vgl. *hom. in princ. Act.*

[74] Vgl. *hom. in princ. Act.* 1,5 (PG 51,74–76); *hom. in princ. Act.* 3,6 (PG 51,96–98); vgl. auch *cat.* 3/5,21–25.

[75] Vgl. WENGER, Einleitung zu SCh 50bis, 7–15; zum Titel vgl. ebd. 108. Die Authentizität, die von niemandem bestritten wird, hat A. WENGER vor allem mit Hinweisen auf Parallelen zu einzelnen Stellen der Katechesen in anderen Werken des Johannes Chrysostomus nachgewiesen; vgl. ebd. 48–59.

[76] Vgl. WENGER, Einleitung zu SCh 50bis, 36–40.

Quadragesima — möglicherweise auch 30 Tage vor Ostern — gehalten und entspricht damit auch im Zeitansatz innerhalb der Taufvorbereitung *cat.* 2/1. Inhaltlich bestehen Parallelen zu *cat.* 1: In beiden nimmt Chrysostomus gegen den übertriebenen Schmuck der Frauen und gegen abergläubische Praktiken Stellung.
— Eine Entsprechung besteht auch zwischen *cat.* 2/3 und der zweiten Katechese der Stavronikita-Reihe: Φέρε δὴ πάλιν. Sie wird als Fortsetzung (ἀκολουθία) der ersten bezeichnet, muß aber wegen der in ihr enthaltenen Hinführung zur unmittelbar bevorstehenden Initiationsfeier erst gegen Ende der Quadragesima, kurz vor Ostern, gehalten worden sein.

Die beiden Katechesen erscheinen in diesem Band als *cat.* 3/1 und *cat.* 3/2. Es scheint nicht, daß Chrysostomus in der Zwischenzeit weitere Katechesen hielt, die verlorengegangen wären. Doch ist kaum anzunehmen, daß die Unterweisung der Taufbewerber auf diese beiden Katechesen des Chrysostomus beschränkt war. Der Kirchenvater spricht selbst von einer täglichen Unterweisung der Taufbewerber[77]. Dies kann sich, wie A. Wenger meint[78], auf die täglichen Predigten während der Quadragesima für die ganze Gemeinde beziehen, an denen auch die Taufbewerber teilnahmen. Es ist damit aber auch nicht ausgeschlossen, daß es eigene Unterweisungen für die Taufbewerber gab, auch wenn solche von Chrysostomus nicht überliefert sind. Denn sicher war Chrysostomus in seiner Gemeinde nicht als einziger mit der Unterweisung der Taufbewerber befaßt[79].

Cat. 2/2 entsprach also in dieser Reihe keine eigene Katechese. Doch werden einige Gedanken aus ihr in *cat.* 3/2 am Ende der Quadragesima aufgenommen. Es wird deutlich, daß beide Katechesenreihen auf die gleiche liturgische Praxis Bezug nehmen. Der Prediger erklärt die Feier in der einen und in der anderen Reihe auf gleiche Weise, ohne freilich das einmal Gesagte einfach zu wiederholen. Man kann darin sicherlich ein Zeichen für die Echtheit der Katechesen sehen, daraus aber auch die rhetorischen Fähigkeiten und die geistliche Begabung des Katecheten erkennen.

c) Die dritte und vierte Katechese

Bei der dritten Katechese handelt es sich um die mit *cat.* 2/4 identische ὁμιλία λεχθεῖσα πρὸς νεοφωτίστους, die in der Eucharistiefeier am Ende der Osternacht für die ganze anwesende Gemeinde der Getauften gehalten wurde. Da es nicht vorstellbar ist, daß Johannes

---

77 *Cat.* 3/2, 12: μετὰ τὴν διδασκαλίαν τὴν καθημερινήν.

78 Vgl. Wenger, Einleitung zu SCh 50bis, 38.

79 Vgl. Kretschmar, *Taufgottesdienst* 157 Anm. 38a.

Chrysostomus in zwei verschiedenen Jahren eine gleichlautende Osterpredigt gehalten hat, muß sie in einer der beiden Reihen ihren ursprünglichen Platz haben, in die andere nachträglich übernommen worden sein. Wegen gewisser Anklänge an bestimmte Stellen in *cat.* 2/1–3 kann sie mit größerer Wahrscheinlichkeit jener von A. Papadopoulos-Kerameus entdeckten und erstmals herausgegebenen Reihe als *cat.* 2/4 zugewiesen werden, wie dies in dieser Ausgabe geschieht. Doch kommt es jetzt darauf an, den Grad dieser Wahrscheinlichkeit zu erhöhen.

Hierzu ist die vierte, mit den Worten Φαιδρότερον σήμερον beginnende Katechese der Stavronikita-Reihe heranzuziehen. Es war bereits A. Wenger aufgefallen, daß sie wie die vorausgehende dritte am besten für das Osterfest selbst paßt. Obwohl A. Wenger es zunächst eher für möglich hielt, sie könnte am Ostermontag gehalten worden sein [80], da die Osterfreude, die in ihr zum Ausdruck kommt, sicherlich auch am Tag nach dem Osterfest anhielt, gibt er dann doch der Auffassung den Vorzug, daß sie am Ostersonntag gehalten worden sei. Er löst die Schwierigkeit der Konkurrenz mit der dritten Katechese dahingehend, daß er eine zweite Feier am Ostertag annimmt: Die dritte Katechese sei in der Osternacht, die vierte am Vormittag oder Abend des Ostertages gehalten worden [81].

Doch stützt sich A. Wenger hier wohl auf eine falsche Annahme: Wenn Chrysostomus in einer Homilie zum Matthäusevangelium von einer Versammlung des ganzen Volkes, aller Männer und Frauen, am Abend des Osterfestes (κατὰ τὴν μεγάλην τοῦ πάσχα ἑσπέραν) spricht, bei der die Passion Christi gelesen wurde, um dem Volk nicht nur das Herrliche, sondern auch das Schmachvolle am Leben Jesu zu verkünden [82], muß es sich nicht, wie A. Wenger meint [83], um eine Feier am Abend des Ostertages gehandelt haben, sondern es kann damit durchaus die am Vorabend des Sonntags beginnende Osternachtfeier gemeint sein, die als Feier des ganzen *Pascha Domini* verstanden wurde und darum auch die Lesung der Passion enthielt, wie dies an jedem Sonntagmorgen in der Auferstehungskirche zu Jerusalem geschah [84]. Es ist schwer vorstellbar, daß am Abend des Ostersonntags nach der langen Feier in der voraufgegangenen Nacht nochmals die ganze Gemeinde zur Kirche gekommen wäre. Außerdem ist die vierte Katechese im Anschluß an die Lesung der Passion, auch wenn

---

[80] Vgl. WENGER, Einleitung zu SCh 50bis, 41 f.

[81] Vgl. WENGER, in: SCh 50bis, 182 Anm. 1.

[82] Vgl. *hom. in Mt.* 87 (88), 1 (PG 58,770).

[83] Vgl. WENGER, Einleitung zu SCh 50bis, 41 f.

[84] Vgl. *Itin. Eger.* 24,10 (CCL 175,69).

ihr die Verkündigung der Auferstehung folgte, nicht gut denkbar. Sie bezieht sich ja ganz eindeutig auf die kurz zuvor beendete Tauffeier.

A. Piédagnel und L. Doutreleau haben daher mit Recht die Aufmerksamkeit auf zwei inhaltliche Gegebenheiten der vierten Katechese gelenkt[85]. Ein erster Hinweis gilt der fünfmaligen, betonten Wiederholung des Wortes σήμερον, „heute", durch das der besondere Charakter dieses Tages hervorgehoben wird: Die Kirche freut sich „heute" über ihre Kinder; diese wurden „heute" in den Rang von Söhnen erhoben, haben die Last der Sünde abgelegt und das königliche Gewand angezogen; „heute" soll die Gemeinde sie umarmen; „heute" wurden sie als Bürger des Himmels eingeschrieben; „heute" haben sie die Worte des Apostels Paulus gehört, der sie eine neue Schöpfung nennt[86]. So konnte Chrysostomus nur in der Osternacht unmittelbar nach der Tauffeier predigen, nicht am Sonntagabend und erst recht nicht am Montag.

Der zweite Hinweis bezieht sich auf einen Satz, aus dem deutlich wird, daß die Taufe zwar bereits vollzogen ist, die Neugetauften aber noch nicht die Eucharistie empfangen haben: „Ihr aber, ihr neuen Soldaten Christi, seid heute als Bürger des Himmels eingeschrieben worden; ihr seid zu diesem geistlichen Gastmahl gerufen und sollt am königlichen Tisch teilnehmen." [87] Hier bekam selbst A. Wenger Bedenken, die Homilie dem Sonntagabend oder dem Montag zuzuweisen[88].

Die vierte Katechese ist also eine Homilie, die wie die dritte auch in der Osternacht gehalten wurde. Da sie nur in der Stavronikita-Reihe erscheint, die dritte aber in beiden Reihen, muß die dritte ihren ursprünglichen Platz als *cat.* 2/4 in der von A. Papadopoulos-Kerameus entdeckten und herausgegebenen Reihe haben. Das aber bringt mit sich, daß die Katechese Φαιδρότερον σήμερον zur dritten der von A. Wenger entdeckten und herausgegebenen Reihe wird, die damit nur noch sieben Katechesen umfaßt, und demnach in dieser Ausgabe als *cat.* 3/3 gezählt wird.

Als Grund für die Aufnahme von *cat.* 2/4 in die Stavronikita-Reihe läßt sich nur annehmen, daß sie offensichtlich so gut und bedeutsam erschien — immerhin war sie als einzige bereits im 5. Jahrhundert ins Lateinische übersetzt und spätestens dadurch von den übrigen

---

85 Vgl. PIÉDAGNEL, Einleitung zu SCh 366, 36f.

86 Vgl. *cat.* 3/3, 1.3.4.6.12.

87 Vgl. *cat.* 3/3, 6: 'Αλλ' ὑμεῖς οἱ νέοι τοῦ Χριστοῦ στρατιῶται, οἱ εἰς τὸν οὐρανὸν σήμερον πολιτογραφηθέντες, οἱ εἰς τὴν ἑστίασιν ταύτην τὴν πνευματικὴν κληθέντες καὶ τῆς τραπέζης τῆς βασιλικῆς ἀπολαύειν μέλλοντες.

88 Vgl. WENGER, in: SCh 50bis, 185 Anm. 3.

ihrer Reihe getrennt worden! —, daß der Schreiber des Manuskripts sie zusammen mit den auf sie folgenden Homilien über den Anfang der Apostelgeschichte in seine Homiliensammlung aufnahm.

d) Die nachösterlichen Katechesen

Wie *cat.* 2/4 und *cat.* 3/3 nicht nur an die eben Getauften gerichtet sind, sondern an die ganze, an der Osternachtfeier teilnehmende Gemeinde, so spricht Chrysostomus auch in den folgenden während der Osterwoche gehaltenen Katechesen — in dieser Ausgabe: *cat.* 3/4–7 — zu einer aus Neugetauften und früher bereits Getauften bestehenden gottesdienstlichen Versammlung. „Mystagogische Katechesen“, wie sie in Jerusalem oder Mailand gehalten wurden, wo man erst nach der Feier der Sakramente jene in sie einführte, die sie empfangen hatten, waren in der Gemeinde des Johannes Chrysostomus nicht üblich, weil hier bereits die Taufbewerber während der letzten Tage ihrer Vorbereitung die für das Verständnis der Sakramente nötige Unterweisung erhalten hatten[89]. Die nachösterlichen Katechesen des Chrysostomus wollten keine Erklärung der Sakramente bieten, sondern Einführung in das christliche Leben sein: Den Neugetauften sollten die aus der Taufe sich ergebenden Verpflichtungen bewußtgemacht werden.

Dies geschah während der Osterwoche. Ostern wurde mit den Neugetauften eine Woche lang gefeiert; an jedem Tag dieser Woche mußten sie sich zum Gottesdienst der Gemeinde einfinden, bei dem ihnen die Unterweisungen erteilt wurden, die für die bereits längere Zeit zuvor Getauften eine wichtige Wiederholung bedeuteten. Es mag ein Zeichen sein für die Ernsthaftigkeit, mit der die Neugetauften ihr christliches Leben begannen, wenn Johannes Chrysostomus in manchen Katechesen mehr der Verflachung des Christentums bei den schon früher Getauften entgegentritt, als daß er den neuen Christen ihre Verpflichtungen vor Augen führt.

Für die vier nachösterlichen Taufkatechesen des Chrysostomus standen die sechs Tage von Montag bis Samstag der Osterwoche zur Verfügung. A. Wenger vermutet, sie seien am Dienstag (*cat.* 3/4: Εἰ καὶ ἡ νηστεία), Mittwoch (*cat.* 3/5: Πάλιν ἱπποδρομίαι), Freitag (*cat.* 3/6: Πολλὴν καὶ διάφορον) und Samstag (*cat.* 3/7: Ἱκανῶς ὑμᾶς εἱστίασαν) gehalten worden, ohne freilich Beweise dafür vorlegen zu können[90]. Daß Chrysostomus offensichtlich nicht jeden Tag predigte, braucht nicht zu verwundern. Er war einer der Prediger in der

---

[89] Vgl. KRETSCHMAR, *Taufgottesdienst* 157.

[90] Vgl. WENGER, Einleitung zu SCh 50bis, 42; möglicherweise hat Chrysostomus die vorletzte Katechese am Freitag der Osterwoche gehalten.

Kirche, in der sich mehrere gute Lehrer (καλοὶ διδάσκαλοι) auch an der Unterweisung der Neugetauften beteiligten[91].

e) Ort und Jahr der Abfassung

Als Ort, an dem *cat.* 3/1–7 gehalten wurden, kann mit Sicherheit Antiochien angenommen werden. Das legt nicht nur die aus ihnen sich ergebende liturgische Ordnung für die Initiation nahe, die mit jener aus den ebenfalls sicher antiochenischen *cat.* 2/1–4 erhellenden voll übereinstimmt, sondern dies beweist auch der Beginn von *cat.* 3/7, wo Chrysostomus über das vorbildliche christliche Leben der „barbarisch" (in diesem Fall syrisch) sprechenden (βάρβαρον ἔχουσι τὴν γλῶτταν) Gottesdienstbesucher vom Land redet[92].

Die sieben Katechesen der Stavronikita-Reihe geben keinen Hinweis, aufgrund dessen man das Jahr genau bestimmen könnte, in dem sie gehalten wurden. A. Wenger hat eine gewisse sprachliche Nähe zu den Genesis-Homilien des Jahres 388 festgestellt. Dieses Jahr kommt jedoch nicht in Frage, weil Chrysostomus selbst bezeugt, daß er in der Osterwoche zu den Neugetauften über den Anfang der

Denn nach dem ältesten bekannten Martyrologium, dem um das Jahr 363 vermutlich in Nikomedien in griechischer Sprache entstandenen, danach weitverbreiteten und im Jahr 411 in Edessa ins Syrische übersetzten sogenannten *Breviarium Syriacum,* war der Freitag der Osterwoche ein Tag, *in qua fit memoria omnium confessorum*, also ein Tag, an dem man aller gedachte, die sich in den Verfolgungen zu Christus bekannt hatten, eine Art Allerheiligentag (RED.S 3,34). Damit wäre besonders zu vereinbaren, daß Chrysostomus in der Katechese keine Heiligennamen nennt. Es geht jedoch aus dem *Breviarium Syriacum* nicht hervor, daß der Anlaß dazu, am Freitag nach Ostern in Antiochien einen Gedenktag aller Märtyrer zu begehen, das Gedächtnis der am Karfreitag des Jahres 341 während der Christenverfolgung durch den Sassanidenherrscher SCHAPUR II. (309–379) gemarterten Blutzeugen gewesen wäre (vgl. BAUMSTARK, *Festbrevier* 251 f; WENGER, Einleitung zu SCh 50bis, 46). In späterer Zeit war in Rom am Freitag der Osterwoche der Stationsgottesdienst in der Kirche Sancta Maria ad martyres (Pantheon). Beim Versuch, den genauen Termin auszumachen, an dem *cat.* 3/6 gehalten wurde, bleibt schließlich noch zu bedenken, daß man sich laut *cat.* 3/7,16 in Antiochien während der Osterwoche offensichtlich häufiger an Märtyrergräbern zum Gottesdienst versammelte.

91 Vgl. *cat.* 3/7,1.

92 Vgl. *cat.* 3/7,2 und dazu die ausführliche Begründung bei WENGER, Einleitung zu SCh 50bis, 60–63.

Apostelgeschichte predigte[93]. Daher können *cat.* 3/1–7 frühestens im Jahr 389 und müssen spätestens im Jahr 397 gehalten worden sein, aus sprachlichen Gründen vermutlich in einem der früheren Jahre.

4. *Zusammenfassung*

Im Unterschied zu Ambrosius in Mailand und Cyrill beziehungsweise Johannes in Jerusalem hat Johannes Chrysostomus in Antiochien seine Taufkatechesen nicht als Bischof, sondern als Presbyter gehalten. Zur gleichen Zeit (388–392) hat möglicherweise sein Freund Theodor von Mopsuestia ebenfalls als Presbyter in Antiochien seine sechzehn katechetischen Predigten gehalten[94]. Es scheint, daß in Antiochien vor allem den Presbytern die Unterweisung der Taufbewerber und der Neugetauften oblag. Wenn dies der Fall war, ist es nicht verwunderlich, daß von Chrysostomus nur zwei Reihen von Taufkatechesen erhalten sind. Es gab mehrere Presbyter in Antiochien, und so war es vermutlich nicht nötig, daß Chrysostomus sich in jedem Jahr der Taufunterweisung widmete.

Andererseits ist nicht vorstellbar, daß alle etwa tausend Taufbewerber Antiochiens[95] in einer einzigen Gruppe gemeinsam unterwiesen wurden. Bei mehreren Gruppen benötigte man immer auch die entsprechende Anzahl von Presbytern zur Unterweisung. Im Jahr des Säulensturzes

---

[93] Vgl. die in Anm. 72 angegebene Stelle und WENGER, Einleitung zu SCh 50bis, 65.

[94] Vgl. ALTANER / STUIBER, *Patrologie* 321; MAZZA, *Mistagogia* 61. Die von H.M. RILEY vorgebrachte Meinung, es sei unwahrscheinlich, daß THEODOR seine Katechesen in Antiochien gehalten habe, weil dort ja zur gleichen Zeit Chrysostomus die seinen gehalten habe, überzeugt nicht, wenn man bedenkt, daß in einer so großen Stadt gut mehrere Prediger zugleich gewirkt haben können. Insofern ist auch die Entdekkung der Taufkatechesen durch A. WENGER nicht unbedingt eine Unterstützung der Position von LIETZMANN, *Liturgie* 72, der Mopsuestia für den Ort hielt, an dem THEODOR (als Bischof) seine Katechesen hielt (vgl. RILEY, *Initiation* 16).

[95] Vgl. PIÉDAGNEL, Einleitung zu SCh 366,43 und Anhang II zu SCh 366,250.

(387) hatte Chrysostomus die Predigten an die Gemeinde zu halten, bei denen selbstverständlich auch Taufbewerber anwesend waren, an die er sich jedoch gesondert nur gleichsam nebenbei wendete (*cat.* 1)[96]. Doch selbst wenn Chrysostomus häufiger als zweimal in seinem Leben Taufkatechesen zu halten hatte, so war größere Abwechslung nur in den nachösterlichen Katechesen verlangt, die außer den Neugetauften auch die übrige Gemeinde hörte. In ihnen konnte er ohne Schwierigkeit seine gewohnte Unterweisung über das christliche Leben vornehmen. Die Einführung in die Mysterien erfolgte aber in Antiochien schon in den während der Quadragesima gehaltenen Katechesen für die zur Taufe in der Osternacht eingeschriebenen Taufbewerber (πρὸς τοὺς μέλλοντας φωτίζεσθαι), die „Photizomenen", die im lateinischen Kulturbereich die *illuminandi*, *electi* oder *competentes* hießen. Darin mußte der Katechet einer jährlich wechselnden Zuhörerschaft immer dieselben Inhalte vermitteln, wie ein Vergleich der *cat.* 2/1–3 und 3/1–2 zeigt. Daß Chrysostomus dies als Meister der Rhetorik nicht in jedem Jahr mit genau denselben Worten tat, ist klar. Trotzdem hätte er es wohl nicht für sinnvoll gehalten, in dem Fall, daß er häufiger, vielleicht alljährlich, die Taufbewerber hätte unterrichten müssen, alle diese Katechesen auch zu veröffentlichen.

Neben den für die Taufe am Osterfest eingeschriebenen Taufbewerbern gab es natürlich eine weit größere Anzahl von Katechumenen, nicht zuletzt von solchen, die die Taufe lange, sogar bis zur Sterbestunde aufschoben, wogegen Chrysostomus in *cat.* 2/1, 3–5 Stellung bezieht[97]. Eigene Unterweisungen für die Katechumenen, die sich nicht in unmittelbarer Vorbereitung auf die Taufe befanden, waren

---

[96] Es mag dahingestellt bleiben, ob in diesem turbulenten Jahr 387 überhaupt eine geregelte Unterweisung der Taufbewerber möglich war.

[97] Vgl. auch *hom. in Io.* 18,1 (PG 59,115) und ähnlich für Konstantinopel *hom. in Act.* 1,6–8 (PG 60,23–26).

offensichtlich nicht vorgesehen. Der Großteil von ihnen wäre wohl auch nicht zur Teilnahme zu bewegen gewesen. Sie feierten, soweit sie wollten, die Gottesdienste der Gemeinde mit Ausnahme der eigentlichen Eucharistiefeier mit und hörten dabei auch die an die ganze Gemeinde gerichteten Predigten. Die von Chrysostomus überlieferten Taufkatechesen wurden alle während der Quadragesima und der Osterwoche gehalten.

Zuordnung der Taufkatechesen zu den früheren Editionen

MF = ed. B. de Montfaucon (PG)
PI = ed. A. Piédagnel / L. Doutreleau (SCh 366)
PK = ed. A. Papadopoulos-Kerameus (Varia graeca sacra)
WE = ed. A. Wenger (SCh 50bis)

Cat. 1:	Τῶν πρώην εἰρημένων	= MF 2	(PG 49,231–240)
Cat. 2/1:	Ὡς ποθεινός	= MF 1	(PG 49,223–232)
		PI 1	(SCh 366,112–162)
Cat. 2/2:	Ἆρα ἀπηλάσατε	= PK 2	(Varia graeca sacra 154–166)
		PI 2	(SCh 366,166–208)
Cat. 2/3:	Ἐσχάτη τῆς κατηχήσεως	= PK 3	(Varia graeca sacra 166–175)
		PI 3	(SCh 366,212–242)
Cat. 2/4:	Εὐλογητὸς ὁ Θεός	= PK 4	(Varia graeca sacra 176–183)
		WE 3	(SCh 50bis,151–167)
Cat. 3/1:	Χαρᾶς καὶ εὐφροσύνης	= WE 1	(SCh 50bis,108–132)
Cat. 3/2:	Φέρε δὴ πάλιν	= WE 2	(SCh 50bis,133–150)
Cat. 3/3:	Φαιδρότερον σήμερον	= WE 4	(SCh 50bis,182–199)
Cat. 3/4:	Εἰ καὶ ἡ νηστεία	= WE 5	(SCh 50bis,200–214)
Cat. 3/5:	Πάλιν ἱπποδρομίαι	= WE 6	(SCh 50bis,215–228)
Cat. 3/6:	Πολλὴν καὶ διάφορον	= WE 7	(SCh 50bis,229–246)
Cat. 3/7:	Ἱκανῶς ὑμᾶς εἱστίασαν	= WE 8	(SCh 50bis,247–260)

Zuordnung der Taufkatechesen zur liturgischen Zeit

387	388	zwischen 389 u. 397
9. April: *Hom. ad pop. Ant.* 19 (PG 49, 187–198)	*30 Tage vor Ostern:* *Cat.* 2/1: Ὡς ποθεινός	*Am Beginn der Quadragesima:* *Cat.* 3/1: Χαρᾶς καὶ εὐφροσύνης
12. April: *Hom. ad pop. Ant.* 20 (PG 49, 197–212)	*20 Tage vor Ostern:* *Cat.* 2/2: Ἄρα ἀπηλάσατε	
Mittwoch in der Karwoche (21. April): *Cat.* 1: Τῶν πρώην εἰρημένων (= *Hom. ad pop. Ant.* 21)	*Mittwoch in der Karwoche:* *Cat.* 2/3: Ἐσχάτη τῆς κατηχήσεως	*Gegen Ende der Quadragesima:* *Cat.* 3/2: Φέρε δὴ πάλιν
Ostern (25. April): *Hom. ad pop. Ant.* 22 (21) (PG 49, 211–222)	*Osternacht:* *Cat.* 2/4: Εὐλογητὸς ὁ Θεός	*Osternacht:* *Cat.* 3/3: Φαιδρότερον σήμερον
	Osterwoche: *Hom. in princ. Act.* 1–4 (PG 51, 65–112)	*Osterwoche:* *Cat.* 3/4: Εἰ καὶ ἡ νηστεία *Cat.* 3/5: Πάλιν ἱπποδρομίαι *Cat.* 3/6: Πολλὴν καὶ διάφορον *Cat.* 3/7: Ἱκανῶς ὑμᾶς εἱστίασαν

II. Inhalt

Wie Johannes Chrysostomus in seinen Homilien niemals nur das Wort der Schrift erklärt, sondern immer aktuelle Fragen der christlichen Lebensführung anspricht, so erläutert er in seinen Taufkatechesen nicht nur das rituelle Geschehen, sondern stellt immer sofort die Beziehung zum

Leben her, das den Erfordernissen der christlichen Moral zu entsprechen hat. Auf eine sittlich einwandfreie Lebensführung richtet er sein Augenmerk nicht nur in den Katechesen während der Osterwoche, da die Neugetauften nur einen Teil der Zuhörerschaft bilden, sondern auch in den Katechesen, in denen er den Taufbewerbern die ihnen bevorstehenden Feiern erläutert.

Ebensowenig wie er der Gemeinde exegetische Vorträge hält, bietet er den Taufbewerbern eine systematisch angelegte Deutung des sie erwartenden liturgischen Geschehens. Vermutlich tut er dies ganz bewußt nicht, weil er wohl weiß, daß es sich vor dem Erlebnis des gottesdienstlichen Vollzugs niemandem einprägen würde, geschweige denn, daß es jemandem überhaupt verständlich wäre. Gerade deshalb werden aber seine Ausführungen so lebendig. Mit Sicherheit ist bei seinen Hörern keine Langeweile aufgekommen, was nicht heißen muß, daß es bei niemandem Überdruß gegeben hätte, wenn der Prediger, gewiß von stets neuen Ideen erfüllt, die immer gleichen, seiner Meinung nach für das christliche Leben erheblichen Themen anschnitt, wie das Vermeiden der schlechten Angewohnheit, ständig zu schwören[98].

Der Mangel an Systematik in seinen Ausführungen und die Tatsache, daß das zu den liturgischen Feiern Gesagte nur einen erstaunlich geringen Teil seiner Taufkatechesen bildet, lassen es gerechtfertigt erscheinen, zunächst die einzelnen Katechesen zu beschreiben[99], bevor dann die erkennbaren Elemente der antiochenischen Initiationsfeier erhoben und vorgestellt werden.

---

[98] Vgl. *cat.* 2/2,2.

[99] Dabei ist bewußt darauf verzichtet, auf Parallelen in anderen Werken des Kirchenvaters hinzuweisen, wie dies die französischen Herausgeber und der englische Übersetzer ausführlich tun; vgl. WENGER, SCh 50bis; PIÉDAGNEL, SCh 366, und HARKINS, ACW 31.

1. *Die „Katechese" aus dem Jahr 387 (cat. 1)*

Cat. 1 — Mittwoch in der Karwoche

Nicht weniger als die nachösterlichen *cat.* 3/4–7 Katechesen an die Neugetauften sind, ist *cat.* 1 Unterweisung der Taufbewerber. Es mag der besonderen Situation im Jahr des Säulensturzes, als Chrysostomus der ganzen Gemeinde, Getauften und Katechumenen zusammen, zu predigen hatte, zuzuschreiben sein, daß er am Mittwoch in der Karwoche, an dem in anderen Jahren den eingeschriebenen Taufbewerbern eine eigene Unterweisung erteilt wurde, in der an die ganze Gemeinde gerichteten Homilie auch die Täuflinge unterwies beziehungsweise unterweisen mußte.

Chrysostomus beginnt mit der Forderung, die Hörer sollten seine Predigten nachhaltig zur Wirkung kommen lassen: Mit dem Hören allein sei es nicht getan, vielmehr müßte das Gesagte im Gedächtnis bewahrt und das Tun danach ausgerichtet werden. Dies nämlich wolle der Name „Kat-echesen" für diese Predigten besagen: Sie sollen nach dem Gottesdienst — mit Hilfe der Gnade Gottes — ein „Echo" in den Hörern geben (1)[100].

Er spricht dann zunächst ausführlich über die Bedeutung des Getauftseins. Zwar besagt nach der Schrift schon die Bezeichnung „Mensch" die Verpflichtung, tugendhaft zu leben (2); noch mehr aber verlangt die Benennung der Getauften als „Gläubige" (3) und, selbst wenn sie schon vor langer Zeit getauft worden sind, als „Neuerleuchtete" (4) ein Leben in der Verbundenheit mit Christus (5), das Antwort ist auf seine Wohltaten. Die Mahnung zu Verhaltens-

---

[100] Die heute als „Katechesen" bezeichneten Predigten des Johannes Chrysostomus sind Taufkatechesen. Die Tatsache, daß er gerade in einer Predigt, die nicht als Taufkatechese im üblichen Sinn gelten kann, erklärt, warum sie „Kat-echese" heiße, macht deutlich, daß er einem anderen Sprachgebrauch folgte.

weisen, die dem Eucharistieempfang mit Hand, Mund und Herz entsprechen, ist an bereits Getaufte gerichtet; weil auch Ungetaufte anwesend sind, spricht Chrysostomus jedoch mit der von der Arkandisziplin gebotenen Zurückhaltung (6) [101].

Den für die Taufe eingeschriebenen Bewerbern gilt die Mahnung, die Sakramente „in hochzeitlichem Gewand" zu empfangen: Wer nicht ein bestimmtes Maß an Tugend erreicht hat, soll sich besser noch nicht taufen lassen (7). Wer getauft werden will, muß vorher umkehren und tugendhaft leben, damit er dem Satan vor der Taufe widersagen (8–10) und im geistlichen Kampf nach der Taufe bestehen kann (11 f). Gott vergibt die Sünden in der Taufe ohne vorhergehendes öffentliches Bekenntnis (13).

Einem geistlichen Leben, das den Alltag des Getauften prägen soll — der Handwerker ist aufgefordert, in seiner Werkstatt bei der Arbeit im Herzen Psalmen „zu singen" —, ist die Armut dienlicher als der Reichtum (14 f), ein bescheidenes Äußeres der Frauen entsprechender als aufwendiger Schmuck (16 f). Die Getauften mögen sich daran erinnern, daß sie einst dem Satan und seiner Pracht abgesagt haben (18), die Taufbewerber die Absage an diese Pracht bewußt vollziehen (19), die unter anderem auch in der Beachtung von Vorzeichen, im Tragen von Amuletten und in der Benützung von Zauberformeln besteht (20–22). Gegen alle Angriffe des Satans sollen sie sich schützen, indem sie beim Verlassen des Hauses für sich das Wort der Absage an den Satan und der Bindung an Christus wiederholen und auf die Stirn das Kreuzzeichen machen.

---

[101] Vgl. *cat.* 2/3, 4 und die dortige Anm. 5.

2. *Die vier Katechesen aus dem Jahr 388 (cat. 2/1–4)*

Die ersten drei Katechesen sind ausschließlich an Taufbewerber gerichtet, die vierte ist die Homilie während der Osternachtfeier der Gemeinde.

a) *Cat.* 2/1 — 30 Tage vor Ostern

In der Vorfreude auf die Taufe nennt Chrysostomus die Taufbewerber bereits Brüder (1) und bittet sie jetzt schon darum, unmittelbar nach der Taufe seiner fürbittend zu gedenken (2). Er gibt seiner Freude darüber Ausdruck, daß sie ihre Taufe nicht bis zum Sterbebett aufgeschoben haben, und schildert in eindringlicher Weise die traurige Situation in dem Haus, in dem ein Sterbender getauft werden soll: Statt Freude herrscht Jammern und Klagen, und mehr als die Worte, mit denen der Arzt den Kranken aufgibt, wird das Auftreten des Priesters als sichere Ankündigung des Todes verstanden (3–5).

Chrysostomus erwähnt sehr allgemein die sittlichen Voraussetzungen für die Taufe (6), um dann, entgegen seinem ursprünglichen Vorhaben, über Tauftermin und Exorzismus zu sprechen (7), das Geschehen der Taufe zu deuten. Nach einem Hinweis auf die Bezeichnungen der Taufe als Bad der Wiedergeburt, Erleuchtung, Tauchung, Begräbnis, Beschneidung und Kreuz, die er mit Zitaten aus dem Neuen Testament belegt (8), erklärt er ausführlich, daß die Taufe ein sich vom profanen Waschen und von den rituellen Waschungen der Juden unterscheidendes Bad ist, da sie die Kraft hat, den Menschen von seinen Sünden zu reinigen, ihn zu heiligen und gerecht zu machen (9–11), und daß sie „Bad der Wiedergeburt“ heißt, weil der Mensch durch sie vollständig erneuert wird wie eine Statue durch die Restaurierung und ein noch nicht gebranntes Tongefäß durch eine Neugestaltung. Es gibt freilich auch die Möglichkeit, den ursprünglichen Zustand, wenn er nach der Taufe verlorengegangen sein sollte, durch strenge Buße wiederherzustellen. Doch ist zu wünschen, daß dies niemals nötig wird (12–15).

Dazu aber ist ein entsprechender Lebenswandel gefordert, in den die Taufbewerber sich einüben sollen: Solange sie nämlich noch nicht getauft sind, befinden sie sich auf dem Übungsplatz, wo Niederlagen noch keine schlimmen Folgen haben (16). Ein besonderes Anliegen ist dem Kirchenvater, daß die Zuhörer sich beim Reden in Zucht nehmen. Die so kleine Zunge kann ein für den Menschen sehr schädliches, aber auch ein sehr nützliches Organ sein (17 f). Großen Schaden richtet sie an, wenn sie zum Schwören mißbraucht wird. Dies zu meiden, zumal es sich ja weitgehend um eine schlimme Angewohnheit handelt, sollen sich schon die Ungetauften bemühen; dabei können sie sich gegenseitig helfen. In zehn Tagen könnte man diese Angewohnheit wohl abgelegt haben. Falls dies nicht gelingt, so sollte man sich selbst eine Buße auferlegen und Genugtuung leisten (19–23).

b) *Cat.* 2/2 — 20 Tage vor Ostern

Einleitend stellt Chrysostomus seinen Hörern die Frage, ob sie sich seine Katechese vor zehn Tagen zu Herzen genommen und die schlechte Angewohnheit des Schwörens abgelegt haben, bedauert dann, daß er auf dieses Thema überhaupt zu sprechen kommen muß, weil er eigentlich in die Feier der Initiationssakramente einführen wollte (1), nimmt aber zunächst, da er vermutet, einige würden sich gewiß gebessert haben, davon Abstand, weiter über das Schwören zu reden (2).

Der auf die Einleitung folgende Abschnitt seiner Katechese ist der Erklärung des eigentlichen Taufvorgangs gewidmet. Er beginnt damit, die Festlegung der Taufe auf den Ostertermin zu begründen: Wenn auch grundsätzlich zu jeder Zeit getauft werden kann und die dabei geschenkte Gnade immer die gleiche ist, bestimmten die Väter Ostern für die Taufe, weil es der Siegestag des Königs Christus über den Tod ist und es daher sinnvoll erscheint, zu Ostern Menschen mit den größtmöglichen Gaben zu beschenken, wie dies bei Siegesfesten irdischer Könige auch geschieht (3). Dann erklärt der Prediger die Taufe als Kreuzigung des alten Menschen und Tod für die Sünde (4), als Begrabenwerden und Auferstehen mit Christus, das anders als bei Christus selbst, wo durch die lange Zeit im Grab der wirkliche Tod bewiesen werden mußte, in ein und demselben Augenblick geschieht (5).

Ein weiterer Abschnitt der Katechese behandelt die Exorzismen, die während der Quadragesima an den Taufbewerbern vorgenommen werden. Diese müssen sich deshalb zu den Exorzisten begeben, und zwar ohne Obergewand, barfuß und mit auf den Rücken gelegten Händen, um dadurch zeichenhaft deutlich zu machen, daß sie sich noch in der Gefangenschaft Satans befinden und der bevorstehenden „Gefangennahme" durch den Herrn zustimmen (6). Im Unterschied zu den Lehrern der Gemeinde, die durch ihre Glaubensunterweisung einen sicheren Grund legen wollen, haben die Exorzisten die Aufgabe, durch ihre Furcht und Schrecken einjagenden Worte den Satan und die Dämonen zu vertreiben (7).

Chrysostomus hatte vor, in einem nächsten Abschnitt zu erläutern, warum die Getauften „Gläubige", die Nichtgetauften „Katechumenen" genannt werden. Dazu kommt es in dieser Katechese nicht mehr, denn die Sorge um das Schwören bedrängt ihn: Er meint, die Taufbewerber hätten diese schlechte Angewohnheit doch noch nicht abgelegt, was im Grunde Bedingung für die Taufe wäre. Er zeigt durch die Geschichte von Herodes und der Tochter der Herodias die Gefährlichkeit gerade dieser Sünde auf: Beim Eid kann es nämlich sein, daß einer auf jeden Fall bestraft wird; wenn er nämlich wie Herodes Unbedachtes geschworen hat, dann kann es sein, daß er entweder gesetzwidrig handeln oder sich des Meineids schuldig machen muß (8 f). Wenn das alles vor der Taufe geschehen sein mag, dann wird die Taufe ebenso davon befreien wie von den Sünden der Unzucht und des Ehebruchs oder von anderen Schlechtigkeiten. Nach der Taufe aber möge man sich die Reinheit bewahren; deshalb ist es nötig, sich vor der Taufe in das rechte Verhalten einzuüben (10).

c) *Cat.* 2/3 — Mittwoch in der Karwoche

Die Feier der Initiationssakramente, in die Chrysostomus in dieser Katechese eine letzte Einführung gibt, steht unmittelbar bevor. Er versteht das Geschehen in der Osternacht als nächtliches Kommen des Bräutigams zur Hochzeit (vgl. Mt 25,6). Der Bräutigam Christus kommt, um seine nackte und häßliche Braut mit sich selbst zu bekleiden — „Ihr alle, die ihr getauft seid, habt Christus (als Gewand) angelegt" (Gal 3,27) — und so in herrlicher Schönheit erstrahlen zu lassen (1f). Wenn auch die leiblichen Augen nur das vordergründige Geschehen sehen können, den Priester, der den Menschen mit seiner Rechten berührt und ins Wasser taucht, so schauen die Augen des Glaubens den Herrn selbst, der den Menschen durch seinen Geist reinigt und heiligt. Dies ist ein Geschehen, das nicht so verschieden ist von dem der Taufe Jesu im Jordan. Darauf weist die Taufformel hin, die Chrysostomus hier bezeugt — sie gilt in der byzantinischen Kirche bis heute —: Der Priester sagt nicht: „Ich taufe den und die", sondern: „Der und die wird getauft"; denn nicht er tauft eigentlich, sondern der dreifaltige Gott. Dieses Geschehen der Wiedergeburt erschließt sich ebenso wie die Geburt des Sohnes Gottes aus der Jungfrau nur dem Glaubenden (3).

Dann erklärt der Prediger den Taufbewerbern, daß sie am Karfreitag zur Todesstunde Jesu in die Kirche geführt werden und mit Christus einen Vertrag schließen sollen. Christus behandelt sie alle gleich, unabhängig von Geschlecht und Herkunft; auch alle im weltlichen Bereich geltenden Rangunterschiede sind belanglos. Die Täuflinge sollen, nachdem sie in die Kirche hineingeführt worden sind, niederknien, die Hände zum Himmel erheben und Gott für die Gabe danken, die er ihnen schenken will. Auf dem Boden kniend werden sie zur Absage an den Satan aufgefordert (4). Chrysostomus erinnert sich voll Schmerz an seine eigene Taufe und an die danach begangenen Sünden (5), fährt aber bald in der Erklärung der Absage an den Satan und seine Pracht, worunter er besonders unsittliche Schaustellungen und abergläubische Praktiken versteht, und der sich daran anschließenden Bindung an Christus (ἀποτάσσομαι — συντάσσομαι) fort (6).

Auf die Absage an den Satan und die Zusage an Christus folgen Besiegelung und Salbung: Der Priester, letztlich freilich Gott selbst (vgl. 2 Kor 1,21), salbt jeden Taufbewerber mit heiligem Öl auf der Stirn. Er tut dies in Kreuzesform, was Chrysostomus apotropäisch (den Bösen abwehrend) deutet. Das Salböl ist aus Balsam und Olivenöl gemischt: Der Balsam gilt der Braut Christi, das Öl dem Athleten, der gegen den Satan zu kämpfen hat. Mit dem gleichen Öl werden die Taufbewerber in der Osternacht vor dem Taufbad am ganzen Körper gesalbt: So können die Angriffe des Teufels an ihnen abgleiten (7).

Die Täuflinge begeben sich zu dem mit Wasser gefüllten Taufbecken, legen ihre Gewänder ab und steigen ins Wasser (8). Chrysostomus bittet sie, als Neugetaufte im Gebet der ganzen Menschheit, der Kirche, des Bischofs und der Presbyter, darunter auch seiner, zu gedenken (9). Abschließend deutet er den Kuß, mit dem die Gemeinde die Neugetauften begrüßt, bevor sie gemeinsam mit ihnen die Feier des Opfers Christi begeht und zum eucharistischen Mahl hinzutritt, als Zeichen der Versöhnung (vgl. Mt 5,23 f). Doch sieht er die Getauften als Tempel Gottes (vgl. 1 Kor 3,16 f; 2 Kor 6,16) und des Heiligen Geistes (vgl. 1 Kor 6,19). Deshalb versteht er den Kuß, den man sich auf den Mund gab, auch von der aus Heidentum und Christentum bekannten Sitte her, Türschwelle und -pfosten vor dem

Betreten der Tempel beziehungsweise der Kirchengebäude zu küssen (10)[102].

d) *Cat.* 2/4 — in der Osternacht

Die Tauffeier ist beendet; die Neugetauften sind mit der übrigen Gemeinde der Getauften versammelt, um die österliche Eucharistie zu halten. Chrysostomus ist erfüllt von Freude und Begeisterung: Er preist Gott dafür, daß die Taufe die Menschen zum Leuchten gebracht hat wie Sterne, die heller sind als die am Firmament und darum auch am Tag gesehen werden und als Morgensterne gelten können (1–4). Er erwähnt im Lobpreis Gottes außer dem Sündennachlaß zehn weitere Wirkungen der Taufe: Sie macht frei, heilig und gerecht; die Neugetauften sind Söhne, Erben, Brüder Christi, seine Miterben, Glieder seines Leibes, Tempel des Heiligen Geistes und seine Werkzeuge (5). In diesen zehn Gaben sieht er eine Begründung für die Kindertaufe (6). Nun kommt es darauf an, dem großen Geschenk entsprechend zu leben (7).

Mit dem Tauftag ist die Übungszeit vorbei, und der Wettkampf, der Kampf gegen den Teufel, hat begonnen (8). Dabei ist Christus freilich nicht wie ein Schiedsrichter unparteiisch, sondern steht auf der Seite der Getauften (9). Wenn der Teufel in diesem Kampf siegt, so wird er wie einst im Paradies bestraft; setzt sich aber der Christ dank der von Christus erhaltenen Waffen durch, so erhält er den Siegeskranz (10 f).

Darüber hinaus ist dem Christen auch das eucharistische Mahl bereitet, durch das er sich zum Kampf stärken und durch das gekräftigt er den Satan überwinden kann (12).

---

[102] Vgl. hierzu *hom. in 2 Cor.* 30,2 (PG 61,606 f) und DÖLGER, *Kuß der Kirchenschwelle*. Noch heute kann man während des Heiligen Jahres (vor allem südländische) Pilger sehen, die den Türstock der geöffneten Porta Sancta in den römischen Patriarchalbasiliken küssen, bevor sie die Kirche betreten.

Vom alttestamentlichen Typos her, dem Blut des fehlerlosen Lammes, das, vor dem Auszug aus Ägypten auf die Türpfosten gestrichen, das jüdische Volk rettete, kann man auf die rettende Kraft des Blutes Christi schließen (13–15). Zusammen mit Wasser kam es aus der Seite des am Kreuz gestorbenen Christus hervor und weist auf die Eucharistie wie jenes auf die Taufe hin (16). Die durch diese beiden Sakramente sich bildende und stets erneuernde Kirche erschuf Christus also aus seiner Seite, wie er einst Eva aus der Seite Adams erschuf (17f). Christus nährt uns mit seinem Blut wie eine Frau ihr Kind mit ihrem Blut und ihrer Milch (19). Die Größe dieses Geschenks und der mit Christus geschlossene Vertrag verpflichten zu einem entsprechenden Leben, in dem man sich nicht wieder dem alten Vertrag unterwirft; denn der alte Schuldschein ist durch den Tod Jesu am Kreuz zerrissen (20–22).

Das Bemühen aller Getauften muß dahin gehen, sich nicht neue Schuld zuzuziehen, da es kein zweites Kreuz und keine zweite Taufe gibt, wenn auch Vergebung der Schuld auf andere Weise möglich bleibt (23). Anschließend stellt Chrysostomus den Auszug aus Ägypten als Typos dem Geschehen der Taufe gegenüber und weist auf, daß dieses sein Vorausbild in vielfacher Hinsicht übertrifft (24f). Auch das Geschehen der Eucharistie hat seinen alttestamentlichen Typos: Mose ließ das Manna zur Erde herab- und Wasser aus dem Felsen hervorkommen; der Bischof beziehungsweise Christus selbst reicht in der Eucharistiefeier die ewige Speise und läßt aus dem Altar Quellen des Geistes hervorsprudeln (26). Beim Hinzutreten zum eucharistischen Mahl sind ein aufrichtiges Herz und ein reines Gewissen erforderlich (27).

3. Die sieben Katechesen aus einem Jahr zwischen 389 und 397 (cat. 3/1–7)

Die ersten beiden Katechesen sind ausschließlich an Taufbewerber gerichtet, die dritte ist die Homilie während der Osternachtfeier der Gemeinde; die letzten vier Katechesen sind während der Osterwoche ebenfalls für die ganze Gemeinde gehalten.

a) *Cat.* 3/1 — am Beginn der Quadragesima

Chrysostomus beginnt diese längste seiner Katechesen damit, daß er die Freude über die bevorstehende Taufe zum Ausdruck bringt, die er mit einer geistlichen Hochzeit und einer Heerschau vergleicht (1); über die große Zahl derer, die umkehren und sich taufen lassen, freuen sich die Bewohner des Himmels und der Erde (2). Das Bild der Hochzeit führt er nun weiter aus: Der Bräutigam Christus geleitet eine Braut heim, die aufgrund ihrer Sünden häßlich, mißgestaltet und schmutzig ist (3f): Sie hatte sich dem Götzendienst verschrieben, unehrenhaftem Vergnügen und schändlichem Zeitvertreib (5). Der Herr nahm sich aber gerade dieser armseligen Braut an, redete ihr gut zu und forderte sie auf, alles, was hinter ihr liegt, zu vergessen: den Götzendienst, die Verirrungen, den Dämonenkult, ja den ganzen früheren Lebenswandel (6–9). Von der Seele ist die Rede, denn deren Mißgestalt läßt sich im Unterschied zu der eines Körpers in eine schöne Gestalt verwandeln (10).

Das Taufgeschehen wird noch weiter vom Bild der geistlichen Hochzeit her betrachtet: Die Braut muß ihr Elternhaus vergessen und sich mit ihrem ganzen Denken auf den Bräutigam ausrichten, den sie vor dem Abend der Hochzeit noch nicht gesehen hat (11f), und ebenso muß der Mann sich an seine Frau binden (13). Bei der irdischen Hochzeit überzeugt sich der Mann vorher von der Schönheit, dem Wohlstand und dem Vermögen seiner Braut (14), bei der geistlichen Hochzeit nimmt Christus auch die weniger Schönen, die Armen und jene, die von niederer Abstammung sind, an (15). Wie bei einer irdischen Hochzeit wird auch bei der geistlichen von der Braut ein Vertrag geschlossen: Er besteht in der Absage an den Satan und der Bindung an Christus, worauf der Kirchenvater in dieser Katechese noch nicht weiter eingeht. Der Bräutigam aber bringt wie bei einer irdischen Hochzeit auch bei der geistlichen Geschenke: Es ist sein für die Reinigung und Heiligung der Braut vergossenes Blut (16–18).

Antwort auf das Entgegenkommen des Herrn, der von den Taufbewerbern keine Buße fordert und nicht nach ihren Sünden fragt, sowie Fundament der Frömmigkeit ist der Glaube (19). Deshalb legt der Kirchenvater mit wenigen Worten das Taufsymbolum aus: Er spricht über den Glauben an den Vater, an seinen gleichwesentlichen Sohn, der Mensch geworden ist, gekreuzigt wurde und auferstanden ist — an diesem Glauben ist gegen Arius (Unterordnung des Sohnes unter den Vater) und Sabellius (Vermischung der drei göttlichen Personen) festzuhalten —, und an den Heiligen Geist (20–23). Der Kirchenvater traut den Taufbewerbern noch nicht zu, daß sie selbst die Irrlehrer widerlegen können; so mahnt er sie, Unterhaltungen und überhaupt das Zusammensein mit ihnen zu meiden (24).

Der Glaube soll sich im Tun bewähren. In der Taufe schenkt Gott die Tilgung auch der größten Sünden (25). Auf dieses Geschenk sollen sich die Taufbewerber vorbereiten, indem sie das Böse meiden und Gutes tun (26). Christus ruft alle in seine Nähe: Arme und Reiche, Sklaven und Freie, Männer und Frauen, Junge und Alte, Gesunde und Kranke (27), vor allem auch die Sünder (28). Er fordert sie auf, sein Joch auf sich zu nehmen (29), seine Güte und Demut nachzuahmen (30f), die früheren schlechten Gewohnheiten zu ändern (32) und sich um die Frucht des Geistes zu bemühen (33).

Die Frauen werden gemahnt, sich nicht mehr um äußeren Schmuck, aufwendige Kleider, Frisuren, Gold und Perlen zu kümmern, sondern sich um den Schmuck guter Werke zu bemühen (34–36). Vor allem sollen sie auf Schminke verzichten, weil dadurch der Anschein erweckt wird, als habe der Schöpfer ein mangelhaftes Wesen erschaffen (37); zumindest wenn sie in die Kirche kommen, sollen sie sich nicht herausputzen, weil Gott auf die innere Schönheit Wert legt (38). An Männer und Frauen zugleich wendet Chrysostomus sich, wenn er dazu mahnt, sich die abergläubischen Bräuche der Heiden schon vor der Taufe abzugewöhnen (39f), wenn er zur Versöhnung aufruft (41) und den völligen Verzicht auf das Schwören fordert (42), wenn er den Besuch der Pferderennen, der unsittlichen Schauspiele und der Kampfspiele zwischen Menschen und wilden Tieren untersagt (43). Eine den Bezeichnungen „Christ“ und „Gläubiger“ entsprechende Lebensweise ist von jetzt an verlangt (44f), vor allem geistliches Bemühen (46). Dies wird Gott zu größerem Wohlwollen und den Prediger zu bereitwilligerer Unterweisung veranlassen (47).

b) *Cat.* 3/2 — gegen Ende der Quadragesima

Diese kurz vor Ostern gehaltene Katechese dient vor allem der unmittelbaren Vorbereitung auf die Feier der Sakramente. Nachdem Chrysostomus den Taufbewerbern die allen menschlichen Leistungen zuvorkommende, in der Taufe sich zeigende Großzügigkeit Gottes in Erinnerung gerufen hat (1f), legt er dar, daß Gott von Anfang an ähnlich menschenfreundlich gehandelt hat: Als der Mensch im Paradies sein Gebot übertreten hatte (3), bemaß er die Bestrafung nicht nach der Verfehlung. Er sah zwar über das Vergehen des Menschen nicht einfach hinweg, doch bestrafte er ihn sehr zurückhaltend, indem er ihn aus dem Paradies entließ und nur zu Mühe und Plage verurteilte (4f). Durch sein Wohnen in der Nähe des Paradieses sollte er sich ständig an die verlorenen Güter erinnern und sich für die Zukunft die Befolgung der Gebote Gottes vornehmen (6). Um sich der Güte Gottes bewußt zu werden, muß man bedenken, daß der Teufel dem Menschen die Gottgleichheit versprach und ihm damit den Tod brachte, Gott ihm aber durch den Tod die Unsterblichkeit und den Himmel eröffnete (7). Wenn Gott dem Menschen, der angesichts der empfangenen Wohltaten undankbar war, wieder seine Güte erwiesen hat, so wird er erst recht den Taufbewerbern, die sich der bisher schon geschenkten Gaben würdig erweisen, noch reichere schenken (8).

Nun kommt der Prediger auf die den Taufbewerbern bevorstehenden Feiern zu sprechen. Um das, was sich unter den äußeren Handlungen vollzieht, „sehen“ zu können, bedarf es der Augen des Glaubens (9): Durch die Hand des taufenden Bischofs wirkt die Gnade des Heiligen Geistes (10); Taufe ist Begrabenwerden des alten Menschen und Auferstehen des neuen, Ablegen des von Verfehlungen beschmutzten Gewandes und Anlegen eines fleckenlosen, das Christus selbst ist (vgl. Gal 3,27) (11).

Als ersten Ritus erklärt Chrysostomus den Exorzismus, durch dessen Worte der Teufel veranlaßt wird zu fliehen und der Taufbewerber Reue empfinden soll (12). Dabei sind weltliche Rangunterschiede der Taufbewerber belanglos (13). Alle machen durch ihre Haltung deutlich, daß sie Gefangene des Teufels sind und aus dessen Herrschaft befreit werden müssen (14). Die Bürgen werden aufgefordert, ihre Aufgabe ernst zu nehmen (15); nicht umsonst heißen sie „geistliche Väter“ (16).

Den nächsten Ritus, den der Kirchenvater erklärt, die Absage an den Satan und die Bindung an Christus, nennt er einen Vertragsabschluß (17f). Chrysostomus wird sich dabei seiner eigenen Nachlässigkeit bewußt und bittet um das Gebet für sich (19). Der Vertrag wird mit wenigen Worten geschlossen, die aber im Himmel hinterlegt werden (20) und Christus dafür genügen, daß er seine Gaben schenkt (21). Die folgende Salbung der Stirn mit dem Öl im Zeichen des Kreuzes, die apotropäische Wirkung hat, ist der Beginn des geistlichen Kampfes (22f).

In der Osternacht werden die Täuflinge am ganzen Körper gesalbt, damit sie für den bösen Feind unangreifbar werden (24). So ausgerüstet, steigen sie in das Taufbecken, und der Heilige Geist wirkt durch die Worte und die dreimal den Kopf des Täuflings untertauchende Hand des Priesters das Wunder der Taufe. Die passivische Taufformel macht deutlich, daß der Priester nur Diener ist bei diesem Geschehen, der eigentlich Handelnde jedoch der dreifaltige Gott (25f). Nach der Umarmung der Neugetauften durch die ganze Gemeinde feiert man gemeinsam die Eucharistie (27).

Chrysostomus schließt die Katechese, indem er die antiochenische „Mystagogie", die vor der Feier erfolgt, rechtfertigt (28) und die Kandidaten dazu auffordert, nach der Taufe für sich selbst die Hilfe Christi zu erbitten, aber auch für die Kirche zu beten und für jene, die sich noch nicht zur Taufe entschließen konnten, was der Herr als Werk der Nächstenliebe vergelten wird (29–31).

c) *Cat.* 3/3 — in der Osternacht

Zu Beginn dieser österlichen Homilie läßt Johannes Chrysostomus seiner Begeisterung über die Neugetauften freien Lauf: Ihre geistliche Mutter, die Kirche, freut sich über ihre „Geburt" (1), und wenn man sich im Himmel über einen einzigen Sünder, der umkehrt, freut, muß auf Erden die ganze Gemeinde über eine so große Anzahl Neugetaufter in Jubel ausbrechen und Gott lobpreisen (2): Strahlender sind diese als die (zur Zeit, zu der diese Katechese gehalten wurde, vermutlich gerade verblassenden) Sterne; denn sie leuchten auch am Tag und übertreffen sogar die (wohl bereits aufgegangene) Sonne (3). Die Gemeinde wird aufgefordert, sich ihnen liebevoll zuzuwenden; sie selbst sollen über die Güte des Herrn und das von ihm erhaltene

Geschenk nachdenken (4). Im Grunde sind sie bereits im Himmel und brauchen vor dem Teufel, der das von ihnen ausgehende Licht flieht, keine Angst zu haben (5). Zur Teilnahme an der Eucharistie gerufen, sollen sie ein den empfangenen Gaben entsprechendes Leben führen (6).

Paulus ist das große Vorbild: Er hatte die Kirche verfolgt, da erleuchtete ihn Gott und reinigte ihn durch die Taufe von allen Sünden (7). Aus Unwissenheit war er gegen die Kirche tätig geworden, durch das Licht der Erkenntnis völlig umgewandelt, zögerte er keinen Augenblick, die Wahrheit zu verkünden und sich leidenschaftlich für sie einzusetzen (8–10). Ihn sollen die Neugetauften Antiochiens nachahmen, wofür sie dann vom Herrn, der sie als Sünder schon so reich beschenkt hat, noch größere Gnaden erwarten dürfen (11).

Von der Paulus-Lesung der Osternacht (u. a. 2 Kor 5, 17) ausgehend, stellt der Prediger das Geschehen der Taufe als Neuschöpfung dar; darauf müssen die Neugetauften mit einem veränderten Lebenswandel antworten (12–16). Wie die Inhaber öffentlicher Ämter sich durch ihre Uniformen zu einwandfreiem Verhalten veranlaßt sehen, so müssen die Neugetauften, in denen der dreifaltige Gott Wohnung genommen hat, eine gewissenhafte Lebensführung vorweisen (17) und auf diese Weise, gemäß dem Herrenwort, ihr Licht vor den Menschen leuchten zu lassen, damit sie ihre guten Werke sehen (vgl. Mt 5, 16), andere zur Nachahmung und zum Lobpreis des Herrn bewegen (18–21). Mit einem anderen Bild: Das neuangelegte Kleid soll für immer seinen strahlenden Glanz behalten (22). Die Anstrengungen zur Bewahrung der Taufgnade müssen sofort beginnen: Zu bedenken ist besonders, daß beim Gericht über jedes unnütze Wort Rechenschaft abzulegen ist (23).

Daher sind alle weltlichen und fruchtlosen Gespräche zu meiden (24). Chrysostomus fordert hier weit mehr an Aszese, als in der Welt lebenden Christen auferlegt werden kann. Er stellt die Mönche als Vorbild hin, wenn er verlangt, den Mund nur zum Hymnengesang und zum Lobpreis Gottes, zur Lesung der Schrift und zum geistlichen Gespräch zu öffnen. Zusammenkünfte, auf denen nur dummes Zeug geredet wird, soll man meiden (25). Das äußere Auftreten soll in jeder Hinsicht diszipliniert sein (26). Wenn alle empfangenen Gaben geistlicher Art sind, muß der Getaufte in all seinem Tun vom Geist bestimmt und darf nicht den Dingen dieser Welt verfallen sein (27–29).

Der geistliche Reichtum muß gehütet (30), der Vertrag mit dem Herrn gehalten werden (31). Treue im Kleinen hilft dazu, sich vor größeren Verfehlungen zu schützen. Kommt dann noch die Stärkung durch den regelmäßigen Empfang der Eucharistie hinzu, so kann der Teufel nichts ausrichten (32). Der einzelne Christ wird unbezwingbar, was der Kirche zur Freude gereicht und dem Herrn zum Lobpreis (33).

d) *Cat.* 3/4 — während der Osterwoche

Nach Abschluß der Fastenzeit hält Chrysostomus es für nötig, seine Gemeinde zum „wahren Fasten" aufzufordern, nämlich nicht zum Verzicht auf Speisen und zur Vernachlässigung der Körperpflege, sondern zur Vermeidung von Sünden, die alle im unmäßigen Essen und Trinken ihre Wurzel haben (1–3). Es ist gewiß nötig, sich nicht an Wein zu betrinken. Doch sind auch die Formen der „Trunkenheit" zu meiden, die in Zorn, eitler Ruhmsucht, Überheblichkeit und anderen Leidenschaften bestehen und ebenso verwerflich sind wie übermäßiger Weingenuß oder gar noch schlimmer als dieser (4–7).

Wer sich an Wein berauscht hat, ist nicht mehr in der Lage, seinen Verstand richtig zu gebrauchen und sich im Reden die nötige Zurückhaltung aufzuerlegen (8). Überaus anschaulich schildert der Kirchenvater die Auswirkungen des Trunkenseins und den abstoßenden Anblick der Betrunkenen, die in einem elenderen Zustand sind als Besessene und denen das Reich Gottes verschlossen bleibt (vgl. 1 Kor 6,10) (9–11).

Der Prediger meint, er wisse wohl, daß die Anwesenden von diesen Leidenschaften frei seien; sonst wären sie ja nicht im Gottesdienst. Doch spreche er davon, damit seine Hörer die anderen erziehen und selbst niemals dieser Leidenschaft verfallen (12). Weil die Betrunkenen unvernünftiger sind als Tiere, die niemals über den Durst trinken, sollen die Gottesdienstteilnehmer sie aus christlicher Nächstenliebe zu bessern versuchen (13f). Anlaß zu dieser ausführlichen Stellungnahme gegen das Übel der Trunkenheit ist die Tatsache, daß die während der Quadragesima geübte Zucht zu Ostern leicht in Nachlässigkeit umschlägt, die enthaltsame Lebensweise also in Unmäßigkeit (15).

Als abschreckendes Beispiel für solche Nachlässigkeit erwähnt Chrysostomus das Verhalten der Israeliten nach der Befreiung aus Ägypten (16f). Vor der darin zum Ausdruck kommenden Undankbarkeit sollen sich die Christen, vor allem die Neugetauften hüten (18). Gerade diese sollen sich Paulus zum Vorbild nehmen, bei dem die Taufe eine radikale Veränderung seiner Gesinnung und seines Verhaltens bewirkte (19). Dann werden sie nicht nur einige Tage, sondern über Jahre hinweg, ja ihr ganzes Leben hindurch „Neugetaufte“ heißen können; sie werden nicht wie der Zauberer Simon schon nach kürzester Zeit die Gnade wieder verlieren (vgl. Apg 8,18f), sondern im Gegenteil immer wieder neue Gnaden von Gott geschenkt bekommen. Nachdem Gott uns seine Gnade geschenkt hat, liegt ihre Bewahrung nämlich allein an uns (20–23).

Daher sollen die Neugetauften wachsam sein, die früher schon Getauften — Chrysostomus schließt sich selbst ausdrücklich ein — mögen ihr Leben ändern (24). Während verlorene Schönheit des Körpers nicht wiederherzustellen ist, besteht bei der Seele die Möglichkeit, ihre frühere Schönheit zurückzugewinnen. Die Neugetauften mögen als neue Soldaten Christi ihre geistlichen Waffen dem bösen Feind entgegenhalten, der sich vor ihnen zurückziehen wird (25–28).

e) *Cat.* 3/5 — während der Osterwoche

Die Menge hatte sich im Hippodrom zum Pferderennen eingefunden; als Einlagen wurden Theatervorführungen geboten, bei denen auf Sittsamkeit wenig geachtet wurde. Der Gottesdienstbesuch war sofort zurückgegangen. Chrysostomus hatte es geahnt und vorher schon dazu gemahnt, nicht alle in der Quadragesima angenommenen guten Gewohnheiten wieder aufzugeben. Vergeblich! Man denkt nicht mehr an die vierzigtägige Bußzeit, die Osterfeier, den Empfang der Sakramente (1). Dem Prediger verursacht das Schmerz. Er spürt sogar die Versuchung zur Mutlosigkeit, auch wenn er sich sicher ist, daß er seines Lohnes nicht verlustig gehen wird. Doch es geht ihm nicht nur um seinen Lohn, sondern auch um den Schaden, den die Abwesenden sich zufügen, weil sie nach seinen Belehrungen und Unterweisungen, Ermahnungen und Aufforderungen um so größere Strafe zu erwarten haben (2–5). Außerdem werden sie durch ihr Verhalten anderen zum Ärgernis und verführen sie (6f).

Dagegen sollte man auf den Rat des Apostels Paulus achten, der dazu auffordert, alles zur Ehre Gottes zu tun (vgl. 1 Kor 10,31) (8). Hinsichtlich des Essens und Trinkens heißt das: Gott Dank zu sagen, beim Essen nicht über weltliche Dinge zu reden und Unmäßigkeit zu meiden (9). Ganz allgemein bedeutet es: Sich aller bösen Werke zu enthalten und nichts zu tun, was nicht der Verherrlichung Gottes dient, das heißt eine vollkommene Lebensführung anzustreben (10f). Man suche Umgang mit Notleidenden oder Gefangenen, wende sich Waisen und Witwen zu, die in bescheidenen Verhältnissen leben, verschwende seine Zeit nicht mit unnützen Zusammenkünften, sondern gehe in die Kirche, ziehe Unterhaltungen über weltliche und unnütze Dinge nicht in die Länge, sondern führe Gespräche, die anderen Nutzen bringen (12f).

Vorsicht ist geboten, wenn man um sein Heil besorgt ist. Darum verdienen die Abwesenden Tadel: Sie wurden in der Kirche unterwiesen, haben die Sakramente empfangen und geben nun anderen durch ihr Verhalten Ärgernis (14–16). Chrysostomus weiß, daß jene, denen seine Vorwürfe gelten, nur dann davon Nutzen haben werden, wenn die Anwesenden sie ihnen weitersagen. Daher trägt er ihnen diese Sorge um das Heil ihrer leichtsinnigen Mitchristen ausdrücklich auf: Auch das ist Tun zur Verherrlichung Gottes (17f). Wem aber das Heil seines Bruders am Herzen liegt, der ahmt auf menschliche Weise Gott nach und folgt dem Beispiel der Liebe Christi, der für die Menschen sein Blut vergossen hat (19f).

Die Katechese schließt mit einer Ermahnung an die Neugetauften, zu denen Chrysostomus freilich nicht nur die in diesem Jahr Getauften rechnet. Auch ein alter Mensch kann, wenn er sich die Gnade bewahrt hat, ein „Neugetaufter" sein (21f). Darum gelten seine Worte allen: Die früher Getauften sollen den Schmutz, den sie sich durch ihre Sünden zugezogen haben, durch Umkehr beseitigen, die Neugetauften aber sich die Schönheit ihrer Seele unbefleckt bewahren; das ist leichter, als sie nach dem Verlust wiederzugewinnen (23). Während der ganzen Osterwoche sollen sie daher zum Gottesdienst kommen, der wie eine Hochzeitsfeier sieben Tage hindurch fortgesetzt wird, ja eigentlich das ganze Leben lang dauern kann (24). Ihr Eifer wird den Bräutigam Christus zu noch größerer Liebe bewegen, und sie werden im Laufe der Zeit durch die wachsende Gnade noch heller und glänzender erscheinen (25).

f) *Cat.* 3/6 — (vermutlich am Freitag) während der Osterwoche

Chrysostomus wertet es als Zeichen der Fürsorge Gottes, daß er den Menschen die Reliquien der Märtyrer, deren Seelen er zu sich nahm, überlassen hat. Denn die Märtyrer, die man (zur damaligen Zeit) nur an ihren Gräbern verehrte, mahnen zu Eifer im christlichen Leben und ermuntern zur Nachahmung. Die mit dem Gottesdienst an ihren Grabstätten verbundene Erinnerung an ihr Leiden kann dies besser, als Worte es vermögen. Außerdem haben sie aufgrund ihrer Nähe zum Herrn die Möglichkeit, uns durch ihre Fürbitte zu helfen (1–4).

Die Märtyrer sind geistliche Ärzte, zu denen man bei körperlichen und seelischen Leiden ohne große Mühe in gläubigem Vertrauen seine Zuflucht nehmen und geheilt werden kann (5–7). Der Prediger berichtet von zwei Gebetserhörungen, die aber nicht die einzigen waren (8 f). Wie zu Wasserquellen kann jeder sich zu diesen geistlichen Quellen begeben (10 f). Chrysostomus kommt nun, vermutlich weil die Verse Kol 3, 1–4 in der Lesung vorgetragen worden sind, auf die für alle in der Welt lebenden Christen geltende Forderung des Apostels zu sprechen, den Sinn auf das Himmlische zu richten (vgl. Kol 3, 1 f) (12). Dies bedeutet zugleich, sich nicht Irdischem zuzuwenden (vgl. Kol 3, 2), dem, was der Welt wertvoll erscheint, in Wirklichkeit aber vergänglich und wertlos ist. Das Himmlische ist dagegen unzerstörbar und unvergänglich. Wer darauf sein Sinnen richtet, dem wird nach dem Wort des Herrn alles andere hinzugegeben (vgl. Mt 6, 33) (13–16).

Weil die Märtyrer sich auf die künftigen Güter ausgerichtet hatten, erlangten sie diese im Überfluß und erfreuen sich darüber hinaus unserer Verehrung, auf die sie zwar nicht angewiesen sind, von der wir aber Nutzen haben (17). Anschaulich schildert der Prediger ihr Martyrium, durch das sie an ihrem Glauben nicht irre wurden (18 f). Ausrichtung auf das Himmlische meint für Paulus Ausrichtung nicht auf andere himmlische Wesen, sondern allein auf Christus (20). Dies ist dem Getauften möglich, da er der Sünde und allen Leidenschaften, ja überhaupt diesem irdischen Leben gestorben ist und mit Christus lebt (21f). Neugetaufte und früher schon Getaufte sollen, dem Rat des Apostels entsprechend, dem irdischen Leben wie Fremde gegenüberstehen, obwohl sie sich inmitten dieser Welt befinden (23).

Die Christen sollen sich durch ihre einwandfreie Lebensführung ihre seelische Reinheit bewahren und bei allen bekannt werden. Der Brauch, nach der Taufe ein weißes Kleid anzulegen, muß auch in der Gemeinde von Antiochien bekannt gewesen sein, obwohl Chrysostomus ihn bei der Einführung in die Riten der Osternacht nicht eigens erwähnt. Hier spricht er vom leuchtenden Gewand, das die Blicke aller auf die Neugetauften lenkt, bezeichnet freilich dieses Kleid gleich darauf als „geistliches Gewand“ und „Kleid der Tugend“, das um so strahlender wird, je mehr man sich um die Bewahrung seiner Schönheit bemüht (24).

Diese kann man sich erhalten durch Gebet, Danksagung für alles, was einem geschenkt wurde, und Bitte um dessen Bewahrung, also durch den vertrauten Umgang mit dem Herrn (25f). Zum Gebet aber muß das Almosen hinzukommen (27). Als Vorbild nennt Chrysostomus den Hauptmann Kornelius, der trotz seines Militärdienstes ein Leben führte, das von eifrigem Gebet und reichlichem Almosengeben geprägt war (vgl. Apg 10,4) (28f). Die Soldaten sollen Kornelius nachahmen; doch nicht nur für sie ist er Vorbild, sondern für alle, selbst für die Mönche und für jene, die im kirchlichen Dienst stehen (30f). Abschließend empfiehlt Chrysostomus noch, sich um Selbstbeherrschung und Heiligung zu bemühen (32). Alle sittliche Anstrengung wird dazu helfen, zur Vollkommenheit zu gelangen (33).

g) *Cat.* 3/7 — (vermutlich am Samstag) während der Osterwoche

An diesem Tag sind Mönche aus dem Umland Antiochiens zum Gottesdienst erschienen. Obwohl sie nur syrisch verstehen und sprechen, begrüßt sie Chrysostomus in griechischer Sprache mit großer Herzlichkeit (1). Er lobt ihre christliche Lebensweise: Wie Paulus verdienen sie sich mit ihrer Hände Arbeit den Lebensunterhalt und sammeln Schüler um sich, denen sie die Heilige Schrift vorlesen und erklären (2 f). Alle Unmäßigkeit liegt ihnen fern. Indem sie sich die ganze Zeit, die ihnen bleibt, dem Hymnengesang und dem Gebet widmen, ahmen sie die Engel nach. Alle leiblichen Bedürfnisse stellen sie zurück und jeden irdischen Prunk lehnen sie ab (4 f). Sie wissen in ihren irdischen Aufgaben Bescheid, verlieren darüber aber keine Worte, sondern sind mit ihren Gedanken ganz bei den überirdischen Dingen (6).

Beispielhaft für solches Verhalten war Abraham: Er verließ sich ganz auf Gott, und dieser erklärte ihn daraufhin — auch damit wir ihn nachahmen — als gerecht. Abraham war ganz auf das ausgerichtet, was er sich nur im Geist vorstellen konnte: Gott hatte ihn aus seiner Heimat in ein anderes Land, nach Palästina, ziehen lassen; er aber sehnte sich nach der ewigen Heimat im Himmel, nach der man nur im Glauben streben kann (7–10).

Der Prediger prangert nun das dem Verhalten Abrahams und der anderen Gerechten entgegengesetzte Verhalten vieler Christen an: Während den Gerechten irdische Güter verheißen waren und sie nach der himmlischen Wirklichkeit verlangten, haben wir die Verheißung überirdischer Güter und sind auf irdische ausgerichtet; diese sind allesamt vergänglich wie Reichtum und menschlicher Ruhm oder veränderlich wie die einzelnen Stellen einer Radfelge, die einmal oben und einmal unten sind (11–13). Flüchtig sind die irdischen Güter, zuverlässig und fest dagegen die Verheißungen Gottes (14 f).

Darum sollen sich Neugetaufte und früher Getaufte um die bleibenden und unveränderlichen Güter bemühen (16). Ferner werden sie aufgefordert, täglich am Morgen und am Abend zur Kirche zu kommen, um am morgendlichen und abendlichen Stundengebet der Gemeinde, an „Laudes" und „Vesper", teilzunehmen: Lobpreis Gottes und Bitte um Gottes Hilfe für den Tag beziehungsweise Zufluchtnahme bei Gott, Herabrufen seiner Güte und Bitte um seine Vergebung sind die Motive dieser Gebetsgottesdienste (17f) [103].

Abschließend und damit als letzte Ermahnung an die Neugetauften legt Chrysostomus seinen Hörern nochmals die Sorge um die geistlichen Dinge nahe, weil Gott dann auch die materiellen reichlich schenken wird. Alle Freizeit sollen wir auf das Geistliche verwenden, uns mit allem Eifer um unsere Seele kümmern (19–21). Die Sorge für das Größte in uns, für die Seele, hat Gott uns selbst überlassen; die Sorge für die Bedürfnisse des Leibes übernimmt er. Hinsichtlich dieser sollen wir es als vernunftbegabte Wesen gemäß Mt 6,26 ebenso machen wie die vernunftlosen Vögel: die Sorge Gott überlassen (22f). Gegenüber dem Verlangen nach den geistlichen und künftigen Gütern muß alles andere für uns zweitrangig sein (24). Vor allem die Neugetauften sollen täglich darauf achten, sich den Glanz ihres geistlichen Gewandes zu bewahren (25).

---

[103] Die beiden Horen bestanden in der Gemeinde des Chrysostomus nur aus einem täglich gleichbleibenden Psalm — Ps 63 (62) am Morgen, Ps 141 (140) am Abend —, der gemeinsam von der ganzen Gemeinde gesungen wurde, und dem Allgemeinen Gebet. Diese Struktur entspricht der in den um 380 in Antiochien zusammengestellten *Const. apost.* 8, 35,2 – 39 (SCh 336, 246–254) angegebenen. Während *Const. apost.* jedoch auch das Gebet für Katechumenen, Energumenen und Büßer sowie deren Entlassungen erwähnen und somit auch deren Teilnahme an diesen Gebetsstunden kennen, spricht Chrysostomus in *hom. in 1 Tim.* 6,1 (PG 62,530) nur vom Gebet der Gläubigen, das morgens und abends in der Kirche gesprochen wird, und bezeugt auch eine Beteiligung an diesen Gottesdiensten nur von seiten der Gläubigen.

C. DIE CHRISTLICHE INITIATION IN ANTIOCHIEN

Aus den Katechesen des Johannes Chrysostomus läßt sich der Vollzug der christlichen Initiation zwar nicht in all seinen Einzelheiten erheben. Doch besteht die Möglichkeit, den Ausführungen des Kirchenvaters die wesentlichen Elemente des Initiationsvorgangs zu entnehmen, die ein ziemlich genaues Bild von dem ergeben, was den Taufbewerbern während der Quadragesima abverlangt wurde und wie die Feier der Osternacht für sie verlief. Dazu haben sich bereits mehrere Autoren geäußert, die teilweise auch die antiochenische Praxis, wie sie Johannes Chrysostomus beschreibt und Theodor von Mopsuestia im großen und ganzen bestätigt, mit jener in anderen Gemeinden verglichen haben[104]. Hier soll nur eine zusammenfassende Darstellung gegeben werden, die sich nahezu ausschließlich auf die Aussagen des Chrysostomus stützt und nur gelegentlich auf andere Autoren, vor allem auf Theodor von Mopsuestia, verweist.

I. Die Vorbereitung auf die Initiation

1. Einschreibung

Die Situation in der Gemeinde von Antiochien am Ende des 4. Jahrhunderts unterscheidet sich nicht wesentlich von

---

[104] Neben den Einführungen von A. WENGER in SCh 50bis, 66–104, sowie von A. PIÉDAGNEL und L. DOUTRELEAU in SCh 366, 40–72, sind zu nennen FINN, *Liturgy of Baptism*; RENTINCK, *Cura pastorale* 34–56; RILEY, *Initiation*; MAZZA, *Mistagogia* 123–167. Vgl. ferner KRETSCHMAR, *Taufgottesdienst* 170–198, und KLEINHEYER, *Eingliederung* 86–95. Von THEODOR VON MOPSUESTIA sind drei, wie bei Chrysostomus vor der Initiationsfeier anzusetzende Katechesen überliefert, in denen die Elemente der Feier erklärt werden; auf diese Katechesen wird hier jedoch im allgemeinen nur verwiesen, wenn sie eine von Chrysostomus abweichende Praxis belegen: *hom. de bapt.* 1–3 (StT 145, 321–461).

der in anderen großen Städten der damaligen Zeit. Der verhältnismäßig kleinen Gruppe von getauften Christen steht eine große Anzahl von Katechumenen gegenüber, die von christlichen Eltern abstammen oder aus dem Juden- oder Heidentum kommen und eine mehr oder weniger lockere Beziehung zur Kirche pflegen. Eine Reihe von diesen schiebt ihre Taufe bis zum Sterbebett auf (*cat.* 2/1,3–5). Dies mag entweder aus Angst, danach wieder zu sündigen, geschehen oder weil man nicht zu früh im Leben den sittlichen Anforderungen des Christentums nachkommen will.

Während Sterbende selbstverständlich jederzeit die Taufe empfangen konnten, wurden alle anderen Taufbewerber zu Ostern getauft (*cat.* 2/2,3–5). Es handelte sich entweder um kleine Kinder, die noch keine persönlichen Sünden haben konnten und von ihren Eltern zur Taufe gebracht wurden (*cat.* 2/4,6), oder um Katechumenen, die sich, oftmals nach langem Zögern, selbst zum Empfang der Initiationssakramente entschlossen hatten. Sie begaben sich am Beginn der dem Osterfest ihrer Initiation unmittelbar vorausgehenden Quadragesima zur Kirche, um sich in das dafür bestimmte Buch einschreiben zu lassen. Damit waren sie als „Bewerber um die Erleuchtung“ (οἱ μέλλοντες φωτίζεσθαι, lateinisch: *illuminandi*), als Taufbewerber angenommen und konnten die letzten Wochen der Vorbereitung, den Photizomenat, beginnen. Das besagte freilich noch nicht, daß sie tatsächlich auch getauft wurden, will man es nicht als reine Floskel verstehen, wenn Chrysostomus jenen Taufbewerbern, die ihren Lebenswandel nicht ändern wollen, damit droht, sie würden nicht getauft werden (μὴ βαπτιζέσθω; *cat.* 1,7).

Da in größeren Städten nicht alle Taufbewerber den kirchlichen Vorstehern persönlich bekannt waren, mußte jeder von einem Bürgen (ἀναδεχόμενος) bei der Einschreibung vorgestellt werden. Dieser hatte über die sittliche Disposition des Bewerbers Auskunft zu geben und ihn während seines Photizomenats zu begleiten und in seinem

Bemühen zu unterstützen. Aufgrund dieser geistlichen Aufgaben wurden die Bürgen auch „geistliche Väter" (πατέρες πνευματικοί) genannt (*cat.* 3/2, 15 f).

Die Einschreibung aller Taufbewerber nahm in großen Städten wie Antiochien sicherlich etwa zehn Tage in Anspruch.

2. Vorösterliche Katechesen

Nach Beendigung der Einschreibung wurden die Taufbewerber an den etwa noch dreißig Tagen der Quadragesima unterwiesen. Wenn von Chrysostomus nur fünf, auf zwei Jahre sich verteilende Katechesen für Taufbewerber überliefert sind, muß dies nicht unbedingt bedeuten, daß die Unterweisung in Antiochien zu dieser Zeit gegenüber früheren Jahren beziehungsweise gegenüber anderen Gemeinden bereits stark zurückgegangen war[105]. Chrysostomus spricht ausdrücklich von einer täglichen Unterweisung der Taufbewerber (z.B. in *cat.* 3/2, 12). Denkbar ist, daß außer Chrysostomus auch andere Presbyter und der Bischof die Taufbewerber unterwiesen oder daß die Taufbewerber verpflichtet waren, an den für die ganze Gemeinde an den Fasttagen (Montag bis Freitag) gehaltenen Wortgottesdiensten teilzunehmen[106].

Chrysostomus kommt nur in den wenigen vorösterlichen Katechesen auf die Riten der Initiation zu sprechen, erläutert aber nur die ihm wichtig erscheinenden. Da er den Großteil auch dieser vorösterlichen Katechesen nicht der systematischen Darlegung des Glaubens, sondern der Ermahnung zu christlicher Lebensführung widmet, was er ebenso in Predigten für die ganze Gemeinde tat, war entweder die Unterweisung über den Glauben anderen Predigern übertragen, oder aber man rechnete in Antiochien

---

[105] Vgl. WENGER, Einleitung zu SCh 50bis, 76 f; PIÉDAGNEL, Einleitung zu SCh 366, 42.

[106] Vgl. KACZYNSKI, *Wort Gottes* 69.

damit, daß die Taufbewerber infolge ihrer langen Katechumenatszeit, während der sie ja auch an den Wortgottesdiensten der Gemeinde teilnahmen, über den Glauben hinreichend informiert waren und nun besonderer Wert auf die sittliche Unterweisung gelegt werden mußte, was wieder in Predigten für die ganze Gemeinde geschehen konnte.

3. Exorzismen

Als ersten vorbereitenden Ritus auf die Feier der Initiation erklärt Chrysostomus die Exorzismen (*cat.* 2/2,6f und *cat.* 3/2,12–14). Nach der täglichen Unterweisung wurden die Taufbewerber zu den Exorzisten geschickt, die in der Kirche Antiochiens einen eigenen *ordo* (τάξις) bildeten [107]. Dazu legten die Taufbewerber ihr Obergewand und ihre Schuhe ab. Sie begaben sich dorthin wie Büßer: barfuß und nur mit der kurzen Tunika bekleidet, die Hände wie Gefangene auf den Rücken gelegt (*cat.* 2/1,7 und *cat.* 2/2,6).

Die Exorzisten sprachen ihre „Furcht und Schrecken einjagenden Worte“ [108], die den Satan und die Dämonen erschrecken und in die Flucht schlagen sollten; gleichzeitig sollte dadurch das Denken der Taufbewerber gereinigt, in ihrer Seele Gottesfurcht und Reue geweckt werden. Während dieser Exorzismen hielten die Taufbewerber ihre Hände (wohl in der Orantenhaltung) ausgestreckt (*cat.* 3/2,14). Chrysostomus sagt nichts davon, ob sie während der Exorzismen knieten oder standen. Auch überliefert er keinen Exorzismustext; es dürfte sich nicht um imprekatorische, sondern um deprekatorische Exorzismen gehandelt haben: Man betete exorzistisch über die Taufbewerber [109].

---

[107] *Cat.* 3/2,12: οἱ εἰς τοῦτο τεταγμένοι.

[108] *Cat.* 2/2,7: αἱ τῶν ἐξορκιστῶν φωναί, αἱ φοβεραὶ ἐκεῖναι καὶ φρικώδεις.

[109] HIPPOLYT VON ROM (†235) bezeugt in *Trad. apost.* 20 bereits tägliche Exorzismen während der Taufvorbereitung und einen weiteren, vom Bischof vorgenommenen Exorzismus am Samstag vor der Taufnacht, bei

4. Erstes Glaubensbekenntnis

Getauft wird von den neutestamentlichen Anfängen an auf Glauben hin. Dieser jedoch muß bekannt werden. So selbstverständlich ist dies, daß Chrysostomus in seinen Katechesen darauf kaum zu sprechen kommt, vor allem keinen Ritus des Glaubensbekenntnisses beschreibt. Doch finden sich Andeutungen, die auf ein zweimaliges Bekennen des Glaubens hinzuweisen scheinen: Einmal wurde der Glaube nach Abschluß der Unterweisungen bekannt, ein weiteres Mal während der Initiationsfeier.

In der letzten Katechese vor dem Osterfest des Jahres 388, die er am Mittwoch der Karwoche hielt, sagte der Prediger, nachdem er die trinitarische Taufformel erklärt hatte: „Das ist auch der Grund, warum unser heutiges Bekenntnis ‚Glaube' heißt. Nichts anderes dürft ihr sagen, bevor ihr nicht gesagt habt: ‚Ich glaube'." Und von Hebr 11,6 ausgehend, daß, wer zu Gott kommen will, an ihn glauben muß, fügt er hinzu: „Daher müßt auch ihr, wenn ihr zu Gott kommt, zuerst an Gott glauben und dann dieses Wort aussprechen. Wenn das nämlich nicht der Fall wäre, könntet ihr sonst nichts sagen oder verstehen."[110]

A. Wenger vermutet, daß unter „unserem heutigen Bekenntnis", das „Glaube" heißt, nichts anderes zu verstehen ist als die „Rückgabe des Glaubensbekenntnisses" — im lateinischen Westen *redditio symboli* genannt —, jene Feier,

---

dem die Taufbewerber knieten (FC 1,254). Tägliche Exorzismen an den Taufbewerbern bezeugt für Jerusalem auch *Itin. Eger.* 46,1 (CCL 175,87). Im von *Trad. apost.* abhängigen *Test. Dom.* 2,7 (2. Hälfte des 5. Jh.) ist der älteste bekannte Text für einen Exorzismus, und zwar für den am Samstag vom Bischof zu sprechenden, überliefert (120–125 RAHMANI); vgl. auch DÖLGER, *Exorzismus*.

[110] *Cat.* 2/3,3: Διὰ τοῦτο καὶ ἡ σήμερον ἡμῶν ἀπαγγελία πίστις λέγεται, καὶ οὐδὲν ἕτερον ὑμῖν ἐπιτρέπομεν εἰπεῖν πρότερον, ἕως ἂν εἴπητε ὅτι »Πιστεύω« ... Διὰ τοῦτο καὶ σὺ προσερχόμενος τῷ Θεῷ πρῶτον πιστεύεις καὶ τότε τοῦτο φθέγγει τὸ ῥῆμα· ἐὰν γὰρ μὴ τοῦτο ᾖ, οὐδὲν τῶν ἄλλων οὔτε εἰπεῖν οὔτε νοῆσαι δύνασαι; vgl. *hom. in 1 Cor.* 40,1 (PG 61,348) und die Übersetzung unten 85 f.

bei der die Taufbewerber zum Abschluß ihrer Glaubensunterweisung vor dem Bischof das Glaubensbekenntnis zu sprechen hatten. A. Wenger schließt dies aus dem wenig später folgenden Satz des Predigers: „Doch die Unterweisung über den Glauben will ich dem Lehrer überlassen.“ [111] Mit dem „Lehrer“ ist zweifellos der Bischof gemeint, der im Anschluß an diese Katechese die letzte Unterweisung über den Glauben hielt und das Bekenntnis des Glaubens entgegennahm [112]. Die Vermutungen, die A. Wenger an die gewiß nicht ganz eindeutigen Aussagen des Chrysostomus knüpft, haben bei späteren Forschern im allgemeinen Zustimmung gefunden [113].

Wenn A. Piédagnel und L. Doutreleau meinen, der Ritus habe am Karfreitag nach Abschwörung an den Satan, Bindung an Christus und Stirnsalbung stattgefunden [114], so kann dies von einer sinnvollen Aufeinanderfolge der Riten her gewiß einleuchten: Erst Absage an den Satan und Zusage an Christus machen das Glaubensbekenntnis möglich. Doch läßt sich auch die andere Reihenfolge begründen: Erst muß (am Mittwoch der Karwoche) das Glaubensbekenntnis abgelegt sein, bevor einer aus dem Glauben heraus dem Satan abschwören und sich an Christus binden kann. Mit dieser Reihenfolge stimmt überein, wenn Chrysostomus den Taufbewerbern erklärt, sie dürften nichts anderes sagen, also auch nicht Absage und Zusage geben, bevor sie nicht „Ich glaube“ gesagt haben. Ferner steht dem Karfreitag als Termin für das Glaubensbekenntnis das von Chrysostomus in *Cat.* 2/3,3 am Mittwoch der Karwoche ver-

---

[111] *Cat.* 2/3,4: Ἀλλὰ τὸν μὲν περὶ πίστεως λόγον τῷ διδασκάλῳ παραχωρήσομεν.

[112] Vgl. WENGER, Einleitung zu SCh 50bis, 93 f.

[113] Vgl. FINN, *Liturgy of Baptism* 110–112; PIÉDAGNEL, Einleitung zu SCh 366, 61–63. Zurückhaltend nur KRETSCHMAR, *Taufgottesdienst* 183 Anm. 127.

[114] Vgl. PIÉDAGNEL, Einleitung zu SCh 366, 63.

wendete Wort „heute“ entgegen: „unser heutiges Bekenntnis“ (ἡ σήμερον ἡμῶν ἀπαγγελία).

Wenn Chrysostomus sich zum Glaubensbekenntnis nicht näher äußert, so vermutlich auch deshalb, weil er sich nicht in die Aufgabe des Bischofs einmischen will. Es scheint, daß die Kirche von Antiochien ihm aufgrund seiner besonderen Begabung die sittliche Unterweisung der Taufbewerber übertragen hat, während für die Glaubensunterweisung andere Presbyter und der Bischof selbst zuständig sind.

5. *Absage an den Satan und Zusage an Christus*

Auf die Erklärung der Exorzismen läßt Chrysostomus sowohl in *cat.* 2/3 als auch in *cat.* 3/2 die der Abschwörung an den Satan und der Verpflichtung auf Christus folgen. Die beiden Beschreibungen unterscheiden sich insofern voneinander, als aufgrund von *cat.* 3/2, 17–21 der Eindruck entsteht, Absage, Zusage und die darauf folgende Salbung würden der Taufe unmittelbar vorausgehen, während in *cat.* 2/3, 4 ausdrücklich gesagt wird, daß Absage und Zusage sowie die darauf folgende Salbung der Stirn am Karfreitag zur neunten Stunde erfolgen. Da Chrysostomus in *cat.* 2/3, 7 f den Eindruck erweckt, als folge am Karfreitag unmittelbar nach der Stirnsalbung die Salbung des ganzen Körpers und danach sofort die Taufe — in seiner Beschreibung dieser Riten äußert er sich nämlich nicht zu ihrem Zeitpunkt —, kann man annehmen, daß es ihm in *cat.* 3/2 ebenfalls nur darauf ankommt, die Aufeinanderfolge der einzelnen Riten ohne Rücksicht auf den Zeitpunkt ihres Vollzugs zu beschreiben.

A. Wenger sieht in der unterschiedlichen Darstellung den Niederschlag einer liturgiegeschichtlichen Entwicklung: Ursprünglich fanden Absage an den Satan und Zusage an Christus unmittelbar vor der Taufe statt. Zur Zeit des Chrysostomus begann man damit, wegen der großen Anzahl der Täuflinge und um dem Ritus größeres Gewicht zu geben, Abschwörung an den Satan und Verpflichtung auf Christus auf den Vortag zu verlegen. Man wählte die Stunde, in der Christus durch seinen Tod am Kreuz den Satan besiegte und dem Schächer sich infolge seines Bekenntnisses zu Christus der Weg ins Paradies öffnete[115].

Der Ritus verlief folgendermaßen: Priester führten die Taufbewerber in die Kirche und forderten sie auf, niederzuknien und die Hände zum Himmel zu erheben. Dann gingen die Priester durch die Reihen der Knienden und ließen jeden einzelnen von ihnen mit der in Antiochien gebräuchlichen Formel dem Satan abschwören: „Ich widersage dir, Satan, deiner Pracht, deinem Dienst und deinen Werken" (Ἀποτάσσομαί σοι, Σατανᾶ, καὶ τῇ πομπῇ σου καὶ τῇ λατρείᾳ σου καὶ τοῖς ἔργοις σου). Danach ließen die Priester jeden einzelnen die Treue zu Christus mit den Worten versprechen: „Und ich binde mich an dich, Christus" (καὶ συντάσσομαί σοι, Χριστέ)[116]. Der Kirchenvater mißt diesem „Vertragsabschluß" eine entscheidende Bedeutung innerhalb des Initiationsvorgangs zu und setzt voraus,

---

115 Vgl. WENGER, Einleitung zu SCh 50bis, 79f; vgl. auch PIÉDAGNEL, Einleitung zu SCh 366,47f, und KRETSCHMAR, *Taufgottesdienst* 180f.

116 Der Ritus ist beschrieben in *cat.* 2/3,4.6 und *cat.* 3/2,18.20f. Der volle Wortlaut der Absageformel findet sich nur in *cat.* 3/2,20, der der Zusageformel in *cat.* 1,23, *cat.* 2/3,6, *cat.* 3/2,21 sowie in *hom. in Col.* 6,4 (PG 62,341f); in *cat.* 1,18f.23 erwähnt Chrysostomus Absage und Zusage und knüpft daran moralische Ermahnungen. Aus *cat.* 2/3,6, letzter Absatz, mag man schließen, daß die Taufbewerber genauso bekleidet waren wie bei den Exorzismen. Von einem Anblasen des Satans durch den Taufbewerber oder dem später in Konstantinopel üblichen Ausspucken wider ihn weiß Chrysostomus nichts; vgl. KLEINHEYER, *Eingliederung* 89. THEODOR VON MOPSUESTIA erklärt die bei ihm ebenfalls in kniender Haltung, jedoch mit anderen Texten vollzogene Absage an den Satan und Zusage an Christus in *hom. de bapt.* 2,3–16 (StT 145, 371–395). Der antiochenische Ritus der Absage an den Satan und Zusage an Christus hatte (möglicherweise durch Chrysostomus) Einfluß auf den später in der Reichshauptstadt gebräuchlichen Ritus; vgl. hierzu WENGER, Einleitung zu SCh 50bis, 83–90.

daß er auch bei der Taufe auf dem Sterbebett erfolgen müßte (*cat.* 2/1,5).

6. Stirnsalbung und Besiegelung

Unmittelbar nach der Abschwörung an den Satan und der Bindung an Christus wurden die Taufbewerber auf der Stirn gesalbt, indem die Worte gesprochen wurden: „Der und der wird gesalbt im Namen des Vaters und des Sohnes und des Heiligen Geistes" (Χρίεται ὁ δεῖνα εἰς τὸ ὄνομα τοῦ Πατρὸς καὶ τοῦ Υἱοῦ καὶ τοῦ ἁγίου Πνεύματος). Die passivische Form sollte Chrysostomus zufolge deutlich machen, daß nicht eigentlich der Bischof oder der Presbyter die Salbung vornimmt, sondern Gott selbst. Das Salböl war aus Olivenöl und Balsam gemischt. Das Olivenöl sollte darauf hinweisen, daß der Taufbewerber einem Athleten gleicht, der Balsam darauf, daß er einer Braut vergleichbar ist. Von einer vorherigen Segnung des Öls sagt Chrysostomus nichts.

Die Salbung wurde im Zeichen des Kreuzes vorgenommen. Das Kreuzzeichen aber wurde als Siegel (σφραγίς) verstanden, das die erfolgte Zusage an Christus besiegeln, die Zugehörigkeit zu ihm bekräftigen und den bösen Feind abschrecken sollte (*cat.* 2/3,7 und *cat.* 3/2,22f).

Diese präbaptismale Salbung hat exorzistische Bedeutung. Chrysostomus versteht sie auch nicht mehr, wie die Apostolischen Konstitutionen es noch tun, als Zeichen für eine Geistmitteilung im Sinn jener neutestamentlichen Stellen, die die Wassertaufe erst nach dem Geistempfang bezeugen oder zumindest nahelegen (vgl. Apg 9,17f; 10,44–48; 1Joh 5,7; 1Kor 12,3b)[117]. Da der Kirchenvater

---

[117] Vgl. *Const. apost.* 3,16,4; 7,22,2 und 7,42,3 (SCh 329,156–158; SCh 336,48 und 100). Wie Chrysostomus versteht dagegen THEODOR VON MOPSUESTIA die präbaptismale Salbung durch den Bischof zwar als Besiegelung, nicht aber als Zeichen für die Geistmitteilung: *hom. de bapt.* 2,17f und 3,1 (StT 145,395–399.403–405).

das Taufgeschehen als Mitbegrabenwerden und Mitauferstehen mit Christus deutet, kann er nicht schon die vorausgehende Salbung mit dem Geistempfang in Verbindung bringen.

Mit präbaptismaler Stirnsalbung und Besiegelung schließen die auf die Initiationssakramente vorbereitenden Riten bei Chrysostomus ab. In diesem Zusammenhang erhebt sich jedoch bereits die Frage nach der postbaptismalen Salbung, die Chrysostomus mit keinem Wort erwähnt. Theodor von Mopsuestia bezeugt sie dagegen ungefähr um die gleiche Zeit — möglicherweise auch für Antiochien — und interpretiert sie als Zeichen für die Mitteilung des Heiligen Geistes im Sinne der Firmung[118], während die Apostolischen Konstitutionen sie für die gleiche Zeit und das gleiche Gebiet ebenfalls bezeugen, ohne sie jedoch als Zeichen der Geistmitteilung zu deuten[119]. Daraus wird man schließen dürfen, daß eine postbaptismale Salbung zusätzlich zur präbaptismalen während der letzten Jahrzehnte des 4. Jahrhunderts in Antiochien eingeführt worden sein muß, in der Gemeinde des Chrysostomus aber zur Zeit, als der Kirchenvater seine Katechesen hielt, noch nicht üblich war[120].

---

[118] Vgl. THEODOR VON MOPSUESTIA, *hom. de bapt.* 3,27 (StT 145,457 bis 459). Die erste Bezeugung einer postbaptismalen Salbung, die als Zeichen für den Geistempfang gedeutet wird, bieten für den Osten der Kirche die Jerusalemer Mystagogischen Katechesen; vgl. CYRILL VON JERUSALEM, *myst. cat.* 3,1–4 (FC 7,122–128).

[119] Vgl. *Const. apost.* 3,16,4; 7,22,2 und 7,44,2 (SCh 329,156–158; SCh 336,48 und 104).

[120] Zum Ganzen vgl. KLEINHEYER, *Eingliederung* 91–95; ferner KRETSCHMAR, *Taufgottesdienst* 192–198.

II. Die Feier der Initiation

Es kann hier selbstverständlich nicht der genaue Verlauf der Osternacht in Antiochien beschrieben werden; vielmehr kann es nur darum gehen, jene Elemente darzustellen, die Chrysostomus im Zusammenhang mit der christlichen Initiation während der Osterfeier erwähnt.

1. Salbung des ganzen Körpers

Chrysostomus geht von der Erklärung der präbaptismalen Stirnsalbung unmittelbar dazu über, die Salbung des ganzen Körpers zu erwähnen und zu deuten. Dabei erweckt er in *cat.* 2/3,7 den Anschein, als sei diese Salbung sofort im Anschluß an die Stirnsalbung am Karfreitag erfolgt. Dies ist insofern unmöglich, als dann auch die Taufe bereits am Karfreitag hätte stattfinden müssen. Deutlicher spricht er in *cat.* 3/2,24 davon, daß die Salbung des ganzen Körpers zu einem anderen Zeitpunkt, nämlich in der Nacht — es muß sich um die zweite der darauffolgenden Nächte handeln — geschah.

Der Priester zieht den Taufbewerbern das Gewand aus[121] und läßt sie am ganzen Körper „mit jenem geistlichen Öl" (τῷ ἐλαίῳ ἐκείνῳ τῷ πνευματικῷ), offensichtlich dem gleichen, das zur Stirnsalbung verwendet wurde, salben.

Die Ganzkörpersalbung nehmen also nicht Bischof und Presbyter vor, sondern andere, möglicherweise Diakone. Davon, daß die Salbung bei Frauen aus Gründen der Dezenz Diakonissen vorgenommen hätten, sagt Chrysostomus ebenso wie Theodor von Mopsuestia nichts, was die Beteiligung von Frauen jedoch nicht ausschließen muß. Um diese Zeit sprechen nur die Apostolischen Konstitutio-

---

[121] Wie wenig Chrysostomus gelegentlich bei der Darstellung der Riten auf ihre genaue Aufeinanderfolge achtet, erkennt man daran, daß er in *cat.* 2/3,7f zuerst die Salbung und danach das Ausziehen des Gewandes erwähnt.

nen vom eigenen Stand der Diakonissen, die bei der präbaptismalen Ganzkörpersalbung der Frauen sowie bei ihrer auf die Taufe folgenden Bekleidung mitgewirkt haben, und zwar lediglich dort, wo sie die aus der ersten Hälfte des 3. Jahrhunderts stammende Didascalia aufgreifen[122].

Gedeutet wird die Salbung von Chrysostomus als Schutz des ganzen Körpers gegen die Angriffe des bösen Feindes (*cat.* 3/2,24 und *cat.* 2/3,7).

2. *Zweites Glaubensbekenntnis*

Chrysostomus spricht im Zusammenhang mit der Initiationsfeier an keiner Stelle von einem Glaubensbekenntnis. Das könnte auch wieder darin seinen Grund haben, daß ihm zumindest in den Jahren, in denen er die Katechesen hielt, die Unterweisung im Glauben nicht zukam, vielleicht aber auch darin, daß er dem Bischof nicht vorgreifen wollte, der im Anschluß an die letzte vorösterliche Katechese, am Mittwoch der Karwoche, selbst den Taufbewerbern eine letzte Unterweisung über den Glauben zu geben und danach das erste Bekenntnis ihres Glaubens entgegenzunehmen hatte und der in diesem Zusammenhang vermutlich auch auf das spätere Bekenntnis innerhalb der Initiationsfeier zu sprechen kam.

Doch sagt Chrysostomus immerhin in *cat.* 3/2,26, nachdem er das dreimalige Untertauchen des Täuflings im Wasser beschrieben hat: „Der Glaube an die Dreifaltigkeit schenkt den Nachlaß der Sünden, das Bekenntnis zur Dreifaltigkeit verleiht uns die Sohnschaft" (Ἡ εἰς ταύτην [*sc.* τὴν Τριάδα] τοίνυν πίστις τῶν ἁμαρτιῶν τὴν ἄφεσιν χαρίζεται, αὕτη ἡ ὁμολογία τὴν υἱοθεσίαν ἡμῖν δωρεῖται). Die Taufe

---

[122] Vgl. *Const. apost.* 3,16,1.4 (SCh 329,154–158); dagegen findet sich in der ausführlichen Beschreibung der Initiation in *Const. apost.* 7 keine Erwähnung der Diakonissen. Nach dem späteren *Test. Dom.* 2,8 helfen Witwen bei der Taufspendung mit (129–131 RAHMANI); vgl. zur Frage der Diakonissen die Studie von MARTIMORT, *Diaconesses*.

auf den Namen des dreifaltigen Gottes konnte auch in der Gemeinde des Chrysostomus nicht ohne ein (vorhergehendes) ausdrückliches Bekenntnis (ὁμολογία) des Täuflings zum dreifaltigen Gott vollzogen werden. Es scheint also, daß unmittelbar vor der Taufe ein, wenn auch kurzes, Bekenntnis zum dreifaltigen Gott gefordert wurde. Es wäre in der Tat sonderbar, wenn die frühere Art zu taufen, gemäß der der Täufling vor dem dreimaligen Untertauchen auf drei Fragen nach dem Glauben an den dreifaltigen Gott zu antworten hatte, durch die allein vom Priester gesprochene trinitarische Taufformel abgelöst worden wäre, ohne daß man dem Täufling das Bekenntnis zum dreifaltigen Gott auf andere Weise abverlangt hätte.

Hier hilft nun ein Abschnitt aus einer sicher antiochenischen Homilie weiter, in der Chrysostomus über 1 Kor 15,29 spricht:[123] „Zuerst möchte ich die schon Getauften unter euch an die Worte erinnern, die ihr auf Geheiß derer, die euch in die Mysterien einführten, an jenem Abend aufzusagen hattet ... Zwar möchte ich offen darüber reden, doch wegen der Nichtgetauften wage ich es nicht. Sie machen uns die Erklärung schwieriger; denn sie zwingen uns, entweder nicht offen zu sprechen oder ihnen das Unsagbare mitzuteilen. Aber ich will versuchen, soweit es

---

[123] *Hom. in 1 Cor.* 40,1 (PG 61,347f). Πρῶτον δὲ ἀναμνῆσαι βούλομαι τοὺς μέμνη μένους ὑμᾶς ῥήσεως, ἣν κατὰ τὴν ἑσπέραν ἐκείνην οἱ μυσταγωγοῦντες ὑμᾶς λέγειν κελεύουσι, καὶ τότε ἐρῶ καὶ τὸ τοῦ Παύλου· οὕτω γὰρ ὑμῖν καὶ τοῦτο ἔσται σαφέστερον. Μετὰ γὰρ τὰ ἄλλα πάντα τοῦτο προστίθεμεν, ὃ νῦν ὁ Παῦλος λέγει. Καὶ βούλομαι μὲν σαφῶς αὐτὸ εἰπεῖν, οὐ τολμῶ δὲ διὰ τοὺς ἀμυήτους· οὗτοι γὰρ δυσκολωτέραν ἡμῖν ποιοῦσι τὴν ἐξήγησιν, ἀναγκάζοντες ἢ μὴ λέγειν σαφῶς, ἢ εἰς αὐτοὺς ἐκφέρειν τὰ ἀπόῤῥητα. Πλὴν ἀλλ' ὡς ἂν οἷός τε ὦ, συνεσκιασμένως ἐρῶ. Μετὰ γὰρ τὴν ἀπαγγελὶαν τῶν μυστικῶν ῥημάτων ἐκείνων καὶ φοβερῶν, καὶ τοὺς φρικτοὺς κανόνας τῶν ἐκ τοῦ οὐρανοῦ κατενεχθέντων δογμάτων, καὶ τοῦτο πρὸς τῷ τέλει προστίθεμεν, ὅταν μέλλωμεν βαπτίζειν, κελεύοντες λέγειν, ὅτι Πιστεύω εἰς νεκρῶν ἀνάστασιν, καὶ ἐπὶ τῇ πίστει ταύτῃ βαπτιζόμεθα. Μετὰ γὰρ τὸ ὁμολογῆσαι τοῦτο μετὰ τῶν ἄλλων, τότε καθιέμεθα εἰς τὴν πηγὴν τῶν ἱερῶν ναμάτων ἐκείνων.

sich machen läßt, mich auch unter diesem Schleier verständlich zu machen: Nachdem wir jene geistlichen und erschreckenden Worte gesprochen und die vom Himmel her geoffenbarte Glaubensregel aufgesagt haben, lassen wir zum Schluß — vor der Taufe — die Worte sagen: ‚Ich glaube an die Auferstehung der Toten.‘ In diesem Glauben werden wir getauft. Wenn wir nach allem anderen auch das bekannt haben, dann steigen wir in die Quelle jener heiligen Wasser hinab.“

Aus diesen Sätzen wird deutlich, daß in der Gemeinde des Chrysostomus dem Taufakt ein Glaubensbekenntnis unmittelbar vorausging. Es war selbstverständlich trinitarisch. Wenn Chrysostomus nur den letzten Satz dieses Bekenntnisses zitiert, dann infolge des Kontextes der Homilie, in der er von der in 1 Kor 15,29 bezeugten Unsitte spricht, sich für Tote taufen zu lassen.

3. Taufakt

Der Höhepunkt des Geschehens ist gekommen: Vollständig entkleidet — in Erinnerung an die einstige Nacktheit im Paradies, deren sich die Stammeltern nicht schämten (*cat.* 2/3,8) — und am ganzen Körper gesalbt steigt der Täufling nach einem Glaubensbekenntnis in das Taufbekken. Der Bischof oder der Presbyter legt ihm die Hand auf das Haupt und taucht es dreimal im Wasser unter, indem er die passivisch gehaltenen Worte — nach Theodor von Mopsuestia auf die drei Tauchungen verteilt[124] — spricht: „Der und der wird getauft im Namen des Vaters und des Sohnes und des Heiligen Geistes“ (Βαπτίζεται ὁ δεῖνα εἰς τὸ ὄνομα τοῦ Πατρὸς καὶ τοῦ Υἱοῦ καὶ τοῦ ἁγίου Πνεύματος). Wie beim Begleitwort zur Stirnsalbung soll beim passivischen Begleitwort zur dreimaligen Tauchung deutlich wer-

---

[124] Vgl. THEODOR VON MOPSUESTIA, *hom. de bapt.* 3,18–20 (StT 145,441–445).

den, daß nicht nur die Hand des Priesters auf dem Haupt des Täuflings ruht, sondern auch die Rechte Christi, daß nicht eigentlich der Priester tauft, sondern daß der dreifaltige Gott selbst es tut, während der Priester nur seine Hand leiht (*cat.* 2/3,3 und *cat.* 3/2,26). Durch die Worte, die der Priester spricht, und die Hand, die er dem Täufling aufs Haupt legt, kommt der Geist Gottes herab (*cat.* 3/2,25). Die Taufe ist innerhalb der christlichen Initiation für Chrysostomus das einzige Sakrament des Geistempfangs.

Chrysostomus ist sehr darum bemüht, seinen Hörern das Geschehen des Taufakts zu deuten[125]. Dabei legt er besonderen Wert auf die kurz zuvor durch die Mystagogischen Katechesen von Jerusalem in die östliche Theologie eingeführte Tauftheologie von Röm 6,3–8[126], wonach die Taufe als Mitbegrabenwerden und Mitauferstehen mit Christus zu verstehen ist[127].

4. Ausdeutende Zeichen

Nachdem Chrysostomus in *cat.* 3/2 über den Taufakt gesprochen hat, meint er, auch die darauffolgenden Handlungen könnten verdeutlichen, „wovon (die Neugetauften) befreit wurden und was sie erlangten" (τίνων μὲν ἠλευθερώθησαν, τίνων δὲ τετυχήκασιν: *cat.* 3/2,27). Er spricht jedoch ausdrücklich nur von einem einzigen ausdeutenden Zeichen, nämlich der Umarmung der Neugetauften durch die Gemeinde, während man ein anderes, die Bekleidung

[125] Vgl. SARTORE, *Mistero* 368–384.

[126] Vgl. CYRILL VON JERUSALEM, *myst. cat.* 2,4–7 (FC 7,114–121); vgl. ferner KLEINHEYER, *Eingliederung* 95.

[127] Vgl. *cat.* 2/1,8; *cat.* 2/2,4f; *cat.* 3/2,11.25.29; vgl. auch *hom. in Io.* 25,2 (PG 59,151); *hom. in Rom.* 11,1 (PG 60,483–485); *hom. in 1 Cor.* 40,1 (PG 61,348); vgl. ferner die ausführliche Darlegung bei FINN, *Liturgy of Baptism* 158–161.

mit dem weißen Gewand, aus anderen Bemerkungen erschließen muß[128].

a) Das weiße Kleid

Auch wenn Chrysostomus nicht ausdrücklich wie Theodor von Mopsuestia[129] vom Anlegen weißer Gewänder nach dem Taufakt spricht, so erwähnt er doch nebenbei einige Male, daß die Neugetauften weiße Gewänder tragen: In *cat.* 2/2,3 begründet er die Feier der Taufe zu Ostern unter anderem damit, daß beim Siegesfest Christi wie bei denen irdischer Könige Menschen in weißen Gewändern dabeisein sollen. Nach *cat.* 3/3,18 und *cat.* 3/6,24 zieht das leuchtende Weiß der Gewänder die Aufmerksamkeit aller auf die Neugetauften. Das ist Anlaß zur Mahnung, sie sollten sich diesen Glanz auch bewahren[130].

b) Umarmung und Kuß der Neugetauften durch die Gemeinde

Unmittelbar nach der Taufe umarmt die ganze Gemeinde die Neugetauften, begrüßt und küßt sie. Chrysostomus spricht von einem doppelten Sinn dieser Umarmung. Zunächst ist sie Begrüßung der neu zur Gemeinde Hinzugekommenen und Bekräftigung der Gemeinschaft mit ihnen; sie bringt zum Ausdruck, daß die Gemeinde wie zur Zeit der Apostel „ein Herz und eine Seele“ (Apg 4,32) sein muß (*cat.* 2/3,10 und *cat.* 3/2,27). Chrysostomus spricht dabei ausdrücklich von der Freude der ganzen Gemeinde darüber, daß die vorher Gefangenen nun plötzlich freie Menschen sind, und erinnert damit an das antike Freilassungs-

---

[128] Die Rezitation des Vaterunsers nach dem Taufakt erwähnt er nur in einer Konstantinopeler Predigt; vgl. *hom. in Col.* 6,2 (PG 62,342); auch THEODOR VON MOPSUESTIA erwähnt das Vaterunser nicht.

[129] Vgl. *hom. de bapt.* 3,26 (StT 145,455–457).

[130] Weitere Anspielungen kann man wohl erkennen in *cat.* 2/3,2 (ἱμάτιον καθαρόν); *cat.* 3/2,25 (ἐσθὴς βασιλική); *cat.* 3/3,3 (βασιλικὴ στολή); *cat.* 3/5,24 (νυμφικὴ στολή, ἔνδυμα νυμφικόν).

zeremoniell, bei dem alle Anwesenden den freigelassenen Sklaven küßten (*cat.* 3/2,27)[131]. Sodann leitet die Umarmung aber auch über zur Eucharistiefeier und ist das vom Herrn in Mt 5,23 f geforderte Zeichen der Versöhnung (*cat.* 2/3,10).

Wenn man die Neugetauften auf den Mund küßt, so sollte das nach dem Wunsch des Kirchenvaters mit gutem Gewissen und ohne Hintergedanken geschehen. Sie sind Tempel des Heiligen Geistes geworden, und darum ist der Kuß heilig (vgl. 1 Kor 16,20)[132].

5. *Eucharistie*

Der Sinn der Tauffeier erfüllt sich in der österlichen Eucharistie. Die Neugetauften waren zum ersten Mal „an den königlichen Tisch" (εἰς τὴν βασιλικὴν τράπεζαν), „an den ehrfurchtgebietenden, mit ungezählten Gütern gedeckten Tisch" (ἐπὶ τὴν τράπεζαν τὴν φρικτὴν καὶ μυρίων γέμουσαν ἀγαθῶν) gerufen, um vom Leib und Blut des Herrn zu kosten (*cat.* 3/2,27). Chrysostomus sagt zur Eucharistiefeier nicht viel. Es scheint, als habe er bei seiner vorösterlichen Mystagogie eine gewisse Scheu davor, Ungetauften darüber mehr zu sagen. Dennoch verweist er des öfteren auf die Feier, vor allem auf den Empfang der Eucharistie. In einer der Osternacht-Homilien spricht er ausführlicher über die Kraft des Blutes Christi, wobei er sich freilich mehr auf das Kreuz als auf die Eucharistie konzentriert (*cat.* 2/4,12–19). Er kennt viele Bezeichnungen für die Eucharistie, nennt sie das Allerheiligste (τὰ ἅγια τῶν ἁγίων), den Leib des Herrn (σῶμα τὸ δεσποτικόν), das himmlische Brot (τὸν ἄρτον τὸν οὐράνιον), das geistliche Opfer (θυσίαν μυστικήν) (*cat.* 2/2,1), den ehrfurchtgebietenden Becher voll Kraft (τὸ ποτήριον τὸ φρικτὸν καὶ πολλῆς

---

[131] Vgl. DÖLGER, *Kuß im Tauf- und Firmungsritual* 192–196; QUASTEN, *Kuß des Neugetauften* 269 f.

[132] Vgl. oben 57 Anm. 102.

γέμον δυνάμεως) (*cat.* 2/1,2)[133], die geistliche Speise (τροφὴν πνευματικήν), den geistlichen Trank (πόμα πνευματικόν) (*cat.* 3/3,27.29). Manchmal spricht der Kirchenvater allzu realistisch von der Eucharistie, so wenn er „die vom kostbaren Blut gerötete Zunge" (τὴν γλῶτταν ᾑμαγμένην τῷ αἵματι τῷ τιμίῳ) oder „den rotgefärbten Mund" (τὸ στόμα πεφοινιγμένον) erwähnt (*cat.* 2/4,12).

Über den Verlauf der Eucharistiefeier erfährt man aus den Katechesen nichts, auch über die rechte Weise des Eucharistieempfangs belehrt der Kirchenvater Taufbewerber und Neugetaufte nicht. Nur Ermahnungen hält er für angebracht: Man solle die Hand, mit der man die Eucharistie empfangen hat, nicht dazu gebrauchen, andere zu schlagen oder ihnen etwas wegzunehmen, und die Zunge, „die diesem so ehrfurchtgebietenden Sakrament dient und vom Blut gerötet ist" (τὴν διακονουμένην μυστηρίοις οὕτω φρικωδεστάτοις, καὶ αἵματι φοινιχθεῖσαν), nicht zu schlechtem Reden und zum Lästern mißbrauchen. Und es ist nur konsequent, wenn er nach Hand und Zunge auch das Herz erwähnt, das die Eucharistie aufnimmt, und nach den Mahnungen, Schlechtes weder zu tun noch zu reden, auch dazu auffordert, nichts Böses zu denken (*cat.* 1,6).

6. Nachösterliche Katechesen

Sieben Tage lang dauert das Osterfest für die Neugetauften, so lange wie eine Hochzeit. Sieben Tage hindurch versammeln sich die Neugetauften, freilich zugleich mit den in früheren Jahren Getauften, zum Gottesdienst und erhalten Unterweisungen — im Bild gesprochen: Man deckt ihnen „den geistlichen Tisch, der voll von tausend Gütern ist"

---

133 Die Anspielung an dieser Stelle (*cat.* 2/1,2) auf die „Eingeweihten", d.h. die bereits Getauften, die darüber Bescheid wissen, ist in diesem Zusammenhang merkwürdig, da ja die Katechese nur an Taufbewerber gerichtet ist und an sich keine „Eingeweihten" anwesend sind.

(τὴν τράπεζαν τὴν μυστικήν, τὴν μυρίων γέμουσαν ἀγαθῶν); (*cat.* 3/5,24).

Hom. in princ. Act. und *cat.* 3/4–7 sind Beispiele solcher Unterweisungen. Es sind nicht mystagogische Katechesen im strengen Sinn wie in Jerusalem oder im Westen in Mailand, sondern geistliche Unterweisungen, in denen den neu in die Kirche Aufgenommenen die moralischen Verpflichtungen erläutert werden, die sich für sie aus der Feier der Sakramente ergeben.

Unentwegt fordert Chrysostomus zu einer geistlich geprägten Lebensführung auf, weil er um die Schwäche der menschlichen Natur weiß, um Vorsätze, die nicht gehalten werden, um die Versuchung zu Nachlässigkeit und Leichtsinn und um den Versucher, der gerade dann dem Menschen nachstellt, wenn dieser von Gott besonders reich beschenkt ist. Er stellt seinen Hörern Abraham, Paulus und den Hauptmann Kornelius, die Märtyrer und die Mönche vom Land als Beispiele dafür vor Augen, daß man inmitten der vergänglichen Güter dieser Welt auf die unvergänglichen der künftigen ausgerichtet bleiben kann.

III. Zur Theologie der Initiation

1. Die Mysterien von Taufe und Eucharistie

Die christliche Inititation, wie in späterer Zeit vor allem im Westen der Kirche, als Feier dreier gesonderter Sakramente (Taufe, Firmung und Eucharistie) zu betrachten lag der Alten Kirche fern. Initiation war vielmehr — auch im Antiochien des 4. Jahrhunderts — ein längerer, oft Jahre dauernder Prozeß, der mit der Einschreibung in die Liste der Taufbewerber am Beginn einer Quadragesima in die entscheidende Phase eintrat, in der nächtlichen, österlichen Mysterienfeier seinen Höhepunkt erreichte und in der Woche nach Ostern ausklang.

a) Christliche Initiation als österliches Geschehen

Die Osterfeier, die etwa um die Mitte des 2. Jahrhunderts erstmals bezeugt ist [134], bestand in Erinnerung an die mit der Schlachtung des Paschalammes verbundene „Nacht des Wachens für den Herrn" (Ex 12,42), mit der für Israel der Auszug aus Ägypten begann, in einer „Nacht des Wachens zur Ehre des Herrn" (ebd.), die am frühen Morgen in die Feier der Eucharistie als der neutestamentlichen Erfüllung des alttestamentlichen Pascha ausmündete. An diesem österlichen Mahl teilzunehmen galt den Christen als wichtigstes gottesdienstliches Tun im Kreislauf des Jahres.

Man hielt es vermutlich schon bald für besonders sinnvoll, Neubekehrte durch die Taufe zu einem Zeitpunkt in die Gemeinde aufzunehmen, der ihnen die Teilnahme an dieser Haupteucharistie des Jahres ermöglichte. Dafür bot sich die Osternacht selbst an, die tatsächlich seit dem 4. Jahrhundert zur großen Taufnacht des Jahres wurde. Als alttestamentlicher Typos dafür wurde bereits im 4. Jahrhundert ein anderes Ereignis des Exodus, nämlich die Rettung Israels am Schilfmeer, herangezogen [135]. Chrysostomus kommt in seinen Katechesen auf dieses Paschaereignis nie zu sprechen. Für ihn haben die Väter Ostern vielmehr wegen des Christusereignisses, zum Gedenken an seinen Sieg über die Dämonen und den Teufel, über Sünde und Tod, als Tauftermin festgelegt (vgl. *cat.* 2/2,3).

b) Initiation ohne „Firmung"

Nicht in allen Gemeinden der Alten Kirche waren Handauflegung nach der Taufe und postbaptismale Salbung, also „Firmung" im späteren Sinn, üblich. Auch die antiochenische Gemeinde kannte sie zu der Zeit, als Johannes Chry-

---

[134] Vgl. *Epistula apostolorum*, Äthiopischer Text 15 (TU 43, 52–56); vgl. AUF DER MAUR, *Herrenfeste* 65f.

[135] Vgl. AMBROSIUS, *sacr.* 1,12 (FC 3,86); vgl. AUF DER MAUR, *Herrenfeste* 72f.

sostomus in ihr wirkte, nicht. Infolgedessen beschränkte sich der Kirchenvater in seinen an die Taufbewerber gerichteten Katechesen im allgemeinen darauf, das Bad der Taufe als das entscheidende Geschehen bei der christlichen Initiation, als das grundlegende Ereignis der Christwerdung darzustellen. Aus ihm folgt dann selbstverständlich die Teilnahme an der Eucharistie (vgl. *cat.* 1,5; *cat.* 2/1,2; *cat.* 2/2,1; *cat.* 2/4,12–15.26f; *cat.* 3/2,27; *cat.* 3/3,6.27.29).

Chrysostomus spricht zwar von „Besiegelung", doch meint er damit nicht die Besiegelung des Neugetauften durch den Heiligen Geist und damit die Vollendung der Taufe durch die „Firmung", sondern die Besiegelung des Taufbewerbers durch das in Verbindung mit der präbaptismalen Salbung am Karfreitag zur neunten Stunde vom Bischof auf seine Stirn gezeichnete Kreuz, das apotropäische Bedeutung hat (vgl. *cat.* 2/3,7; *cat.* 3/2,22f).

c) Taufe und Eucharistie als Inhalt der katechetischen Unterweisung

Es gibt also in Antiochien zur Zeit des Johannes Chrysostomus nur die beiden Initiationssakramente Taufe und Eucharistie. Daher kommt Chrysostomus immer wieder im gleichen Zusammenhang auf Taufe und Eucharistie zu sprechen (vgl. *cat.* 1,5; *cat.* 2/2,1; *cat.* 3/2,27; *cat.* 3/3,6). Mit vielen anderen Kirchenvätern sieht er in „Wasser und Blut" — er „zitiert" absichtlich in dieser Reihenfolge —, die aus der Seite Christi am Kreuz kommen (vgl. Joh 19,34), Symbole für Taufe und Eucharistie und damit in der durchbohrten Seite des Gekreuzigten den Ursprung der Kirche (vgl. *cat.* 2/4,16–22).

Chrysostomus versteht in seinen Katechesen unter Mysterien (μυστήρια) sowohl die in der Osternacht gefeierten Sakramente von Taufe und Eucharistie in ihrer Zusammengehörigkeit (so vermutlich in *cat.* 3/5,1.15) oder auch alle zur Initiation gehörenden gottesdienstlichen Feiern zusammen (vgl. *cat.* 3/2,17) als auch die Eucharistie (vgl. *cat.*

2/3,10; *cat.* 2/4,16f) oder die Taufe allein (vgl. *cat.* 2/1,6; *cat.* 3/6,23). Dementsprechend gebraucht er den Ausdruck Mystagogie (μυσταγωγία) und seine Ableitungen sowohl für die in Antiochien bereits vor der Osternacht vorgenommene verbale Einführung in die Mysterien von Taufe und Eucharistie oder auch für alle mit der Initiation verbundenen rituellen Vollzüge (vgl. *cat.* 2/2,1; *cat.* 2/3,4.5; *cat.* 3/4,18) als auch für die Einführung in die Taufe und für deren Vollzug allein (vgl. *cat.* 2/1,3–5; *cat.* 2/3,8), wobei das im Einzelfall Gemeinte jedoch nicht immer ganz sicher auszumachen ist.

2. *Die Taufe als grundlegendes Initiationssakrament*

Da Johannes Chrysostomus sich bei seinen Ausführungen über die Eucharistie dann, wenn Nicht-Getaufte anwesend sind, große Zurückhaltung auferlegt (vgl. *cat.* 2/1,2) und den Neugetauften in der Osterwoche vor allem Mahnungen für ihr Leben als Christen in der Welt erteilt, sind seine Katechesen ganz vom Geschehen der Taufe, dessen Voraussetzungen und Wirkungen sowie dessen Folgen für das alltägliche christliche Leben geprägt.

a) Taufe als gottgewirktes Geschehen

Chrysostomus spricht zu Menschen, die sich oft nach jahrelangem Zögern zum Eintritt in die Kirche entschlossen haben. Ihnen muß er immer wieder klarmachen, daß das, wozu sie sich entschieden haben, ein unverdientes Geschenk der Gnade Gottes ist (vgl. zum Beispiel *cat.* 1,2; *cat.* 2/1,8; *cat.* 3/1,25f; *cat.* 3/4,22). Diesem Geschenkcharakter der Taufe entspricht es, wenn sie mit der Geburt verglichen (vgl. *cat.* 2/1,1; *cat.* 3/3,1) und im Anschluß an Joh 3,3–7 und Tit 3,5 als „Bad der Wiedergeburt“ verstanden wird (vgl. *cat.* 2/1,8.12; *cat.* 2/3,8). Die Mutter, die die Neugetauften zur Welt brachte, ist die Kirche (vgl. *cat.* 3/3,1), doch nicht eigentlich sie gebar, sondern es ist, wie man mit den Augen des Glaubens erkennt, die Gnade des Heiligen Geistes, die durch das Wasser und durch den Priester wirkt, der das Haupt des Täuflings ins Wasser taucht (vgl. *cat.* 3/2,10). Die leiblichen Augen erblicken den Priester, der bei der Taufe dem Täufling die Rechte auflegt, die Augen des Glaubens aber schauen den Hohenpriester, der aus dem Himmel unsichtbar seine Rechte ausstreckt und das Haupt berührt; denn nicht der Mensch tauft, sondern der eingeborene Sohn Gottes (vgl. *cat.* 2/3,3.8; *cat.* 3/2,26). Und auch die Salbung, mit der vor der Taufe der Stirn des Täuflings das Kreuz eingeprägt wird, vollzieht letztlich nicht der Bischof, sondern gemäß 2 Kor 1,21 Gott selbst (vgl. *cat.* 2/3,7).

b) Namen und Bilder für die Wirklichkeit der Taufe

Um den Hörern das Wesen der Taufe zu verdeutlichen, zieht Chrysostomus verschiedene Bezeichnungen für sie heran und gebraucht für ihr Geschehen mehrere Bilder. Die Bezeichnungen gründen alle in der Heiligen Schrift. So heißt die Taufe, weil sie eine geistliche Reinigung ist, in Tit 3,5 „Bad der Wiedergeburt“ (λουτρὸν παλιγγενεσίας); sie wird in Anlehnung an Hebr 6,4 und 10,32 als „Erleuchtung“ (φώτισμα) bezeichnet, im Anschluß an Gal 3,27 als „Tauchung“ (βάπτισμα), gemäß Röm 6,4 als „Begräbnis“ (ταφή), nach Kol 2,11 als „Beschneidung“ (περιτομή) und aufgrund von Röm 6,6 als „Kreuz“ (σταυρός). Diese Aufzählung von Bezeichnungen betrachtet Chrysostomus als eine Auswahl (vgl. *cat.* 2/1,8).

Andernorts erläutert er manche Bezeichnungen noch näher: „Bad der Wiedergeburt“ und nicht nur „Bad des Sündennachlasses“ oder „Bad der Reinigung“ heißt die Taufe, weil der Mensch durch sie neugeschaffen und völlig umgestaltet wird (vgl. *cat.* 2/1,12–15). Die Taufe ist Kreuz und Tod, nämlich das Kreuz des alten Menschen und der Tod der Sünde (vgl. *cat.* 2/2,3 f). Doch nicht nur Tod ist die Taufe, sondern gleichzeitig auch Begrabenwerden (ταφή, τάφος) und Auferstehen (ἀνάστασις) (vgl. *cat.* 2/2,5; *cat.* 3/2,11). Diese zuletzt angeführten, die Tauftheologie von Röm 6,2–8 aufgreifenden Bezeichnungen bestätigen, daß in der antiochenischen Gemeinde nicht durch Übergießen des Täuflings mit Wasser, sondern durch Untertauchen zumindest des Kopfes ins Wasser getauft wurde, wodurch das Begrabenwerden und Auferstehen zeichenhaft angedeutet wurde[136].

Chrysostomus steht ein reicher Schatz an Bildern zur Verfügung, mit deren Hilfe er seine Verkündigung lebendig und eindringlich gestaltet. Auch die für die Taufe gewählten Bilder weiß er ausgiebig auszuwerten: So vergleicht er in langen Ausführungen das Geschehen der Taufe und der ihr vorausgehenden Feiern sowie die persönlichen Bemühungen der Taufbewerber mit einer Hochzeit und ihren Vorbereitungen, spricht von den Tagen der Initiationsfeiern als von den „Tagen der geistlichen Hochzeit" (τῶν πνευματικῶν γάμων ἡμέραι), wobei alle Initiative von Christus als dem Bräutigam ausgeht (vgl. *cat.* 1,7; *cat.* 2/3,1f.6; *cat.* 3/1,1–10.16–18). Die Taufe ist auch zu vergleichen mit der Rekrutierung von Soldaten, ist Aufnahme unter die Soldaten Christi (vgl. *cat.* 1,11; *cat.* 3/1,8.18.40; *cat.* 3/2,8; *cat.* 3/3,6; *cat.* 3/4,26f). Sie ist Einschreibung in die Listen der Bürger des Himmels; der eben Getaufte befindet sich gleichsam schon im Himmel (vgl. *cat.* 3/3,5f). Weil Taufe Erleuchtung ist, kann Chrysostomus die Neugetauften als Neuerleuchtete bezeichnen (vgl. *cat.* 1,4; *cat.* 3/4,20; *cat.* 3/5,21f) und sie in der Osternacht mit den Sternen vergleichen, die sie an Leuchtkraft sogar weit übertreffen (vgl. *cat.* 2/4,1–4; *cat.* 3/3,3f; vgl. auch *cat.* 3/1,25).

---

[136] Vgl. auch die breit angelegten Erklärungen zu Röm 6,2–10 in *hom. in Rom.* 10,4 und 11,1f (PG 60,479f und 483–486).

c) Die Wirkungen der Taufe

Das zuletzt angeführte Bild macht über das Geschehen der Taufe hinaus bereits eine ihrer Wirkungen deutlich: Wer durch die Taufe erleuchtet wurde, soll sein ganzes Leben lang „Neuerleuchteter“ bleiben (vgl. *cat.* 3/4,20; *cat.* 3/5, 21 f).

Als grundlegende Wirkung der Taufe nennt Johannes Chrysostomus das vollkommene Reinwaschen von allen Verfehlungen und jeder Schlechtigkeit (vgl. *cat.* 2/2,10; *cat.* 3/2,26), die Beseitigung aller Unreinheit, selbst dann, „wenn einer sich aller unter Menschen vorkommender Frevel schuldig gemacht hat“ (κἂν ἅπασαν τὴν ἐν ἀνθρώποις πονηρίαν ἔχων ᾖ; *cat.* 2/1,10; vgl. *cat.* 3/1,25), die Befreiung von der Last der Sünden und die Gerechtmachung (vgl. *cat.* 3/3,3.11), die Vergebung der Sünden, ohne daß sie aufgedeckt würden oder man sie öffentlich bekennen müßte (vgl. *cat.* 1,13). Doch wirkt die Taufe nicht nur den Nachlaß der Sünden, sondern sie läßt auch die Gnade Gottes in den Menschen eindringen, ihn umwandeln und zu einer neuen Schöpfung (vgl. 2 Kor 5,17) machen (vgl. *cat.* 3/3,12–16). Die Taufe bringt den Menschen darüber hinaus in Beziehung zum dreifaltigen Gott: Durch das dreimalige Eintauchen des Kopfes ins Wasser und das anschließende Wiederauftauchen wird der Täufling für den Empfang des Heiligen Geistes bereitet (vgl. *cat.* 3/2,26). Die Taufe bewirkt sodann die Zugehörigkeit zu Christus (vgl. *cat.* 3/2,1): Die innige Verbundenheit der Getauften mit Christus besagt, daß Christus für sie alles ist — Speise, Kleid, Haus, Haupt, Stamm, Bruder, Freund und Bräutigam —, sie aber nicht nur seine Brüder sind, sondern auch seine Kinder, seine Glieder, sein Leib (vgl. *cat.* 1,5). Schließlich wirkt die Taufe auch Heiligung und schenkt Anteil an der Gotteskindschaft (vgl. *cat.* 3/3,11): Die Neugetauften sind in den Rang von Söhnen erhoben (vgl. *cat.* 3/3,3; *cat.* 3/4,22). Der Glaube an den dreifaltigen Gott bewirkt den Nachlaß der Sünden, das Bekenntnis zum dreifaltigen Gott schenkt die Sohnschaft (vgl. *cat.* 3/2,26).

In einer Osternachtpredigt faßt Chrysostomus alle Wirkungen der Taufe zusammen: Die eben Getauften sind nun frei, heilig und gerecht gemacht, sind Söhne, Erben, Brüder Christi und seine Miterben, Glieder Christi sowie Tempel und Werkzeuge des Heiligen Geistes. Weil also die Taufe nicht nur Nachlaß der Sünden gewährt, sondern all die anderen Gaben auch, deshalb werden auch kleine Kinder getauft (vgl. *cat.* 2/4,5f). Die durch die Taufe geschenkte Würde, die Sohnschaft, die Heiligung, die Gnade des Geistes sind allen Getauften ein für allemal geschenkt (vgl. *cat.* 3/4,23).

Damit das Taufbad all dies bewirken kann, müssen die Taufbewerber sich zuvor schon in der äußeren Aufmachung von Gefangenen, nämlich barfuß, ohne Obergewand und die Hände auf den Rücken gelegt beziehungsweise ausgestreckt, um das Gefangensein durch den Teufel anzuzeigen, zu den Exorzisten begeben, die über sie beten. So wollen diese die Dämonen aus ihrem Herzen vertreiben, das heißt, sie wollen den Herrn bitten, daß er sie aus der Gewalt des Bösen befreie, sie für sich gefangennehme und sie dadurch in Wirklichkeit aus der Sklaverei in die Freiheit, aus der Fremde in die Heimat führe (vgl. *cat.* 2/2,6f; *cat.* 3/2,12–14). In diesem Zusammenhang sind nun aber von den Täuflingen auch klare und eindeutige Entscheidungen gefordert.

d) Voraussetzungen für die Taufe

Sosehr Johannes Chrysostomus den Täuflingen das Taufgeschehen als freies Geschenk des menschenfreundlichen Gottes erklärt, ebensosehr verlangt er von jedem einzelnen von ihnen eine der Tauffeier vorausgehende Absage an den Satan, an seine Pracht, seinen Dienst und seine Werke, die der Kirchenvater vor allem in Theatern und Pferderennen beziehungsweise in den damit verbundenen unsittlichen

Vorführungen sieht sowie in allen Formen des Aberglaubens, in der Beachtung bestimmter Vorzeichen und Vorbedeutungen, im Tragen von Amuletten und in jeder Art von Magie (vgl. *cat.* 1,18–23; *cat.* 2/3,4.6; *cat.* 3/2,17f.20). Der Absage an den Satan und seine Werke muß dann aber eine ebenso ausdrückliche Entscheidung für Christus entsprechen, durch die der einzelne eine endgültige Bindung an ihn eingeht (vgl. *cat.* 2/3,6; *cat.* 3/2,21), die in der darauffolgenden Stirnsalbung im Zeichen des Kreuzes ihr Siegel (σφραγίς) erhält (vgl. *cat.* 2/3,7; *cat.* 3/2,22f).

Um diese Entscheidungen mit ehrlichem Herzen zu treffen, ist die vorausgehende Umkehr, nämlich die Abkehr von allen bösen Werken und schlechten Gewohnheiten und die daraus folgende Hinwendung zum Herrn, unerläßlich (vgl. *cat.* 1,8–10; *cat.* 2/1,17–23; *cat.* 3/1,32–43). Diese Hinwendung zum Herrn zeigt sich im Glauben an den dreifaltigen Gott (vgl. *cat.* 3/1,19–25) und in einem sittlich einwandfreien, den Herrn nachahmenden und dem Christennamen entsprechenden Lebenswandel (vgl. *cat.* 2/1,6; *cat.* 3/1,25f.30–47).

e) Folgen für das Leben nach der Taufe

Chrysostomus legt vor allem in den nachösterlichen Katechesen ausführlich dar, wie der Neugetaufte sich infolge seiner Taufe im Alltag zu verhalten hat. Grundsätzlich muß das, was der Prediger als Voraussetzung für die Taufe verlangt, erst recht im Leben nach der Taufe beachtet werden. Denn die Taufe empfängt der Mensch in seinem Leben ein für allemal (vgl. *cat.* 3/3,18; *cat.* 3/6,23). Es gibt zwar auch später noch die Möglichkeit einer Vergebung; doch eine zweite Taufe kann nicht gewährt werden. Der Christ darf daher nach der Taufe ebensowenig in seine früheren Lebensgewohnheiten zurückfallen, wie die Israeliten nach dem Auszug aus Ägypten dorthin zurückkehren konnten. Denn er hat größere Wunder gesehen als jene beim Exodus (vgl. *cat.* 2/4,23–27).

Wer getauft ist, dessen Lebenswandel soll Antwort sein auf die vom Herrn empfangenen Wohltaten (vgl. *cat.* 1,11). Er soll leben, als wäre er für die Dinge des irdischen Lebens gestorben (vgl. *cat.* 3/6,20–23). Chrysostomus greift bei seinen Mahnungen zu einem der Taufe entsprechenden Leben mehrfach auf die Bilder zurück, mit deren Hilfe er das Geschehen der Taufe verdeutlicht hat:

Der Getaufte soll sich sein hochzeitliches Gewand bewahren (vgl. *cat.* 1,7). Das will sagen: Er soll durch sein dem Evangelium entsprechendes Leben den Glanz seines Taufkleides erhalten, ja noch steigern (vgl. *cat.* 3/3,18.22f; *cat.* 3/6,24–27). Auch das Leben nach der Taufe ist ein Kampf, und zwar ein geistlicher, den der Soldat Christi durch seine christliche Lebensweise zu bestehen hat (vgl. *cat.* 1,11f). Es ist der Kampf gegen den Teufel und alles Böse, in den man sich während der Vorbereitungszeit auf die Taufe eingeübt hat und in dem man jetzt nicht unterliegen darf (vgl. *cat.* 2/1,16; *cat.* 2/4,8–11). Das Leben des Getauften muß radikal verschieden sein von dem des Nichtgetauften. Als Neuerleuchteter soll er durch seinen vollkommenen Lebenswandel sein Licht vor den Menschen leuchten lassen, die eine Führung durch dieses Licht brauchen, damit sie sich an ihm ausrichten können und zum Lobpreis des Vaters veranlaßt werden (vgl. Mt 5,18) (vgl. *cat.* 3/3,17–23).

D. ERLÄUTERUNGEN ZUR EDITION

I. Der griechische Text

1. Die den „Säulenhomilien" zuzurechnende „Katechese" aus dem Jahr 387 (*cat.* 1) wird in der durch J.-P. Migne (PG 49,231–240) übernommenen Edition von B. de Montfau-

con mit veränderter Einteilung in Paragraphen wiedergegeben.

2. Die ersten drei der vier Katechesen aus dem Jahr 388 (*cat.* 2/1–3) sind der kritischen Ausgabe von A. Piédagnel und L. Doutreleau (SCh 366, 112–242) entnommen, die vierte (*cat.* 2/4) jener von A. Wenger (SCh 50bis, 151–167). Die lateinische Fassung letzterer, der *Sermo ad Neophytos*, wird weitgehend in der von A. Wenger abgedruckten *editio Veneta* des Jahres 1549 (SCh 50bis, 168–181) wiedergegeben. Allein die Orthographie hat Modernisierung erfahren; zudem wurden wenige, schon von A. Wenger konstatierte offenkundige Fehler der *editio* korrigiert. Der beigegebene Apparat versteht sich nicht textkritisch, sondern sucht in knapper Form Wengers Anmerkungen wiederzugeben, die im wesentlichen aus dem Vergleich der *editio* mit den griechischen Handschriften und den Parisini latini 12140 und 1651 erwachsen sind. Die Einteilung in Paragraphen entspricht jener in den genannten kritischen Ausgaben, die Titel denen des Moskauer Codex 216.

3. Der Text der sieben Katechesen aus dem nicht näher zu bestimmenden Jahr zwischen 389 und 397 (*cat.* 3/1–7) stimmt, auch hinsichtlich der Einteilung in Paragraphen, mit der erstmals von A. Wenger (SCh 50bis, 108–150. 182 bis 260) herausgegebenen Fassung überein.

II. Der kritische Apparat

1. Manuskripte und Herausgeber

Zu *cat.* 2/1:

Manuskripte:

A	Atheniensis 210	9./10. Jahrhundert
C	Coislinianus 245	11./12. Jahrhundert
D	Eblanensis W 131	10. Jahrhundert
J	Hierosolym. S. Sabae 249	11. Jahrhundert
L	Leningrad. Bibl. Publ. 76	11. Jahrhundert

M	Monacensis gr. 190	10. Jahrhundert
P	Parisinus gr. 700[137]	9./10. Jahrhundert
V	Mosquensis gr. Vlad. 216	10. Jahrhundert
W	Mosquensis gr. Vlad. 159	10. Jahrhundert

Herausgeber:

Duc. Fronton du Duc, 1609.
Sav. Savile, 1612.
Mf. Montfaucon, 1718.
Pi. Piédagnel/Doutreleau, 1990.

Die Einteilung in Paragraphen stammt von A. Piédagnel / L. Doutreleau.

Zu *cat.* 2/2:

Manuskripte:

A	Atheniensis 210	9./10. Jahrhundert
H	Atheniensis 211	9./10. Jahrhundert
L	Leningrad. Bibl. Publ. 76	11. Jahrhundert
V	Mosquensis gr. Vlad. 216	10. Jahrhundert

Herausgeber:

Pap. Papadopoulos-Kerameus, 1909.
Pi. Piédagnel/Doutreleau, 1990.

Die Einteilung in Paragraphen stammt von A. Papadopoulos-Kerameus.

Zu *cat.* 2/3:

Manuskripte:

V	Mosquensis gr. Vlad. 216	10. Jahrhundert
I	Athous Iviron 255	14. Jahrhundert

Herausgeber:

Pap. Papadopoulos-Kerameus, 1909.
Pi. Piédagnel/Doutreleau, 1990.

Die Einteilung in Paragraphen stammt von A. Papadopoulos-Kerameus.

---

[137] Der Parisinus setzt in *cat.* 2/1 mit den Worten τῆς διανοίας (*p.* 160, 5–6) ein.

Zu *cat.* 2/4:

Manuskripte:

S	Athous Stavronikita 6	11. Jahrhundert
M	Mosquensis gr. Vlad. 216	10. Jahrhundert
P	Parisinus gr. 700	9./10. Jahrhundert

Herausgeber:

Pap.	Papadopoulos-Kerameus, 1909.
We.	Wenger, ^{2}1970.

Die Einteilung in Paragraphen stammt von A. Wenger.

2. *Abkürzungen und Zeichen im Apparat*

<...>	Vom Herausgeber hinzugefügtes Wort.
—	Die ausgelassenen Wörter sind mitgemeint.
...	Die ausgelassenen Wörter sind nicht mitgemeint.
καί^1, καί^2	Das erste, das zweite in der betreffenden Zeile
V^{ac}	V *ante correctionem.*
V^{mg}	V *in margine*
V^{pc}	V *post correctionem.*
V^{tx}	V *in textu.*

accus.	*accusativus*	*ibid.*	*ibidem*
ad fin.	*ad finem*	*in transl.*	*in translatione*
add.	*addidit*	*iter.*	*iteravit*
arm.	*translatio armenia*	*κτλ*	*καὶ τὰ λοιπά*
cap.	*caput*	*lect.*	*lectio*
cet.	*ceteri*	*om.*	*omisit*
cf.	*confer*	*omn.*	*omnes*
cod.	*codex*	*p.*	*pagina*
coni.	*coniecit*	*praem.*	*praemisit*
corr.	*correxit*	*reduplic.*	*reduplicavit*
edd.	*editores*	*sc.*	*scilicet*
f.	*folium*	*seq.*	*sequens*
Gr.	*Graecus*	*ut vid.*	*ut videtur*

Die häufigen Verwechslungen von ο und ω, ε und αι, υ und οι, η und ι in den Manuskripten *cat.* 2/1–3 werden im Apparat nicht angegeben. Die zum Teil fehlerhafte Akzentsetzung in den Handschriften des Apparates ist unkorrigiert geblieben.

III. Der deutsche Text

Die deutsche Übersetzung folgt hinsichtlich der Titel und der Einteilung in Paragraphen dem griechischen Text. Die Zwischenüberschriften in *cat.* 2/1–4 und 3/1–7 entsprechen jenen in den französischen Übersetzungen der Herausgeber; in *cat.* 1 sind sie vom deutschen Übersetzer eingefügt.

Die von Chrysostomus zitierten Schriftstellen werden im deutschen Text angegeben; bei nur sehr entfernten Anspielungen oder bloßer Übernahme einzelner biblischer Begriffe wurde auf einen Hinweis verzichtet.

Die Anmerkungen bleiben auf wenige Erläuterungen zum Text beschränkt.

CATECHESES BAPTISMALES

TAUFKATECHESEN

I

EINE „KATECHESE“

(aus dem Jahr 387)

<Κατηχησις>

Πρὸς τοὺς μέλλοντας φωτίζεσθαι· καὶ περὶ γυναικῶν τῶν ἐν πλέγμασι καὶ χρυσῷ κατακοσμουσῶν ἑαυτάς· καὶ περὶ τῶν κληδονισμοῖς, ἢ περιάπτοις, ἢ ἐπῳδαῖς κεχρημένων, ἅπερ ἅπαντα ἀλλότρια Χριστιανισμοῦ.

1. Τῶν πρώην εἰρημένων πρὸς τὴν ὑμετέραν ἀγάπην 231 πρότερον τοὺς καρποὺς παρεγενόμην ἀπαιτήσων ὑμᾶς· οὐδὲ γὰρ διὰ τοῦτο λέγομεν, ἵνα ἀκούσητε μόνον, ἀλλ' ἵνα καὶ μνημονεύητε τῶν εἰρημένων καὶ τὴν διὰ τῶν ἔργων ἐπίδειξιν ἡμῖν παράσχητε· μᾶλλον δὲ οὐχ ἡμῖν, ἀλλὰ τῷ Θεῷ τῷ τὰ ἀπόρρητα τῆς διανοίας εἰδότι. Διὰ τοῦτο καὶ κατήχησις λέγεται, ἵνα καὶ ἀπόντων ἡμῶν ὁ λόγος ὑμῶν ἐνηχῇ ταῖς διανοίαις.

Καὶ μὴ θαυμάσητε, εἰ δέκα ἡμερῶν διαγενομένων μόνον τοὺς καρποὺς ἤλθομεν ἀπαιτήσοντες τῶν σπερμάτων· καὶ γὰρ ἐν ἡμέρᾳ μιᾷ δυνατὸν ὁμοῦ καὶ σπέρματα καταβαλεῖν καὶ ἄμητον ποιήσασθαι· οὐ γὰρ οἰκείᾳ δυνάμει μόνον, ἀλλὰ καὶ τῇ παρὰ τοῦ Θεοῦ ῥοπῇ δυναμούμενοι, οὕτω πρὸς τοὺς ἀγῶνας καλούμεθα.

Ὅσοι μὲν οὖν κατεδέξαντο τὰ εἰρημένα, καὶ διὰ τῶν ἔργων ἐπλήρωσαν, μενέτωσαν ἐπεκτεινόμενοι πρὸς τὰ ἔμπροσθεν· ὅσοι δὲ οὐδέπω τῆς ἀγαθῆς ταύτης ἐργασίας ἥψαντο, ἐντεῦθεν ἀψάσθωσαν, ἵνα καὶ τὴν ἐκ τῆς ῥᾳθυμίας καταδίκην τῇ μετὰ ταῦτα προθυμίᾳ ἀποκρούσωνται. Ἔνι γάρ, ἔνι καὶ τὸν ἐρρᾳθυμηκότα σφό-

---

[1] Die Erwähnung der Frist von zehn Tagen veranlaßte B. DE MONTFAUCON, diese Homilie als „Zweite Katechese an die Taufbewerber" der

<Eine Katechese>

Unterweisung der Taufbewerber; ferner über die Frauen, die sich mit aufwendigen Frisuren und Gold schmücken, und über jene, die sich mit der Beobachtung von Vorzeichen, mit Amuletten und Zauberformeln befassen, was alles mit dem Christentum unvereinbar ist.

Vom Sinn der „Katechesen"

1. Ich bin hier, um von euch zunächst den Ertrag der Predigt einzufordern, die ich euch neulich gehalten habe. Denn mit eurem Zuhören ist der Zweck meines Redens noch nicht erreicht; ihr sollt das Gesagte vielmehr auch im Gedächtnis bewahren und mir dafür durch euer Tun den Beweis liefern — aber nein, nicht mir, sondern Gott, der auch die geheimen Gedanken kennt. Deshalb werden ja diese Predigten auch „Katechesen" genannt, weil ihr Inhalt in eurem Inneren ein „Echo" geben soll, auch wenn ich wieder fort bin.

Wundert euch nicht, daß ich schon nach zehn Tagen komme und den Ertrag meiner Aussaat von euch verlange[1]; man kann nämlich sogar an ein und demselben Tag den Samen ausstreuen und ernten. Denn es ist nicht unsere Kraft allein, sondern zugleich die göttliche Gnade, die uns stärkt, wenn wir zum Kampf gerufen werden.

Wer sich also meine Worte zu Herzen genommen und durch sein Handeln erfüllt hat, möge in seinem Bemühen fortfahren, das gesetzte Ziel zu erreichen. Wer aber dieses löbliche Werk bisher noch nicht begonnen hat, möge wenigstens jetzt damit anfangen, um so durch seinen nachträglichen Eifer die Strafe von sich abzuwenden, die er für seinen Leichtsinn verdient. Denn auch wenn man sehr

---

seiner Meinung nach zehn Tage früher gehaltenen *cat.* 2/1 zeitlich nachzuordnen.

δρα μετὰ ταῦτα χρησάμενον τῇ προθυμίᾳ τοῦ παρελθόντος χρόνου πᾶσαν ἀνασῶσαι τὴν ζημίαν. Διό φησι· »Σήμερον ἐὰν τῆς φωνῆς αὐτοῦ ἀκούσητε, μὴ σκληρύνητε τὰς καρδίας ὑμῶν, ὡς ἐν τῷ παραπικρασμῷ.« Τοῦτο δὲ λέγει παραινῶν καὶ συμβουλεύων, μηδέποτε ἀπογινώσκειν, ἀλλ' ἕως ἂν ἐνταῦθα ὦμεν, χρηστὰς ἔχειν τὰς ἐλπίδας, καὶ τῶν ἔμπροσθεν ἐπιλαμβάνεσθαι, καὶ πρὸς τὸ βραβεῖον διώκειν τῆς ἄνω κλήσεως τοῦ Θεοῦ.

2. Τοῦτο τοίνυν ποιήσωμεν, καὶ τὰ ὀνόματα τῆς μεγάλης ταύτης ἐξετάσωμεν δωρεᾶς. Ὥσπερ γὰρ ἀγνοούμενον ἀξιώματος μέγεθος ῥᾳθυμοτέρους ποιεῖ τοὺς τιμωμένους, οὕτω γνωριζόμενον εὐχαρίστους καθίστησι καὶ σπουδαιοτέρους ἐργάζεται. Καὶ ἄλλως δὲ αἰσχρὸν ἂν εἴη καὶ καταγέλαστον τοσαύτης ἀπολαύοντας δόξης παρὰ τοῦ Θεοῦ καὶ τιμῆς, μηδὲ τὰ ὀνόματα αὐτῆς εἰδέναι τί ποτε ἐνδείξασθαι βούλεται.

Καὶ τί λέγω περὶ τῆς δωρεᾶς ταύτης; Ἂν γὰρ τὸ κοινὸν τοῦ γένους ἡμῶν ἐννοήσῃς ὄνομα, μεγίστην πρὸς ἀρετὴν λήψῃ διδασκαλίαν καὶ παράκλησιν. Τὸ γὰρ »ἄνθρωπος« τοῦτο ὄνομα | 232 οὐ κατὰ τοὺς ἔξωθεν ἡμεῖς ὁριζόμεθα, ἀλλ' ὡς ἡ θεία γραφὴ ἐκέλευσεν. Ἄνθρωπος γάρ ἐστιν, οὐχ ὅστις ἁπλῶς χεῖρας καὶ πόδας ἔχει ἀνθρώπου, οὐδ' ὅστις ἐστὶ λογικὸς μόνον, ἀλλ' ὅστις εὐσέβειαν καὶ ἀρετὴν μετὰ παρρησίας ἀσκεῖ. Ἄκουσον γοῦν περὶ τοῦ Ἰὼβ τί φησιν· εἰπὼν γάρ, ὅτι »Ἐν χώρᾳ τῇ Αὐσίτιδι ἄνθρωπος ἦν«, οὐκ ἀπὸ τούτων αὐτὸν ὑπογράφει τῶν ὅρων, ἀφ' ὧν οἱ ἔξωθεν, οὐδὲ τοῦτο λέγει, ὅτι πόδας δύο εἶχε καὶ ὄνυχας πλατεῖς, ἀλλὰ τὰ γνωριστικὰ τῆς εὐσεβείας ἐκείνης συν-

nachlässig gewesen ist, kann man durch späteren Eifer allen Schaden aus früherer Zeit wiedergutmachen. Daher heißt es: „Ach, würdet ihr doch heute auf seine Stimme hören! Verhärtet euer Herz nicht wie in der Verbitterung" (Ps 95,7f: LXX Ps 94,7). Diese Worte sollen uns mahnen und raten, solange wir auf Erden leben, nie zu verzweifeln, sondern stets guter Hoffnung zu sein, nach Fortschritt im Guten zu streben und nach dem Siegespreis zu jagen, der himmlischen Berufung, die Gott uns schenkt (vgl. Phil 3,14).

Die Bezeichnung „Mensch"

2. Das wollen wir also tun und die Namen für dieses große Geschenk (*sc.* der Taufe) untersuchen. Wer eine große Ehre, die ihm zuteil wird, gar nicht in ihrer Bedeutung erkennt, der wird ihr gegenüber gleichgültiger; wer um ihre Bedeutung weiß, der wird dankbar und eifriger. Noch viel schändlicher und verachtenswerter wäre es, wenn wir von der großen Ehre, die Gott uns erweist, nicht einmal die Namen und deren Bedeutung kennen würden.

Doch warum rede ich von diesem Geschenk? Selbst wenn ihr nur über die uns allen gemeinsame Bezeichnung nachdenkt, werdet ihr dadurch eine sehr reiche Belehrung und Ermunterung zu tugendhaftem Leben erfahren: Denn das Wort „Mensch" definieren wir nicht so wie Außenstehende, sondern gemäß der Heiligen Schrift: Ein Mensch ist demnach nicht einfach jeder, der menschliche Hände und Füße hat oder denken kann, sondern wer sich vertrauensvoll um ein frommes und tugendhaftes Leben bemüht. Hört, was von Ijob in der Heiligen Schrift steht. Nachdem gesagt ist: „Im Lande Uz lebte ein Mensch" (Ijob 1,1), wird er keineswegs nach den Merkmalen beschrieben, die Heiden aufzuzählen pflegen. Es wird auch nicht gesagt, daß er zwei Füße und glatte Nägel hatte, sondern es werden die Kennzeichen seines gottgefälligen Lebens aufgeführt —

τιθεὶς ἔλεγε, »Δίκαιος, ἀληθινός, θεοσεβής, ἀπεχόμενος ἀπὸ παντὸς πονηροῦ πράγματος«, δεικνὺς ὅτι τοῦτό ἐστιν ἄνθρωπος. Καθάπερ οὖν καὶ ἕτερός φησι· »Τὸν Θεὸν φοβοῦ, καὶ τὰς ἐντολὰς αὐτοῦ φύλασσε, ὅτι τοῦτο πᾶς ἄνθρωπος«.

3. Εἰ δὲ τὸ »ἄνθρωπος« ὄνομα τοσαύτην εἰς ἀρετὴν παράκλησιν παρέχει, πολλῷ μᾶλλον τὸ »πιστός«; Πιστὸς γὰρ διὰ τοῦτο καλῇ, ὅτι καὶ πιστεύεις τῷ Θεῷ, καὶ πιστεύῃ παρ' αὐτοῦ αὐτὸς δικαιοσύνην, ἁγιωσύνην, καθαρότητα ψυχῆς, υἱοθεσίαν, βασιλείαν οὐρανῶν· ἐνεπίστευσε καὶ ταῦτά σοι παρακατέθετο· σὺ πάλιν ἕτερα αὐτῷ ἐνεπίστευσας καὶ παρακατέθου, ἐλεημοσύνην, εὐχάς, σωφροσύνην, τὴν ἄλλην ἅπασαν ἀρετήν.

Καὶ τί λέγω ἐλεημοσύνην; Κἂν ψυχροῦ αὐτῷ ποτήριον δῷς, οὐδὲ τοῦτο ἀπολέσεις, ἀλλὰ καὶ τοῦτο μετ' ἀκριβείας φυλάσσει εἰς ἐκείνην τὴν ἡμέραν, καὶ μετὰ πολλῆς ἀποδώσει τῆς περιουσίας· τὸ γὰρ δὴ θαυμαστὸν τοῦτό ἐστιν, ὅτι οὐ φυλάττει τὰς παρακαταθήκας μόνον, ἀλλὰ καὶ πλεονάζει ταύτας ταῖς ἀντιδόσεσι.

Τοῦτο καὶ σοὶ ποιεῖν ἐκέλευσε κατὰ δύναμιν τὴν σήν, ἐν οἷς ἐνεπιστεύθης, τὴν ἁγιωσύνην ἣν ἔλαβες ἐπιτείνειν, καὶ τὴν δικαιοσύνην τὴν ἀπὸ τοῦ λουτροῦ λαμπροτέραν ἐργάζεσθαι, καὶ τὸ χάρισμα φαιδρότερον ποιεῖν· καθάπερ οὖν καὶ Παῦλος ἐποίησε, τοῖς μετὰ ταῦτα πόνοις καὶ τῇ σπουδῇ καὶ τῇ προθυμίᾳ αὐξήσας ἅπαντα, ἅπερ ἔλαβεν, ἀγαθά.

Καὶ σκόπει Θεοῦ κηδεμονίαν· οὔτε σοι τὸ πᾶν ἔδωκεν ἐνταῦθα, οὔτε τοῦ παντὸς ἀπεστέρησεν, ἀλλὰ τὰ μὲν ἔδωκε, τὰ δὲ ὑπέσχετο. Καὶ τίνος ἕνεκεν οὐ τὸ πᾶν ἐνταῦθα ἔδωκεν; Ἵνα σὺ τὴν πίστιν ἐπιδείξῃ τὴν

„rechtschaffen, wahrhaftig; er fürchtete Gott und mied das Böse“ (Ijob 1,1) — und so zu verstehen gegeben, daß dies eigentlich den Menschen ausmacht. So sagt auch der Verfasser eines anderen Buches der Heiligen Schrift: „Fürchte Gott, und achte auf seine Gebote! Das allein hat jeder Mensch nötig“ (Koh 12,13).

Die Bezeichnung „Gläubige“

3. Wenn aber schon die Bezeichnung „Mensch“ eine solche Mahnung zur Tugend enthält, um wieviel mehr das Wort „Gläubiger“? Ihr werdet deshalb Gläubige genannt, weil ihr Gott glaubt und vertraut und weil er euch vertraut. Er hat euch Gerechtigkeit, Heiligkeit, Reinheit der Seele, Gotteskindschaft und das Himmelreich anvertraut und das alles bei euch hinterlegt. Ihr habt ihm anderes anvertraut und bei ihm hinterlegt: Almosen, Gebete, Besonnenheit und alle anderen Tugenden.

Doch warum sage ich: Almosen? Wenn ihr ihm nur einen Becher frischen Wassers gebt, so wird euch der nicht verlorengehen (vgl. Mt 10,42); auch den bewahrt er sorgfältig für den Gerichtstag auf und wird ihn euch mit hohen Zinsen erstatten. Das ist nämlich wunderbar, daß er das, was man bei ihm hinterlegt hat, nicht nur aufbewahrt, sondern durch Gegengaben vermehrt.

Er hat euch befohlen, nach euren Kräften mit den Gütern, die er euch anvertraut hat, genauso zu verfahren, die Heiligkeit, die ihr empfangen habt, zu vermehren, die in der Taufe verliehene Gerechtigkeit noch mehr erstrahlen, die Gnade noch heller leuchten zu lassen. Das hat auch Paulus getan: Durch seine Mühen, seinen Eifer, seine Opferbereitschaft hat er alle empfangenen Gnaden vermehrt.

Beachtet auch Gottes liebevolle Fürsorge: Er hat euch hier auf Erden weder alle Güter gegeben noch alle vorenthalten, sondern die einen gegeben und andere verheißen. Warum hat er euch nicht schon auf Erden alle gegeben?

περὶ αὐτὸν, τοῖς μηδέπω δοθεῖσιν ἀπὸ τῆς ὑποσχέσεως αὐτοῦ μόνης πιστεύων. Τίνος δὲ ἕνεκεν πάλιν οὐ τὸ πᾶν ἐκεῖ ἐταμιεύσατο, ἀλλ᾽ ἔδωκε καὶ Πνεύματος χάριν καὶ | [233] δικαιοσύνην καὶ ἁγιασμόν; Ἵνα σοι κουφίσῃ τοὺς πόνους, καὶ ἐκ τῶν ἤδη δοθέντων καὶ ἐκ τῶν μελλόντων εὐέλπιδα καταστήσῃ.

4. Διὰ τοῦτο καὶ »νεοφώτιστος« μέλλεις καλεῖσθαι, ὅτι νέον σοι τὸ φῶς ἀεί, ἂν ἐθέλῃς, καὶ οὐδέποτε σβέννυται. Τοῦτο μὲν γάρ, καὶ βουλομένων ἡμῶν, καὶ μὴ βουλομένων, διαδέχεται νύξ, ἐκείνην δὲ τὴν ἀκτῖνα σκότος οὐκ οἶδε· »Τὸ γὰρ φῶς ἐν τῇ σκοτίᾳ φαίνει, καὶ ἡ σκοτία αὐτὸ οὐ κατέλαβεν.« Οὐχ οὕτω γοῦν ὁ κόσμος ἐστὶ λαμπρός, ἀνισχούσης τῆς ἀκτῖνος, ὡς ψυχὴ καταυγάζεται καὶ λαμπροτέρα γίνεται, τὴν ἀπὸ τοῦ Πνεύματος δεξαμένη χάριν.

Καὶ μάνθανε τῶν πραγμάτων ἀκριβέστερον τὴν φύσιν· νυκτὸς μὲν γὰρ κατεχούσης καὶ σκότους ὄντος, πολλάκις καὶ σχοινίον ἰδών τις, ἐνόμισεν ὄφιν εἶναι, καὶ φίλον προσιόντα ὡς ἐχθρὸν ἔφυγε, καὶ ψόφου τινὸς αἰσθόμενος περιδεὴς γέγονεν· ἡμέρας δὲ γενομένης οὐδὲν τοιοῦτον γένοιτ᾽ ἄν, ἀλλὰ πάντα οἷάπερ ἐστὶ φαίνεται.

Ὃ καὶ ἐπὶ τῆς ψυχῆς συμβαίνει τῆς ἡμετέρας. Ἐπειδὰν γὰρ ἡ χάρις ἐλθοῦσα τὸ σκότος ἀπελάσῃ τῆς διανοίας, μανθάνομεν τὴν τῶν πραγμάτων ἀκρίβειαν, καὶ γίνεται ἡμῖν εὐκαταφρόνητα τὰ πρότερον φοβερά. Οὔτε γὰρ θάνατον ἔτι δεδοίκαμεν, μαθόντες ἀκριβῶς παρὰ τῆς ἱερᾶς ταύτης μυσταγωγίας, ὅτι οὐκ ἔστι θάνατος ὁ θάνατος, ἀλλ᾽ ὕπνος καὶ κοίμησις πρόσκαιρος· οὐ πενίαν, οὐ νόσον, οὐκ ἄλλο τι τῶν τοιούτων οὐδέν, εἰδότες ὅτι πρὸς βελτίονα ζωὴν ὁδεύομεν,

Damit ihr den Glauben an ihn zum Ausdruck bringt, indem ihr das, was er noch nicht gegeben hat, nur aufgrund seiner Verheißungen gläubig erwartet. Warum hat er aber nicht alle Güter dort oben für euch aufbewahrt? Warum hat er euch die Gnade des Heiligen Geistes, die Gerechtigkeit, die Heiligung schon jetzt verliehen? Um euch die Mühen zu erleichtern und euch mit Hilfe des schon Verliehenen und des Künftigen mit Hoffnung zu erfüllen.

Die Bezeichnung „Neuerleuchtete“

4. Ihr werdet auch „Neuerleuchtete“ genannt, weil das Licht, das euch erleuchtet, wenn ihr nur wollt, stets neu bleiben und nie erlöschen wird. Dem Licht des Tages folgt, ob wir wollen oder nicht, die Nacht; dagegen ist jenes Licht der Finsternis unbekannt: „Das Licht leuchtet in der Finsternis, und die Finsternis hat es nicht erfaßt“ (Joh 1,5). Ganz sicher ist die Erde nicht so hell, wenn die Sonne aufgeht, wie die Seele strahlt und leuchtet, wenn sie die Gnade des Heiligen Geistes empfangen hat.

Vernehmt noch genauer, wie es sich damit verhält. In der Nacht und im Dunkeln hat schon mancher einen Strick für eine Schlange gehalten, ist vor seinem Freund davongelaufen wie vor einem Feind und bei irgendeinem Geräusch sehr erschrocken. Am Tag kommt so etwas nicht vor, sondern alles erscheint so, wie es in Wirklichkeit ist.

So geschieht es auch mit unserer Seele. Wenn die Gnade eingekehrt ist und die Finsternis des Geistes vertrieben hat, dann erkennen wir die wahre Beschaffenheit der Dinge, und es erscheint uns das lächerlich, wovor wir uns vorher fürchteten. Wir haben keine Angst mehr vor dem Tod, nachdem wir in dieser Einführung in die Wahrheiten des Glaubens erfahren haben, daß der Tod eigentlich kein Tod ist, sondern nur ein Schlaf oder Schlummer für eine gewisse Zeit. Wir fürchten weder Armut noch Krankheit noch irgend etwas dergleichen; denn wir wissen, daß wir auf ein

ἀκήρατόν τε καὶ ἄφθαρτον, καὶ πάσης τοιαύτης ἀπηλλαγμένην ἀνωμαλίας.

5. Μὴ τοίνυν ἔτι πρὸς τὰ βιωτικὰ μείνωμεν κεχηνότες, μὴ περὶ τρυφὴν τραπέζης, μηδὲ περὶ πολυτέλειαν ἱματίων· καὶ γὰρ ἔχεις ἱμάτιον μέγιστον, ἔχεις τράπεζαν πνευματικήν, ἔχεις τὴν δόξαν τὴν ἄνω, καὶ πάντα σοι ὁ Χριστὸς γίνεται, καὶ τράπεζα, καὶ ἱμάτιον, καὶ οἶκος, καὶ κεφαλή, καὶ ῥίζα. »Ὅσοι γὰρ εἰς Χριστὸν ἐβαπτίσθητε, Χριστὸν ἐνεδύσασθε.« Ἰδοὺ πῶς ἱμάτιόν σοι γέγονε.

Βούλει μαθεῖν, πῶς καὶ τράπεζά σοι γίνεται; »Ὁ τρώγων με«, φησίν, »ὥσπερ ἐγὼ ζῶ διὰ τὸν Πατέρα, κἀκεῖνος ζήσεται δι᾿ ἐμέ.« Ὅτι δὲ καὶ οἶκός σοι γίνεται· »Ὁ τρώγων μου τὴν σάρκα ἐν ἐμοὶ μένει, κἀγὼ ἐν αὐτῷ.« Καὶ ὅτι ῥίζα, πάλιν φησίν· »Ἐγὼ ἡ ἄμπελος, ὑμεῖς τὰ κλήματα.« Καὶ ὅτι ἀδελφός, καὶ φίλος, καὶ νυμφίος· »Οὐκέτι ὑμᾶς λέγω δούλους· ὑμεῖς γὰρ φίλοι μου ἐστέ.« Καὶ ὁ Παῦλος πάλιν· »Ἡρμοσάμην ὑμᾶς ἑνὶ ἀνδρὶ παρθένον ἁγνὴν παραστῆσαι τῷ Χριστῷ.« Καὶ πάλιν· »Εἰς τὸ εἶναι αὐτὸν πρωτότοκον ἐν πολλοῖς ἀδελφοῖς.« Οὐκ ἀδελφοὶ δὲ αὐτοῦ μόνον, ἀλλὰ καὶ παιδία γινόμεθα· »Ἰδοὺ γάρ«, φησίν, »ἐγώ, καὶ τὰ παιδία, ἅ μοι ἔδωκεν ὁ Θεός.« Οὐ τοῦτο δὲ μόνον, ἀλλὰ καὶ μέλη αὐτοῦ, καὶ σῶμα αὐτοῦ. Ὥσπερ γὰρ οὐκ ἀρκούντων τῶν εἰρημένων ἐπιδεῖξαι τὴν ἀγάπην καὶ τὴν εὔνοιαν, ἣν πρὸς ἡμᾶς ἐπιδείκνυται, καὶ ἕτερον τούτων μεῖζον καὶ ἐγγύτερον ἔθηκεν, κεφαλὴν ἑαυτὸν ἡμῶν προσειπών.

besseres Leben zugehen, ein unzerstörbares, unvergängliches, das frei ist von jeder Unzulänglichkeit.

Die Verbundenheit des Getauften mit Christus

5. Wir wollen daher in Zukunft nicht nach irdischen Freuden streben, nach üppigen Gastmählern und prunkvollen Kleidern. Denn ihr besitzt jetzt das herrlichste Kleid, eine geistliche Speise und ein ehrenvolles Ansehen im Himmel. Christus wird für euch alles: Speise, Kleid, Haus, Haupt, Ursprung. Denn „ihr alle, die ihr auf Christus getauft seid, habt Christus als Gewand angelegt“ (Gal 3,27). Seht, so ist er euer Kleid geworden!

Wollt ihr auch wissen, wie er eure Speise wird? Er sagt: „Wie ich durch den Vater lebe, so wird jeder, der mich ißt, durch mich leben“ (Joh 6,57). Auch Wohnung wird er: „Wer mein Fleisch ißt, der bleibt in mir, und ich bleibe in ihm“ (Joh 6,56). Und euer Ursprung wird er; denn er sagt auch: „Ich bin der Weinstock, ihr seid die Reben“ (Joh 15,5). Er wird für euch Bruder, Freund und Bräutigam: „Ich nenne euch nicht mehr Knechte; denn ihr seid meine Freunde“ (vgl. Joh 15,15). Und Paulus sagt: „Ich habe euch einem einzigen Mann verlobt, um euch als reine Jungfrau zu Christus zu führen“ (2 Kor 11,2). Und wiederum: „Damit er der Erstgeborene von vielen Brüdern sei“ (Röm 8,29). Wir werden nicht nur seine Brüder, sondern auch seine Kinder; es heißt: „Seht, ich und die Kinder, die Gott mir geschenkt hat“ (Jes 8,18). Und nicht nur seine Kinder werden wir, sondern sogar seine Glieder, sein Leib. Als ob nämlich das alles, was ich schon angeführt habe, noch nicht genug wäre, um seine Liebe und seine Zuneigung zu uns zu beweisen, hat er etwas getan, was noch mehr besagt und eine noch innigere Verbindung andeutet: Er hat sich unser Haupt genannt (vgl. Eph 1,22).

6. Ταῦτα δὴ πάντα εἰδώς, ἀγαπητέ, ἄμειψαί σου τὸν εὐεργέτην ἀρίστῃ πολιτείᾳ, καὶ ἐννοήσας τῆς θυσίας τὸ μέγεθος, καλλώπισόν σου τὰ μέλη τοῦ σώματος. Ἐννόησον τί δέχῃ τῇ χειρί, καὶ μηδέποτε ἀνάσχῃ τυπτῆσαί τινα, μηδὲ τὴν τοσούτῳ τιμηθεῖσαν δώρῳ καταισχύνῃς τῇ τῆς πληγῆς ἁμαρτίᾳ· ἐννόησον τί δέχῃ τῇ χειρὶ, καὶ καθαρὰν αὐτὴν πλεονεξίας καὶ ἁρπαγῆς πάσης διατήρησον.

Λόγισαι, ὅτι οὐ τῇ χειρὶ δέχῃ μόνον, ἀλλὰ καὶ τῷ στόματι προσάγεις καὶ καθαρὰν φύλαττε τὴν γλῶτ|ταν αἰσχρῶν καὶ ὑβριστικῶν ῥημάτων, βλασφημίας, ἐπιορκίας, καὶ τῶν ἄλλων τῶν τοιούτων ἁπάντων. Καὶ γὰρ ὀλέθριον τὴν διακονουμένην μυστηρίοις οὕτω φρικωδεστάτοις, καὶ αἵματι φοινιχθεῖσαν τοιούτῳ, καὶ χρυσῆν γενομένην μάχαιραν, ἐπὶ λοιδορίας καὶ ὕβρεις καὶ εὐτραπελίας μετάγειν. Αἰδέσθητι τὴν τιμήν, ἣν ἐτίμησεν αὐτὴν ὁ Θεός, καὶ μὴ καταγάγῃς εἰς τὴν τῆς ἁμαρτίας εὐτέλειαν. | 234

Ἀλλ᾽ ἐνθυμηθεὶς πάλιν, ὅτι μετὰ τὴν χεῖρα καὶ τὴν γλῶσσαν ἡ καρδία δέχεται τὸ φρικτὸν ἐκεῖνο μυστήριον, μὴ ῥάψῃς ποτὲ κατὰ τοῦ πλησίον δόλον, ἀλλὰ κακουργίας πάσης καθαρὰν διατήρει σου τὴν διάνοιαν· οὕτω καὶ ὀφθαλμοὺς καὶ ἀκοὴν ἀσφαλίσασθαι δυνήσῃ. Πῶς γὰρ οὐκ ἄτοπον, μετὰ τὴν μυστικὴν ἐκείνην φωνὴν καὶ ἐκ τῶν οὐρανῶν φερομένην, τὴν ἐκ τῶν χερουβὶμ λέγω, πορνικοῖς ᾄσμασι καὶ κατακεκλασμένοις μέλεσι τὴν ἀκοὴν μολύνειν; Πῶς δὲ οὐκ ἐσχάτης κολάσεως ἄξιον, τοῖς ὀφθαλμοῖς, οἷς ὁρᾷς τὰ ἀπόρρητα καὶ φρικτὰ μυστήρια, τούτοις πόρνας ὁρᾶν, καὶ μοιχείαν ἐργάζεσθαι τὴν κατὰ διάνοιαν;

Ein guter Lebenswandel als Antwort auf Christi Wohltaten

6. Da ihr nun das alles wißt, meine Lieben, so vergeltet eurem Wohltäter durch einen einwandfreien Lebenswandel. Denkt an die Erhabenheit des Opfers, und heiligt die Glieder eures Leibes! Bedenkt, was ihr mit der Hand empfangt, und wagt es niemals, jemanden zu schlagen, damit ihr nicht die Hand, die durch eine solche Gabe geehrt wurde, durch sündhaftes Schlagen entehrt. Bedenkt, was ihr mit der Hand empfangt, und haltet sie vollständig rein von Habsucht und Raub.

Bedenkt, daß ihr diese Gabe nicht nur mit der Hand empfangt, sondern auch zum Mund führt, und haltet eure Zunge rein von schändlichem Reden und Schimpfen, von Gotteslästerung, Meineid und allen anderen derartigen Dingen. Es gereicht euch nämlich zum Verderben, wenn ihr die Zunge, die diesem so ehrfurchtgebietenden Sakrament dient, vom Blut gerötet und ein goldenes Schwert geworden ist, zu schändlichem, unverschämtem und lästerlichem Reden mißbraucht. Habt Achtung vor der Ehre, deren Gott die Zunge gewürdigt hat, und laßt sie nicht in gemeine Sünden abgleiten.

Wenn ihr auch noch bedacht habt, daß nach Hand und Mund euer Herz dieses ehrfurchtgebietende Sakrament empfängt, dann ersinnt niemals mehr Anschläge gegen euren Nächsten, sondern bewahrt euren Sinn rein von aller Bosheit. Auf diese Weise werdet ihr Augen und Ohren sicher bewahren können. Wäre es nicht abgeschmackt, nach jenem himmlischen Gesang der Kerubim des Himmels eure Ohren durch obszöne Lieder und entartete Melodien zu beschmutzen? Verdiente es nicht hohe Strafe, wenn ihr mit den gleichen Augen, mit denen ihr das unaussprechliche und ehrfurchtgebietende Sakrament seht, Dirnen anschauen und in euren Herzen Ehebruch treiben würdet (vgl. Mt 5,28)?

7. Εἰς γάμον ἐκλήθης, ἀγαπητέ· μὴ εἰσέλθῃς ῥυπαρὰ ἐνδεδυμένος ἱμάτια, ἀλλὰ τῷ γάμῳ κατάλληλον λαβὲ στολήν. Εἰ γὰρ εἰς γάμους αἰσθητοὺς ἄνθρωποι καλούμενοι, κἂν ἁπάντων ὦσι πενέστεροι, χρησάμενοι πολλάκις ἢ πριάμενοι ἱμάτιον καθαρόν, οὕτω πρὸς τοὺς καλέσαντας αὐτοὺς ἀπαντῶσι· σὺ δὲ ὁ πρὸς γάμον κληθεὶς πνευματικὸν καὶ δεῖπνα βασιλικά, ἐννόησον, ἡλίκον ἂν εἴη δίκαιόν σε ἱμάτιον πρίασθαι· μᾶλλον δὲ οὐδὲ ἀγοράσαι χρεία, ἀλλ' αὐτός σοι δίδωσιν ὁ καλῶν δωρεάν, ἵνα μηδὲ πενίαν προβαλέσθαι ἔχῃς. Τήρει τοίνυν ὅπερ ἔλαβες ἱμάτιον· ἂν γὰρ ἀπολέσῃς, χρήσασθαι οὐ δυνήσῃ λοιπόν, οὐδὲ πρίασθαι· οὐδαμοῦ γὰρ πωλεῖται τοιοῦτον ἱμάτιον. Ἤκουσας, πῶς ἐστέναξαν οἱ πάλαι μυσταγωγηθέντες, καὶ τὸ στῆθος ἐπάταξαν τοῦ συνειδότος ἐνταῦθα διαναστήσαντος; Σκόπει τοίνυν, ἀγαπητέ, μὴ καὶ σύ ποτε τοῦτο πάθῃ· πῶς δὲ οὐ πείσῃ, τὴν πονηρὰν συνήθειαν μὴ ἐκβαλὼν τῶν κακῶν;

Διὰ τοῦτο καὶ πρώην εἶπον καὶ νῦν λέγω, καὶ λέγων οὐ παύσομαι, εἴ τις τὰ ἐλαττώματα τῶν τρόπων μὴ διώρθωσε μηδὲ παρεσκεύασεν ἑαυτῷ τὴν ἀρετὴν εὔκολον, μὴ βαπτιζέσθω. Τὰ μὲν γὰρ πρότερα ἁμαρτήματα ἀφεῖναι δύναται τὸ λουτρόν· δέος δὲ οὐ μικρὸν καὶ κίνδυνος οὐχ ὁ τυχών, μήποτε πάλιν ἐπ' αὐτὰ ἐπανέλθωμεν, καὶ γένηται ἡμῖν ἕλκος τὸ φάρμακον. Ὅσῳ γὰρ μείζων γέγονεν ἡ χάρις, τοσούτῳ πλείων ἡ κόλασις τοῖς μετὰ ταῦτα ἁμαρτάνουσιν.

Bewahrung des hochzeitlichen Gewandes

7. Meine Lieben, ihr seid zu einer Hochzeit geladen. Geht nicht mit schmutzigen Kleidern hin, sondern zieht ein passendes Gewand an! Wer zu einer Hochzeit eingeladen ist, leiht sich häufig oder kauft sich, auch wenn er zu den Ärmsten gehört, ein sauberes Gewand und erscheint damit bekleidet bei denen, die ihn eingeladen haben. Ihr aber seid zu einer geistlichen Hochzeit und einem königlichen Mahl eingeladen. Bedenkt einmal, was für ein Kleid ihr euch kaufen müßtet! Nun braucht ihr es aber gar nicht zu kaufen, sondern er, der euch einlädt, schenkt es euch, so daß ihr euch nicht mit eurer Armut entschuldigen könnt.

Bewahrt euch also das Kleid, das ihr empfangen habt, denn wenn ihr es zugrunde gerichtet habt, werdet ihr keines mehr leihen oder kaufen können; denn ein solches Gewand wird niemals verkauft. Habt ihr nicht gehört, wie manche, die früher getauft wurden, jetzt, vom Gewissen getrieben, seufzen und an die Brust schlagen? Seht zu, meine Lieben, daß es euch nicht eines Tages ebenso ergeht! Wie sollte euch nicht das gleiche bevorstehen, wenn ihr die schlechten Gewohnheiten nicht ablegt?

Deshalb sagte ich früher schon, wiederhole es jetzt und werde es immer wieder sagen: Wer sich in seinem Lebenswandel nicht gebessert hat, wer es in der Tugend nicht zu einer gewissen Fertigkeit bringt, der soll nicht getauft werden. Denn durch die Taufe können zwar die Sünden nachgelassen werden; aber es ist zu befürchten und die Gefahr ist nicht gering, daß wir wieder in die gleichen Sünden verfallen und so das Heilmittel Verwundung bewirkt. Je größer die geschenkte Gnade ist, um so härter die Bestrafung für die späteren Sünden.

8. Ἵνα οὖν μὴ πρὸς τὸν πρότερον ἐπανίωμεν ἔμετον, παιδεύσωμεν ἑαυτοὺς ἐντεῦθεν ἤδη. Ὅτι γὰρ δεῖ πρότερον μετανοήσαντας καὶ τῶν προτέρων ἀποστάντας κακῶν, οὕτω τῇ χάριτι προσιέναι, ἄκουσον τί μὲν Ἰωάννης φησί, τί δὲ ὁ τῶν ἀποστόλων κορυφαῖος τοῖς βαπτίζεσθαι μέλλουσιν· ἐκεῖνος μὲν γάρ φησι· »Ποιήσατε καρπὸν ἄξιον τῆς μετανοίας, καὶ μὴ ἄρξησθε λέγειν ἐν ἑαυτοῖς, ὅτι Πατέρα ἔχομεν τὸν Ἀβραάμ.« Οὗτος δὲ τοῖς ἐρωτῶσι πάλιν ἔλεγε· »Μετανοήσατε, καὶ βαπτισθήτω ἕκαστος ὑμῶν εἰς τὸ ὄνομα τοῦ κυρίου Ἰησοῦ Χριστοῦ.« Ὁ δὲ μετανοῶν οὐκέτι τῶν αὐτῶν ἅπτεται πραγμάτων, ἐφ' οἷς μετενόησε· διὰ τοῦτο καὶ κελευόμεθα λέγειν· »Ἀποτάσσομαί σοι, Σατανᾶ«, ἵνα μηκέτι πρὸς αὐτὸν ἐπανέλθωμεν.

Καθάπερ οὖν ἐπὶ τῶν ζωγράφων γίνεται, οὕτω καὶ 235 νῦν γινέσθω· καὶ γὰρ ἐκεῖνοι τὰς σανίδας προθέντες, καὶ λευκὰς περιάγοντες γραμμάς, καὶ τὰς βασιλικὰς ὑπογράφοντες εἰκόνας, πρὶν ἢ τῶν χρωμάτων ἐπαγαγεῖν τὴν ἀλήθειαν, μετ' ἐξουσίας ἁπάσης τὰ μὲν ἐξαλείφουσι, τὰ δὲ ἀντεγγράφουσι, καὶ διορθοῦντες τὰ ἡμαρτημένα καὶ μετατιθέντες τὰ κακῶς ἔχοντα· ἐπειδὰν δὲ τὴν βαφὴν λοιπὸν ἐπαγάγωσιν, οὐκέτι εἰσὶ κύριοι πάλιν ἐξαλεῖψαι καὶ ἀντεγγράψαι, ἐπεὶ τῷ κάλλει τῆς εἰκόνος λυμαίνονται, καὶ ἔγκλημα τὸ πρᾶγμα γίνεται·

Τοῦτο δὴ καὶ σὺ ποίησον· νόμισον εἰκόνα σοι τὴν ψυχὴν εἶναι. Πρὶν ἢ τοίνυν ἐπελθεῖν τὴν ἀληθῆ τοῦ Πνεύματος βαφήν, ἐξάλειψον τὰς κακῶς ἐντεθείσας σοι συνηθείας· εἴτε ὀμνύναι, εἴτε ψεύδεσθαι, εἴτε ὑβρίζειν, εἴτε αἰσχρολογεῖν, εἴτε γελωτοποιεῖν, εἴτε ἄλλο τι τῶν τοιούτων τῶν μὴ νενομισμένων συνήθειαν ἔχεις ποιεῖν, ἔξελε τὴν συνήθειαν, ἵνα μὴ πάλιν πρὸς αὐτὴν ἐπανέλθῃς μετὰ τὸ βάπτισμα. Τὰ ἁμαρτήματα ἀφανίζει τὸ λουτρόν, τὴν συνήθειαν διόρθωσον σύ, ἵνα τῶν

Von der Notwendigkeit der Umkehr

8. Damit wir also nicht zu dem zurückkehren, was wir zuvor ausgespien haben (vgl. Spr 26,11; 2 Petr 2,22), wollen wir uns selbst jetzt schon in Zucht nehmen. Wir müssen zuerst umkehren und uns von den früheren Sünden abwenden, bevor wir uns anschicken, die Gnade zu empfangen. Hört, was Johannes und was der Erste der Apostel denen sagen, die sich taufen lassen wollen. Johannes sagt: „Bringt Früchte hervor, die eure Umkehr zeigen, und fangt nicht an untereinander zu sagen: Wir haben ja Abraham zum Vater" (Lk 3,8). Petrus aber sagte denen, die ihn fragten: „Kehrt um, und jeder von euch lasse sich auf den Namen Jesu Christi taufen" (Apg 2,38). Wer aber umkehrt, hat mit dem, wovon er sich abgewendet hat, nichts mehr zu tun. Deshalb sollen wir sagen: „Ich widersage dir, Satan", damit wir niemals mehr zu ihm zurückkehren.

Es soll so sein wie bei den Malern: Sie stellen ihre Tafeln auf, zeichnen weiße Linien darauf und entwerfen so ihre prächtigen Bilder, wobei sie noch die Möglichkeit haben, einiges wieder auszuwischen, anderes neu zu zeichnen, Fehler zu verbessern und weniger gut Gelungenes zu ändern. Erst dann tragen sie die Farben auf. Sind die Farben einmal aufgetragen, dann können sie nichts mehr auswischen und neu zeichnen; denn dadurch würden sie die Schönheit des Bildes verderben, und ihr Werk würde getadelt.

Ihr sollt es genauso machen! Betrachtet eure Seele als ein Bild! Bevor die wahre Farbe des Heiligen Geistes auf sie aufgetragen wird, tilgt eure schlechten Gewohnheiten aus: das Schwören oder Lügen oder Schimpfen, das schändliche oder witzelnde Reden oder was ihr euch sonst an Schimpflichem angewöhnt habt. Legt die schlechte Gewohnheit ab, damit ihr nicht nach der Taufe wieder in sie verfallt. Die Sünden tilgt das Taufbad, die schlechten Gewohnheiten müßt ihr selbst ausmerzen, damit ihr nicht, wenn die Far-

χρωμάτων ἐπενεχθέντων καὶ λαμψάσης τῆς βασιλικῆς εἰκόνος, μηκέτι λοιπὸν ἐξαλείφῃς, καὶ τραύματα καὶ οὐλὰς ἐμποιῇς τῷ παρὰ τοῦ Θεοῦ δοθέντι σοι κάλλει.

9. Κατάστειλον τοίνυν ὀργήν, σβέσον θυμόν· κἂν ἀδικήσῃ τις, κἂν ὑβρίσῃ, δάκρυσον ἐκεῖνον· μὴ ἀγανακτήσῃς σύ, συνάλγησον, μὴ παροξυνθῇς, μηδὲ εἴπῃς, ὅτι »Εἰς τὴν ψυχὴν ἠδίκημαι.« Οὐκ ἔστιν οὐδεὶς εἰς ψυχὴν ἀδικούμενος, ἐὰν μὴ ἡμεῖς ἑαυτοὺς εἰς ψυχὴν ἀδικήσωμεν· καὶ πῶς, ἐγὼ λέγω· Ἀφείλετό σού τις τὴν οὐσίαν; Οὐκ ἠδίκησεν εἰς ψυχὴν, ἀλλ' εἰς χρήματα· ἂν δὲ σὺ μνησικακήσῃς, εἰς ψυχὴν σαυτὸν ἠδίκησας. Τὰ μὲν γὰρ χρήματα ἀφαιρεθέντα οὐδὲν ἐζημίωσεν, ἀλλὰ καὶ ὠφέλησε, σὺ δὲ τὴν ὀργὴν οὐκ ἀφείς, εὐθύνας ἐκεῖ δώσεις τῆς μνησικακίας ταύτης. Ἐλοιδορήσατό τις καὶ ὕβρισεν; Οὐδὲν εἰς ψυχὴν ἠδίκησεν, ἀλλ' οὐδὲ εἰς σῶμα. Ἀντελοιδόρησας σὺ καὶ ὕβρισας; Σὺ σαυτὸν εἰς ψυχὴν ἠδίκησας, τῶν ῥημάτων, ὧν εἶπας, ἐκεῖ μέλλων εὐθύνας ὑφέξειν.

10. Καὶ τοῦτο δὴ μάλιστα πάντων ὑμᾶς εἰδέναι βούλομαι, ὅτι τὸν Χριστιανὸν καὶ πιστὸν οὐδεὶς εἰς ψυχὴν ἀδικῆσαι δύναται, οὐδὲ αὐτὸς ὁ διάβολος. Οὐ τοῦτο δὲ μόνον ἐστὶ τὸ θαυμαστόν, ὅτι ἀχειρώτους ἡμᾶς ὁ Θεὸς πάσαις ἐποίησε ταῖς ἐπιβουλαῖς, ἀλλ' ὅτι καὶ πρὸς τὴν τῆς ἀρετῆς ἐργασίαν ἐπιτηδείους ἡμᾶς κατεσκεύασε, καὶ κώλυμα οὐδέν ἐστιν, ἐὰν θέλωμεν, κἂν πένητες ὦμεν, κἂν ἀσθενεῖς τῷ σώματι, κἂν ἀπερριμμένοι, κἂν ἀνώνυμοι, κἂν οἰκέται. Οὔτε γὰρ πενία, οὔτε ἀρρωστία, οὔτε σώματος πήρωσις, οὐ δουλεία, οὐκ ἄλλο τι τῶν τοιούτων οὐδὲν ἐμπόδιον πρὸς ἀρετὴν γένοιτ' ἄν ποτε.

ben schon aufgetragen sind und das Bild in seiner Pracht erstrahlt, immer noch etwas austilgen müßt und der Schönheit, die Gott euch geschenkt hat, Wunden und Narben beibringt.

9. Bezwingt euren Zorn, überwindet euren Grimm. Wenn euch jemand unrecht tut oder euch beschimpft, dann weint über ihn. Werdet nicht ungehalten, bemitleidet ihn. Laßt euch nicht erbittern, und sagt nicht: „Meine Seele ist verletzt worden." Niemand kann an seiner Seele verletzt werden, wenn er sich nicht selbst verletzt. Und warum ist das so? Ich will es euch erklären: Hat jemand euch Geld gestohlen? Dann hat er euch doch nicht an eurer Seele verletzt, sondern nur hinsichtlich eures Geldes. Wenn ihr ihm aber das Böse nachtragt, dann verletzt ihr euch selbst an eurer Seele. Denn der Verlust des Geldes hat euch nicht geschadet, sondern im Gegenteil zu eurem Heil beigetragen. Wenn ihr aber nicht von eurem Zorn ablaßt, dann werdet ihr im Jenseits dafür Rechenschaft geben müssen, daß ihr nachtragend wart. Oder hat euch jemand geschmäht und beschimpft? Damit hat er doch weder eurer Seele noch eurem Leib Schaden zugefügt. Habt auch ihr ihn geschmäht und geschimpft? Dann habt ihr eurer Seele Schaden zugefügt, und ihr werdet im Jenseits für eure Worte Rechenschaft ablegen müssen.

10. Ja, ich möchte vor allem, daß ihr versteht: Niemand, nicht einmal der Teufel, kann dem gläubigen Christen an seiner Seele Schaden zufügen. Aber das Wunderbare ist nicht nur, daß Gott uns für alle Nachstellungen unerreichbar, sondern auch, daß er uns zu einem tugendhaften Leben tauglich gemacht hat. An einem solchen Leben hindert uns nichts; es kommt nur auf unseren Willen an, ganz gleich, ob wir arm sind oder körperlich schwach, ausgestoßen, namenlos oder Sklaven: weder Armut noch Krankheit, noch körperliche Gebrechen, noch Sklaverei, noch irgend etwas anderes dieser Art kann uns an einem tugendhaften Leben hindern.

Καὶ τί λέγω πένητα καὶ οἰκέτην καὶ ἀνώνυμον; Κἂν δεσμώτης ᾖς, οὐδὲ τοῦτό σοι γίνεται ἐμπόδιον πρὸς ἀρετήν· καὶ πῶς, ἐγὼ λέγω· Ἐλύπησέ σέ τις τῶν ἔνδον καὶ παρώξυνεν; Ἄφες αὐτῷ τὴν ὀργήν· μήτι σοι πρὸς τοῦτο τὰ δεσμὰ καὶ ἡ πενία καὶ τὸ ἄτιμον εἶναι ἐμπόδιον γέγονε; Καὶ τί λέγω ἐμπόδιον; Καὶ ἐβοήθησε μὲν οὖν, καὶ συνέπραξε πρὸς τὸ καταστεῖλαι τὸν τῦφον.

Εἶδες ἕτερον εὐπραγοῦντα; Μὴ βασκήνῃς· οὐδὲ γὰρ ἐνταῦθα ἡ πενία κώλυμα γίνεται. Πάλιν, ὅταν εὔξασθαι δέῃ, νηφούσῃ καὶ | ἀγρυπνούσῃ διανοίᾳ τοῦτο | 2 ποίησον, καὶ οὐδὲν ἔσται τὸ κωλύον οὐδὲ ἐνταῦθα. Πραότητα, ἐπιείκειαν ἐπιδείκνυσο πᾶσαν, σωφροσύνην, σεμνότητα· οὐδὲ γὰρ ταῦτα τῶν ἔξωθεν δεῖται βοηθημάτων. Καὶ τοῦτο μάλιστα τὸ μέγιστόν ἐστι τῆς ἀρετῆς, ὅτι οὐ πλούτου, οὐ δυναστείας, οὐ δόξης, οὐκ ἄλλου τινὸς τῶν τοιούτων ἔχει χρείαν, ἀλλὰ ψυχῆς μόνης ἡγιασμένης, καὶ πλέον οὐδὲν ἐπιζητεῖ.

Ὅρα δὲ καὶ ἐπὶ τῆς χάριτος αὐτὸ τοῦτο γινόμενον· κἂν γὰρ χωλεύῃ τις, κἂν τοὺς ὀφθαλμοὺς ἐκκεκομμένος ᾖ, κἂν τὸ σῶμα πεπηρωμένος, κἂν εἰς ἐσχάτην καταπεπτωκὼς ἀρρωστίαν, οὐδενὶ τούτων ἐπελθεῖν ἡ χάρις κωλύεται· ψυχὴν γὰρ ἐπιζητεῖ μόνην μετὰ προθυμίας αὐτὴν δεχομένην, καὶ ταῦτα ἅπαντα παρατρέχει τὰ ἔξωθεν.

11. Ἐπὶ μὲν γὰρ τῶν ἔξωθεν στρατιωτῶν καὶ σώματος μέτρον καὶ σαρκὸς εὐεξίαν ἐπιζητοῦσιν οἱ μέλλοντες αὐτοὺς καταλέγειν εἰς τὸ στρατόπεδον· οὐ ταῦτα δὲ μόνον ἔχειν χρὴ τὸν μέλλοντα στρατεύεσθαι, ἀλλὰ καὶ ἐλεύθερον εἶναι· ἂν γὰρ δοῦλός τις ᾖ, ἐκβάλλεται· ὁ δὲ τῶν οὐρανῶν βασιλεὺς οὐδὲν τοιοῦτον ἐπιζητεῖ,

Doch was spreche ich von Armen, Sklaven und Namenlosen? Selbst Gefangenschaft ist kein Hindernis für die Tugend. Ich will euch erklären, warum das so ist. Einer eurer Hausgenossen hat euch beleidigt und gereizt? Dann überwindet euren Zorn! Sollten etwa Gefangenschaft, Armut und niederer Stand ein Hindernis sein, das zu tun? Ganz im Gegenteil! All dies hilft euch und trägt dazu bei, die Eitelkeit zu überwinden.

Ihr seht, daß ein anderer sich in einer glücklichen Lage befindet? Dann beneidet ihn nicht; denn auch in diesem Fall ist die Armut kein Hindernis. Und weiter: Wenn es Zeit zum Gebet ist, dann betet mit nüchternem und wachem Herzen; und es wird nichts geben, was euch daran hindern könnte. Zeigt eure Sanftmut, jede Art von Nachsicht, Besonnenheit und Ehrbarkeit; auch dazu braucht man keine Hilfe von außen. Darin liegt die Größe der Tugend, daß für sie Reichtum, Macht, Ansehen und ähnliches nicht nötig sind. Sie verlangt nur die geheiligte Seele, sonst nichts.

Seht, dasselbe gilt für die Gnade. Mag jemand auch lahm oder mögen ihm die Augen ausgestochen sein, mag sein Körper verstümmelt sein oder mag er mit einer tödlichen Krankheit daniederliegen, nichts davon hindert die Gnade, ihn zu erreichen. Denn sie verlangt nur eine Seele, die bereit ist, sie aufzunehmen; all die äußeren Umstände übergeht sie.

Die Getauften als Soldaten Christi in einem geistlichen Kampf

11. Die Leute, die Soldaten für ein Heer rekrutieren, prüfen deren Körpergröße und Gesundheitszustand. Doch das allein reicht nicht aus: Der künftige Soldat muß auch ein freier Mann sein; ein Sklave wird abgewiesen. Der Herrscher des Himmels verlangt nichts dergleichen; er nimmt

ἀλλὰ καὶ δούλους δέχεται εἰς τὸ αὐτοῦ στρατόπεδον, καὶ γεγηρακότας καὶ παρειμένους τὰ μέλη, καὶ οὐκ ἐπαισχύνεται.

Τί τούτου φιλανθρωπότερον; Τί χρηστότερον γένοιτ' ἄν; Οὗτος μὲν γὰρ τὰ ἐφ' ἡμῖν ζητεῖ μόνον, ἐκεῖνοι δὲ τὰ οὐκ ἐφ' ἡμῖν. Τὸ γὰρ δοῦλον εἶναι ἢ ἐλεύθερον, οὐχ ἡμέτερον· τὸ ὑψηλὸν πάλιν εἶναι καὶ βραχὺν, οὐκ ἐφ' ἡμῖν, τὸ γεγηρακότα καὶ ἄρτιον, καὶ ὅσα τοιαῦτα· τὸ δὲ ἐπιεικῆ ἢ χρηστὸν εἶναι καὶ τὰ παραπλήσια τούτοις, τῆς ἡμετέρας γνώμης. Καὶ ταῦτα ἡμᾶς ὁ Θεὸς ἀπαιτεῖ μόνα, ὧν ἡμεῖς ἐσμεν κύριοι.

Καὶ μάλα εἰκότως· οὐ γὰρ δι' οἰκείαν χρείαν, ἀλλὰ δι' εὐεργεσίαν ἡμᾶς ἐπὶ τὴν αὐτοῦ χάριν καλεῖ, οἱ δὲ βασιλεῖς διὰ τὴν ἑαυτῶν διακονίαν· κἀκεῖνοι μὲν ἐπὶ πόλεμον ἕλκουσιν αἰσθητόν, οὗτος δὲ ἐπὶ μάχην πνευματικήν.

12. Οὐκ ἐπὶ τῶν πολέμων δὲ μόνον τῶν ἔξωθεν, ἀλλὰ καὶ ἐπὶ τῶν ἀγώνων τὴν αὐτὴν ἀναλογίαν ἴδοι τις ἄν· οἱ γὰρ μέλλοντες εἰς τὸ θέατρον ἕλκεσθαι ἐκεῖνο, οὐ πρότερον καθιᾶσιν εἰς τοὺς ἀγῶνας, ἕως ἂν αὐτοὺς ὁ κῆρυξ λαβὼν ὑπὸ τοῖς ἁπάντων ὀφθαλμοῖς περιαγάγῃ βοῶν καὶ λέγων· »Μή τις τούτου κατηγορεῖ;« Καίτοι γε οὐκ ἔστιν ἐκεῖ ψυχῆς, ἀλλὰ σωμάτων τὰ παλαίσματα· τίνος οὖν ἕνεκεν εὐθύνας ἀπαιτεῖς εὐγενείας;

Ἐνταῦθα δὲ οὐδὲν τοιοῦτον, ἀλλ' ἅπαν τοὐναντίον, οὐκ ἐν χειρῶν συμπλοκαῖς ὄντων ἡμῖν τῶν παλαισμάτων, ἀλλ' ἐν φιλοσοφίᾳ ψυχῆς καὶ ἀρετῇ διανοίας· τοὐναντίον ὁ ἀγωνοθέτης ποιεῖ· οὐ γὰρ λαβὼν αὐτὸν περιάγει καὶ λέγει· »Μή τις τούτου κατηγορεῖ;« ἀλλὰ βοᾷ· Κἂν ἄνθρωποι πάντες, κἂν δαίμονες μετὰ τοῦ

auch Sklaven, alte und körperlich schwache Menschen in sein Heer auf und schämt sich ihrer nicht.

Gibt es eine größere Menschenfreundlichkeit und Güte? Er verlangt nur Eigenschaften, die in unserer Macht liegen; was jene fordern, die ein Heer zusammenstellen, das steht nicht in der Macht der Menschen. Denn Sklave oder freier Mann zu sein, das können wir nicht bestimmen; ob wir hochgewachsen oder klein, alt oder frei von körperlichen Gebrechen sind und ähnliches, das liegt nicht an uns. Doch mild und gütig zu sein und derartiges, das ist Sache unseres Willens. Und Gott verlangt von uns nur das, dessen wir mächtig sind.

Und das ist leicht zu begreifen. Denn nicht zu seinem eigenen Nutzen, sondern um uns Wohltaten zu erweisen, ruft er uns zu seiner Gnade. Die irdischen Könige rufen die Soldaten zu ihrem eigenen Dienst und führen sie in einen Kampf gegen sichtbare Feinde. Gott aber führt in einen geistlichen Kampf.

12. Diesen geistlichen Kampf kann man nicht nur mit dem Krieg, sondern auch mit den Wettspielen vergleichen. Wer in die Arena steigen will, wird nicht eher zum Wettkampf zugelassen, als bis ihn der Herold an allen Zuschauern vorbeigeführt und gerufen hat: „Hat etwa jemand gegen diesen Mann etwas vorzubringen?“ Und dort werden keine Kämpfe ausgefochten, in denen es um die Seele geht, sondern es messen Menschen im Wettkampf nur ihre körperlichen Kräfte. Warum wird da also Rechenschaft über die Unbescholtenheit der Wettkämpfer gefordert?

Hier aber geht es nicht so zu, sondern genau umgekehrt. Wir führen unseren Kampf nicht, indem wir bestimmte Griffe mit den Händen ausführen, sondern durch unsere christliche Lebensweise und durch tugendhafte Gesinnung. Hier verfährt auch der Kampfrichter gerade umgekehrt. Anstatt den Kämpfer herumzuführen und zu rufen: „Hat etwa jemand gegen diesen Mann etwas vorzubringen?“, ruft er: Selbst wenn alle Menschen und die Dämo-

διαβόλου συστάντες αὐτοῦ κατηγορῶσι τὰ ἔσχατα καὶ ἀπόρρητα δεινά, οὐκ ἐκβάλλω οὐδὲ βδελύσσομαι, ἀλλὰ τῶν κατηγόρων αὐτὸν ἀπαλλάξας, καὶ τῆς πονηρίας ἐλευθερώσας, οὕτως ἐπὶ τοὺς ἀγῶνας ἄγω.

Καὶ μάλα εἰκότως. Ἐκεῖ μὲν γὰρ ὁ ἀγωνοθέτης οὐδὲν συντελεῖ τοῖς ἀγωνιζομένοις πρὸς τὴν νίκην, ἀλλ' ἔστηκε μέσος· ἐνταῦθα δὲ ἀγωνοθέτης τῶν ἄθλων τῆς εὐσεβείας σύμμαχος γίνεται καὶ βοηθός, συνεφαπτόμενος αὐτοῖς τῆς πρὸς τὸν διάβολον μάχης.

13. Οὐ τοῦτο δὲ μόνον ἐστὶ τὸ θαυμαστόν, ὅτι ἀφίησιν | ἡμῖν τὰ ἁμαρτήματα, ἀλλ' ὅτι αὐτὰ οὐδὲ ἐκκαλύπτει, | 237 οὐδὲ ποιεῖ φανερὰ καὶ δῆλα, οὐδὲ ἀναγκάζει παρελθόντας εἰς μέσον ἐξειπεῖν τὰ πεπλημμελημένα, ἀλλ' αὐτῷ μόνῳ ἀπολογήσασθαι κελεύει καὶ πρὸς αὐτὸν ἐξομολογήσασθαι. Καίτοι γε ἐκ τῶν ἔξωθεν δικαστῶν εἴ τις εἶπέ τινι τῶν ἁλόντων λῃστῶν ἢ τυμβωρύχων, εἰπεῖν τὰ πεπλημμελημένα, καὶ ἀφεθῆναι τῆς κολάσεως, πάσῃ προθυμίᾳ ἂν κατεδέξαντο τοῦτο, τῇ τῆς σωτηρίας ἐπιθυμίᾳ τῆς αἰσχύνης καταφρονοῦντες. Ἐνταῦθα δὲ οὐδὲν τοιοῦτόν ἐστιν, ἀλλὰ καὶ ἀφίησι τὰ ἁμαρτήματα, καὶ οὐκ ἀναγκάζει παρόντων τινῶν αὐτὰ ἐκπομπεύειν, ἀλλ' ἓν μόνον ζητεῖ, ὅπως αὐτὸς ὁ τῆς ἀφέσεως ἀπολαύων μάθοι τῆς δωρεᾶς τὸ μέγεθος.

Πῶς οὖν οὐκ ἄτοπον ἐν οἷς αὐτὸς ἡμᾶς εὐεργετεῖ εἰ ἀρκοῖτο τῇ παρ' ἡμῶν μαρτυρίᾳ μόνῃ, ἡμεῖς δὲ ἐν οἷς αὐτὸν θεραπεύομεν, ἑτέρους ἐπιζητοῦμεν μάρτυρας καὶ πρὸς ἐπίδειξίν τι ποιοῦμεν; Θαυμάσαντες τοίνυν τὴν αὐτοῦ φιλοφροσύνην ἐπιδειξώμεθα τὰ παρ' ἡμῶν, καὶ πρὸ τῶν ἄλλων ἁπάντων τὴν τῆς γλώττης χαλινώσωμεν ῥύμην, καὶ μὴ ἀεὶ φθεγγώμεθα· »Ἐκ γὰρ

nen zusammen mit dem Teufel ihn der schlimmsten und abscheulichsten Verbrechen beschuldigen, so verstoße und verwerfe ich ihn nicht, sondern ich entreiße ihn seinen Anklägern, befreie ihn von seiner Schlechtigkeit und führe ihn so zum Kampf.

Das läßt sich gut erklären. In der Arena trägt der Kampfrichter zum Sieg der Wettkämpfer nichts bei; er steht nur unparteiisch in der Mitte. Hier aber, im Kampf der Frömmigkeit, wird der Richter zum Mitstreiter und Helfer; er unterstützt tatkräftig die Streitenden im Kampf gegen den Teufel.

Die Sündenvergebung durch die Taufe

13. Doch erstaunlich ist nicht nur, daß er uns die Sünden vergibt, sondern auch, daß er sie nicht aufdeckt und öffentlich bekanntmacht und auch niemanden nötigt, vorzutreten und seine Verfehlungen öffentlich zu bekennen. Er verlangt nur, daß man sich ihm gegenüber rechtfertigt und vor ihm das Bekenntnis ablegt. Wenn ein weltlicher Richter einem ertappten Räuber oder Grabschänder anbieten würde, er solle seine Vergehen bekennen und würde dann der Bestrafung entgehen, so würde dieser wohl sehr gern den Vorschlag annehmen und sich aus Verlangen nach Rettung über die Beschämung hinwegsetzen. So ist es bei der Taufe nicht. Vielmehr vergibt Gott die Sünden und nötigt niemanden, sie in Gegenwart anderer auszubreiten. Er will nur das eine: Wer die Vergebung erfährt, soll sich die Größe des Geschenkes bewußtmachen.

Wenn Gott uns seine Wohltaten erweist, begnügt er sich damit, uns allein als Zeugen zu haben. Ist es da nicht ungehörig, daß wir, wenn wir unsere Pflicht ihm gegenüber erfüllen, andere als Zeugen suchen und uns vor ihnen zur Schau stellen? Wir wollen daher seine Freundlichkeit bewundern und tun, was von uns verlangt ist. Vor allem wollen wir unsere stürmische Zunge beherrschen und nicht

πολυλογίας οὐκ ἐκφεύξῃ ἁμαρτίαν.« Ἂν μὲν οὖν ἔχῃς τι χρήσιμον εἰπεῖν, ἄνοιξον τὰ χείλη, ἂν δὲ μηδὲν ἀναγκαῖον ᾖ, σίγα· βέλτιον γάρ.

14. Χειροτέχνης εἶ; Καθεζόμενος ψάλλε· ἀλλ' οὐ βούλει τῷ στόματι ψάλλειν; Τῇ διανοίᾳ τοῦτο ποίει· μέγας συνόμιλος ὁ ψαλμός. Οὐδὲν ἐντεῦθεν ὑποστήσῃ δεινόν, ἀλλ' ὡς ἐν μοναστηρίῳ ἐν τῷ ἐργαστηρίῳ δυνήσῃ καθέζεσθαι· οὐ γὰρ τόπων ἐπιτηδειότης, ἀλλὰ τρόπων ἀκρίβεια τὴν ἡσυχίαν ἡμῖν παρέξεται. Παῦλος γοῦν ἐν ἐργαστηρίῳ τῇ τέχνῃ κεχρημένος, οὐδὲν εἰς τὴν οἰκείαν ἀρετὴν παρεβλάβη. Μὴ τοίνυν λέγε σύ· »Πῶς δυνήσομαι χειροτέχνης ὢν καὶ πένης φιλοσοφεῖν;« Διὰ τοῦτο μὲν οὖν μάλιστα δυνήσῃ φιλοσοφεῖν.

Καὶ γὰρ πενία πλούτου, καὶ ἐργασία ἀργίας πρὸς εὐλάβειαν ἡμῖν ἐπιτηδειότερον, ὡς ὅ γε πλοῦτος τοῖς μὴ προσέχουσι καὶ ἐμπόδιον γίνεται. Ὅταν γὰρ ὀργὴν δέῃ ἀφεῖναι, ὅταν σβέσαι φθόνον, ὅταν χαλᾶσαι θυμόν, ὅταν εὐχὴν ἐπιδείξασθαι, ὅταν ἐπιείκειαν καὶ πραότητα, ὅταν φιλοφροσύνην καὶ ἀγάπην, ποῦ γένοιτ' ἂν κώλυμα ἡ πενία; Οὐ γὰρ ἀργύριον καταβαλόντας ταῦτα ἀνύσαι ἔστιν, ἀλλὰ προαίρεσιν ὀρθὴν ἐπιδειξαμένους. Ἐλεημοσύνη μάλιστά ἐστιν ἡ χρημάτων δεομένη, ἀλλὰ καὶ αὐτὴ διὰ τῆς πενίας μειζόνως ἐξέλαμψε· καὶ γὰρ ἡ τοὺς δύο ὀβολοὺς καταβαλοῦσα, ἁπάντων ἀνθρώπων ἦν πενεστέρα, καὶ πάντας ὑπερηκόντισε.

15. Μὴ τοίνυν μέγα τι νομίζωμεν εἶναι πλοῦτον, μηδὲ πηλοῦ βελτίονα εἶναι τὸν χρυσὸν λογιζώμεθα· ἡ γὰρ

ständig reden; denn „beim vielen Reden wirst du die Sünde nicht vermeiden“ (Spr 10,19). Habt ihr also etwas Nützliches zu sagen, dann macht euren Mund auf. Ist es aber nichts Notwendiges, was ihr sagen wollt, dann schweigt; das ist besser.

Die Armut als Hilfe zur geistlichen Lebensführung

14. Du bist ein Handwerker? Dann singe Psalmen, wenn du bei deiner Arbeit sitzt. Mit dem Mund willst du nicht singen? Dann singe im Herzen! Der Psalm ist ein bedeutender Gesellschafter. Du wirst keinen Schaden davon haben, sondern wie in einer Mönchszelle kannst du in deiner Werkstatt sitzen; denn innere Ruhe gewährt uns nicht ein geeigneter Aufenthaltsort, sondern eine strenge Lebensführung. Als Paulus in der Werkstatt sein Handwerk ausübte, erlitt seine Tugend keinen Schaden. Sagt also nicht: „Wie kann ich, wo ich nur ein Handwerker und arm bin, ein geistliches Leben führen?“ Gerade unter diesen Umständen könnt ihr es besonders gut.

Denn für die Frömmigkeit ist Armut dienlicher als Reichtum, Arbeit nützlicher als Müßiggang. Wenn man nicht achtgibt, kann der Reichtum sogar ein Hindernis für die Frömmigkeit sein. Steht dagegen die Armut im Weg, wenn man vom Zorn ablassen, Neid austilgen, Unwillen unterdrücken, das Gebet pflegen, Nachsicht und Milde, Freundlichkeit und Liebe üben muß? Nicht indem man Geld ausgibt, sondern indem man guten Willen zeigt, kann man das alles vollbringen. Geld benötigt man vor allem zum Almosengeben, aber auch das gewinnt an Leuchtkraft, wenn es aus Armut gegeben wird. Denn die Witwe, die zwei kleine Münzen in den Opferkasten warf, war die ärmste von allen und hat doch alle übertroffen (vgl. Mk 12,41–44).

15. Halten wir also nicht den Reichtum für etwas Großes, und meinen wir nicht, Gold sei besser als Lehm. Denn

τιμὴ τῆς ὕλης οὐκ ἀπὸ τῆς φύσεως, ἀλλ' ἀπὸ τῆς ἡμετέρας διανοίας ἐστίν. Εἰ γάρ τις ἀκριβῶς ἐξετάσειε, πολὺ τοῦ χρυσοῦ σίδηρος ἀναγκαιότερος· ὁ μὲν γὰρ εἰς τὸν βίον οὐδεμίαν εἰσάγει χρείαν, οὗτος δὲ τὸ πλέον ἡμῖν κατεσκεύασε τῆς χρείας μυρίαις τέχναις ὑπηρετούμενος.

Καὶ τί λέγω χρυσοῦ καὶ σιδήρου σύγκρισιν; τῶν γὰρ πολυτελῶν λίθων ἀναγκαιότεροι οἱ λίθοι οὗτοι· ἐξ ἐκείνων μὲν γὰρ οὐδὲν ἂν γένοιτο χρηστόν, ἀπὸ δὲ τούτων οἰκίαι τε καὶ τείχη καὶ πόλεις ἔστησαν. Σὺ δέ μοι δεῖξον, τί τὸ κέρδος ἀπὸ τῶν μαργαριτῶν γένοιτ' ἂν τούτων, μᾶλλον δὲ ποῖον οὐκ ἂν γένοιτο βλάβος; Καὶ γὰρ ἵνα σὺ κόκκον ἕνα φορέσῃς, μυρίοι τῷ λιμῷ πένητες ἄγχονται· ποίας οὖν ἀπολογίας τεύξῃ; Τίνος συγγνώμης;

16. Βούλει κοσμῆσαι τὸ πρόσωπον; Μὴ μαργαρίταις, ἀλλὰ σωφροσύνῃ καὶ σεμνότητι· οὕτω χαριεστέραν ὄψεται | τὴν ὄψιν ὁ ἀνήρ. Ἐκεῖνος μὲν γὰρ ὁ κόσμος 238 καὶ εἰς ζηλοτυπίας ὑποψίαν ἐμβάλλειν εἴωθεν καὶ εἰς ἔχθρας καὶ φιλονεικίας καὶ μάχας· οὐδὲν γὰρ ὄψεως ὑποπτευομένης ἀηδέστερον· ὁ δὲ τῆς ἐλεημοσύνης καὶ σωφροσύνης κόσμος πᾶσαν μὲν ἐκβάλλει πονηρὰν ὑπόνοιαν, παντὸς δὲ δεσμοῦ σφοδρότερον ἐπισπάσεται τὸν σύνοικον. Οὐ γὰρ οὕτω κάλλους φύσις εὔμορφον ποιεῖ γίνεσθαι τὴν ὄψιν, ὡς ἡ τοῦ θεωροῦντος αὐτὴν διάθεσις· διάθεσιν δὲ οὐδὲν οὕτως, ὡς σωφροσύνη καὶ σεμνότης ποιεῖν εἴωθεν. Ὥστε κἂν εὔμορφος ᾖ τις, ἀπεχθῶς δὲ πρὸς αὐτὴν ὁ ἀνὴρ ἔχῃ, πάντων αἰσχροτέρα αὐτῷ φανεῖται· κἂν μὴ τύχῃ τις εὐπρεπὴς οὖσα, ἡδέως δὲ πρὸς αὐτὴν ὁ ἀνὴρ ἔχῃ, πάντων εὐμορφοτέρα

der Wert eines Stoffes ergibt sich nicht aus seinem Wesen, sondern daraus, wie wir über ihn denken. Denn wenn wir die Sache genau betrachten, so ist doch das Eisen viel notwendiger als das Gold. Denn das Gold bringt keinen Nutzen für unser Leben, während das Eisen bei zahllosen Tätigkeiten Dienste leistet und bei vielen unserer Bedürfnisse Abhilfe schafft.

Doch warum vergleiche ich Gold und Eisen? Diese gewöhnlichen Steine hier sind notwendiger als Edelsteine. Denn aus Edelsteinen läßt sich nichts Nützliches herstellen; aus den gewöhnlichen Steinen aber wurden Häuser, Mauern und Städte erbaut. Zeigt mir doch einmal, welchen Gewinn Perlen bringen, besser, welchen Schaden sie nicht anrichten. Damit du einen einzigen Rubin tragen kannst, müssen zahllose Arme hungern. Wie kannst du dich verteidigen? Wie kannst du Nachsicht erwarten?

Der wirkliche Schmuck der Frau

16. Wenn ihr euer Gesicht schmücken wollt, dann nicht mit Perlen, sondern mit Besonnenheit und Ehrbarkeit. Dann wird das Gesicht eurem Mann liebenswürdiger erscheinen. Denn der Perlenschmuck führt gewöhnlich in den Verdacht der Eifersucht sowie zu Feindschaften, Streitereien und Zank. Nichts ist abstoßender als ein Gesicht, das mit Argwohn betrachtet wird. Der Schmuck jedoch, den Mildtätigkeit und Besonnenheit bilden, beseitigt jeden schlimmen Verdacht und bindet den Mann enger als jede Fessel an seine Frau. Denn natürliche Schönheit macht das Gesicht nicht so schön wie die Zuneigung dessen, der es anblickt. Doch gewöhnlich bewirkt nichts in dem Maße Zuneigung wie Besonnenheit und Ehrbarkeit. Wenn deshalb eine Frau auch schön sein mag, ihrem Mann aber verhaßt ist, erscheint sie ihm häßlicher als alle anderen. Und wenn eine Frau überhaupt nicht schön ist, ihr Mann sie aber liebt, erscheint sie ihm schöner als alle anderen. Die

αὐτῷ φανεῖται· οὐ γὰρ ἐν τῇ φύσει τῶν ὁρωμένων, ἀλλ' ἐν τῇ διαθέσει τῶν ὁρώντων αἱ ψῆφοι γίνονται.

Καλλώπισον τοίνυν τὴν ὄψιν σωφροσύνῃ, σεμνότητι, ἐλεημοσύνῃ, φιλανθρωπίᾳ, ἀγάπῃ, τῇ περὶ τὸν ἄνδρα φιλοφροσύνῃ, ἐπιεικείᾳ, πραότητι, ἀνεξικακίᾳ· ταῦτα τῆς ἀρετῆς τὰ χρώματα· διὰ τούτων ἀγγέλους, οὐκ ἀνθρώπους ἐραστὰς ἐπισπάσῃ, διὰ τούτων αὐτὸν ἔχεις τὸν Θεὸν ἐπαινέτην· ὅταν δὲ ὁ Θεὸς ἀποδέξηται, καὶ τὸν ἄνδρα σοι ὑποτάξει πάντως. Εἰ γὰρ σοφία ἀνθρώπου φωτίζει τὸ πρόσωπον, πολλῷ μᾶλλον ἀρετὴ γυναικὸς φωτίζει τὴν ὄψιν.

Εἰ δὲ μέγαν νομίζεις εἶναι τοῦτον τὸν κόσμον, εἰπέ μοι, τί σοι τὸ ὄφελος ἀπὸ τῶν μαργαριτῶν τούτων ἐν ἐκείνῃ τῇ ἡμέρᾳ γενήσεται; Καὶ τί χρὴ λέγειν τὴν ἡμέραν ἐκείνην, ἐξὸν καὶ ἀπὸ τῶν παρόντων ταῦτα ἀποδεῖξαι πάντα; Ὅτε γοῦν οἱ δόξαντες εἰς τὸν βασιλέα ὑβρικέναι, εἰς τὸ δικαστήριον εἵλκοντο καὶ περὶ τῶν ἐσχάτων ἐκινδύνευον, τότε αἱ μητέρες καὶ αἱ γυναῖκες τὰ περιδέρραια καὶ τὰ χρυσία καὶ τοὺς μαργαρίτας ἀποθέμεναι καὶ τὸν κόσμον ἅπαντα καὶ τὰ ἱμάτια τὰ χρυσᾶ, λιτὴν καὶ εὐτελῆ λαβοῦσαι ἐσθῆτα, καὶ σποδὸν καταπασάμεναι, καὶ πρὸ τῶν θυρῶν τοῦ δικαστηρίου κυλινδούμεναι, οὕτω τοὺς δικάζοντας ἐπέκαμπτον.

17. Εἰ δὲ ἐπὶ τῶν ἐνταῦθα δικαστηρίων τὰ μὲν χρυσία καὶ οἱ μαργαρῖται καὶ ἡ ποικίλη ἐσθὴς ἐπιβουλὴ καὶ προδοσία γένοιτ' ἄν, ἡ δὲ ἐπιείκεια καὶ ἡ πραότης καὶ ἡ τέφρα καὶ τὰ δάκρυα καὶ τὰ εὐτελῆ ἱμάτια μᾶλλον ἐπισπᾶται τὸν δικαστήν, πολλῷ μᾶλλον ἐπὶ τῆς ἀδεκάστου ψήφου καὶ φοβερᾶς ἐκείνης γένοιτ' ἂν τοῦτο. Τίνα γὰρ ἕξεις, εἰπέ μοι, λόγον εἰπεῖν, ποίαν ἀπολογίαν, ὅταν ὁ δεσπότης ἐγκαλῇ σοι περὶ τῶν

[2] Es handelt sich hier um eine deutliche Anspielung auf die Vorgänge

Urteile gründen nicht im Wesen dessen, was man sieht, sondern in der Zuneigung derer, die sehen.

Schmückt daher euer Gesicht mit Besonnenheit, Ehrbarkeit, Menschenfreundlichkeit, Liebe, Freundlichkeit gegenüber eurem Mann, Anstand, Milde und Geduld. Das sind die Farben der Tugend. Dadurch werdet ihr die Liebe der Engel, nicht nur der Menschen gewinnen; dafür werdet ihr von Gott selbst gelobt werden. Wenn aber Gott sich euer annimmt, werdet ihr auch euren Mann ganz für euch gewinnen. Denn wenn Weisheit das Antlitz des Mannes erstrahlen läßt, dann um so mehr die Tugend das der Frau.

Wenn ihr aber den Perlenschmuck für etwas Großes haltet, so sagt mir doch, welchen Nutzen ihr am Jüngsten Tag von diesen Perlen haben werdet. Doch warum soll man überhaupt den Jüngsten Tag erwähnen, wenn man all dies auch am Beispiel von Ereignissen dieses Lebens aufzeigen kann? Als die Leute, die angeblich den Kaiser geschmäht hatten, vor Gericht geschleppt wurden und in äußerster Gefahr schwebten, legten ihre Mütter und Frauen ihre Halsketten, das Gold und die Perlen, allen Schmuck und die golddurchwirkten Gewänder ab; sie zogen einfache und schlichte Gewänder an, bestreuten sich mit Asche und wälzten sich vor den Türen des Gerichtssaals auf dem Boden. Auf solche Weise haben sie die Richter umgestimmt[2].

17. Schon bei weltlichen Gerichten wirken Gold, Perlen und aufwendige Kleidung nachteilig und verräterisch, während bescheidenes und ruhiges Auftreten, Asche, Tränen und schlichte Kleidung den Richter eher dem Angeklagten geneigt machen. Um so mehr wird dies bei jenem furchtbaren, unbestechlichen Gericht der Fall sein. Was werdet ihr dann zu sagen haben, wie euch verteidigen, wenn der Herr euch wegen der Perlen zur Rede stellt und

nach dem Säulensturz, wie sie der Prediger in *hom. ad pop. Ant.* 13,1 (PG 49,137f) darstellt.

μαργαριτῶν τούτων, καὶ τοὺς πένητας εἰς μέσον ἀγάγῃ τῷ λιμῷ διαφθαρέντας; Διὰ τοῦτο ὁ Παῦλος ἔλεγε· »Μὴ ἐν πλέγμασιν, ἢ χρυσίῳ, ἢ μαργαρίταις, ἢ ἱματισμῷ πολυτελεῖ.« Ἐντεῦθεν μὲν γὰρ ἡ ἐπιβουλὴ γένοιτ' ἄν·

Εἰ δὲ καὶ διηνεκῶς αὐτῶν ἀπολαύσαιμεν, ἀλλὰ τῷ θανάτῳ πάντως ἀποστησόμεθα. Ἀπὸ δὲ ἀρετῆς ἀσφάλεια πᾶσα, καὶ μεταβολὴ καὶ μετάπτωσις οὐδεμία, ἀλλὰ καὶ ἐνταῦθα ἡμᾶς ἀσφαλεστέρους ποιεῖ, καὶ ἐκεῖ συμμεθίσταται. Βούλει κτήσασθαι μαργαρίτας, καὶ τὸν πλοῦτον τοῦτον μηδέποτε ἀποθέσθαι; Περιελομένη τὸν κόσμον ἅπαντα εἰς τὰς τοῦ Χριστοῦ χεῖρας ἀπόθου διὰ τῶν πενήτων· ἐκεῖνός σοι φυλάξει τὸν πλοῦτον ἅπαντα, ἐπειδὰν ἀναστήσῃ σου τὸ σῶμα μετὰ πολλῆς τῆς λαμπρότητος· τότε σοι βελτίονα περιθήσει πλοῦτον καὶ κόσμον μείζονα, ὡς ὅ γε παρὼν οὗτος εὐτελὴς καὶ καταγέλαστος.

Ἐννόησον οὖν τίσιν ἀρέσκειν βούλει, καὶ διὰ τίνας περίκεισαι τὸν κόσμον τοῦτον, ἵνα ὁ σχοινοστρόφος, καὶ ὁ χαλκοτύπος, καὶ ὁ ἀγοραῖος ἰδόντες θαυμάσωσιν· εἶτα οὐκ αἰσχύνῃ οὐδὲ | ἐρυθριᾷς ἐκείνοις ἐπιδεικνυμένη, καὶ οὓς οὐδὲ ἀξίους εἶναι νομίζεις τῆς σῆς προσρήσεως, διὰ τούτους ἅπαντα ποιοῦσα;

18. Πῶς οὖν καταγελάσεις τῆς φαντασίας ταύτης; Ἂν ἀναμνησθῇς τῆς φωνῆς ἐκείνης, ἣν ἀφῆκας μυσταγωγουμένη· »Ἀποτάσσομαί σοι, Σατανᾶ, καὶ τῇ πομπῇ σου καὶ τῇ λατρείᾳ σου.« Ἡ γὰρ περὶ τὸν κόσμον τῶν μαργαριτῶν μανία πομπὴ σατανική ἐστι. Χρυσίον γὰρ ἔλαβες, οὐχ ἵνα τὸ σῶμα καταδήσῃς, ἀλλ' ἵνα τοὺς πένητας λύσῃς καὶ διαθρέψῃς. Λέγε τοίνυν συνεχῶς· »Ἀποτάσσομαί σοι, Σατανᾶ.« Οὐδὲν ταύτης ἀσφαλέ-

dabei die Armen, die vor Hunger umgekommen sind, vorführt? Deshalb hat Paulus doch gesagt: „Nicht Haartracht, Gold, Perlen oder kostbare Kleider (seien ihr Schmuck)" (1 Tim 2,9). Denn das könnte eine Falle sein.

Doch mögen wir uns dieser Dinge auch tagein, tagaus erfreuen, mit dem Tod werden wir sie völlig aufgeben müssen. Aus der Tugend aber erwächst jede Sicherheit; Wechsel und Veränderungen kommen nicht aus ihr. Vielmehr macht sie uns sicherer in dieser Welt und begleitet uns in die künftige. Wollt ihr Perlen wirklich besitzen und diesen Reichtum niemals verlieren? Dann nehmt all euren Schmuck ab und legt ihn auf dem Weg über die Armen in die Hände Christi. Er wird euch den ganzen Schmuck aufbewahren bis zu dem Tag, an dem er euren Leib in herrlichem Glanz auferwecken wird. Dann wird er euch einen besseren Reichtum, einen schöneren Schmuck anlegen, dem gegenüber euer jetziger wertlos und lächerlich ist.

Bedenkt nur einmal, was das für Leute sind, denen ihr mit diesem Schmuck gefallen wollt und derentwegen ihr ihn anlegt. Irgendein Seiler oder Schmied oder Händler soll ihn sehen und bewundern. Schämt ihr euch nicht, und errötet ihr nicht, daß ihr euch vor solchen Leuten zur Schau stellt und all das ihretwegen tut, obwohl ihr sie doch nicht einmal eines Grußes für würdig haltet?

Die Absage an den Satan

18. Wie werdet ihr nun diesen Prunk verachten? Wenn ihr euch an jene Worte erinnert, die ihr vor der Taufe gesprochen habt: „Ich widersage dir, Satan, und deiner Pracht und deinem Dienst." Denn die Begeisterung für den Perlenschmuck gehört zur Pracht des Satans. Ihr habt Gold nicht dazu erhalten, daß ihr es an euren Körper hängt, sondern dazu, daß ihr die Armen aus ihrer Not befreit und sie mit Nahrung versorgt. Sprecht darum ständig: „Ich widersage

στερον τῆς φωνῆς, εἰ διὰ τῶν ἔργων αὐτὴν ἐπιδειξόμεθα.

19. Ταύτην καὶ ὑμᾶς τοὺς μυσταγωγεῖσθαι μέλλοντας μαθεῖν ἀξιῶ· αὕτη γὰρ ἡ φωνὴ συνθήκη πρὸς τὸν δεσπότην ἐστί. Καὶ καθάπερ ἡμεῖς οἰκέτας ἀγοράζοντες, αὐτοὺς τοὺς πωλουμένους πρότερον ἐρωτῶμεν, εἰ βούλονται ἡμῖν δουλεῦσαι, οὕτω καὶ ὁ Χριστὸς ποιεῖ· ἐπειδὴ μέλλει σε εἰς δουλείαν λαμβάνειν, πρότερον ἐρωτᾷ, εἰ βούλει τὸν τύραννον ἐκεῖνον ἀφεῖναι τὸν ὠμὸν καὶ ἀπηνῆ, καὶ συνθήκας δέχεται παρὰ σοῦ· οὐ γὰρ κατηναγκασμένη αὐτοῦ ἡ δεσποτεία ἐστί.

Καὶ σκόπει Θεοῦ φιλανθρωπίαν. Ἡμεῖς μὲν γὰρ πρὶν ἢ τὴν τιμὴν καταβαλεῖν, ἐρωτῶμεν τοὺς πωλουμένους, καὶ ἐπειδὰν μάθωμεν, ὅτι βούλονται, τότε τὴν τιμὴν καταβάλλομεν· ὁ δὲ Χριστὸς οὐχ οὕτως, ἀλλὰ καὶ τὴν τιμὴν κατέβαλεν ὑπὲρ ἁπάντων ἡμῶν, τὸ τίμιον αὐτοῦ αἷμα· »Τιμῆς γάρ«, φησίν, »ἠγοράσθητε.« Καὶ ὅμως οὐδὲ οὕτως ἀναγκάζει μὴ βουλομένους αὐτῷ δουλεῦσαι, ἀλλ' »εἰ μὴ χάριν ἔχεις«, φησί, »καὶ παρὰ σαυτοῦ καὶ ἑκὼν θέλεις ἐπιγράψασθαι τὴν δεσποτείαν, οὐκ ἀναγκάζω οὐδὲ βιάζομαι.«

Καὶ ἡμεῖς μὲν οὐκ ἂν ἑλοίμεθα πονηροὺς οἰκέτας πρίασθαι· εἰ δὲ καὶ ἑλοίμεθά ποτε, αἱρέσει κακῇ τούτους ἀγοράζομεν, καὶ τοιαύτην καταβάλλομεν τιμήν· ὁ δὲ Χριστὸς ἀγνώμονας οἰκέτας ἀγοράζων καὶ παρανόμους, πρωτείου δούλου τιμὴν κατέβαλε, μᾶλλον δὲ πολλῷ μείζονα, καὶ τοσούτῳ μείζονα, ὡς μηδὲ λόγον μηδὲ ἔννοιαν αὐτῆς παραστῆσαι τὸ μέγεθος· οὐ γὰρ οὐρανὸν καὶ γῆν καὶ θάλασσαν δούς, ἀλλὰ τὸ πάντων τούτων τιμιώτερον, τὸ ἑαυτοῦ αἷμα καταθείς, οὕτως ἡμᾶς ἐξηγόρασε· καὶ μετὰ ταῦτα πάντα οὐ μάρτυρας ἡμᾶς, οὐκ ἔγγραφα ἀπαιτεῖ, ἀλλ' ἀρκεῖται ψιλῇ τῇ

dir, Satan!" Nichts gibt uns größere Sicherheit als diese Worte, wenn wir sie durch unser Tun bestätigen.

19. Ich bitte auch euch, die ihr getauft werden wollt, euch diese Worte zu Herzen zu nehmen. Denn sie bilden den Vertrag mit dem Herrn. Wenn wir Sklaven kaufen wollen, fragen wir sie vorher, ob sie uns dienen wollen. So macht es auch Christus. Bevor er euch in Dienst nehmen will, fragt er euch, ob ihr von jenem grausamen und unfreundlichen Tyrannen ablassen wollt, und er läßt sich von euch den Vertrag geben. Denn seine Herrschaft ist frei von Zwang.

Doch schaut auf die Menschenfreundlichkeit Gottes. Wenn wir Sklaven kaufen, stellen wir ihnen vorher unsere Fragen, und erst wenn wir erfahren haben, ob sie uns dienen wollen, bezahlen wir den Kaufpreis. So hat Christus es nicht gemacht. Sondern er hat den Preis für uns alle bezahlt, sein kostbares Blut. „Um einen teuren Preis seid ihr erkauft worden" (1 Kor 7,23), sagt Paulus. Und dennoch zwingt er keinen, ihm zu dienen, der es nicht will. Vielmehr sagt er: „Wenn du nicht geneigt bist und dich nicht von dir aus und freiwillig in meinen Dienst aufnehmen lassen willst — ich zwinge und dränge dich nicht."

Wir würden niemals schlechte Sklaven kaufen wollen, und wenn wir es jemals täten, würden wir aufgrund einer schlechten Wahl kaufen und den entsprechenden Preis zahlen. Christus aber hat undankbare und nichtswürdige Sklaven gekauft und hat einen Preis wie für einen erstrangigen Sklaven bezahlt, ja einen noch viel höheren, und zwar einen in dem Maße höheren, daß kein Wort und kein Gedanke seine Größe begreifen kann. Denn als er uns kaufte, hat er nicht Himmel, Erde und Meer hingegeben, sondern was wertvoller als all dies ist, sein eigenes Blut. Und nach alldem verlangt er von uns keine Zeugen und keine schriftlichen Erklärungen, sondern begnügt sich mit

φωνῇ, κἂν εἴπῃς ἀπὸ διανοίας· »'Αποτάσσομαί σοι, Σατανᾶ, καὶ τῇ πομπῇ σου«, τὸ πᾶν ἀπείληφε.

Τοῦτο τοίνυν λέγωμεν. »'Αποτάσσομαί σοι, Σατανᾶ«, ὡς ἐκεῖ μέλλοντες, κατὰ τὴν ἡμέραν ἐκείνην, ταύτην ἀπαιτεῖσθαι τὴν φωνήν, καὶ φυλάξωμεν αὐτήν, ἵνα σώαν τὴν παρακαταθήκην ταύτην ἀποδῶμεν τότε· πομπὴ δὲ σατανική ἐστι θέατρα καὶ ἱπποδρομίαι, καὶ πᾶσα ἁμαρτία καὶ παρατήρησις ἡμερῶν, καὶ κληδόνες καὶ σύμβολα.

20. Καὶ τί ποτέ ἐστι σύμβολα; φησί. Πολλάκις ἐξελθών τις τὴν οἰκίαν τὴν ἑαυτοῦ, εἶδεν ἄνθρωπον ἑτερόφθαλμον ἢ χωλεύοντα, καὶ οἰωνίσατο. Τοῦτο πομπὴ σατανική· οὐ γὰρ ἡ ἀπάντησις τοῦ ἀνθρώπου πονηρὰν ποιεῖ τὴν ἡμέραν γενέσθαι, ἀλλὰ τὸ ἐν ἁμαρτίαις ζῆν. Ὅταν τοίνυν ἐξέλθῃς, ἓν μόνον φύλαξαι, μὴ ἁμαρτία σοι ἀπαντήσῃ· αὕτη γάρ ἐστιν ἡ ἡμᾶς ὑποσκελίζουσα, χωρὶς δὲ ταύτης οὐδὲν ὁ διάβολος ἡμᾶς βλάψαι δυνήσεται.

Τί λέγεις; ἄνθρωπον ὁρᾷς, καὶ οἰωνίζῃ, καὶ οὐχ ὁρᾷς τὴν πάγην τὴν διαβολικήν, πῶς ἐκπολεμοῖ σε τῷ μηδὲν
| ἠδικηκότι; Πῶς ἐχθρός σε καθίστησι τῷ ἀδελφῷ ἐξ | 240
οὐδεμιᾶς δικαίας προφάσεως; Καὶ ὁ μὲν Θεὸς καὶ τοὺς ἐχθροὺς φιλεῖν ἐκέλευσε, σὺ δὲ καὶ τὸν οὐδὲν ἠδικηκότα ἀποστρέφῃ μηδὲν ἔχων ἐγκαλεῖν, καὶ οὐκ ἐννοεῖς πόσος ὁ γέλως, πόση ἡ αἰσχύνη, μᾶλλον δὲ πόσος ὁ κίνδυνος;

21. Εἴπω καὶ ἕτερον καταγελαστότερον; Αἰσχύνομαι μὲν καὶ ἐρυθριῶ, ἀναγκάζομαι δὲ ὅμως διὰ τὴν ὑμετέ-

---

[3] Zu den häufigen Stellungnahmen des Johannes Chrysostomus gegen Theater und Pferderennen wegen der damit verbundenen Unsittlichkeit vgl. PASQUATO, *Gli spettacoli*; vgl. auch CYRILL, *myst. cat.* 1,6 (FC

ein paar kurzen Worten. Wenn wir aus dem Herzen sprechen: „Ich widersage dir, Satan, und deiner Pracht“, dann hat er alles, was er will, von uns empfangen.

Wir wollen also sprechen: „Ich widersage dir, Satan“, da wir darüber am Gerichtstag Rechenschaft ablegen müssen. Und wir wollen dieses Wort bewahren, damit wir dann dieses anvertraute Gut wohlbehalten zurückgeben können. Die Pracht des Satans aber sind Theater und Pferderennen[3], jede Sünde, die Beachtung von bestimmten Tagen, Vorbedeutungen und Vorzeichen.

Gegen Vorzeichen, Amulette und Zauberformeln

20. Was ist denn mit diesen Vorzeichen gemeint? Häufig verläßt einer sein Haus, sieht einen einäugigen oder lahmen Menschen und hält das für ein Vorzeichen. Das ist satanischer Firlefanz. Die Begegnung mit einem Menschen macht den Tag nicht zu einem schlechten, sondern das macht der sündhafte Lebenswandel. Wenn du daher ausgehst, dann achte nur auf eines: daß dir keine Sünde begegne. Denn die Sünde ist es, die uns zu Fall bringt; ohne sie kann der Teufel uns nicht schaden.

Was sagst du da? Du siehst einen Menschen und hältst das für ein Vorzeichen? Siehst du denn nicht, wie dich der Fallstrick des Teufels in Gegensatz zu einem unschuldigen Menschen versetzt, wie er dich ohne einen gerechten Grund zum Feind deines Bruders macht? Gott hat befohlen, auch die Feinde zu lieben, und du wendest dich von einem Menschen ab, der dir nichts getan hat und dem du auch nichts vorzuwerfen hast. Denkst du nicht daran, wie lächerlich, wie beschämend, ja wie gefährlich das ist?

21. Soll ich ein weiteres Beispiel erwähnen, das noch lächerlicher ist? Ich schäme mich zwar und erröte dabei,

---

7,102 f), sowie RAHNER, *Pompa diaboli*; WASZINK, *Pompa diaboli*; BOISMARD, *Je renonce*.

ραν σωτηρίαν εἰπεῖν· Ἐὰν ἀπαντήσῃ παρθένος, φησίν, ἄπρακτος ἡ ἡμέρα γίνεται· ἐὰν δὲ ἀπαντήσῃ πόρνη, δεξιὰ καὶ χρηστὴ καὶ πολλῆς ἐμπορίας γέμουσα. Ἐγκαλύπτεσθε, καὶ τὸ μέτωπον ἐκρούσατε, καὶ πρὸς τὴν γῆν κατεκύψατε; Ἀλλὰ μὴ νῦν τῶν ῥημάτων λεγομένων, ἀλλὰ τῶν πραγμάτων γινομένων.

Ὅρα γοῦν καὶ ἐνταῦθα, πῶς τὸν δόλον ἔκρυψεν ὁ διάβολος, ἵνα τὴν μὲν σώφρονα ἀποστρεφώμεθα, τὴν δὲ ἀκόλαστον ἀσπαζώμεθα καὶ φιλῶμεν. Ἐπειδὴ γὰρ ἤκουσε τοῦ Χριστοῦ λέγοντος, ὅτι »Ὁ ἐμβλέψας γυναικὶ πρὸς τὸ ἐπιθυμῆσαι, ἤδη ἐμοίχευσεν αὐτήν«, καὶ εἶδε πολλοὺς περιγενομένους ἀκολασίας, βουλόμενος δι' ἑτέρας ὁδοῦ πάλιν ἐμβαλεῖν αὐτοὺς εἰς τὴν ἁμαρτίαν, διὰ ταύτης τῆς παρατηρήσεως, ἑταιρίσι γυναιξὶν ἡδέως προσέχειν ἀνέπεισε.

22. Τί ἄν τις εἴποι περὶ τῶν ἐπῳδαῖς καὶ περιάπτοις κεχρημένων, καὶ νομίσματα χαλκᾶ Ἀλεξάνδρου τοῦ Μακεδόνος ταῖς κεφαλαῖς καὶ τοῖς ποσὶ περιδεσμούντων; Αὗται αἱ ἐλπίδες ἡμῶν, εἰπέ μοι, ἵνα μετὰ σταυρὸν καὶ θάνατον δεσποτικὸν εἰς Ἕλληνος βασιλέως εἰκόνα τὰς ἐλπίδας τῆς σωτηρίας ἔχωμεν; Οὐκ οἶδας πόσα κατώρθωσεν ὁ σταυρός; Τὸν θάνατον κατέλυσε, τὴν ἁμαρτίαν ἔσβεσε, τὸν ᾅδην ἄχρηστον ἐποίησε, τοῦ διαβόλου τὴν δύναμιν ἐξέλυσε, καὶ εἰς σώματος ὑγίειαν οὐκ ἔστιν ἀξιόπιστος; Τὴν οἰκουμένην ἀνέστησεν ἅπασαν, καὶ σὺ αὐτῷ οὐ θαρρεῖς; Καὶ τίνος ἂν ἄξιος εἴης, εἰπέ μοι; Οὐ περίαπτα δὲ μόνον, ἀλλὰ καὶ ἐπῳδὰς σαυτῷ περιάγεις, γραΐδια μεθύοντα καὶ παραπαίοντα εἰς τὴν οἰκίαν σου εἰσάγων· καὶ οὐκ αἰσχύνῃ οὐδὲ ἐρυθριᾷς μετὰ τοσαύτην φιλοσοφίαν πρὸς ταῦτα ἐπτοημένος;

[4] Zu solchen und ähnlichen Reaktionen der Zuhörer während der Predigten des Johannes Chrysostomus und zu dessen Fähigkeit, darauf einzugehen, vgl. KACZYNSKI, *Wort Gottes* 287–299.

aber um eures Heiles willen sehe ich mich gezwungen zu reden. Es heißt: Wenn einem eine Jungfrau begegnet, wird man an diesem Tag nichts ausrichten. Wenn einem dagegen eine Dirne begegnet, wird der Tag glücklich und gut verlaufen, und man wird viele Geschäfte abwickeln können. Ihr verbergt euer Gesicht, faßt euch an die Stirn und schaut zu Boden? Tut das nicht, wenn ich das jetzt sage, sondern dann, wenn ihr tut, wovon ich spreche[4].

Seht, wie der Teufel auch hier seine Arglist verbirgt: Wir sollen uns von der besonnenen Frau abwenden und die ausschweifend lebende grüßen und ihr Liebe erweisen. Der Satan hat das Wort Christi gehört: „Wer eine Frau auch nur lüstern ansieht, hat schon Ehebruch mit ihr begangen" (Mt 5,28), er hat viele gesehen, die ihre Zügellosigkeit bezwungen haben; nun will er sie auf einem anderen Weg wieder in die Sünde treiben und verleitet sie durch die Beobachtung (dieser Vorbedeutung) dazu, gern ihre Aufmerksamkeit auf Dirnen zu richten.

22. Was soll man erst von denen sagen, die Zauberformeln und Amulette gebrauchen, und von denen, die sich eherne Münzen des Makedoniers Alexander um ihren Kopf und ihre Füße binden? Sind das unsere Hoffnungen, daß wir nach dem Kreuzestod unseres Herrn das Heil vom Bild eines griechischen Königs erhoffen? Wißt ihr denn nicht, was das Kreuz alles vollbracht hat? Es hat den Tod vernichtet, die Sünde getilgt, die Unterwelt überflüssig gemacht, die Gewalt des Teufels gebrochen. Und zur Erhaltung unseres körperlichen Wohlbefindens sollte es nicht zuverlässig sein? Es hat den ganzen Erdkreis wieder aufgerichtet. Und ihr habt zu ihm kein Vertrauen? Was habt ihr wohl dafür verdient? Ihr tragt nicht nur Amulette, sondern auch Zauberformeln mit euch herum, führt betrunkene und verrückte alte Frauen in eure Häuser. Schämt ihr euch denn nicht und werdet ihr nicht rot beim Gedanken daran, daß ihr, nachdem ihr in der christlichen Lehre unterwiesen seid, leidenschaftlich nach diesen Dingen verlangt?

Καὶ τὸ χαλεπώτερον τῆς ἀπάτης· ὅταν γὰρ παραινῶμεν ταῦτα καὶ ἀπάγωμεν, δοκοῦντες ἀπολογεῖσθαί φασιν, ὅτι Χριστιανή ἐστιν ἡ γυνὴ ἡ ταῦτα ἐπᾴδουσα, καὶ οὐδὲν ἕτερον φθέγγεται, ἢ τὸ τοῦ Θεοῦ ὄνομα. Διὰ τοῦτο μὲν οὖν αὐτὴν μάλιστα μισῶ καὶ ἀποστρέφομαι, ὅτι τῷ ὀνόματι τοῦ Θεοῦ πρὸς ὕβριν κατακέχρηται, ὅτι λέγουσα Χριστιανὴ εἶναι, τὰ τῶν Ἑλλήνων ἐπιδείκνυται. Καὶ γὰρ καὶ οἱ δαίμονες τὸ τοῦ Θεοῦ ὄνομα ἐφθέγγοντο, ἀλλ' ἦσαν δαίμονες, καὶ οὕτως ἔλεγον πρὸς τὸν Χριστόν· »Οἴδαμέν σε τίς εἶ, ὁ ἅγιος τοῦ Θεοῦ.« Καὶ ὅμως ἐπετίμησεν αὐτοῖς καὶ ἀπήλασε.

23. Διὰ δὴ ταῦτα παρακαλῶ τῆς ἀπάτης καθαρεύειν ταύτης, καὶ καθάπερ βακτηρίαν ἔχειν τὸ ῥῆμα τοῦτο. Καὶ ὥσπερ χωρὶς ὑποδημάτων ἢ ἱματίων οὐκ ἂν ἕλοιτό τις ὑμῶν εἰς τὴν ἀγορὰν καθεῖναι· οὕτω χωρὶς τοῦ ῥήματος τούτου μηδέποτε εἰς τὴν ἀγορὰν ἐμβάλῃς, ἀλλ' ὅταν μέλλῃς ὑπερβαίνειν τὰ πρόθυρα τοῦ πυλῶνος, τοῦτο φθέγξαι τὸ ῥῆμα πρότερον· »'Αποτάσσομαί σοι, Σατανᾶ, καὶ τῇ πομπῇ σου καὶ τῇ λατρείᾳ σου, καὶ συντάσσομαί σοι, Χριστέ.« Καὶ μηδέποτε χωρὶς τῆς φωνῆς ταύτης ἐξέλθῃς· τοῦτό σοι βακτηρία ἔσται, τοῦτο ὅπλον, τοῦτο πύργος ἄμαχος. Καὶ μετὰ τοῦ ῥήματος τούτου καὶ τὸν σταυρὸν ἐπὶ τοῦ μετώπου διατύπωσον· οὕτω γὰρ οὐ μόνον ἄνθρωπος ἀπαντῶν, ἀλλ' οὐδὲ αὐτὸς ὁ διάβολος βλάψαι τι δυνήσεται, μετὰ τούτων σε ὁρῶν τῶν ὅπλων πανταχοῦ φαινόμενον.

Καὶ ταῦτα σαυτὸν ἐντεῦθεν ἤδη παίδευσον, ἵνα ὅταν τὴν σφραγῖδα λάβῃς, ἐμπαράσκευος ᾖς στρατιώτης, καὶ τὸ κατὰ τοῦ διαβόλου τρόπαιον στήσας, δέξῃ τὸν τῆς δικαιοσύνης στέφανον· οὗ γένοιτο πάντας ἡμᾶς ἐπιτυχεῖν, χάριτι καὶ φιλανθρωπίᾳ τοῦ κυρίου ἡμῶν 'Ιησοῦ Χριστοῦ, μεθ' οὗ τῷ Πατρὶ ἡ δόξα ἅμα τῷ ἁγίῳ Πνεύματι, εἰς τοὺς αἰῶνας τῶν αἰώνων. 'Αμήν.

Schlimmer als der damit verbundene Trug ist aber dies: Wenn wir die Leute mahnen und davon abzubringen suchen, sagen sie wie zur Entschuldigung: „Die Frau, die diese Zauberformeln verwendet, ist eine Christin, und sie spricht nichts anderes aus als den Namen Gottes.“ Deshalb hasse und verabscheue ich sie ja am meisten, weil sie den Namen Gottes entehrend gebraucht, weil sie sich Christin nennt und Heidnisches tut. Denn auch die Dämonen sprachen Gottes Namen aus, und doch blieben sie Dämonen; sie sprachen folgendermaßen zu Christus: „Wir wissen, wer du bist: der Heilige Gottes“ (vgl. Mk 1,24). Trotzdem tadelte Christus sie und trieb sie aus.

23. So ermahne ich euch, daß ihr euch von diesem Trug reinhaltet und euch auf dieses Wort wie auf einen Stab stützt. Keiner von euch wird ohne Schuhe und Kleider auf den Markt gehen. Ebenso geht auch nie ohne dieses Wort zum Marktplatz, sondern wenn ihr die Schwelle eures Hauses überschreiten wollt, sprecht zuvor dieses Wort: „Ich widersage dir, Satan, deiner Pracht und deinem Dienst. Und ich binde mich an dich, Christus.“ Verlaßt euer Haus nie ohne dieses Wort. Das wird für euch ein Stab sein, eine Waffe, ein unüberwindliches Bollwerk. Und mit diesem Wort macht auch das Kreuzzeichen auf die Stirn. So wird euch nicht nur kein Mensch schaden können, der euch begegnet, sondern auch der Teufel wird es nicht können, wenn er euch überall mit diesen Waffen erblickt[5].

Darüber belehrt euch jetzt schon, damit ihr, wenn ihr das Siegel empfangt, wohl gerüstete Soldaten seid, den Sieg über den Teufel erringt und die Krone der Gerechtigkeit empfangt. Dies mögen wir alle erreichen durch die Gnade und Menschenfreundlichkeit unseres Herrn Jesus Christus. Mit ihm gebührt dem Vater und dem Heiligen Geist die Ehre in Ewigkeit. Amen.

---

[5] Zur Bedeutung des Kreuzzeichens im Altertum vgl. die grundlegende Untersuchung von DÖLGER, *Kreuzzeichen*.

II

VIER KATECHESEN

(aus dem Jahr 388)

<ΚΑΤΗΧΗΣΙΣ ΠΡΩΤΗ>

Τοῦ αὐτοῦ ἁγίου Ἰωάννου τοῦ Χρυσοστόμου ὁμιλία πρὸς τοὺς μέλλοντας φωτίζεσθαι. Καὶ διὰ τί λουτρὸν παλιγγενεσίας καὶ οὐκ ἀφέσεως λέγεται. Καὶ ὅτι ἐπικίνδυνον οὐ τὸ ἐπιορκεῖν μόνον, ἀλλὰ καὶ τὸ ὀμνύειν, κἂν εὐορκῶμεν. Λόγος α'.

1. Ὡς ποθεινὸς καὶ ἐπέραστος τῶν νέων ἡμῖν ἀδελφῶν 112 ὁ χορός· ἀδελφοὺς γὰρ ὑμᾶς ἐγὼ καὶ πρὸ τῶν ὠδίνων ἤδη καλῶ, καὶ πρὸ τοῦ τόκου τὴν συγγένειαν τὴν πρὸς ὑμᾶς ἀσπάζομαι. Οἶδα γάρ, οἶδα σαφῶς εἰς ὅσην μὲν ἄγεσθαι μέλλετε τιμήν, εἰς ὅσην δὲ ἀρχήν· τοὺς δὲ ἀρχὴν μέλλοντας λαμβάνειν, καὶ πρὸ τῆς ἀρχῆς εἰώθασι τιμᾶν ἅπαντες, διὰ τῆς θεραπείας εὔνοιαν ἑαυτοῖς προαποτιθέμενοι πρὸς τὸ μέλλον. Τοῦτο δὲ καὶ αὐτὸς ποιῶ νῦν· οὐ γὰρ εἰς ἀρχὴν ἄγεσθαι μέλλετε ψιλήν, ἀλλ' εἰς βασιλείαν αὐτήν· μᾶλλον δὲ οὐκ εἰς βασιλείαν ἁπλῶς, ἀλλ' εἰς αὐτὴν τῶν οὐρανῶν τὴν βασιλείαν.

2. Διὰ τοῦτο ὑμῶν δέομαι καὶ ἀντιβολῶ, ἵνα μνησθῆ- 114 τέ μου, ὅταν ἔλθητε εἰς τὴν βασιλείαν ἐκείνην, καὶ ὅπερ ὁ Ἰωσὴφ ἔλεγε πρὸς τὸν ἀρχιοινοχόον· »Μνήσθητί μου, ὅταν εὖ σοι γένηται«· τοῦτο κἀγὼ λέγω πρὸς ὑμᾶς ἄρτι· »Μνήσθητέ μου ὅταν εὖ ὑμῖν γένηται.« Οὐκ ἐνυπνίων ταύτην ἀπαιτῶ τὴν ἀμοιβὴν καθάπερ ἐκεῖνος· οὐ γὰρ ὀνείρατα ἦλθον διαλῦσαι

Titulus: Τοῦ αὐτοῦ ἁγίου — ὁμιλία: Τοῦ ἐν ἁγίοις Ἰωάννου ἀρχιεπισκόπου Κωνσταντινουπόλεως D Τοῦ ἐν ἁγίοις πατρὸς ἡμῶν Ἰωάννου τοῦ Χρυσοστόμου κατήχησις πρώτη J Τοῦ αὐτοῦ ἁγίου κατήχησις πρώτη LW MC || φωτίζεσθαι: κύριε εὐλόγησον *add.* D *reliqua omittens* || οὐκ *om.* LW MJC || ἀφέσεως: ἁμαρτημάτων *add.* M || ἐπιορκεῖν: ἐφιορκεῖν W || μόνον *om.* LW MJC || Λόγος α' *om.* LW MJC

<Erste Katechese>

Homilie des heiligen Johannes Chrysostomus an die Taufbewerber darüber, warum die Taufe Bad der Wiedergeburt und nicht Bad des Sündennachlasses genannt wird und warum nicht nur das falsche Schwören, sondern das Schwören überhaupt, auch das rechte, gefährlich ist.

In Erwartung der Taufe

1. Wie groß ist meine Sehnsucht nach der Schar unserer neuen Brüder! Ja, Brüder nenne ich euch schon vor eurer Geburt und begrüße euch als meine Verwandten, noch ehe ihr geboren seid. Ich weiß wohl, zu welcher Ehre, zu welcher Würde ihr gelangen sollt. Jedermann ehrt gewöhnlich Leute, die im Begriff sind, eine hohe Stellung einzunehmen, bereits vor ihrem Amtsantritt und sichert sich auf diese Weise durch den Erweis seiner Hochachtung ihr Wohlwollen für die Zukunft. Das tue ich jetzt auch; denn ihr sollt zu keiner niederen Würde gelangen, sondern zum Königtum, und zwar nicht nur zu einer einfachen Königsherrschaft, sondern zur königlichen Herrschaft im Himmel.

2. Deshalb bitte ich euch inständig, meiner zu gedenken, wenn ihr zu jener königlichen Herrschaft gelangt. Wie Josef zum Obermundschenk sagte, „denk an mich, wenn es dir gutgeht“ (Gen 40,14), ebenso sage ich jetzt zu euch: „Denkt an mich, wenn es euch gutgeht!“ Nicht wie Josef erbitte ich dies als Lohn für eine Traumdeutung. Denn ich stehe hier nicht, um euch Träume auszulegen, sondern um

---

1 ἡμῶν A || ἀδελφῶν ἡμῖν V || 3 τοῦ τόκου: τούτου D || 4 μὲν: δὲ L || 7 τιμᾶν ἅπαντες: ἅπαντες θεραπεύειν VD || 7 διὰ τῆς θεραπείας *post* ἑαυτοῖς D || 8 προαποθέμενοι L || δὲ: δὴ VD || 10 οὐκ: οὐδὲ VD || 11 τὴν τῶν οὐρανῶν D || 14 ὅταν ἔλθητε *om.* L || τὴν *om.* WC *edd.* || 15 ὁ *om.* L C || 17 ἄρτι: νῦν VD || 18 ἀπαιτῶν D || 19 διαλῦσαι: λύσων VD

ὑμῖν, ἀλλὰ τὰ ἐν τοῖς οὐρανοῖς διηγησόμενος πράγματα, καὶ εὐαγγέλια κομίζων ἀγαθῶν τοιούτων, »οἷα οὔτε ὀφθαλμὸς εἶδεν, οὔτε οὖς ἤκουσεν, οὔτε ἐπὶ καρδίαν ἀνθρώπου ἀνέβη«· τοιαῦτά ἐστιν ἃ »ἡτοίμασεν ὁ Θεὸς τοῖς ἀγαπῶσιν αὐτόν«. Ὁ μὲν οὖν Ἰωσὴφ ἔλεγε πρὸς τὸν οἰνοχόον ἐκεῖνον· »Ἔτι τρεῖς ἡμέραι, καὶ ἀποκαταστήσει σε Φαραὼ εἰς τὴν ἀρχιοινοχοΐαν σου.« Ἐγὼ δὲ οὐ λέγω· »Ἔτι τρεῖς ἡμέραι, καὶ εἰς οἰνοχοΐαν ἐνεχθήσεσθε τυράννου«· ἀλλ' »Ἔτι τριάκοντα ἡμέραι, καὶ ἀποκαταστήσει ὑμᾶς οὐχὶ Φαραώ, ἀλλ' ὁ τῶν οὐρανῶν βασιλεὺς εἰς τὴν ἄνω πατρίδα, εἰς τὴν ἐλευθέραν Ἱερουσαλήμ, εἰς τὴν πόλιν τὴν ἐν τοῖς οὐρανοῖς.« Κἀκεῖνος μὲν ἔλεγεν ὅτι »Δώσεις τὸ ποτήριον εἰς τὰς χεῖρας Φαραώ.« Ἐγὼ δὲ οὐ λέγω, ὅτι »Δώσετε τὸ ποτήριον εἰς τὰς χεῖρας τοῦ βασιλέως«, ἀλλ' ὅτι »Αὐτὸς ὁ βασιλεὺς εἰς τὴν χεῖρα τὴν ὑμετέραν δώσει τὸ ποτήριον τὸ | [116] φρικτὸν καὶ πολλῆς γέμον δυνάμεως, καὶ τῆς κτίσεως τιμιώτερον ἑκατέρας.« Ἴσασιν οἱ μεμυημένοι τοῦ ποτηρίου τούτου τὴν ἰσχύν· εἴσεσθε δὲ καὶ ὑμεῖς μικρὸν ὕστερον. Μνήσθητε οὖν μου, ὅταν ἔλθητε εἰς τὴν βασιλείαν ἐκείνην, ὅταν τὸ ἱμάτιον τὸ βασιλικὸν ἀπολάβητε, ὅταν τὴν πορφύραν περιβάλησθε τὴν αἵματι βαφεῖσαν δεσποτικῷ, ὅταν διάδημα ἀναδήσησθε τῶν ἡλιακῶν ἀκτίνων φαιδροτέρας ἔχον πανταχόθεν ἐκπηδώσας λαμπηδόνας. Τοιαῦτα γὰρ τοῦ νυμφίου τὰ ἕδνα, μείζονα μὲν τῆς ἡμετέρας ἀξίας, ἄξια δὲ τῆς αὐτοῦ φιλανθρωπίας· διὰ ταῦτα ὑμᾶς ἐντεῦθεν ἤδη καὶ πρὸ τῶν ἱερῶν ἐκείνων μακαρίζω παστάδων.

1–2 πράγματα: ἀλλὰ *add.* D || 3 εἶδεν: οἶδεν DL || οὔτε οὖς: καὶ οὖς οὐκ L || οὔτε[3]: καὶ V L C || 4 ἀνθρώπου: οὐκ *add.* L || 5 οὖν *om.* V || 6 ἔτι: ὅτι D || 8 ἔτι: ὅτι D || 9 ἀναχθήσεσθαι D εἰσαχθήσεσθε A || 11 ἄνω πατρίδα: πατρ. τὴν ἄνω V πατρίδα τῶν D || 13 εἰς *om.* D || 14 τὰς L: *om.* VD AW MJC *edd.* || χεῖρα D || οὐ *post* ὅτι L || λέγω: οὕτως *add.* C || 15 τὴν χεῖρα D || 16 τὴν[1] VD: *om.* ALW MJC *edd.* || 16 τὸ *om.* VD || 17 τὸ *om.* VD || καὶ[1] *om.* L ||

euch die Dinge des Himmels zu erklären und die frohe Botschaft von solchen Wohltaten zu bringen, „wie kein Auge sie gesehen und kein Ohr sie gehört hat, wie sie keinem Menschen in den Sinn gekommen sind“; das ist es, was „Gott denen bereitet hat, die ihn lieben“ (1 Kor 2, 9). Josef sagte zu jenem Mundschenk: „Noch drei Tage, dann wird der Pharao dich wieder in dein Amt einsetzen“ (Gen 40, 13). Ich sage nicht: „Noch drei Tage, und ihr werdet das Mundschenkamt bei einem König erhalten“, sondern: „Noch dreißig Tage, und nicht Pharao, sondern der König des Himmels wird euch in die himmlische Heimat versetzen, in das freie Jerusalem, in die Stadt im Himmel.“ Ferner sagte Josef: „Du wirst dem Pharao den Becher reichen“ (Gen 40, 13). Ich sage nicht: „Ihr werdet dem König den Becher reichen“, sondern: „Der König selbst wird euch den ehrfurchtgebietenden Becher reichen, der voll Kraft ist und wertvoller als jedes Geschöpf.“ Die Eingeweihten wissen um die Kraft dieses Bechers. Auch ihr werdet bald darum wissen. Gedenkt dann meiner, wenn ihr zu jener königlichen Herrschaft gelangt seid, wenn ihr das königliche Gewand empfangen habt, wenn ihr das vom Blut des Herrn getränkte Purpurgewand angezogen habt, wenn ihr die Krone aufgesetzt habt, von der nach allen Seiten hin Strahlen ausgehen, die heller leuchten als die der Sonne. Das sind die Geschenke des Bräutigams, die größer sind als unsere Würde und würdig seiner Menschenfreundlichkeit. Deshalb preise ich euch schon vor dem Eintritt in jenes heilige Brautgemach glücklich.

---

20 μνήσθητε: -θητι L || μου VD: μοι A *om.* LW MJC *edd.* || ἔλθῃς M || 21–22 ἀπολάβητε τὸ βασιλικὸν VD || 22 πορφυρίδα VD || περιβαλεῖσθε A περιβάλλεσθαι L || 23–24 ἀναδίσας L || 24 ἔχων VD AL || 24–25 πανταχόθεν: τὰς *add.* L || 25 λαμπάδας D A || 26 τὰ: φαιδρὰ *add.* L[mg] || ἔδνα: ἕδρα L προῖκα *add.* C[mg]

3. Οὐ μακαρίζω δὲ μόνον, ἀλλὰ καὶ ἐπαινῶ τῆς 118
εὐγνωμοσύνης, ὅτι μὴ καθάπερ οἱ ῥᾳθυμότεροι τῶν ἀνθρώπων, ἐν ἐσχάταις ἀναπνοαῖς τῷ φωτίσματι προσήλθετε, ἀλλ' ἐντεῦθεν ἤδη καθάπερ οἰκέται εὐγνώμονες, μετὰ πολλῆς εὐνοίας ὑπακοῦσαι δεσπότῃ παρεσκευασμένοι, τὸν αὐχένα τῆς ψυχῆς μετὰ πολλῆς ἐπιεικείας τε καὶ προθυμίας ὑπὸ τὴν ζεύγλην ἠγάγετε τοῦ Χριστοῦ, καὶ τὸν ζυγὸν ἐδέξασθε τὸν χρηστὸν καὶ τὸ φορτίον ἐλάβετε τὸ ἐλαφρόν. Εἰ γὰρ καὶ τὰ τῆς χάριτος ἴσα ὑμῖν καὶ τοῖς ἐν τῇ τελευτῇ μυσταγωγουμένοις, ἀλλὰ τὰ τῆς προαιρέσεως οὐκ ἴσα, οὐδὲ τὰ τῆς παρασκευῆς τῶν πραγμάτων. Ἐκεῖνοι μὲν γὰρ ἐν τῇ κλίνῃ λαμβάνουσιν, ὑμεῖς δὲ ἐν τοῖς κόλποις τῆς ἐκκλησίας τῆς κοινῆς ἁπάντων ἡμῶν μητρός· κἀκεῖνοι μὲν ὀδυρόμενοι καὶ δακρύοντες, ὑμεῖς δὲ χαίροντες καὶ εὐφραινόμενοι· ἐκεῖνοι στένοντες, ὑμεῖς δὲ εὐχαριστοῦντες· κἀκεῖνοι μὲν πολλῷ κεκαρωμένοι τῷ πυρετῷ, ὑμεῖς δὲ πολλῆς ἐμπεπλησμένοι τῆς πνευματικῆς ἡδο-
νῆς. Ὅθεν | ἐνταῦθα μὲν ἅπαντα σύμφωνα τῇ δωρεᾷ, | 120
ἐκεῖ δὲ πάντα ἐναντία τῇ δωρεᾷ· καὶ γὰρ θρῆνος καὶ ὀδυρμὸς πολὺς μυσταγωγουμένων αὐτῶν, καὶ παιδία περιίσταται κλαίοντα, καὶ γυνὴ τὰς παρειὰς καταξαίνουσα, καὶ φίλοι κατηφεῖς, καὶ οἰκέται δακρύων γέμοντες, ὅλον τὸ τῆς οἰκίας σχῆμα χειμερινήν τινα καὶ ζοφώδη μιμεῖται ἡμέραν.

4. Ἐὰν δὲ καὶ αὐτὴν τοῦ κατακειμένου τὴν καρδίαν ἀναπτύξῃς, σκυθρωποτέραν τούτων εὑρήσεις. Καθάπερ γὰρ ἄνεμοι μετὰ πολλῆς τῆς ῥύμης ἐξ ἐναντίας ἀλλήλοις ἐμβάλλοντες εἰς πολλὰ τὸ πέλαγος διατέμνουσι μέρη· οὕτω καὶ οἱ λογισμοὶ τῶν τότε κατ-

1–2 τὴν εὐγνωμοσύνην MJC || 2 μὴ: οὐ A || 3 τὸ φώτισμα C || 4 προσήλθατε A || 5 πολλῆς: πάσης VD || 6 παρασκευάσμενοι V || πολλῆς: τῆς *add.* D || 7 ἤγαγε C || 9 τὰ *om.* W MJC || 11 τὰ[1] *om.*

Kein Aufschub der Taufe bis zum Sterbebett!

3. Und ich preise euch nicht nur glücklich, sondern lobe auch eure Einsicht, weil ihr nicht wie die Leichtsinnigen erst zur Taufe kommt, wenn ihr in den letzten Zügen liegt. Vielmehr seid ihr wie einsichtsvolle Diener schon jetzt entschlossen, mit bestem Willen dem Herrn zu gehorchen, und habt euren Nacken bereitwillig und freudig unter das Joch Christi gebeugt; ihr habt das Joch, das nicht drückt, auf euch genommen und euch die Last, die leicht ist, geben lassen (vgl. Mt 11,30). Wenn auch die Gnade die gleiche ist für euch und für die, die erst auf dem Sterbebett getauft werden, so ist doch weder die Entscheidung noch die Vorbereitung die gleiche. Sie empfangen die Taufe im Bett, ihr im Schoß unserer gemeinsamen Mutter, der Kirche, sie unter Jammern und Weinen, ihr mit Freude und Jubel, sie unter Stöhnen, ihr mit Dank, sie betäubt vom Fieber, ihr erfüllt von großer geistlicher Freude. Somit paßt hier alles zum Geschenk, während ihm dort alles widerspricht. Die Täuflinge selbst klagen und jammern, ihre Kinder umstehen sie weinend, und ihre Frau zerkratzt sich in ihrem Schmerz die Wangen; die Freunde sind niedergeschlagen, die Diener von Tränen überströmt, das ganze Haus erweckt den Anschein eines trüben Wintertags.

4. Könnte man auch ins Herz des Sterbenden sehen, so würde man darin noch größere Finsternis antreffen. Wie Stürme, die mit großer Wucht gegeneinander anbrausen und das Meer aufwühlen, so überfallen die Gedanken an all das bedrückende Unglück den Daniederliegenden, und

---

MJC || ἴσα: ἧσσα L || 16 δὲ *om.* V || 17 κἀκεῖνοι: ἐκεῖνοι D || 18 ἡμεῖς L || 19 ἐνταῦθα: ἐντεῦθεν L || 20 ἐκεῖ — δωρεᾷ *om.* L || 21 αὐτῶν *om. edd.* || 22 περιίστανται D W MJC || 23–24 γέμοντες: καὶ *add.* VD || 24 τὸ *post* οἰκίας VD AL || χειμέριον VD || 25 μιμεῖται: τὴν *add.* V || 26 ἐὰν: ἂν VD || καὶ VD: *om.* ALW MJC *edd.* || 27 σκυθρωπότερον τοῦτον D || 28 τῆς *om.* VD || 29 ἐμβαλόντες V L συμβάλλοντες D || τὸ πέλαγος *om.* L

εχόντων δεινῶν εἰς τὴν τοῦ κάμνοντος ἐμπίπτοντες ψυχήν, εἰς πολλὰς τὴν ἐκείνου διάνοιαν σχίζουσι φροντίδας. Ὅταν εἰς τὰ παιδία ἀπίδῃ, τὴν ὀρφανίαν αὐτῶν ἐννοεῖ· ὅταν πρὸς τὴν γυναῖκα ἀποβλέψῃ, τὴν χηρείαν λογίζεται· ὅταν ἴδῃ τοὺς οἰκέτας, τὴν ἐρημίαν ἁπάσης σκοπεῖ τῆς οἰκίας· ὅταν πρὸς ἑαυτὸν ἐπανέλθῃ, τῆς παρούσης ἑαυτὸν ἀναμιμνῄσκει ζωῆς, καὶ ἀπορρήγνυσθαι μέλλων πολὺ δέχεται τῆς ἀθυμίας τὸ νέφος. Τοιαύτη ἡ τοῦ μέλλοντος μυσταγωγεῖσθαι ψυχή. Εἶτα μεταξὺ τῶν θορύβων καὶ τῆς ταραχῆς αὐτῆς, ἐπεισέρχεται ὁ ἱερεὺς αὐτοῦ τοῦ | πυρετοῦ | 122 φοβερώτερος ὤν, καὶ τοῦ θανάτου τοῖς τοῦ κάμνοντος προσήκουσιν ἀπηνέστερος· τῆς γὰρ τοῦ ἰατροῦ φωνῆς τῆς ἀπογινωσκούσης τὴν ζωὴν τὴν ἐκείνου μείζων ἀπόγνωσις εἶναι νομίζεται ἡ τοῦ πρεσβυτέρου εἴσοδος, καὶ θανάτου σύμβολον εἶναι δοκεῖ τῆς αἰωνίου ζωῆς ἡ ὑπόθεσις.

5. Ἀλλ' οὔπω τὸν κολοφῶνα ἐπέθηκα τῶν κακῶν· μεταξὺ γὰρ θορυβούντων τῶν ἐπιτηδείων καὶ παρασκευαζομένων, πολλάκις ἔρημον ἀφεῖσα τὸ σῶμα ἀπεπήδησεν ἡ ψυχή, πολλοὺς δὲ καὶ παροῦσα οὐδὲν ὤνησεν. Ὅταν γὰρ μήτε τοὺς παρόντας ἐπιγινώσκῃ, μήτε φωνῆς ἀκούῃ, μήτε ἀποκρίνασθαι δύνηται τὰ ῥήματα ἐκεῖνα, δι' ὧν τὴν μακαρίαν συνθήκην πρὸς τὸν κοινὸν ἡμῶν ἁπάντων καταθήσεται δεσπότην, ἀλλ' ὥσπερ ξύλον ἀργὸν ἢ λίθος, ὁ φωτίζεσθαι μέλλων πρόκειται νεκροῦ μηδὲν διαφέρων, τί τῆς μυσταγωγίας ὄφελος ἐν ἀναισθησίᾳ τοσαύτῃ;

---

3 ἀπίδῃ: ἀφίδῃ V 'ἀπείδῃ AL ἴδῃ D ‖ 4 πρὸς: εἰς D ‖ ἀποβλέψῃ: ἀποστρέψει L ‖ 6 αὐτὸν A ‖ 7 καὶ: ἧς V ‖ 8 δέχεσθαι L ‖ ἀθυμίας: ἀθανασίας L ‖ 11 αὐτῆς: ταύτης VD ‖ 11–12 ἐπεισέρχεται — ὢν *om.* L ‖ 12 θανάτου: θαντάτου L ‖ τοῖς: καὶ τοῖς A ‖ τῷ κάμνοντι D τοῦ κάμνουσιν L ‖ 13 ἀπηνέστερος: ἀηδέστερος VD A ἀπιδέστερος L ‖ 14 ζωὴν VD: φωνὴν ALW MJC ‖ τὴν²: τῆς D ‖ μεῖζον C ‖

sein Herz wird zwischen vielen Sorgen hin und her gerissen: Wenn er seine Kinder anschaut, denkt er an ihr bevorstehendes Waisendasein; wenn er seine Frau anblickt, erwägt er ihre baldige Witwenschaft; wenn er auf seine Diener schaut, sieht er das ganze Haus vereinsamt; wenn er zur Betrachtung seiner selbst zurückkehrt, erinnert er sich des gegenwärtigen Lebens und, weil er aus diesem gerissen werden soll, umfängt ihn Mutlosigkeit wie dichter Nebel. So ist es um die seelische Verfassung des Täuflings bestellt. Da kommt mitten in der Unruhe und Verwirrung noch der Priester dazu. Er wird mehr gefürchtet als das Fieber und ist für die Angehörigen des Sterbenden noch unwillkommener als der Tod. Mehr als das Wort des Arztes, mit dem er den Kranken aufgibt, wird das Auftreten des Priesters als Zeichen für den hoffnungslosen Zustand des Kranken gewertet. So scheint gerade die Grundvoraussetzung des ewigen Lebens ein Vorzeichen des Todes zu sein.

5. Dabei habe ich das Schlimmste noch gar nicht gesagt: Während die Angehörigen des Sterbenden in großer Eile die nötigen Vorkehrungen treffen, ist das Leben oft schon entwichen und hat den Körper entseelt zurückgelassen; bei vielen anderen aber war das Leben zwar noch im Körper, doch es nützte nichts mehr. Denn wenn der Täufling die Anwesenden nicht mehr erkennt, ihre Stimme nicht mehr vernimmt und auch nicht mehr antworten kann mit jenen Worten, durch die er den heiligen Vertrag mit unserem gemeinsamen Herrn schließt, sondern wie ein Stück Holz oder ein Stein daliegt, sich in nichts von einem Toten unterscheidend, was nützt ihm dann in dieser vollständigen Bewußtlosigkeit die Taufe?

---

16 δοκεῖν D || 17 ἡ *om.* D || 21 ἀπεπήδησεν: ἀπεδήμησεν L || οὐδὲν: μέγα *add.* VD AL || 22 μήτε: μὴ D || 23 μήτε[1] — δύνηται *om.* L || δύναται C || 25 ἁπάντων ἡμῶν D || καταθήσεται: αἰταθήσεται A || 26 ἀργὸν *om.* L

6. Τὸν γὰρ τοῖς ἱεροῖς τούτοις καὶ φρικτοῖς μέλλοντα προσιέναι μυστηρίοις ἐγρηγορέναι χρὴ καὶ διεγηγέρθαι, πάσης βιωτικῆς φροντίδος εἶναι καθαρόν, πολλῆς γέμειν | σωφροσύνης, πολλῆς προθυμίας, πάντα τῶν | 124 μυστηρίων ἀλλότριον λογισμὸν ἐξορίζειν τῆς διανοίας, καὶ πάντοθεν καθαρὸν παρασκευάζειν τὸν οἶκον, ὥσπερ αὐτὸν ὑποδέχεσθαι μέλλοντα τὸν βασιλέα. Τοιαύτη τῆς ὑμετέρας διανοίας ἡ παρασκευή, τοιοῦτοι παρ' ὑμῖν οἱ λογισμοί, τοιαύτη τῆς ψυχῆς ἡ προαίρεσις. Τὴν μὲν οὖν ἀξίαν ἀμοιβὴν τῆς ἀρίστης ταύτης γνώμης ἀναμένετε παρὰ τοῦ Θεοῦ, τοῦ ταῖς ἀντιδόσεσι νικῶντος τοὺς τὴν ὑπακοὴν ἐπιδεικνυμένους τὴν πρὸς αὐτόν. Ἐπειδὴ δὲ χρὴ καὶ τοὺς συνδούλους τὰ παρ' ἑαυτῶν εἰσενεγκεῖν, καὶ τὰ παρ' ἡμῶν εἰσοίσομεν, μᾶλλον δὲ οὐδὲ ταῦτα ἡμέτερα, ἀλλὰ καὶ ταῦτα δεσποτικά. »Τί γὰρ ἔχεις«, φησίν, »ὃ οὐκ ἔλαβες; εἰ δὲ καὶ ἔλαβες, τί καυχᾶσαι ὡς μὴ λαβών«.

7. Ἐβουλόμην μὲν πρῶτον ἁπάντων εἰπεῖν τί δήποτε παραδραμόντες ἡμῶν οἱ πατέρες ἅπαντα τὸν ἐνιαυτόν, ἐν τούτῳ τῷ καιρῷ μυσταγωγεῖσθαι τὰ τέκνα τῆς ἐκκλησίας ἐνομοθέτησαν, καὶ τίνος ἕνεκεν μετὰ τὴν παρ' ἡμῶν διδασκαλίαν ὑπολύσαντες ὑμᾶς καὶ ἀποδύσαντες, γυμνοὺς καὶ ἀνυποδέτους μετὰ τοῦ χιτωνίσκου μόνου πρὸς τὰς τῶν ἐξορκιζόντων παραπέμπουσι φωνάς. Οὐ γὰρ ἁπλῶς οὐδὲ | εἰκῇ καὶ τὸ σχῆμα καὶ τὸν | 1 καιρὸν ἐκεῖνοι τοῦτον ἡμῖν διετύπωσαν· ἀλλ' ἔχει ταῦτα ἀμφότερα μυστικόν τινα λόγον καὶ ἀπόρρητον.

2–3 διεγηγέρθαι: καὶ *add.* D || 3 βιωτικῆς: νομικῆς L || 4 τὸν MJC *edd.* || 5 τῆς *abhinc adest* P || 7 μέλλοντα: μέλλτα L || 8 ἡμετέρας L || 9 παρ' ὑμῖν: παρ' ἡμίαι L γὰρ ὑμῖν P || 10 ταύτης: εἰ *add.* P || 12 ὑπακοὴν: ἀκοὴν *ut vid.* L || 13 τοὺς συνδούλους D A: τοὺς συνδούλους ἥμας P τοὺς συνδούλους ἡμᾶς τοῖς συνδούλοις V [*et* I] τοῖς συνδούλοις WL MJC *edd.* || 14 ὑμῶν V || εἰσοίσομεν: -σωμεν P εἰσύσωμεν L οἴσομεν D || 15 ταῦτα[1]: τὰ PD || καὶ ταῦτα[2] *om.* L ||

Sittliche Voraussetzungen für die Taufe

6. Wer zu diesem heiligen und ehrfurchtgebietenden Sakrament hinzutreten will, muß wach und aufmerksam sein, frei von aller irdischen Sorge und ganz erfüllt von Besonnenheit und Eifer. Jeden Gedanken, der nicht zur Taufe paßt, muß er aus seinem Herzen verbannen und sein Haus in jeder Hinsicht säubern und herrichten, als ob es den Kaiser zu beherbergen hätte. Auf diese Weise sollt ihr euer Herz bereiten, so sollt ihr denken, dazu sollt ihr euch entschließen. Erwartet den Lohn, den ihr für diese klare Entscheidung verdient, von Gott, der jene, die ihm Gehorsam erweisen, mit seinen Gegengaben übertrifft. Weil auch die Mitknechte das Ihre beitragen müssen, will ich auch meinen Beitrag leisten. Aber nein, auch das kommt nicht von mir, sondern vom Herrn. Der selige Paulus sagt: „Was hast du, was du nicht empfangen hättest? Wenn du es aber empfangen hast, warum rühmst du dich, als hättest du es nicht empfangen?“ (1 Kor 4,7).

7. Ich wollte zuallererst darüber sprechen, warum unsere Väter das ganze übrige Jahr nicht berücksichtigt und festgelegt haben, daß die Kinder der Kirche zu dieser Zeit getauft werden; und weiter, weshalb ihr nach unserer Belehrung eure Schuhe und Gewänder ablegt und man euch ohne Obergewand und barfuß, nur mit einem kurzen Gewand bekleidet zu den Exorzisten schickt, um deren Worte zu hören. Nicht ohne Grund und Überlegung haben die Väter diese Zeit des Jahres bestimmt; beides hat einen geistlichen und unaussprechlichen Sinn, den ich erklären

---

18 ἠβουλόμην A MC || μὲν: οὖν *add.* D || 19 ὑμῶν L || 22 ὑμᾶς: ἡμῖν L *om.* D || ὑποδήσαντες L || 25 οὐδὲ: οὐ L M || καὶ[1] *om.* PV || 26 ὑμῖν V || ἔχει: ἔχαι P || 27 τινα *om.* L

Καὶ τοῦτον ὑμῖν ἐβουλόμην εἰπεῖν· ὁρῶ δὲ ὅτι πρὸς ἕτερον ἀναγκαιότερον ἡμᾶς κατεπείγει νῦν ὁ λόγος.

8. Ἀνάγκη γὰρ εἰπεῖν τί ποτέ ἐστι τὸ βάπτισμα, καὶ τίνος ἕνεκεν εἰς τὸν βίον εἰσῆλθε τὸν ἡμέτερον, καὶ πόσα κομίζει ἡμῖν τὰ ἀγαθά· ἀλλ', εἰ βούλεσθε, πρότερον περὶ τῆς προσηγορίας τοῦ μυστικοῦ τούτου καθαρμοῦ διαλεχθῶμεν. Οὐδὲ γὰρ ἕν ἐστιν αὐτῷ ὄνομα, ἀλλὰ πολλὰ καὶ παντοδαπά. Τὸ γὰρ καθάρσιον τοῦτο καλεῖται λουτρὸν παλιγγενεσίας· »Ἔσωσε γὰρ ἡμᾶς«, φησί, »διὰ λουτροῦ παλιγγενεσίας καὶ ἀνακαινώσεως Πνεύματος ἁγίου.« Καλεῖται καὶ φώτισμα, καὶ τοῦτο αὐτὸς ὁ Παῦλος αὐτὸ πάλιν ἐκάλεσεν· »Ἀναμιμνήσκεσθε γὰρ τὰς πρότερον ἡμέρας, ἐν αἷς φωτισθέντες πολλὴν ἄθλησιν ὑπεμείνατε παθημάτων.« Καὶ πάλιν· »Ἀδύνατον γὰρ τοὺς ἅπαξ φωτισθέντας καὶ γευσαμένους τῆς δωρεᾶς τῆς ἐπουρανίου, καὶ παραπεσόντας, πάλιν ἀνακαινίζειν εἰς μετάνοιαν.« Καλεῖται καὶ βάπτισμα· »Ὅσοι γὰρ εἰς Χριστὸν ἐβαπτίσθητε, Χριστὸν ἐνεδύσασθε.« Καλεῖται ταφή· »Συνετάφητε γὰρ αὐτῷ«, φησί, »διὰ τοῦ βαπτίσματος εἰς τὸν θάνατον.« Καλεῖται περιτομή· »Ἐν ᾧ καὶ περιετμήθητε περιτομῇ ἀχειροποιήτῳ, ἐν τῇ ἀπεκδύσει τοῦ | σώματος τῶν ἁμαρτιῶν τῆς σαρκός.« | 128 Καλεῖται σταυρός· »Ὁ παλαιὸς γὰρ ἄνθρωπος ἡμῶν συνεσταυρώθη, ἵνα καταργηθῇ τὸ

---

1 βούλομαι D || 2 ἕτερον: καὶ *add.* D || ἀναγκαιότερον *om.* P || 7 οὐδὲ: οὐ MJC || ἐστιν ἕν V M || αὐτῷ *om.* P || 8 καθάριον P || 10 φησί: καὶ L || ἀνακαινώσεως A -κενώσεως PVD L: ἀνακαινίσεως W MJC || 11 καλεῖται *om.* A || καὶ[1] *om.* PVD || τοῦτο (τούτω L) VD AL: τοῦτο αὐτὸ (αὐτὼ L) P LW MJC || 12 αὐτὸς ὁ PVD: ὁ αὐτὸς A *om.* LW MJC *edd.* || αὐτὸ (αὐτὼ L) *om.* C || πάλιν *om.* D || 12–13 ἀναμνήσκεσθε C || 13 ἡμέρας: φησίν *add.* PVD || 14 ὑπεμείναστε *ut vid.* C || 15 γὰρ *om.* PVD || 15–16 καὶ γευσαμένους: γευσ. τε PVD || 17 εἰς: πρὸς L || 18 γὰρ: φησίν *add.* PVD || 19 συνετάφητε:

wollte. Ich merke aber, daß meine Rede zu einem anderen noch wichtigeren Thema drängt.

Verschiedene Bezeichnungen für die Taufe

8. Denn ich muß unbedingt erklären, was die Taufe überhaupt ist, warum sie in unser Leben hereinkommt und welch große Güter sie uns schenkt. Doch wenn es euch recht ist, wollen wir zuerst über die Bezeichnungen dieser geistlichen Reinigung etwas sagen. Denn sie hat nicht nur einen, sondern viele verschiedene Namen. Diese Reinigung wird nämlich von Paulus Bad der Wiedergeburt genannt: „Er hat uns gerettet durch das Bad der Wiedergeburt und der Erneuerung im Heiligen Geist" (Tit 3,5). Sie heißt auch Erleuchtung, und auch diesen Namen hat ihr Paulus selbst gegeben: „Erinnert euch an die früheren Tage, als ihr nach eurer Erleuchtung manchen harten Leidenskampf bestanden habt" (Hebr 10,32), und an einer anderen Stelle sagt er: „Denn es ist unmöglich, Menschen, die einmal erleuchtet worden sind und von der himmlischen Gabe genossen haben, dann aber abgefallen sind, erneut zur Umkehr zu bringen" (Hebr 6,4.6). Auch Tauchung wird sie genannt: „Denn ihr alle, die ihr in Christus eingetaucht seid, habt Christus (als Gewand) angelegt" (Gal 3,27). Man bezeichnet sie auch als Begräbnis: „Ihr wurdet mit ihm begraben durch die Taufe auf den Tod" (vgl. Röm 6,4). Ferner heißt sie Beschneidung: „In ihm habt ihr eine Beschneidung empfangen, die man nicht mit Händen vornimmt, indem ihr den von den Sünden des Fleisches beherrschten Leib abgelegt habt" (vgl. Kol 2,11). Auch Kreuz ist ein Name für die Taufe: „Unser alter Mensch wurde mitgekreuzigt, damit der von der Sünde beherrschte Leib vernichtet wer-

---

συνετάφημεν οὖν D συνετάφη M || 20 φησί: καὶ *add.* P || 21 ᾧ: ἧ PV || καὶ *om.* P || περιετμήθητε: φησί *add.* PVD || 24 ἡμῶν ἄνθρ. VD || συνεσταυρώθη: φησίν *add.* PVD

σῶμα τῆς ἁμαρτίας.« Ἔστι καὶ ἕτερα πλείονα τούτων εἰπεῖν ὀνόματα, ἀλλ' ἵνα μὴ τὸν καιρὸν ἅπαντα εἰς τὰς προσηγορίας τοῦ χαρίσματος ἀναλώσωμεν, φέρε ἐπὶ τὴν προτέραν προσηγορίαν ἐλθόντες, καὶ ταύτης τὴν σημασίαν εἰπόντες καταπαύσωμεν τὸν λόγον· τέως δὲ ἀνωτέρω μικρὸν τὴν διδασκαλίαν ἑλκύσωμεν.

9. Ἔστι τοῦτο τὸ κοινὸν ἁπάντων ἀνθρώπων λουτρὸν τὸ διὰ τῶν βαλανείων, ὃ τὸν τοῦ σώματος ἀποσμήχειν εἴωθε ῥύπον· ἔστι δὲ καὶ λουτρὸν Ἰουδαϊκόν, ἐκείνου μὲν σεμνότερον, τοῦ δὲ τῆς χάριτος πολὺ κατώτερον· καὶ αὐτὸ μὲν γὰρ σωματικὸν ἀποσμήχει ῥύπον, ἀλλ' οὐχ ἁπλῶς σωματικόν, ἀλλὰ καὶ συνειδότος ἁπτόμενον ἀσθενοῦς. Ἔστι γὰρ πολλὰ τῶν πραγμάτων, ἃ φύσει μὲν οὐκ ἔστιν ἀκάθαρτα, ἀπὸ δὲ τῆς ἀσθενείας τοῦ συνειδότος ἀκάθαρτα γίνεται. Καὶ καθάπερ ἐπὶ τῶν παιδίων τὰ προσωπεῖα καὶ τὰ λοιπὰ μορμολύκεια φύσει μὲν οὐκ ἔστι φοβερά, φοβερὰ δὲ εἶναι τοῖς παιδίοις δοκεῖ διὰ τὴν τῆς φύσεως ἀσθένειαν, οὕτω καὶ ἐπὶ τούτων ὧν εἶπον· οἷον τὸ νεκρῶν ἅψασθαι σωμάτων, φύσει μὲν οὐκ ἔστιν ἀκάθαρτον, ὅταν δὲ ἀσθενοῦς ἐπιλάβηται συνειδότος, ἀκάθαρτον ποιεῖ τὸν ἁψάμενον. Ὅτι | γὰρ οὐκ ἔστιν ἀκάθαρτον φύσει | 130 τὸ πρᾶγμα, αὐτὸς ὁ ταῦτα διαταξάμενος Μωϋσῆς ἐδήλωσεν, ὁλόκληρον ἐπιφερόμενος μεθ' ἑαυτοῦ νεκρὸν τὸν Ἰωσήφ, καὶ μένων καθαρός. Διὰ τοῦτο καὶ Παῦλος ἡμῖν περὶ τῆς ἀκαθαρσίας ταύτης διαλεγόμε-

---

1 ἕτερα *post* τούτων D || πλείονα: πλείω PV A || 3 τῶν χαρισμάτων D || 3–5 φέρε — εἰπόντες *om.* L || 4 πρότερον MJC || 6 μικρῷ W MJ || 7 τοῦτο *om.* MJC *edd.* || τὸ *om.* D ALW || ἁπάντων: τῶν *add.* A || 9–11 ἔστι — ῥύπον *om.* L || 9 δὲ καὶ *om.* PVD || 11 γὰρ *om.* A || 12 καὶ *om.* D || 14 οὐκ *om.* L || 14–15 τοῦ συνειδότος τῆς ἀσθενείας C || 16 παιδίων *om.* D || 17 ἔσται A || φοβερά[1] *om.*

de“ (Röm 6,6). Es gibt außer diesen noch mehrere andere Bezeichnungen für die Taufe. Aber damit wir nicht die ganze Zeit mit der Aufzählung der Namen dieses Gnadengeschenks verlieren, will ich auf den zuerst erwähnten zurückkommen und mit der Erklärung seiner Bedeutung die Erörterung abschließen; zu dieser Belehrung muß ich freilich etwas weiter ausholen.

Die Reinigung durch das Bad der Taufe

9. Es gibt jene Waschungen, deren sich alle Menschen bedienen, nämlich das Bad, das üblicherweise den Schmutz vom Körper wäscht. Es gibt ferner die jüdischen Waschungen, die zwar einen viel höheren Wert haben als das gewöhnliche Bad, aber einen weit niedrigeren als das gnadenhafte Bad der Taufe. Sie waschen auch den Schmutz vom Körper ab, aber nicht nur diesen, sondern auch den, der von ihrem schwachen Gewissen verursacht ist. Es gibt nämlich vieles, was von Natur aus nicht unrein ist, was aber für einen, der ein schwaches Gewissen hat, unrein wird. Es ist wie bei kleinen Kindern: Wegen ihrer natürlichen Schwäche erscheinen ihnen Gesichtsmasken und ähnliche Schreckbilder, die von Natur aus überhaupt nicht zu fürchten sind, furchterregend. So ist es eben auch hier: Beispielsweise ist die Berührung eines Leichnams an sich nichts, was verunreinigt; wenn aber einer, der einen Leichnam berührt, ein schwaches Gewissen hat, dann macht ihn diese Berührung unrein. An Mose selbst, der die Bestimmungen über Rein und Unrein erlassen hat, kann man sehen, daß die Berührung eines Leichnams an und für sich nicht verunreinigt; denn Mose nahm alle Gebeine Josefs mit und blieb doch rein (vgl. Ex 13,19). Daher sagt auch Paulus über

---

A || 17–18 δοκεῖ τοῖς παιδίοις J || 19 ὧν εἶπον: ὄντων D || τὸ: τῶν P || 19–20 οἷον — σωμάτων *om.* D || 23 διαπραξάμενος L || 26 περὶ τῆς ἀκαθαρσίας ἡμῖν P

νος τῆς οὐ φύσει γινομένης, ἀλλὰ δι' ἀσθένειαν τοῦ συνειδότος, οὑτωσί πώς φησιν· »Οὐδὲν κοινὸν δι' ἑαυτοῦ, εἰ μὴ τῷ λογιζομένῳ τι κοινὸν εἶναι.« Ὁρᾷς τὴν ἀκαθαρσίαν οὐκ ἀπὸ τῆς τοῦ πράγματος φύσεως, ἀλλ' ἀπὸ τῆς ἀσθενείας τοῦ λογισμοῦ γινομένην. Καὶ πάλιν· »Πάντα μὲν καθαρά, ἀλλὰ κακὸν τῷ ἀνθρώπῳ τῷ διὰ προσκόμματος ἐσθίοντι«, τοῦτο αἴτιον ἀκαθαρσίας.

10. Τὴν τοιαύτην τοίνυν κηλῖδα τὸ Ἰουδαϊκὸν ἐξεκάθαρε λουτρόν· τὸ δὲ τῆς χάριτος οὐ τοιαύτην, ἀλλὰ τὴν ὄντως ἀκαθαρσίαν τὴν μετὰ τοῦ σώματος καὶ τῇ ψυχῇ πολλὴν | ἐντιθεῖσαν τὴν κηλῖδα· οὐ γὰρ τοὺς (I 132) νεκρῶν ἀψαμένους σωμάτων, ἀλλὰ τοὺς νεκρῶν πράξεων ἀψαμένους τούτους ποιεῖ καθαρούς. Κἂν μαλακός, κἂν πόρνος ᾖ τις, κἂν εἰδωλολάτρης, κἂν ὁτιοῦν εἰργασμένος δεινόν, κἂν ἅπασαν τὴν ἐν ἀνθρώποις πονηρίαν ἔχων ᾖ, ἐμπεσὼν εἰς τὴν τῶν ὑδάτων κολυμβήθραν, τῶν ἡλιακῶν ἀκτίνων καθαρώτερος ἄνεισιν ἀπὸ τῶν θείων ναμάτων. Καὶ ἵνα μὴ νομίσῃς κόμπον εἶναι τὰ λεγόμενα, ἄκουσον τοῦ Παύλου λέγοντος περὶ τῆς τοῦ λουτροῦ τούτου δυνάμεως· »Μὴ πλανᾶσθε· οὔτε εἰδωλολάτραι, οὔτε πόρνοι, οὔτε μοιχοί, οὔτε μαλακοί, οὔτε ἀρσενοκοῖται, οὔτε πλεονέκται, οὐ μέθυσοι, οὐ λοίδοροι, οὐχ ἅρπαγες βασιλείαν Θεοῦ οὐ κληρονομήσουσι.«

11. Καὶ τί τοῦτο πρὸς τὰ εἰρημένα, φησί. Τὸ γὰρ ζητούμενον δεῖξαι, εἰ πάντα ἐκκαθαίρει ταῦτα ἡ τοῦ λουτροῦ δύναμις. Οὐκοῦν ἄκουσον τῶν ἑξῆς· »Καὶ

---

1 φύσει: φονεύσει D || γενομένης D || 2 οὑτωσί πώς: εἴπω P || 3 τι: ἐκείνῳ *add.* V || εἶναι *om.* PD || 9 τοίνυν *om.* L *edd.* || 9–10 ἐξεκάθαιρε V ἐξεκάθηρεν A || 11–12 τῇ ψυχῇ *coni. Sav.*[mg] *Migne*: τῆς ψυχῆς ALW MJC *Duc. Sav.*[tx] *Mf.* τὴν τῆς ψυχῆς P τῇ ψυχῇ φύσει V τῇ τῆς ψυχῆς φύσει D || 12 πολλὴν *om.* P || ἐντεθεῖσαν P L MJ || τὴν *om.* P || 13 ἀψαμένων P L || 14 τούτους *om.* D || 15 ὁτιοῦν: εἴ τι οὖν D ὅτι ἂν W MJ || 16 ἐργασάμενος D AL || πᾶσαν P || ἀνθρώποις: δεινώτητα καὶ *add.* P || 17 ἔχων πονηρίαν VD || ᾖ: ἦν L *om.* PVD ||

diese Unreinheit, die sich nicht aus der natürlichen Beschaffenheit der Dinge herleitet, sondern auf der Schwäche des Gewissens beruht: „Nichts ist an sich unrein außer für den, der es als unrein betrachtet" (Röm 14,14). Merkt ihr, daß die Unreinheit nicht in der Natur der Dinge, sondern in der Schwäche des Gewissens ihren Grund hat? Wiederum sagt Paulus: „Alle Dinge sind rein; schlecht ist es jedoch, wenn ein Mensch, der Anstoß nimmt, ißt" (Röm 14,20). Das ist der Grund für die Unreinheit.

10. Diesen Schmutz also haben die jüdischen Waschungen beseitigt. Das gnadenreiche Bad der Taufe aber beseitigt nicht solche, sondern die wirkliche Unreinheit, die zugleich mit dem Körper auch die Seele sehr befleckt. Es macht nicht jene rein, die tote Körper berührt, sondern jene, die tote Werke verübt haben. Auch wenn einer ein Lustknabe, ein Unzüchtiger oder Götzendiener war, wenn er sonst etwas Schlechtes getan hat oder sich aller unter Menschen vorkommender Frevel schuldig gemacht hat — er steigt in das Wasserbecken und kommt reiner als die Sonnenstrahlen aus den göttlichen Fluten heraus. Damit ihr meine Worte nur ja nicht für übertrieben haltet, hört, was Paulus über die Kraft dieses Bades sagt: „Täuscht euch nicht! Weder Götzendiener noch Unzüchtige, weder Ehebrecher noch Lustknaben, noch Knabenschänder, noch Habgierige, keine Trinker, keine Lästerer, keine Räuber werden das Reich Gottes erben" (1 Kor 6,9f).

11. Was hat das, so mag einer fragen, mit dem eben Gesagten zu tun? Beweise uns, was wir wissen wollen, ob nämlich die Kraft des Taufbades von all dem reinigt. Hört also, was bei Paulus folgt: „Und solche gab es unter euch.

---

18 καθαρώτερος (-τέρα L) ἀκτίνων MJC || 18–19 ἀπὸ τῶν θείων ἀνεισιν PVD L || 20 τοῦ PVD: *om. cet. et edd.* || 21 τούτου PVD: *om. cet. et edd.* || δυνάμεως: παλιγγενεσίας L || 22 οὔτε πόρνοι οὔτε εἰδωλ. D || 23 μαλακές L || 23–24 οὔτε πλεονέκται: οὐ κλέπται *add.* D || 24 οὐ μέθυσοι *om.* L || οὐ[2]: οὔτε L || 25 οὐ *om.* D M || 28 ἐφεξῆς D

ταῦτά τινες ἦτε, | ἀλλ' ἀπελούσασθε, ἀλλ' ἡγιάσθητε, [134] ἀλλ' ἐδικαιώθητε ἐν τῷ ὀνόματι τοῦ κυρίου ἡμῶν Ἰησοῦ Χριστοῦ καὶ ἐν τῷ Πνεύματι τοῦ Θεοῦ ἡμῶν.« Ἡμεῖς μὲν ὑπισχνούμεθα δεῖξαι ὑμῖν καθαροὺς τῆς πονηρίας γινομένους ἁπάσης τοὺς τῷ λουτρῷ προσιόντας· ὁ δὲ λόγος πλέον ἀπέδειξεν, οὐ καθαροὺς μόνον, ἀλλὰ καὶ ἁγίους καὶ δικαίους γινομένους· οὐ γὰρ εἶπεν· »Ἀπελούσασθε« μόνον, ἀλλὰ καὶ »Ἡγιάσθητε καὶ ἐδικαιώθητε«. Τί τούτου γένοιτ' ἂν παραδοξότερον, ὅταν πόνων καὶ ἱδρώτων χωρὶς καὶ κατορθωμάτων δικαιοσύνην τικτομένην ἴδῃς; Τοιαύτη γὰρ τῆς θείας δωρεᾶς ἡ φιλανθρωπία χωρὶς ἱδρώτων ποιεῖ δικαίους. Εἰ γὰρ βασιλέως ἐπιστολή, γράμματα προτεθέντα ὀλίγα, μυρίων ὑπευθύνους ἐγκλημάτων ἀφίησιν ἐλευθέρους, ἑτέρους δὲ καὶ πρὸς τιμὴν ἄγει μεγίστην, πολλῷ μᾶλλον τὸ ἅγιον τοῦ Θεοῦ Πνεῦμα καὶ | πάντα [136] δυνάμενον, πάσης μὲν ἡμᾶς ἀπαλλάξει κακίας, πολλὴν δὲ ἡμῖν χαριεῖται δικαιοσύνην, καὶ πολλῆς ἐμπλήσει τῆς παρρησίας. Καὶ καθάπερ σπινθὴρ μικρὸς εἰς πέλαγος ἀχανὲς ἐμπεσὼν εὐθέως ἂν ἀποσβεσθείη καὶ ἀφανὴς γένοιτο, τῷ πλήθει τῶν ὑδάτων καταποντισθείς, οὕτω καὶ πᾶσα πονηρία ἀνθρωπίνη, ὅταν εἰς τὴν κολυμβήθραν ἐμπέσῃ τῶν θείων ναμάτων, ἐκείνου ταχύτερον καὶ εὐκολώτερον τοῦ σπινθῆρος καταποντίζεταί τε καὶ ἀφανίζεται.

---

2 ἐν τῷ — ἡμῶν: *om.* tx διὰ L[mg] || 4 ἡμεῖς: ὑμεῖς L || μὲν: οὖν *add.* D || ἡμῖν L || 4–5 τῆς πονηρίας: πορνείας ALW MJC *edd.* || 5 γινομένης D C || πάσης D || 7 δικαίους καὶ ἁγίους M || 9 καὶ ἐδικαιώθητε *om.* A || τούτων PV || 10 καὶ[2] *om.* V AL || 11 δικαιοσύνη MJC *edd.* -νην: ἢ *add.* A || τικτομένη MJC *edd.* || ἴδῃς V: ἴδωμεν D ἰδεῖν P ALW ἢ MJC *edd.* || γὰρ: ἡ *add.* PVD || 12 ἡ *om.*

Aber ihr seid reingewaschen, seid geheiligt, seid gerecht geworden im Namen Jesu Christi, unseres Herrn, und im Geist unseres Gottes“ (1 Kor 6,11). Wir haben euch den Beweis dafür versprochen, daß alle, die in das Taufbad steigen, von aller Schlechtigkeit rein werden. Aber unsere Darlegung hat mehr bewiesen, nämlich daß sie nicht nur rein werden, sondern auch heilig und gerecht. Denn Paulus sagt nicht nur: „Ihr seid reingewaschen“, sondern auch „ihr seid geheiligt und gerecht geworden“. Was könnte erstaunlicher sein, als daß ohne Mühe, Schweiß und gute Werke vor euren Augen Gerechtigkeit entsteht? Die Menschenfreundlichkeit der göttlichen Liebe ist tatsächlich derart, daß sie ohne unsere Anstrengungen gerecht macht. Ein kaiserlicher Brief, der nur aus ein paar Buchstaben besteht, versetzt Menschen in die Freiheit, auch wenn sie unzähliger Vergehen schuldig sind; andere bringt er zu höchsten Ehren. Um so mehr wird uns der heilige und allmächtige Geist Gottes von allen Sünden befreien, reichlich mit Gerechtigkeit beschenken und mit Zuversicht erfüllen. Wie ein kleiner Funke, der in das unermeßliche Meer fällt, sofort verlischt und verschwindet, wenn er in der riesigen Wassermenge versinkt, so wird auch jede menschliche Schlechtigkeit, wenn sie in das Becken mit dem göttlichen Wasser fällt, schneller und leichter als jener Funke versinken und verschwinden.

PVD || δωρεᾶς ἡ φιλανθρωπία: φιλανθρωπίας L || 13–14 προτιθέντα A προστεθέντα W MJC || 14 ὀλίγα: τοὺς *add.* V || 15 ἄγει: εἰσάγη L || 16 τὸ *om.* L || ἅγιον *om.* D || 17 ἀπαλλάξη V ἀπαλλάξαι P || 18 ἐμπιπλήσει D || 19 μικρὸς: μέσος MJC *Duc. Sav.* μέσον *Mf.* || 20 ἂν ἀποσβεσθείη PVD: ἀποσβεσθεὶς AW MJC ἀποσβεσθῇς L || καὶ: ἢ καὶ AWL MJC || 22 ἀνθρωπίνη πονηρία PVD || 24 εὐκολώτερον: εὐλογώτερον D || 25 τε *om.* PD AL J

12. Καὶ τίνος ἕνεκεν, φησίν, εἰ τὰ ἁμαρτήματα ἡμῖν ἅπαντα ἀφίησι τὸ λουτρόν, οὐχὶ λουτρὸν ἀφέσεως ἁμαρτημάτων καλεῖται, οὔτε λουτρὸν καθάρσεως, ἀλλὰ λουτρὸν παλιγγενεσίας; Ὅτι οὐχ ἁπλῶς ἡμῖν ἀφίησι τὰ ἁμαρτήματα, οὐδὲ ἁπλῶς ἡμᾶς καθαίρει τῶν πλημμελημάτων, ἀλλ' οὕτως ὡς ἂν εἰ ἄνωθεν ἐγεννήθημεν. Καὶ γὰρ ἄνωθεν ἡμᾶς δημιουργεῖ καὶ κατασκευάζει, οὐκ ἀπὸ γῆς διαπλάττον πάλιν, ἀλλ' ἐξ ἑτέρου στοιχείου τῆς τῶν ὑδάτων φύσεως δημιουργοῦν. Οὐ γὰρ ἁπλῶς ἀποσμήχει τὸ σκεῦος, ἀλλ' ὁλόκληρον αὐτὸ ἀναχωνεύει πάλιν. Τὰ μὲν γὰρ ἀποσμηχόμενα, κἂν μετὰ ἀκριβείας ἐκκαθαίρηται, ἔχει τῆς πιότητος ἴχνη καὶ τῆς κηλῖδος φέρει τὰ λείψανα· τὰ δὲ εἰς | χωνευτήριον ἐμπεσόντα καὶ διὰ τῆς φλογὸς ἀνανεωθέντα, πᾶσαν ἀποθέμενα ῥυπαρίαν, τὴν αὐτὴν τοῖς νεοπαγέσιν ἀπὸ τῆς καμίνου προελθόντα τὴν λαμπηδόνα ἀφίησιν. | 138

13. Ὥσπερ οὖν ἀνδριάντα χρυσοῦν πολλῷ τῷ χρόνῳ καὶ τῷ καπνῷ καὶ τῇ κόνει καὶ ἰῷ ῥυπωθέντα λαβών τις καὶ χωνεύσας, καθαρώτατον ἡμῖν καὶ ἀστράπτοντα ἀποδίδωσιν, οὕτω καὶ τὴν φύσιν τὴν ἡμετέραν ὁ Θεὸς ἰωθεῖσαν τῷ τῆς ἁμαρτίας ἰῷ, καὶ πολὺν δεξαμένην τὸν καπνὸν τὸν ἀπὸ τῶν πλημμελημάτων, καὶ τὸ κάλλος ἀπολέσασαν, ὅπερ παρ' αὐτῇ παρὰ τὴν ἀρχὴν ἐγκατέθηκε, λαβὼν ἄνωθεν ἐχώνευσε, καὶ καθάπερ εἰς χωνευτήριον ἐμβαλὼν εἰς τὰ ὕδατα, καὶ τὴν τοῦ Πνεύματος ἐπαφεὶς χάριν ἀντὶ φλογός, εἶτα νεο-

---

2 ἀφίησι (ἀφίει L) ἅπαντα PVD || οὐχὶ: οὐ D || 4–5 ἡμῖν — ἁπλῶς *om.* D || 5 καθαίρει: καθαριεῖ P ἐκκαθαίρει D || 6–7 ἐγεννήθημεν: καὶ γὰρ ἄνωθεν ἐγεννήθημεν L || 8–11 ἀλλ'— πάλιν *om.* L || 11 αὐτὸ: τοῦτο D || 12 κἂν: καὶ L || ἐκκαθάρηται P ἐκκαθάρητε D || 13 πιότητος M *Sav.*: ποιότητος (-τιτος LW) ALW JC *Duc. Mf.* παλαιότητος (παλέοτ. P) PVD || 15 ῥυπαρίαν: τὴν κηλῖδα PVD L || 16 προσελ-

Die Taufe als Bad der Wiedergeburt

12. Warum wird aber das Bad, wenn es uns alle Sünden nachläßt, nicht „Bad des Sündennachlasses“ genannt oder „Bad der Reinigung“, sondern „Bad der Wiedergeburt“ (vgl. Tit 3,5)? Der Grund liegt darin, daß es uns nicht einfach die Sünden nachläßt und uns von unseren Verfehlungen reinigt, sondern es tut dies so, als würden wir von neuem geboren (vgl. Joh 3,3.7). Es schafft uns neu und stellt uns wieder her, indem es uns nicht wieder aus Erde macht (vgl. Gen 2,7), sondern aus einem anderen Element bildet, nämlich aus dem Wasser. Dieses Bad wäscht das Gefäß nicht einfach ab, sondern schmilzt es vollständig um. Gefäße, die abgewaschen sind, behalten, auch wenn sie noch so sorgfältig gereinigt wurden, Fettspuren und zeigen noch Schmutzreste. Gefäße aber, die in den Schmelzofen zurückgebracht und durch das Feuer erneuert wurden, haben allen Schmutz verloren und strahlen denselben Glanz aus wie solche, die neu geformt aus dem Ofen kommen.

13. Wenn ein Restaurator eine goldene Statue, die von hohem Alter, Rauch, Staub und Rost beschmutzt ist, nimmt und umgestaltet, gibt er sie uns ganz sauber und glänzend zurück. Ebenso geschieht es mit uns: Wir sind gleichsam vom Rost der Sünde belegt, infolge unserer Fehler wie von Rauch geschwärzt und haben unsere Schönheit verloren, die wir anfangs von Gott erhielten; Gott aber nimmt uns und schmilzt uns um. Er taucht uns ins Wasser wie in einen Schmelzofen; anstatt Feuerflammen läßt er die Gnade des Heiligen Geistes über uns kommen. Dann führt

---

θόντα D || τὴν *om.* V || 18 ὥσπερ: ὥστε D || 19 καὶ[1] *om.* V || 20 καὶ[1] *om.* A || καθαρώτερον D || 22 πολὺν: πολὺ D πολλὴν P || 22–23 δεξαμένη L -μενον P || 24 ἀπόλεσεν L ἀπόλεσαν M || αὑτοῦ MJC || 25 ἀνεχώνευσε PV AL || καὶ *om.* PV || 26 εἰς P: *om. cet. et edd.* || τὰ ὕδατα: τῷ ὕδατι A

παγεῖς ἐκεῖθεν καὶ καινοὺς γενομένους καὶ αὐταῖς δυναμένους λοιπὸν ἀντιλάμψαι ταῖς ἡλιακαῖς ἀκτῖσι μετὰ πολλῆς ἀνάγει τῆς λαμπρότητος, τὸν μὲν παλαιὸν συντρίψας ἄνθρωπον, νέον δὲ κατασκευάσας τοῦ προτέρου λαμπρότερον.

14. Καὶ ταύτην ἡμῖν τὴν συντριβὴν καὶ τὸν μυστικὸν τοῦτον καθαρμὸν αἰνιττόμενος ὁ προφήτης ἄνωθεν ἔλεγεν· | »Ὡς σκεῦος κεραμέως συντρίψεις αὐτούς.« I 140
Ὅτι γὰρ περὶ τῶν πιστῶν ἡμῖν ὁ λόγος τὰ ἀνωτέρω δείκνυσιν ἡμῖν σαφῶς· »Υἱός γάρ μου εἶ σύ«, φησίν, »ἐγὼ σήμερον γεγέννηκά σε. Αἴτησαι παρ' ἐμοῦ, καὶ δώσω σοι ἔθνη τὴν κληρονομίαν σου, καὶ τὴν κατάσχεσίν σου τὰ πέρατα τῆς γῆς.« Εἶδες πῶς τῆς ἐκ τῶν ἐθνῶν ἐκκλησίας ἐμνημόνευσε, καὶ τὴν πανταχοῦ τεταμένην τοῦ Χριστοῦ βασιλείαν εἶπεν; Εἶτά φησι πάλιν· »Ποιμανεῖς αὐτοὺς ἐν ῥάβδῳ σιδηρᾷ« – οὐ φορτικῇ, ἀλλ' ἰσχυρᾷ –, »ὡς σκεῦος κεραμέως συντρίψεις αὐτούς.« Ἰδοὺ καὶ τὸ λουτρὸν μυστικώτερον παρείληπται· οὐ γὰρ εἶπεν ἁπλῶς σκεύη ὀστράκινα, ἀλλὰ σκεύη κεραμέως.

15. Ἀλλὰ προσέχετε. Τὰ μὲν γὰρ ὀστράκινα σκεύη συντριβέντα οὐκ ἂν λάβοι διόρθωσιν, διὰ τὴν ἐκ τοῦ πυρὸς ἐγγενομένην αὐτοῖς ἅπαξ ἀντιτυπίαν· τὰ δὲ σκεύη τοῦ κεραμέως οὐκ ἔστιν ὀστράκινα, ἀλλὰ πήλινα· ὅθεν καὶ διαστραφέντα ῥᾳδίως ἂν πρὸς τὸ

1–2 καὶ αὐταῖς δυναμένους PVD A: *om.* LW MJC *edd.* || 2 λοιπὸν ἀντιλάμψαι PVD: ἀντιβλέψαι λοιπὸν ALW MJC *edd.* || 3 τῆς *om.* V || 4 ἐσκευάσας A || 7 καθαρμὸν τοῦτον V || 7–8 ἔλεγεν ἄνωθεν D || 8 σκεῦος (-ως L): σκεύη VD || 9 ἀνώτερα A || 10 ἡμῖν PVD A: *om.* LW MJC *edd.* || σύ *om.* PVD || 15 τεταμένην (-ταγμ- P) τοῦ Χριστοῦ PVD: τοῦ Χρ. τεταμένην ALW MJC *edd.* || 16 πάλιν *om.* PVD || 16–17 οὐ — ἰσχυρᾷ *om.* L || 17 σκεύη PV σκεύει L ||

er uns in großem Glanz aus dem Wasser herauf: jung und neu geworden und in die Lage versetzt, künftig mit den Sonnenstrahlen zu wetteifern. Den alten Menschen hat er zertrümmert, einen neuen, der strahlender ist als der alte, hat er geschaffen.

Der „alte Mensch" — zertrümmert wie der Krug des Töpfers

14. Auf diese Zertrümmerung und geistliche Reinigung spielt der Psalmist von alters her mit folgenden Worten an: „Wie Krüge des Töpfers wirst du sie zertrümmern" (Ps 2,9). Daß hier von den Gläubigen die Rede ist, wird aus dem Vorausgehenden deutlich: „Mein Sohn bist du. Heute habe ich dich gezeugt. Fordere von mir, und ich gebe dir die Völker zum Erbe, die Enden der Erde zum Eigentum" (Ps 2,7f). Merkt ihr, wie er an die Kirche aus den Heidenvölkern erinnert und vom Reich Christi spricht, das über die ganze Erde ausgebreitet ist? Dann heißt es weiter: „Du wirst sie regieren mit eisernem Stab" — keinem drückenden, sondern einem kraftvollen —, „wie Krüge des Töpfers wirst du sie zertrümmern" (Ps 2,9). Beachtet, daß das Bad in einem geistlichen Sinn verstanden ist; denn er spricht nicht einfach von Krügen aus Ton, sondern von Krügen des Töpfers.

15. Beachtet das genau! Wenn nämlich aus Ton gebrannte Krüge zertrümmert werden, können sie nicht wiederhergestellt werden, weil sie durch das Feuer ein für allemal hart geworden sind. Die Krüge des Töpfers aber sind noch nicht gebrannt, sondern erst aus Lehm geformt. Wenn sie daher entstellt sind, werden sie durch das Können

---

19 παρείληπται (-ρηληπ- A): παρελήφθη W MJC || ἁπλῶς: ὡς *add.* PVD || 19–20 σκεύη — ἀλλὰ *om.* L || 20 ἀλλὰ: ἀλλ' ὡς PVD || 21 πρόσεχε L || 23 ἐγγινομένην DAC γενομένην P || τὰ δε: ὅτι δὲ τὰ AW MJ

πρότερον ἐπανέλθῃ σχῆμα τῇ τοῦ τεχνίτου σοφίᾳ. Ὅταν μὲν οὖν συμφορὰν ἀνίατον λέγῃ, οὐ σκεύη κεραμέως φησίν, ἀλλὰ σκεῦος ὀστράκινον. Ὅτε γοῦν ἐβούλετο διδάξαι τὸν προφήτην καὶ τοὺς Ἰουδαίους ὅτι συμφορᾷ ἀνιάτῳ παρέδωκε τὴν πόλιν, ἐκέλευσε λαβεῖν βίκον ὀστράκινον, καὶ συντρῖψαι ἔμπροσθεν | παντὸς τοῦ δήμου, καὶ εἰπεῖν ὅτι· »Οὕτως ἀπολεῖται ἡ πόλις καὶ συντριβήσεται.« (| 142) Ἐπειδὰν δὲ βούληται χρηστὰς αὐτοῖς ὑποτείνειν ἐλπίδας, εἰς κεραμεῖον κατάγει τὸν προφήτην, καὶ οὐ δείκνυσιν αὐτῷ σκεῦος ὀστράκινον, ἀλλὰ δείκνυσιν αὐτῷ σκεῦος πήλινον ἐν ταῖς χερσὶ τοῦ κεραμέως γινόμενον καὶ διαπῖπτον, καὶ ἐπάγει λέγων· »Εἰ ὁ κεραμεὺς οὗτος τὸ σκεῦος τὸ διαπεσὸν ἀναλαβὼν ἐρρύθμισε πάλιν, οὐ πολλῷ μᾶλλον ἐγὼ δυνήσομαι διαπεσόντας ὑμᾶς ἐπανορθῶσαι;« Δυνατὸν μὲν οὖν τῷ Θεῷ οὐχὶ πηλίνους ὄντας μόνον διορθῶσαι διὰ λουτροῦ παλιγγενεσίας, ἀλλὰ καὶ τὴν τοῦ Πνεύματος δεξαμένους ἐνέργειαν, καὶ διολισθήσαντας, διὰ μετανοίας ἠκριβωμένης πρὸς τὸ ἀρχαῖον ἐπαναγαγεῖν. Ἀλλ' οὐ καιρὸς ὑμῖν τοὺς περὶ μετανοίας ἀκοῦσαι λόγους· μᾶλλον δὲ μηδέποτε γένοιτο καιρὸς εἰς χρείαν ὑμᾶς ἐκείνων ἐμπεσεῖν τῶν φαρμάκων, ἀλλ' ἀεὶ μένοιτε τὸ κάλλος καὶ τὴν λαμπρότητα, ἣν μέλλετε λαμβάνειν νῦν, ἀκέραιον διατηροῦντες.

---

1 πρότερον PVD: δεύτερον ALW MJC || ἐπανέλθειεν D ἐπαναχθείη PV W || 2 σκεύη: σκεῦος P || 5 παραδέδωκεν P || 7 τοῦ δήμου παντός PVD || εἶπεν D || ὅτι *om.* MJC || ἀπολεῖται: καὶ *add.* P MJC || 8 δὲ: δεῖ P *om.* L || 9 ὑποτείνειν: -τίνην L -τίθην P ὑποφαίνειν V ἐπιτείνην C || 10 αὐτῷ: αὐτὸν L || 10–11 σκεῦος — αὐτῷ *om.* C || 11 δείκνυσιν αὐτῷ *om.* P || αὐτῷ: αὐτὸν L || 12 καὶ[1] *om.* W MJC *edd.* || διαπῖπτον: διάμεσον A || 13 ἐπανάγει D || 13 οὗτος: οὕτως

des Handwerkers leicht in die frühere Form gebracht. Wenn also die Heilige Schrift von einem unabwendbaren Unheil spricht, dann ist nicht von „Gefäßen des Töpfers" die Rede, sondern von „Gefäßen aus Ton". Als darum Gott den Propheten und die Juden darüber belehren wollte, daß er die Stadt einem unabwendbaren Unheil überantwortet habe, ließ er Jeremia einen Krug aus Ton nehmen, vor dem ganzen Volk zertrümmern und sprechen: „So wird auch die Stadt zugrunde gehen und zertrümmert werden" (vgl. Jer 19,10f). Wenn Gott ihnen aber Hoffnung auf eine bessere Zukunft machen will, führt er den Propheten in die Werkstatt eines Töpfers, zeigt ihm dort kein aus Ton gebranntes Gefäß, sondern, wie ein Gefäß aus Lehm in der Hand des Töpfers entsteht und zerbricht, und sagt: „Wenn dieser Töpfer das zerbrochene Gefäß aufgehoben und wieder in Ordnung gebracht hat, werde da ich nicht noch viel eher euch wieder aufrichten können, wenn ihr gefallen seid?" (vgl. Jer 18,1–6). Allerdings kann Gott uns nicht nur, solange wir gleichsam noch aus Lehm sind, durch das Bad der Wiedergeburt (vgl. Tit 3,5) neu schaffen, sondern auch dann, wenn wir die Kraft des Geistes empfangen haben und danach gestrauchelt sind, durch strenge Buße in den ursprünglichen Zustand zurückführen. Doch jetzt ist es für euch nicht an der Zeit, eine Predigt über die Buße zu hören. Möge der Tag auch nie kommen, an dem ihr diese Arznei nötig habt, sondern möchtet ihr euch doch immer die Schönheit und den Glanz, die ihr nun empfangen werdet, unversehrt bewahren.

C οὗτος φησί PVD || 15 ἡμᾶς L || 16 ὄντας *om.* P || 18 διαδεξαμένους AW δεξάμενος D || 18–19 διολισθήσαντες L || 20 οὐ: οὔπω V οὖν D || 22 ἐμπεσεῖν ἐκείνων D

16. Ἵνα οὖν ἀεὶ μένοιτε, φέρε καὶ περὶ πολιτείας ὑμῖν 144
διαλεχθῶμεν ὀλίγα.

Ἐν γὰρ τῇ παλαίστρᾳ ἀκίνδυνα τοῖς ἀθληταῖς τὰ πτώματα· πρὸς γὰρ τοὺς οἰκείους ἡ πάλη, καὶ τοῖς σώμασι τῶν διδασκάλων ἐμμελετῶσιν ἅπαντα. Ὅταν δὲ ὁ τῶν ἀγώνων παραγένηται καιρός, ὅταν ἀνοιγῇ τὸ στάδιον, ὅταν τὸ θέατρον ἄνω καθήμενον ᾖ, ὅταν ὁ ἀγωνοθέτης παρῇ, ἀνάγκη λοιπὸν ἢ ῥᾳθυμήσαντας πεσεῖν καὶ μετὰ αἰσχύνης ἀναχωρῆσαι πολλῆς, ἢ σπουδάσαντας τῶν στεφάνων καὶ τῶν βραβείων ἐπιτυχεῖν. Οὕτω δὴ καὶ ἐφ' ὑμῶν, αἱ τριάκοντα ἡμέραι αὗται παλαίστρᾳ τινὶ προσεοίκασι καὶ γυμνασίοις καὶ μελέτῃ. Μάθωμεν ἐντεῦθεν ἤδη περιγενέσθαι τοῦ πονηροῦ δαίμονος ἐκείνου· πρὸς γὰρ ἐκεῖνον ἀποδύεσθαι μέλλομεν μετὰ τὸ βάπτισμα, πρὸς ἐκεῖνον πυκτεύειν καὶ μάχεσθαι. Μάθωμεν τοίνυν ἐντεῦθεν ἤδη τὰς λαβὰς ἐκείνου, πόθεν ἐστὶ ἰσχυρός, πόθεν ἡμῖν εὐκόλως ἐπηρεάσαι δύναται, ἵνα τῶν ἀγώνων παραγενομένων μὴ ξενοπαθῶμεν μηδὲ θορυβώμεθα, καινὰ τὰ παλαίσματα ὁρῶντες, ἀλλ' ἤδη | μεταξὺ ἡμῶν αὐτῶν 11
μελετήσαντες, καὶ τὰς μεθοδείας αὐτοῦ μαθόντες ἁπάσας, μετὰ τοῦ θαρρεῖν ἁψώμεθα τῶν παλαισμάτων πρὸς ἐκεῖνον.

---

3 παλαίστρᾳ: ταύτῃ *add.* ALW MJC *edd.* || 4 πτώματα: παλαίσματα L || 5 ὅταν: οὗ ἂν A || 7 ὅταν[1] — ᾖ *om.* P || 8 ῥᾳθυμήσαντες D || 11 δὴ: δεῖ A || ἡμῶν V || 12–13 καὶ μελέτῃ *om.* C || 13 μάθωμεν: οὖν *add.* PVD || περιγίνεσθαι V || 14 δαίμονος: καὶ τὰς βλάβας *add.* P || ἐκεῖνον: ἐκείνου P || 16 τοίνυν *om.* P || 17 τὰς: τὰ D || λαβάς: βλάβας τὰς P *om.* D || ἰσχυρός (-ρῶς P): πονηρός MJC || 17–18 εὐκόλως ἡμῖν PV || 19 ξενοπαθῶμεν: ξένον παθ. V ξενοτροφῶμεν P || ξενισθῶμεν D || θορυβούμεθα A || καινὰ: καὶ ἵνα P || 20 ἀλλ' *om.* P || 21 μαθόντες *om.* PD || 22 παλαισμάτων: τῶν *add.* PVD

Das Leben nach der Taufe als Kampf

16. Damit ihr sie euch immer bewahrt, will ich euch einiges über euren Lebenswandel sagen.

Niederlagen sind für die Athleten ungefährlich, solange sie sich noch auf dem Übungsplatz befinden. Man kämpft da noch mit den Kameraden und mißt sich körperlich noch mit den Lehrern. Wenn aber der Tag der Wettkämpfe kommt, das Stadion geöffnet ist, die Zuschauer auf ihren Rängen sitzen und der Kampfrichter erscheint, dann müssen die einen, weil sie träge gewesen sind, unterliegen und sich voller Schande zurückziehen, während die anderen, die sich angestrengt haben, die Siegeskränze und Kampfpreise gewinnen. So sind auch für euch diese dreißig Tage[1] gleichsam ein Übungsplatz, eine Kampfschule und eine Zeit eifrigen Einübens. Lernen wir schon in diesen Tagen, jenes bösen Dämons Herr zu werden. Gegen ihn sollen wir nach der Taufe den Kampf aufnehmen, gegen ihn zum Faustkampf antreten und Krieg führen. Lassen wir uns daher jetzt schon über seine Nachstellungen belehren, woher seine Kraft kommt und inwiefern er uns leicht schaden kann. So werden wir nicht unvorbereitet sein, wenn der Kampf naht; wir werden nicht erschrecken, als ob wir ganz neuartige Kämpfe erleben müßten; vielmehr werden wir mutig den Kampf gegen ihn aufnehmen, weil wir unter uns bereits geübt haben und alle seine Methoden schon kennen.

[1] Gemeint sind die dreißig bis zum Osterfest noch verbleibenden Tage.

17. Πάντοθεν οὖν ἐπηρεάζειν ἡμῖν εἴωθεν, μάλιστα δὲ διὰ τῆς γλώττης καὶ διὰ τοῦ στόματος. Οὐδὲν γὰρ οὕτως ἐπιτήδειον ὄργανον ἐκείνῳ πρὸς ἀπάτην καὶ ἀπώλειαν ἡμετέραν, ὡς γλῶττα ἀκόλαστος καὶ στόμα ἀθύρωτον. Ἐντεῦθεν ἡμῖν τὰ πολλὰ πτώματα, ἐντεῦθεν ἡμῖν τὰ χαλεπὰ ἐγκλήματα. Καὶ τὴν μὲν εὐκολίαν τῶν ὀλισθημάτων διὰ τῆς γλώττης τις δηλῶν ἔλεγε· »Πολλοὶ ἔπεσον διὰ μαχαίρας, ἀλλ᾽ οὐ τοσοῦτοι ὅσοι διὰ γλώττης.« Τὸ δὲ χαλεπὸν τοῦ πτώματος ἐμφαίνων πάλιν ὁ αὐτὸς εἶπεν· »Ὀλίσθημα ἀπὸ ἐδάφους ἢ ὀλίσθημα ἀπὸ γλώσσης.« Ὃ δὲ λέγει τοιοῦτόν ἐστι· Βέλτιόν ἐστι, φησί, πεσεῖν καὶ συντριβῆναι τὸ σῶμα, ἢ ῥῆμα προέσθαι τοιοῦτον ὃ τὴν ψυχὴν ἡμῶν ἀπολλύει. Οὐ λέγει δὲ τὰ πτώματα μόνον, ἀλλὰ καὶ παραινεῖ πολλὴν ποιεῖσθαι πρόνοιαν, ὥστε μὴ ὑποσκελισθῆναι, οὕτως εἰπών· »Ποίησον τῷ στόματί σου θύραν καὶ μοχλόν«, οὐχ ἵνα θύρας καὶ μοχλοὺς κατασκευάσωμεν, | ἀλλ᾽ ἵνα μετὰ πολλῆς τῆς ἀσφαλείας πρὸς | 148 τὰ ἄτοπα τῶν ῥημάτων τὴν γλῶτταν ἀποκλείσωμεν. Καὶ πάλιν ἀλλαχοῦ, δεικνὺς ὅτι μετὰ τῆς ἡμετέρας σπουδῆς καὶ πρὸ τῆς ἡμετέρας τῆς ἄνωθεν δεόμεθα ῥοπῆς, ὥστε τὸ θηρίον τοῦτο κατασχεῖν ἔνδον, πρὸς τὸν Θεὸν τὰς χεῖρας ἀνατείνας ὁ προφήτης ἔλεγεν· »Ἔπαρσις τῶν χειρῶν μου θυσία ἑσπερινή. Θοῦ, Κύριε, φυλακὴν τῷ στόματί μου, καὶ θύραν περιοχῆς περὶ τὰ χείλη μου.« Ὁ δὲ τὰ πρότερα παραινέσας πάλιν καὶ

---

1 ἡμῖν ἐπηρεάζειν VD ‖ ἡμῖν *om.* P ‖ 2 διὰ τῆς γλώττης *om.* L ‖ 4 καὶ: εἴτε ὡς D ‖ 5 ἐντεῦθεν[1] — πτώματα *om.* D ‖ πολλὰ: χαλεπά *add.* PV ‖ 5–6 ἐντεῦθεν[2] — ἐγκλήματα *om.* PV A ‖ 6 ἐγκλήματα: ναυάγια D ‖ 7 ὀλισθημάτων: τῶν *add.* PVD ‖ δηλῶν τις PVD ‖ 8 ἔπεσαν PV A ‖ διὰ: τῆς *add.* D ‖ μαχαίρης P ‖ 9 διὰ: τῆς *add.* P ‖ 10 αὐτὸς: αὐτὸς οὗτος P αὐτ. οὕτως D αὐτ. ὄντως οὑτωσί πῶς V ‖ εἶπεν: ἔφη V εἰπὼν ἔφη P φησίν D ‖ ἐδάφους: μᾶλλον *add. edd.* ‖ 13 ἡμῶν: ἡμῖν P ‖ 13–14 ἀπολλύει VD *Sav.*: ἀπόλλει LW MJC *Duc.*

Von der Zucht im Reden

17. Der Teufel schadet uns gewöhnlich in jeder Beziehung, am meisten jedoch über unsere Zunge und unseren Mund. Denn es steht ihm kein anderes Organ zur Verfügung, das so geeignet ist, uns zu hintergehen und zu verderben, wie eine zuchtlose Zunge und ein ständig redender Mund. Daraus entsteht uns sehr viel Unheil und schwere Schuld. Wie leicht man durch die Zunge einen Fehltritt begeht, verkündet uns jemand in der Heiligen Schrift: „Viele sind gefallen durch das Schwert, doch nicht so viele wie durch die Zunge" (Sir 28,18). Wie schlimm ein solcher Fall ist, macht der gleiche Verfasser deutlich: „Besser ein Fehltritt auf dem Boden als ein Fehltritt durch die Zunge" (Sir 20,18). Das bedeutet: Es ist besser, zu fallen und den Leib zu zerschmettern, als ein Wort zu sagen, das unsere Seele verdirbt. Er spricht nicht nur von den Sünden, sondern mahnt auch, sehr vorsichtig zu sein, damit man nicht hineinfalle: „Mache Tür und Riegel an deinen Mund!" (Sir 28,24). Damit meint er natürlich nicht, daß wir buchstäblich Türen und Riegel anfertigen sollen, sondern er will uns sagen, wir sollten sehr vorsichtig sein und den Mund vor unpassenden Worten verschließen. Andernorts wiederum zeigt uns die Heilige Schrift, daß wir zusätzlich zu unserem Bemühen und diesem schon vorausgehend der Hilfe von oben bedürfen, damit wir dieses Untier in uns, die Zunge, bändigen. Der Psalmist erhebt seine Hände zu Gott und sagt: „Als Abendopfer gelte vor dir, wenn ich meine Hände erhebe. Herr, stell eine Wache vor meinen Mund, eine Wehr vor das Tor meiner Lippen" (Ps 141,2f: LXX Ps 140,2f).

ἀπώλλει A ἀπώλει P ἀπόλλυσιν *Mf.* || 16 οὕτως εἰπών: οὑτωσὶ (οὕτως εἰ PD) πῶς λέγων PVD || 17 μοχλόν: μοχλούς *edd.* || 18 τῆς *om.* D || 19 ἀποκλείωμεν (-ομεν D) PVD || 22 κατασχε͂ν C || 23 Θεὸν: θάνατον D || τείνας D || 24 ἐπάρσεις P || 25 περὶ: ἐπὶ *edd.* || 26 πρότερον W MJC

αὐτός φησι· »Τίς δώσει ἐπὶ τῷ στόματί μου φυλακὴν καὶ ἐπὶ τῶν χειλέων μου σφραγῖδα πανοῦργον;« Ὁρᾷς ἕκαστον δεδοικότα τὰ πτώματα ταῦτα, καὶ θρηνοῦντα καὶ συμβουλεύοντα, καὶ εὐχόμενον πολλῆς ἀπολαῦσαι τὴν γλῶτταν φυλακῆς;

18. Καὶ τίνος ἕνεκεν, φησίν, εἰ τοσοῦτον ἡμῖν φέρει τὸν ὄλεθρον τοῦτο τὸ ὄργανον, ἐνέθηκεν ἡμῖν αὐτὸ παρὰ τὴν ἀρχὴν ὁ Θεός; Ὅτι καὶ πολλὴν ἔχει τὴν ὠφέλειαν· κἂν σπουδάζωμεν, ὠφέλειαν ἔχει μόνον, ὄλεθρον δὲ οὐδένα. Ἄκουσον γοῦν τί φησιν ὁ τὰ πρότερα ἐκεῖνα εἰπών· »Ἐν χειρὶ γλώττης ζωὴ καὶ θάνατος.« Καὶ ὁ Χριστὸς δὲ τὰ αὐτὰ δηλοῖ λέγων· »Ἀπὸ τῶν λόγων σου δικαιωθήσῃ, καὶ ἀπὸ τῶν λόγων σου κατακριθήσῃ.« Μέση γὰρ ἕστηκεν ἡ | γλῶσσα· τῆς (I 150) δὲ πρὸς ἑκάτερα χρήσεως σὺ κύριος εἶ. Οὕτω καὶ τὸ ξίφος κεῖται μέσον· κἂν μὲν κατὰ τῶν πολεμίων χρήσῃ, σωτήριόν σοι τὸ ὄργανον γέγονεν· ἂν δὲ κατὰ σαυτοῦ τὴν πληγὴν ὠθήσῃς, οὐχ ἡ τοῦ σιδήρου φύσις, ἀλλ᾽ ἡ σὴ παρανομία γίνεται τῆς σφαγῆς αἰτία. Οὕτω καὶ περὶ τῆς γλώττης λογισώμεθα· ξίφος ἐστὶν ἐν μέσῳ κείμενον· ἀκόνησον οὖν αὐτὴν κατὰ τῆς τῶν ἁμαρτημάτων τῶν σῶν κατηγορίας· μὴ κατὰ ἀδελφοῦ τὴν πληγὴν ὠθήσῃς. Διὰ τοῦτο διπλῷ τειχίῳ περιέβαλεν αὐτὴν ὁ Θεός, τῷ τῶν ὀδόντων διαφράγματι καὶ τῇ τῶν χειλέων περιβολῇ, ἵνα μὴ ῥᾳδίως καὶ ἀπερισκέπτως ἐκφέρῃ τὰ ῥήματα τὰ μὴ προσήκοντα. Χαλίνωσον αὐτὴν ἔνδον. Ἀλλ᾽ οὐκ ἀνέχεται; Καὶ σωφρόνισον αὐτὴν διὰ τῶν

---

1 ὁ αὐτός A || 2 τὰ χείλη D || 4 συμβουλεύοντα: δεδοικότα D || 6 εἰ: εἰς L || 9 σπουδάσωμεν (?) D || ἔχειν P ἔχῃ A || 10 οὖν D || τί φησιν *post* εἰπὼν L || 11 ἐκείνων D || 12 καὶ *om.* C || τὰ αὐτὰ: τοῦτο αὐτὸ P τὸ αὐτὸ τοῦτο D ταὐτά L || 13 *et* 14 κατακριθήσῃ ... δικαιωθήσῃ LW MJC *edd.* || 13–14 καὶ — κατακριθήσῃ *om.* A || 15 δὲ PVD: *om.* ALW MJC *edd.* || 16 κἂν: ἂν C || τοῦ πολεμίου C || 18 οὐχ ἡ: οὐκ εἶ V || τοῦ PV: *om.* D ALW MJC *edd.* || 19 παρανοία P || 20 λογιζώμεθα (-ζό-P) PD || 21 οὖν *om.* P || 22 κατὰ: τοῦ *add.* J || 23 διπλῷ: διπλοῦν τῷ D || 24 τῷ: τῶν P || 25 καὶ *om.* PVD || ἐκ-

Und der, dessen Mahnung ich zuvor angeführt habe, sagt wieder: „Wer setzt eine Wache vor meinen Mund, vor meine Lippen ein kunstvolles Siegel?“ (Sir 22,27). Seht ihr, wie beide diese Sünden fürchten, wie sie klagen und Ratschläge geben und wie sie um eine strenge Bewachung der Zunge bitten?

18. Es mag einer fragen: Warum hat Gott uns aber dieses Organ von Anfang an gegeben, wenn es uns so viel Schaden bringt? Weil es auch von großem Nutzen ist. Wenn wir uns anstrengen, bringt es nur Nutzen und keinen Schaden. Hört die Worte desselben Mannes, den ich zuvor schon zitiert habe: „Tod und Leben stehen in der Macht der Zunge“ (Spr 18,21). Und Christus verkündet das gleiche, wenn er sagt: „Aufgrund deiner Worte wirst du freigesprochen, und aufgrund deiner Worte wirst du verurteilt werden“ (Mt 12,37). Denn die Zunge steht uns beliebig zur Verfügung; sie in der einen oder in der anderen Weise zu gebrauchen, darüber seid ihr selbst Herr. Es ist ebenso wie bei einem Schwert: Wenn man es gegen die Feinde gebraucht, ist es zu einem Werkzeug geworden, das einen selbst rettet; wenn man es verwendet, um sich selbst zu verwunden, dann ist nicht das Eisen an sich die Ursache des Todes, sondern das eigene gesetzwidrige Handeln. So wollen wir auch über die Zunge denken: Sie ist ein Schwert, das uns beliebig zur Verfügung steht. Schärft sie, um euch der eigenen Sünden anzuklagen, verwendet sie nicht, um eure Brüder zu verwunden. Darum hat Gott die Zunge mit einer doppelten Mauer umgeben, mit der Zwischenwand der Zähne und der äußeren Umfriedung der Lippen, damit sie nicht leichtfertig und unbedacht ungehörige Worte hervorbringt. Haltet sie drinnen in eurem Mund im Zaum (vgl. Jak 1,26)! Erträgt sie das nicht? Dann bestraft sie mit den

---

φέρῃ: -φύῃ V -φύγῃ P φθέγγεσθαι D || τὰ *om.* D || 26 ῥήματα: ἡμᾶς *add.* PD || προσήκοντα: ποιεῖν *add.* D || χαλίνωσον: οὖν *add.* PVD || ἔνδον αὐτὴν PVD || 27 καὶ *om.* A || σωφρόνισον L: -νησον *cet.*

ὀδόντων, ὥσπερ δημίοις τούτοις ἐκδοὺς αὐτῆς τὸ σῶμα, καὶ κελεύσας δακεῖν· καὶ γὰρ βέλτιον αὐτὴν δηχθῆναι τοῖς ὀδοῦσι νῦν ἁμαρτάνουσαν, ἢ τότε ζητοῦσαν σταγόνα ὕδατος καὶ τηγανιζομένην μὴ τυχεῖν τῆς παραμυθίας.

19. Πολλὰ μὲν οὖν καὶ ἄλλα ἁμαρτάνειν εἴωθε λοιδοροῦσα, βλασφημοῦσα, αἰσχρὰ προϊεμένη ῥήματα, συκοφαντοῦσα, ὀμνύουσα, ἐπιορκοῦσα. Ἀλλ' ἵνα μὴ πάντα ἀθρόον τήμερον ὑμῖν λέγοντες καταχώσωμεν ὑμῶν τὴν διάνοιαν, ἕνα | τέως τίθεμεν ὑμῖν νόμον τὸν περὶ τῆς τῶν ὅρκων φυλακῆς, ἐκεῖνο προλέγοντες καὶ διαγορεύοντες ὅτι, εἰ μὴ φύγητε τοὺς ὅρκους, οὐ λέγω τὰς ἐπιορκίας μόνον, ἀλλὰ καὶ τοὺς ὅρκους τοὺς ἐπὶ δικαίῳ γινομένους, εἰ μὴ φύγητε, οὐκ ἔτι περὶ ἑτέρας ὑποθέσεως ὑμῖν διαλεξόμεθα. Καὶ γὰρ ἄτοπον τοὺς μὲν τῶν γραμμάτων διδασκάλους μὴ δεύτερον τοῖς παιδίοις διδόναι μάθημα, ἕως ἂν τὸ πρότερον ἴδωσι καλῶς ἐμπαγὲν αὐτῶν τῇ μνήμῃ· ἡμᾶς δὲ τὰ πρότερα μαθήματα μὴ δυναμένους ὑμῖν ἀπαγγεῖλαι μετὰ ἀκριβείας, ἕτερα προσεμβαλεῖν πάλιν· οὐδὲν γὰρ ἕτερον τοῦτ' ἐστιν ἀλλ' ἢ εἰς πίθον τετρημένον ἀντλεῖν. Ἵνα οὖν ἡμᾶς μὴ ἐπιστομίσητε, πολλὴν τοῦ πράγματος ποιήσασθε τὴν σπουδήν. Καὶ γὰρ χαλεπὸν τοῦτό ἐστι

---

1 τούτοις: τοσούτοις M^{ac} ‖ αὐτῆς: αὐτοῖς V ‖ 2 κελεύσας: ποιήσας MJC ‖ δαχθῆναι L δειχθῆναι MC ‖ 3 νῦν *om.* D ‖ ἁμαρτάνουσιν L ‖ 6 ἁμαρτάνων P ‖ 9 ἀθρόως L ‖ κατασχῶμεν D A W ‖ 10 τίθεμεν ὑμῖν: ὑ. τίθεμεν V ὑ. τίθεμαι D ὑ. τιθέναι P ‖ τὸν: τῶν P καὶ L ‖ 12 φύγητε: φύγοιτε V A φυγεῖται P ‖ 12–13 οὐ — ἀλλὰ *om.* L ‖ 13 ὅρκους τοὺς: ὅρκους JC *om.* L *edd.* ‖ ἐπὶ: τῷ *add.* P C *edd.* ‖ 14 δικαίῳ: δικαίως L ‖ γενομένους M *edd.* ‖ εἰ μὴ φύγητε *om.* L ‖ φύγητε (-γηται P): φύγοιτε V A ‖ 15 ὑμῖν ὑποθέσεως D ‖ διαλεξώμεθα W M ‖ 16 γραμμάτων: πραγμάτων P ‖ δεύτερον: πρότερον δεύτερον PV πρότερον D (δεύτερον *post* παιδίοις D *vide seq.*) ‖ 17 παι-

Zähnen: Übergebt sie diesen wie Henkern, und tragt ihnen auf, sie zu beißen. Nein, es ist besser, daß sie jetzt für ihre Sünden von den Zähnen gebissen wird, als daß sie einst brennt und nach einem Tropfen Wasser lechzt und keine Linderung findet (vgl. Lk 16,24).

Vom Meiden des Schwörens

19. Die Zunge begeht nun gewöhnlich auch viele andere Sünden, wenn sie Schmähungen, Gotteslästerungen, schändliche Reden, Verleumdungen, Schwüre und Meineide hervorbringt. Doch um euch heute nicht alles auf einmal zu sagen und so euer Denken zu verwirren, führen wir euch nur ein Gebot vor Augen, nämlich das, euch vor dem Schwören zu hüten. Ich erkläre und versichere euch, daß ich über nichts anderes zu euch sprechen werde, wenn ihr nicht das Schwören aufgebt, und ich meine gar nicht nur das falsche Schwören, sondern auch das Schwören aus einem gerechten Grund. Die Lehrer in der Schule erteilen den Kindern nicht die nächste Lektion, solange diese nicht die vorhergehende gut verstanden und ihrem Gedächtnis eingeprägt haben. Wenn ich euch schon wieder Neues vorsetzen würde, solange ich euch die früheren Lektionen noch nicht genau darzulegen vermochte, wäre es töricht. Es wäre nichts anderes, als Wasser in ein durchlöchertes Faß zu schöpfen. Bemüht euch also sehr in dieser Angelegenheit, damit ihr nicht meine Zunge hindert, euch weitere Unterweisungen zu erteilen. Diese Sünde ist schwer, sehr

---

δίοις: δεύτερον *add.* D || εἰδῶσι JC || 18 ἡμᾶς PV L: ὑμᾶς *cet.* || πρότερα PVD: πρότερον ALW MJC *edd.* || 19 δυναμένοις V || ὑμῖν V: ἡμῖν PD *om. cet. et edd.* || 20 προσεμβαλεῖν: -βάλλειν A προεμβαλεῖν MJC || πάλιν *om.* V || 21 ἐστιν *om.* L J || ἀλλ' ἣ: ἣ ὡς *(ut vid.)* D || τετρημένον: τετριμμένον P AL || 22 ἐπιστομήσητε A M πιστώσητε D || 22–23 τοῦ πράγματος ποιήσασθε (-θαι A): ποιήσασθαι τοῦ πραγ. PD

τὸ ἁμάρτημα, καὶ σφόδρα χαλεπόν· σφόδρα δέ ἐστι χαλεπόν, ὅτι οὐ δοκεῖ χαλεπὸν εἶναι, καὶ διὰ τοῦτο αὐτὸ δέδοικα, ἐπειδὴ οὐδεὶς αὐτὸ δέδοικε· διὰ τοῦτο ἀνίατόν ἐστι τὸ νόσημα, ἐπειδὴ οὐδὲ νόσημα εἶναι δοκεῖ· ἀλλ' ὥσπερ | τὸ διαλέγεσθαι ἁπλῶς οὐκ ἔστιν 154 ἔγκλημα, οὕτως οὐδὲ τοῦτο ἔγκλημα εἶναι δοκεῖ, ἀλλὰ μετὰ πολλῆς παρρησίας ἡ παρανομία αὕτη τολμᾶται· κἂν ἐγκαλέσῃ τις, εὐθέως γέλως ἕπεται καὶ χλευασία πολλή, οὐχὶ τοῖς ἐγκαλουμένοις ὑπὲρ τῶν ὅρκων, ἀλλὰ τοῖς διορθῶσαι τὸ νόσημα βουλομένοις. Διὰ τοῦτο μακρὸν ὑπὲρ τούτων ἀποτείνω τὸν λόγον· βαθεῖαν γὰρ ῥίζαν ἀνασπάσαι βούλομαι, καὶ χρόνιον ἀπαλεῖψαι κακόν· οὐ λέγω τὰς ἐπιορκίας μόνον, ἀλλὰ καὶ τὰς εὐορκίας αὐτάς.

20. Ἀλλ' ὁ δεῖνα, φησίν, ἄνθρωπος ἐπιεικής, εἰς ἱερωσύνην τελῶν, πολλῇ σωφροσύνῃ καὶ εὐλαβείᾳ συζῶν, ὀμνύει. Μή μοι τὸν ἐπιεικῆ τοῦτον εἴπῃς, τὸν σώφρονα, τὸν εὐλαβῆ, τὸν εἰς ἱερωσύνην τελοῦντα· ἀλλ', εἰ βούλει, θὲς Πέτρον εἶναι τοῦτον ἢ Παῦλον, ἢ καὶ ἄγγελον ἐξ οὐρανοῦ καταβάντα· οὐδὲ γὰρ οὕτως ἐπιστρέφομαι πρὸς τὴν ἀξίαν τῶν προσώπων. Νόμον γὰρ οὐχὶ δουλικόν, ἀλλὰ βασιλικὸν ἀναγινώσκω ἐγὼ τὸν περὶ τῶν ὅρκων· ὅταν δὲ βασιλέως ἀναγινώσκηται γράμματα, ἅπαν τὸ τῶν δούλων ἀξίωμα ἡσυχαζέτω. Ἂν μὲν γὰρ ἔχῃς εἰπεῖν, ὅτι ὁ Χριστὸς ὀμνύναι ἐκέλευσεν, ἢ ὅτι ὁ Χριστὸς τοῦτο οὐ κολάζει γινόμενον, δεῖξον καὶ πείθομαι· εἰ δὲ μετὰ τοσαύτης ἀπείργει σπουδῆς, καὶ τοσαύτην ὑπὲρ τοῦ πράγματος ποιεῖται πρόνοιαν, ὡς μετὰ τοῦ πονηροῦ στῆσαι τὸν ὀμνύοντα

---

1 σφόδρα δὲ: καὶ σφ. δὲ V^{tx}(σφ. δὲ V^{mg}) || 1–2 σφόδρα^{2} — χαλεπόν^{1} *om.* P || 2 ὅτι: ἐπεὶ A ἐπειδὴ PVD || εἶναι χαλεπόν D || 3 αὐτὸ^{1} *om.* D || 3–4 ἐπειδὴ — νόσημα^{1} *om.* D || 4 ἐπεὶ AL || οὔτε P || 6 εἶναι ἔγκλημα D || 8 γέλως εὐθέως V || γέλως *om.* L || 10 βουλομένοις: ἀλλὰ *add.* D || 11 τὸν *om.* P AL || 12 ἀπαλεῖψαι: ἀπονίψαι D || 13 ἐπιορκίας PV W MJ: πολυορκίας D AL C || 15 φησίν: ὄμνυσιν *add.* V ὀμνύειν P || 17 ὀμνύει A: ὄμνυσιν *coni.* Sav^{mg} ἐπώμνυται D *om. cet.*

schwer. Sie ist deshalb sehr schwer, weil sie nicht schwer zu sein scheint, und ich fürchte sie deshalb so, weil niemand sonst sie fürchtet. Die Krankheit ist deshalb unheilbar, weil sie keine Krankheit zu sein scheint. Wie das bloße Sprechen keine Sünde ist, so scheint auch das Schwören keine Sünde zu sein; vielmehr wagt man, dieses Gebot mit großem Freimut zu übertreten. Wenn einer deshalb einen Tadel ausspricht, wird sofort gelacht und gespottet, was freilich nicht denen gilt, die wegen des Schwörens getadelt werden, sondern denen, die die Krankheit heilen wollen. Deshalb spreche ich über diese Sache ausführlicher; denn ich will eine tiefreichende Wurzel ausreißen und ein langwieriges Übel beseitigen. Ich spreche nicht nur vom falschen, sondern auch vom richtigen Schwören.

20. Da sagt einer: Dieser und jener ist ein anständiger Mensch, er ist Priester und führt ein Leben in Besonnenheit und Frömmigkeit. Freilich schwört er. Rede mir nicht von diesem anständigen, besonnenen, frommen Priester! Meinetwegen ist es Petrus oder Paulus oder ein Engel, der vom Himmel gekommen ist. Nicht einmal in solchen Fällen schaue ich auf die Würde der Person. Ich erkenne hinsichtlich des Schwörens kein Gesetz eines Dieners an, sondern nur das des Königs selbst. Wenn Briefe des Königs verlesen werden, dann haben seine Diener, wie hoch ihre Stellung auch sein mag, zu schweigen. Wenn ihr behauptet, daß Christus befohlen habe zu schwören oder daß Christus es wenigstens nicht bestrafe, dann beweist es, und ich bin überzeugt. Wenn Christus uns aber so entschieden am Schwören hindert und ihm so deutlich entgegenwirkt, daß er dem, der schwört, einen Platz in der Nähe des Bösen

---

et edd. || εἴπῃς: εἴπεις P || 19 βούλει θὲς: βουλήθης P βουληθεῖς D || τοῦτον εἶναι P || 20 καὶ *om.* JC || 22 ἐγὼ *om.* V *post* ὅρκον D *vide seq.* || 23 τὸν *om.* P || τῶν *om.* AW MJC || περὶ τῶν ὅρκων: π. τὸν ὅρκον ἐγὼ D || δὲ: γὰρ P || 24 γράμμα P || ἡσυχάζεται L || 26 ἢ *om.* D || οὐ κολάζει τοῦτο MJC *edd.* || 29 στῆναι PD || ὀμνῦντα P

(»Τὸ γὰρ περισσὸν τούτων, τοῦ ναὶ καὶ τοῦ οὔ«, φησίν, »ἐκ τοῦ διαβόλου ἐστὶ«), τί μοι τὸν δεῖνα καὶ τὸν | δεῖνα (156) προσάγεις εἰς μέσον; Οὐ γὰρ ἀπὸ τῆς ῥᾳθυμίας τῶν συνδούλων οἴσει σοι τὴν ψῆφον ὁ Θεὸς ταύτην, ἀλλ' ἀπὸ τῆς ἐπιταγῆς τῶν αὐτοῦ νόμων. »'Επέταξα«, φησίν, ἔδει πεισθῆναι, καὶ μὴ τὸν δεῖνα προβάλλεσθαι, μηδὲ τὰ ἀλλότρια περιεργάζεσθαι κακά. 'Επεὶ καὶ ὁ μέγας Δαυὶδ ἥμαρτεν ἁμαρτίαν χαλεπήν· ἆρα οὖν ἀκίνδυνον ἡμῖν διὰ τοῦτο τὸ ἁμαρτάνειν, εἰπέ μοι; Δι' αὐτὸ μὲν οὖν τοῦτο ἀσφαλίζεσθαι χρή, καὶ τὰ κατορθώματα τῶν ἁγίων μόνον ζηλοῦν· εἰ δέ που ῥᾳθυμία καὶ νόμου παράβασις, μετὰ πολλῆς ἀποφεύγειν χρὴ τῆς σπουδῆς. Οὐ γὰρ πρὸς τοὺς συνδούλους ἡμῖν, ἀλλὰ πρὸς τὸν δεσπότην ὁ λόγος ἐστί, καὶ τούτῳ τὰς εὐθύνας δώσομεν τῶν βεβιωμένων ἁπάντων. Πρὸς ἐκεῖνο τοίνυν παρασκευαζώμεθα τὸ δικαστήριον· κἂν γὰρ μυριάκις θαυμαστὸς ᾖ καὶ μέγας ὁ τὸν νόμον παραβαίνων τοῦτον, δώσει πάντως τὴν ἐπὶ τῇ παραβάσει κειμένην τιμωρίαν· »Οὐ γάρ ἐστι προσωπολήπτης ὁ Θεός«.

21. Πῶς οὖν ἔστι καὶ τίνι τρόπῳ φυγεῖν τὸ ἁμάρτημα; Οὐ γὰρ δὴ μόνον τὸ ἔγκλημα χαλεπὸν χρὴ δεῖξαι, ἀλλὰ καὶ ὅπως ἂν ἀπαλλαγείημεν συμβουλεῦσαι. Ἔχεις γυναῖκα, ἔχεις οἰκέτην, ἔχεις παιδία, καὶ φίλον, καὶ συγγενῆ, καὶ γείτονα· πᾶσι τούτοις τὴν περὶ τούτων ἐπί-

---

1 τοῦ[1] — οὔ *om.* PV || 2 καὶ: ἢ V || 3 προσάγεις: παράγεις (-άγη P) PVD εἰσάγεις A || ἐν μέσῳ L || 5 ἀποταγῆς L || ἐπέταξε *errat Migne* || 6 προβαλέσθαι V A || 7 τὰ *om.* W MJC *edd.* || καὶ *om.* ALW MJC *edd.* || 9 τὸ *om.* L || δι' αὐτὸ: διὰ τοῦτο MJC || 10 τοῦτο: τὸ M *om.* P || χρή: δεῖ PVD || 11 μόνον τῶν ἁγίων PVD || εἰ δέ που: εἶ δ'ὅπου P || 12 χρὴ: δεῖ D *om.* PV || 14 ἔσται PV || 16 πα-

zuweist — „Was über das Ja und das Nein hinausgeht, stammt vom Bösen“ (vgl. Mt 5,37) —, wie kann man sich dann auf diesen oder jenen berufen? Gott wird seinen Richterspruch nicht an der Nachlässigkeit unserer Mitknechte ausrichten, sondern an den Worten seiner Gebote. „Ich habe das Gebot gegeben“, sagt er; da müßte man gehorchen, dürfte nicht diesen oder jenen als Entschuldigung vorschieben und sich auch nicht unnützerweise mit den schlechten Taten anderer abgeben. Sagt mir doch: Ist es etwa deshalb für uns ungefährlich zu sündigen, weil auch der große David eine schwere Sünde begangen hat? Deshalb müssen wir uns gegen die Sünde schützen und dürfen von den Heiligen nur die guten Taten nachahmen. Treffen wir aber irgendwo auf Nachlässigkeit und Übertretung der Gebote, müssen wir davor eilig fliehen. Denn wir haben nicht unseren Mitknechten Rechenschaft zu geben, sondern dem Herrn, und vor ihm werden wir uns für unser ganzes Leben verantworten. Auf dieses Gericht wollen wir uns also vorbereiten. Mag einer, der dieses Gebot übertritt, noch so bewundernswert und groß sein, er wird die für die Übertretung festgesetzte Strafe ganz zu erleiden haben; denn „Gott sieht nicht auf die Person“ (Apg 10,34).

Vom Ankämpfen gegen die Macht der Gewohnheit

21. Wie und auf welche Weise können wir diese Sünden meiden? Ich muß ja nicht nur auf die Schwere der Sünde hinweisen, sondern auch dazu raten, wie wir von ihr loskommen. Ihr habt eine Frau, einen Sklaven, Kinder, einen Freund, einen Verwandten, einen Nachbarn. Tragt ihnen allen auf, in dieser Hinsicht über euch zu wachen. Die

---

ρασκευαζόμεθα VD || 17 τὸν: τῶν A || παραβαῖνον A || 21 δὴ: δεῖ AL || χαλεπὸν χρὴ: δεῖ χαλεπὸν P *om.* VD || 22 ὅπως: πῶς D || 22–23 γυναῖκα: καὶ *add.* D || 23 παῖδα D || καὶ[1] *om.* D || καὶ[2] *om.* D || 24 περὶ: ἐπὶ *edd.*

τρεψον φυλακήν. Χαλεπὸν ἡ συνήθεια, καὶ δεινὸν ὑποσκελίσαι, καὶ δυσφύλακτον, καὶ ἄκοντας ἡμᾶς πολλάκις καὶ οὐκ εἰδότας ἐμβάλλει. | Οὐκοῦν ὅσῳ τῆς I 158 συνηθείας οἶδας τὴν δύναμιν, τοσούτῳ τῆς μὲν πονηρᾶς συνηθείας ἀπαλλαγῆναι σπούδασον, πρὸς δὲ τὴν ἑτέραν τὴν χρησιμωτάτην σεαυτὸν μετάστησον. Ὥσπερ γὰρ νῦν σπουδάζοντά σε καὶ φυλαττόμενον καὶ μεριμνῶντα καὶ φροντίζοντα ἴσχυσε πολλάκις ὑποσκελίσαι ἐκείνη, οὕτως ἂν εἰς τὴν ἀγαθὴν σαυτὸν συνήθειαν μεταστήσῃς τὴν τοῦ μὴ ὀμνύναι, οὐδὲ ἄκων, οὐδὲ ῥᾳθυμῶν ἐμπεσεῖν δυνήσῃ ποτὲ πρὸς τὰ τῶν ὅρκων πτώματα· μέγα γὰρ ὄντως συνήθεια, καὶ φύσεως ἔχει δύναμιν. Ἵν' οὖν μὴ πονῶμεν συνεχῶς, ἑαυτοὺς εἰς συνήθειαν μεταστήσωμεν ἑτέραν, καὶ ἕκαστον τῶν σοι συγγινομένων καὶ συνόντων ταύτην αἴτησαι τὴν χάριν, ἵνα συμβουλεύῃ καὶ παραινῇ φεύγειν τοὺς ὅρκους, καὶ ἁλισκόμενον ἐλέγχῃ. Ἡ γὰρ παρ' αὐτῶν εἰς σὲ γινομένη φυλακὴ καὶ αὐτοῖς ἔσται συμβουλὴ καὶ παραίνεσις τοῦ κατορθώματος. Ὁ γὰρ ἐγκαλῶν ἑτέρῳ περὶ ὅρκων οὐ ῥᾳδίως αὐτὸς εἰς τὸ βάραθρον ἐμπεσεῖται τοῦτο.

22. Βάραθρον γὰρ οὐ τὸ τυχὸν ἡ πολυορκία, οὐχ ὅταν περὶ τῶν ἐλαχίστων μόνον, ἀλλὰ καὶ ὅταν περὶ μεγίστων γίνηται πραγμάτων. Ἡμεῖς δὲ καὶ λάχανα ὠνούμενοι καὶ ὑπὲρ ὀβολῶν δύο φιλονεικοῦντες, καὶ πρὸς οἰκέτας ὀργιζόμενοι καὶ ἀπειλοῦντες, τὸν Θεὸν πανταχοῦ καλοῦμεν μάρτυρα· καὶ ἄνθρωπον μὲν ἐλεύθερον, ἀξίας τινὸς μετασχόντα ψιλῆς οὐκ ἂν

3 ἐκβάλλει D || 3–4 ὅσῳ — τοσούτῳ *om.* D || 4 οἶδες P || τοσοῦτον L || 4–5 τῆς μὲν πονηρᾶς συνηθείας: τῇ νόσῳ τῆς σ. D || 6 σεαυτὸν: ἑαυτὸν PV || 7 νῦν: μὲν *add.* D || σε *om.* VD (σαι P) || 10 συνήθειαν *om.* D || μεταστήσῃς: μεταγάγης PD || τοῦ μὴ ὀμνύναι: τ. μ. ὀμνύειν P τοῦ μνημονευθέντος D || 13 πονοῦμεν P || 14 εἰς συνήθειαν ἑαυτοὺς PVD || καταστήσωμεν VD || 15 σοι *om.* P || συγγινομένων καὶ *om.* D || 16 αἴτησον PV A || 17 ἐλέγχει *ut vid.* D ἐλέγχειν PV || 18 εἰς: εἰ L ἴς P || αὐτοῖς: αὐτὸς P || ἐστὶ L MJC || 20 ἑτέρῳ περὶ

Gewohnheit ist eine schlimme Sache; es ist hart, sie zu Fall zu bringen, und schwer, ihr nicht nachzugeben. Oft überfällt sie uns gegen unseren Willen und ohne unser Wissen. Je mehr ihr daher um die Kraft der Gewohnheit wißt, um so eifriger müßt ihr euch bemühen, euch von der schlechten Angewohnheit abzuwenden und auf eine andere, besonders gute umzustellen. Wie euch nämlich die schlechte Angewohnheit zu schwören trotz eures Bemühens und eurer Wachsamkeit, trotz eurer Sorgfalt und Achtsamkeit zu Fall zu bringen vermochte, so werdet ihr, wenn ihr euch auf die gute Gewohnheit, nicht zu schwören, umgestellt habt, niemals unfreiwillig oder aus Leichtsinn in die Sünde des Schwörens zurückfallen können. Denn die Gewohnheit ist wirklich eine mächtige Sache und kann zur zweiten Natur werden. Damit wir also nicht ständig in Bedrängnis sind, wollen wir uns auf eine andere Gewohnheit umstellen: Bittet alle, mit denen ihr zusammen lebt und mit denen ihr Umgang habt, um den Gefallen, euch zu raten und zu ermahnen, das Schwören zu meiden, und euch zu tadeln, wenn sie euch dabei ertappen. Ihre Wachsamkeit im Hinblick auf euch ist dann auch für sie selbst Rat und Ermahnung zum Guten. Wer nämlich einen anderen hinsichtlich des Schwörens tadelt, wird selbst nicht leicht in diesen Abgrund stürzen.

22. Ein tiefer Abgrund ist das viele Schwören — und zwar nicht nur wenn es um geringfügige Dinge, sondern auch wenn es um bedeutsame Angelegenheiten geht. Ob wir Gemüse kaufen oder um zwei Pfennige streiten oder den Sklaven zürnen und drohen, immerfort rufen wir Gott zum Zeugen an. Ihr würdet es nicht wagen, einen freien Mann, auch wenn er nur irgendein niedriges Amt beklei-

---

ὅρκων: ἑτέρων ἐπιόρκων P || 20–21 εἰς τὸ βάραθρον ἐμπεσεῖται: ἐμπ. εἰς τὸ βάρ. P || 22 οὐ τὸ: τοῦτο A || 23 ἐλαχίστον D || 24 γένηται PD γίνεται A || 25 φιλονοκοῦντες *ut vid.* M || 26 ὀργιζόμενοι: -ζόμενον P || 28 μετασχόντος L

ἐτόλμησας ὑπὲρ τοιούτων καλέσαι μάρτυρα ἐπ’ | [160] ἀγορᾶς, ἀλλὰ κἂν ἐπιχειρήσῃς, δίκην δώσεις τῆς ὕβρεως· τὸν δὲ τῶν οὐρανῶν βασιλέα, τὸν τῶν ἀγγέλων δεσπότην, καὶ περὶ ὠνίων, καὶ περὶ χρημάτων, καὶ περὶ τῶν τυχόντων διαλεγόμενος, ἕλκεις εἰς μαρτυρίαν· καὶ πῶς ταῦτα ἀνεκτά; Πῶς ἂν οὖν ἀπαλλαγείημεν ἐκ τῆς πονηρᾶς ταύτης συνηθείας; Τοὺς φύλακας οὓς εἶπον περιστήσαντες, χρόνον ῥητὸν ὁρίσαντες ἑαυτοῖς πρὸς διόρθωσιν, καὶ καταδίκην ἐπιθέντες, εἰ τοῦ χρόνου παρελθόντος μὴ κατορθώσαιμεν τοῦτο.

23. Πόσος οὖν ἡμῖν χρόνος ἀρκέσει πρὸς τοῦτο; Οὐκ οἶμαι τοὺς σφόδρα νήφοντας καὶ διεγηγερμένους καὶ ὑπὲρ τῆς ἑαυτῶν ἀγρυπνοῦντας σωτηρίας πλέον ἡμερῶν δέκα δεηθήσεσθαι, ὥστε παντελῶς ἀπαλλαγῆναι τῆς πονηρᾶς τῶν ὅρκων συνηθείας. Εἰ δὲ μετὰ τὰς δέκα ἡμέρας ὀφθείημεν ὀμνύντες, δίκην ἑαυτοῖς ἐπιθῶμεν, καὶ τιμωρίαν μεγίστην καὶ καταδίκην ὁρίσωμεν τῆς παραβάσεως. Τίς οὖν ἔσται ἡ καταδίκη; Οὐκ ἔτι τοῦτο ὁρίζω ἐγώ, ἀλλ’ ὑμᾶς αὐτοὺς ἀφίημι τῆς ψήφου κυρίους εἶναι. Ἂν οὕτω τὰ καθ’ ἑαυτοὺς | [16] οἰκονομῶμεν, μὴ μόνον ἐπὶ τῶν ὅρκων, ἀλλὰ καὶ ἐπὶ τῶν ἄλλων ἐλαττωμάτων, καὶ χρόνον ὁρίζοντες καὶ καταδικάζοντες ἑαυτοῦς τιμωρίαις χαλεπωτάταις, εἴ ποτε περιπέσοιμεν τούτοις, καθαροὶ πρὸς τὸν ἡμέτερον ἀπελευσόμεθα δεσπότην, καὶ τῆς τοῦ πυρὸς γεέννης ἀπαλλαγησόμεθα, καὶ μετὰ παρρησίας στησόμεθα ἔμπροσθεν τοῦ βήματος τοῦ Χριστοῦ· ἧς γένοιτο πάντας ἡμᾶς ἐπιτυχεῖν, χάριτι καὶ φιλανθρωπίᾳ τοῦ κυ-

---

1 τολμήσης V -μήσις P || τοιούτων: τοῦ τοιούτου V || καλέσης P || 1–2 ἐπ’ ἀγορᾶς μάρτυρα V || 4 περὶ[2] *om.* L || 6 πῶς ἂν PVD: πόθεν *cet. et edd.* || ἐκ *om.* PVD || 7 εἶπον *om.* L || 8 περιστήσαντας L || χρόνον ῥητὸν ὁρίσαντες *om.* P || αὐτοῖς D ἑαυτοὺς L αὐτοὺς P || πρὸς: εἰς P A || 9 καὶ — χρόνου *om.* L || 10 κατορθώσαιμεν: -θώσωμεν D L -θῶσαι δὲ P || 11 ὑμῖν PD || 12 νήφοντας: νίχοντας L || καὶ[1] *om.* A || 13 ἀγρυπνοῦντες P -νοῦντα C || 14 δεήσεσθαι PV καὶ ἠθήσεσθαι A || 16 ὀμνύοντες D || 17 ὁρίσομεν C || 18 ἔσται PVD:

det, wegen solcher Dinge auf dem Markt als Zeugen herbeizurufen; und wenn ihr es versuchen solltet, würdet ihr für euren Übermut bestraft. Aber den König des Himmels und der Engel zieht ihr als Zeugen heran, wenn ihr über Marktwaren, Gelder und andere belanglose Dinge redet. Wie können wir das dulden? Wie können wir von dieser schlechten Angewohnheit loskommen? Wir können das tun, wenn wir uns mit den Wächtern umgeben, von denen ich eben sprach, uns eine Frist für unsere Besserung setzen und uns eine Strafe auferlegen, wenn wir uns nach Ablauf der Frist nicht gebessert haben sollten.

23. Wieviel Zeit werden wir dafür brauchen? Wer sehr nüchtern lebt und wachsam und auf sein Heil bedacht ist, wird meiner Meinung nach nicht länger als zehn Tage benötigen, um die schlechte Angewohnheit des Schwörens vollständig abzulegen. Wenn wir nach zehn Tagen feststellen sollten, daß wir immer noch schwören, dann sollten wir uns eine Buße auferlegen und eine strenge Genugtuung und Bestrafung für unsere Übertretungen festlegen. Was wird eine solche Bestrafung sein? Das will ich nicht festsetzen, sondern überlasse es euch selbst, den Richterspruch zu fällen. So wollen wir unsere eigenen Angelegenheiten ordnen, nicht nur soweit sie das Schwören betreffen, sondern auch hinsichtlich unserer anderen Fehler. Wir wollen uns selbst eine Frist setzen und uns sehr hart bestrafen, falls wir rückfällig werden. Dann werden wir rein zu unserem Herrn gelangen, vor dem Feuer der Hölle verschont bleiben und mit Zuversicht vor dem Richterstuhl Christi stehen. Das möge uns allen zuteil werden durch die Gnade

---

ἐστιν ALW MJC *edd.* || 19 ὑμᾶς *om.* D || αὐτοὺς *om.* V || 19–20 κυρίους τῆς ψήφου ALW MJC *edd.* || 20 ἂν *om.* AW MJC || οἰκονομήσωμεν D || 22 χρόνους PVD || 22–23 καὶ καταδικάζοντες *om.* ALW MJC *edd.* || 23 ἑαυτοὺς: ἑαυτοῖς LW MJC *edd.* || τιμωρίαις: ἁμαρτίαις D || 23–24 περιπέσωμεν ALW MJC *edd.* || 24–25 ἀπελευσώμεθα L || 28 ἡμᾶς *om.* L

ρίου ἡμῶν Ἰησοῦ Χριστοῦ, μεθ' οὗ τῷ Πατρὶ ἡ δόξα σὺν τῷ ἁγίῳ Πνεύματι εἰς τοὺς αἰῶνας τῶν αἰώνων. Ἀμήν.

---

1 ἡ *om.* PV || δόξα: τιμὴ κράτος *add.* VD L κράτος τιμὴ P || 2 σὺν τῷ ἁγ. πν. *om.* P || τῷ *ante* ἁγ. V L: *om. cet.* || ἁγίῳ: καὶ ἀγάθῳ *add.* V || Πνεύματι: νῦν καὶ ἀεὶ καὶ *add.* PD J || τοὺς: ἀτελευτήτους *add.* D

und Menschenfreundlichkeit unseres Herrn Jesus Christus. Mit ihm gebührt dem Vater und dem Heiligen Geist die Verherrlichung in alle Ewigkeit. Amen.

<Κατηχησις δευτερα>

Τοῦ αὐτοῦ. Ἐν τῇ προτέρᾳ κατηχήσει διαλεχθεὶς περὶ ὅρκων ταύτην εἶπεν εἰς τὴν αὐτὴν πάλιν ὑπόθεσιν, δεικνὺς ὅτι οὐ τὸ ἐπιορκεῖν μόνον, ἀλλὰ καὶ τὸ εὐορκεῖν κόλασιν ἔχει, καὶ ὅτι χρησίμως ὁ Χριστὸς διὰ τριῶν ἡμερῶν ἀνέστη. Λόγος Β'.

1. Ἆρα ἀπηλάσατε ἐκ τοῦ στόματος ὑμῶν τὴν πονηρὰν 166
τῶν ὅρκων συνήθειαν; Οὐ γὰρ ἐπιλέλησμαι οὔτε ὧν αὐτὸς διελέχθην πρὸς ὑμᾶς, οὔτε ὧν ὑμεῖς ὑπέσχεσθε πρός με περὶ τῆς ὑποθέσεως ταύτης. Καὶ γὰρ κἀγὼ διελέχθην καὶ ὑμεῖς ὑπέσχεσθε, εἰ καὶ μὴ τῷ λόγῳ, ἀλλὰ τοῖς ἐπαίνοις τῶν εἰρημένων. Μείζων δὲ αὕτη ἡ ὑπόσχεσις τῆς διὰ τοῦ λόγου· ὁ μὲν γὰρ ὑποσχόμενος λόγῳ πολλάκις τῇ γλώττῃ μὲν ἐπινεύει, τῇ γνώμῃ δὲ οὐκ ἐπινεύει· ὁ δὲ ἐπαινῶν τὰ εἰρημένα ἀπὸ ψυχῆς ποιεῖται τὴν συγκατάθεσιν.

Ἆρ' οὖν ἀπεσμήξατε τὴν γλῶσσαν ἀπὸ τῆς χαλεπῆς κηλῖδος ταύτης; Ἆρα ἐφυγαδεύσατε τὴν λύμην ἀπὸ τῆς ἱερᾶς ὑμῶν ψυχῆς; Ἐγὼ στοχάζομαι ὅτι ἀπεσμήξατε· Καὶ γὰρ βασιλέα ὑποδέχεσθαι μέγαν μέλλετε καὶ διδασκαλίας ἀπολαῦσαι πολλῆς καὶ πνευματικῆς τῶν συνετωτέρων πατέρων. Καὶ ὁ χρόνος δὲ ἱκανὸς καὶ ἡ

Titulus: Τοῦ αὐτοῦ — δεικνὺς ὅτι: Τοῦ αὐτοῦ ὁμιλία μετὰ τὴν πρώτην κατήχησιν ἐν ᾗ περὶ ὅρκων διαλεχθεὶς πάλιν εἰς τὴν αὐτὴν ὑπόθεσιν εἶπε, δεικνὺς ὅτι I || Τοῦ αὐτοῦ — Λόγος Β': Τοῦ αὐτοῦ κατήχησις Β' πρὸς τοὺς μέλλοντας φωτίζεσθαι, καὶ ὅτι ὁ σταυρὸς βάπτισμα λέγεται, καὶ τὸ ποτήριον πάθος ἑρμηνεύεται, καὶ τίνος ἕνεκεν οἱ πατέρες ὥρισαν τοὺς περιερχομένους τῷ βαπτίσματι γυμνοὺς καὶ ἀνυποδέτους ἐν τῇ κατηχήσει παρίστασθαι, καὶ περὶ ὅρκων. Κύριε, εὐλόγησον L Τοῦ ἐν ἁγίοις πατρὸς ἡμῶν Ἰωάννου ἀρχιεπισκόπου Κωνσταντινουπόλεως τοῦ Χρυσοστόμου καὶ οἰκουμενικοῦ Φωστῆρος ἀπόδειξις ὅτι οὐ τὸ ἐπιορκεῖν

<Zweite Katechese>

Das in der vorausgegangenen Katechese behandelte Thema des Schwörens wird nochmals aufgegriffen; nicht nur das falsche, sondern auch das rechte Schwören führt zur Bestrafung; ferner darüber, daß es nützlich ist, daß Christus nach drei Tagen auferstanden ist.

Erkundigung nach dem Erfolg der vorausgegangenen Katechese

1. Habt ihr die schlechte Angewohnheit des Schwörens aus eurem Mund getilgt? Ich habe weder vergessen, worüber ich zu euch gesprochen habe, noch was ihr mir diesbezüglich versprochen habt. Denn ich sprach, und ihr verspracht etwas, wenn auch nicht mit Worten, so doch, indem ihr meine Predigt lobtet. Ein auf diese Weise gemachtes Versprechen aber bedeutet mehr als ein mit Worten gegebenes. Wer nämlich etwas mit Worten verspricht, stimmt oft nur mit dem Mund, nicht mit dem Herzen zu; wer aber eine Predigt lobt, stimmt innerlich mit ihr überein.

Habt ihr also euren Mund von diesem schlimmen Makel gereinigt? Habt ihr die Schande aus eurer heiligen Seele getilgt? Ich vermute, daß ihr euch gereinigt habt. Denn ihr wollt ja den großen König aufnehmen und reiche geistliche Belehrung von den weisen Vätern erhalten. Die Zeit reichte

---

μόνον, ἀλλὰ καὶ τὸ εὐορκεῖν κόλασιν ἀφόρητον ἔχει, καὶ περὶ τοῦ μετὰ πολλοῦ φόβου προσέρχεσθαι τῇ ἱερᾷ τραπέζῃ, καὶ περὶ τοῦ μνησικακεῖν K || Λόγος Β' *om.* AH

1 ἀπηλάσετε A || πονηρὰν: ταύτην *add.* H || 4 κἀγὼ: καὶ ἐγὼ V ἐγὼ AH || 8–9 τῇ[2] — ἐπινεύει *om.* L || 12 ταύτης *om.* V L Pap. || λύπην A || 13 ὑμῶν ψυχῆς: πατρίδος AH || 13–14 ἀπεσμήξασθε (-σθαι A) AH || 14 μέγα H L || μέλλετε μέγαν A || 15 ἀπολαῦσαι L: ἀπελαύσατε A ἀπηλαύσατε H V || 16 πατέρων *om.* A || ἱκανὸς: ἴσος L

δοθεῖσα προθεσμία | πρὸς τὴν διόρθωσιν πρὸς τῷ τέλει | 168 λοιπόν ἐστι, καὶ ὑμεῖς εὐήνιοι καὶ καταπειθεῖς· »Πείθεσθε γὰρ τοῖς ἡγουμένοις ὑμῶν καὶ ὑπείκετε«, λέγει ὁ ἀπόστολος, καὶ ἐν παντὶ ὑπακούετε αὐτοῖς. Ἀπὸ τούτων πάντων στοχαζόμενος νομίζω κατωρθῶσθαι τὸ πᾶν.

Ἀλλ' οὐκ ἐβουλόμην στοχάζεσθαι καὶ νομίζειν, ἀλλ' εἰδέναι σαφῶς· καὶ γὰρ ἂν προθυμότερον τῶν μυστικωτέρων ἡψάμην λόγων, τὴν φροντίδα ἀποθέμενος τὴν περὶ τῶν ὅρκων, καὶ μετὰ πλείονος ἀδείας ὑμᾶς ἐχειραγώγησα πρὸς τὴν φρικτὴν ταύτην μυσταγωγίαν, καὶ εἰσήγαγον ἂν εἰς τὰ ἄδυτα αὐτὰ καὶ ἔδειξα τὰ ἅγια τῶν ἁγίων καὶ τὰ ἐκεῖ πάντα, οὐχὶ ὑδρίαν χρυσῆν μάννα ἔχουσαν, ἀλλὰ σῶμα τὸ δεσποτικόν, τὸν ἄρτον τὸν οὐράνιον. Ἔδειξα ἂν ὑμῖν οὐ κιβωτὸν ξυλίνην λιθίνας ἔχουσαν πλάκας καὶ νόμον, ἀλλὰ | σάρκα | 170 ἄμωμον καὶ ἁγίαν ἔχουσαν αὐτὸν τὸν νομοθέτην. Ἔδειξα ἂν ἔνδον οὐ πρόβατον ἄμωμον ἐσφαγιασμένον, ἀλλὰ τὸν ἀμνὸν τοῦ Θεοῦ τεθυμένον, θυσίαν μυστικήν, ἣν καὶ αὐτοὶ τρέμουσιν οἱ ἄγγελοι βλέποντες. Ἔδειξα ἂν ὑμῖν οὐ τὸν Ἀαρὼν εἰσιόντα μετὰ χρυσῆς στολῆς, ἀλλὰ τὸν μονογενῆ εἰσιόντα, τὴν ἀπαρχὴν τῆς ἡμετέρας φύσεως ἔχοντα, αὐτῷ δεικνύντα τῷ Πατρὶ τοῦ κατορθώματος τὸ μέγεθος· »Οὐ γὰρ εἰς χειροποίητα«, φησίν, »ἅγια εἰσῆλθεν ὁ Χριστός, ἀντίτυπα τῶν ἀληθινῶν, ἀλλ' εἰς αὐτὸν τὸν οὐρανόν, νῦν ἐμφανισθῆναι τῷ προσώπῳ τοῦ Θεοῦ.« Ἔστιν ἐκεῖ καταπέτασ-

1 πρὸς τὴν διόρθωσιν *om.* H || πρὸς[2]: ἐν H || 2 λοιπόν: νῦν AH || ἡμεῖς L || εὐπιθεῖς L || 3 γὰρ: δὲ ἀεὶ AH || ὑμῶν *om.* L || 3–4 λέγει — αὐτοῖς L *Pap.*: *om.* AH V *arm.* || 5 ἁπάντων L || κατωρθῶσαι H L || 8 προθυμότερος L || 10 ἀδείας ὑμᾶς: ἡμᾶς ἀδίας L || 12 ἂν *om.* AH || ἄδυτα αὐτὰ: ἅγια L || 16 πλάκας ἔχουσαν L || 17 αὐτὸν ἔχουσαν AH L || νομοθέτην: καὶ θυσίαν

aus; die Frist, die euch für die Beseitigung eures Fehlers gesetzt war, ist abgelaufen, und ihr seid fügsam und gehorsam. Der Apostel sagt: „Gehorcht euren Vorstehern, und ordnet euch ihnen unter“ (Hebr 13,17), und hört in allem auf sie. Aufgrund all dessen vermute ich und meine, die Ordnung sei in allem wiederhergestellt.

Die geistliche Wirklichkeit der Taufe

Aber ich wollte mich nicht auf Vermutungen stützen und etwas nur meinen, sondern es sicher wissen. Ich hätte euch lieber mehr über die Sakramente belehrt, ohne mir wegen eures Schwörens Sorgen machen zu müssen. Ich hätte euch mit größerer Sicherheit zu dieser ehrfurchtgebietenden Feier der Taufe hingeführt. Ich hätte euch in das Heiligtum selbst eingeführt, euch das Allerheiligste und alles andere dort gezeigt, kein goldenes Gefäß mit Manna, sondern mit dem Leib des Herrn, dem Brot des Himmels. Ich hätte euch keine hölzerne Lade mit steinernen Tafeln und einem Gesetz gezeigt, sondern das untadelige und heilige Fleisch, dem der Gesetzgeber selbst innewohnt. Ich hätte euch drinnen kein fehlerloses geschlachtetes Lamm gezeigt, sondern das geopferte Lamm Gottes, das geistliche Opfer, vor dem selbst die Engel zittern, wenn sie es sehen. Ich hätte euch nicht Aaron gezeigt, der mit goldenem Gewand in das Heiligtum hineinging, sondern den Eingeborenen, der mit der Erstlingsfrucht unserer Natur in den Himmel eingegangen ist und dem Vater selbst die Größe seines Erfolgs zeigte. Die Schrift sagt: „Denn Christus ist nicht in ein von Menschenhand errichtetes Heiligtum hineingegangen, in ein Abbild des wirklichen, sondern in den Himmel selbst, um jetzt vor Gottes Angesicht zu erscheinen“ (Hebr 9,24).

---

add. L || 18 ἔδειξα ἂν *om.* L || ἔνδων L || ἄμωμον: ἄλογον L || ἐσφαγμένον L || 21–22 στολῆς χρυσῆς L || 23 ἡμετέρας *om.* A V || 25 φησίν *om.* L || 26 νῦν: νυνὶ L

μα οὐχὶ τοιοῦτον οἷον εἶχεν ὁ ναὸς ὁ Ἰουδαϊκός, ἀλλὰ πολὺ φρικωδέστερον. Ἄκουσον γοῦν, οἷόν ἐστι τοῦτο τὸ καταπέτασμα, ἵνα μάθῃς οἷα μὲν ἐκεῖνα τὰ ἅγια τῶν ἁγίων, οἷα δὲ ταῦτα. »Ἔχοντες«, φησί, »πολλὴν παρρησίαν εἰς τὴν εἴσοδον τῶν ἁγίων ἐν τῷ αἵματι Ἰησοῦ, ἣν ἐνεκαίνισεν ἡμῖν ὁδὸν πρόσφατον καὶ ζῶσαν διὰ τοῦ καταπετάσματος, τουτέστι τῆς σαρκὸς αὐτοῦ.« Εἶδες πῶς τοῦτο ἐκείνου φρικωδέστερον τὸ καταπέτασμα; Πρὸς ταῦτα ἐβουλόμην ὑμᾶς ἅπαντα μυσταγωγῆσαι τήμερον.

2. Ἀλλὰ τί πάθω; Οὐκ ἀφίησί με ἡ τῶν ὅρκων φροντὶς 172
κατατήκουσά μου τὴν ψυχήν. Καὶ οἶδα μὲν ὅτι πολλοὶ καταγνώσονται τὴν τῶν λεγομένων ὑπερβολήν, ἀκούσαντες ὅτι κατατήκει μου τὴν ψυχήν· καὶ γὰρ μικρὸν εἶναι νομίζουσι τὸ ἁμάρτημα· ἐγὼ δὲ διὰ τοῦτο μᾶλλον θρηνῶ. Τὰ μὲν γὰρ ἄλλα τῶν ἁμαρτημάτων καὶ ἔστι χαλεπὰ καὶ νομίζεται εἶναι χαλεπά· οἷον ὁ φόνος καὶ ἡ μοιχεία καὶ ἔστι χαλεπὸν καὶ νομίζεται εἶναι χαλεπόν, ὁ δὲ ὅρκος ἐστὶ μὲν χαλεπόν, οὐ νομίζεται δὲ εἶναι χαλεπόν. Διὰ τοῦτο θρηνῶ καὶ δέδοικα τὸ ἁμάρτημα· τοῦτο γάρ, τοῦτο τῆς μεθοδείας τοῦ διαβόλου τὸ συγκεκαλυμμένην εἰσάγειν τὴν ἁμαρτίαν, καὶ ὥσπερ συνήθει τροφῇ δηλητήριον μιγνύς, οὕτω τῇ προλήψει τῶν ἀνθρώπων μηχανᾶται ἐγκατακρύψαι τὸν ὅρκον.

3–4 οἷα — ἁγίων *om.* AH ‖ 5 αἵματι: ὀνόματι L ‖ 8 ἴδες V ‖ 8–9 τοῦ καταπετάσματος AH ‖ 9 πρὸς ταῦτα *om.* AH ‖ 12 οἴδαμεν A ‖ 13 καταγνώσετε AH ‖ τὴν *om.* A ‖ 17 καὶ[1] — χαλεπά[2] *om.* A ‖ νομίζοντα L ‖ οἷον: ὅτι A H ‖ φθόνος L ‖ 18 καὶ ἔστι χαλεπὸν *om.* L ‖ 18–19 χαλεπὸς ... χαλεπός L ‖ 20 τὰ ἁμαρτήματα AH ‖ 21 τὸ *om.* V L ‖ 22 εἰσάγει L ‖ 23 τροφῇ: τὸ *add.* V ‖ μιγνύς *om.*

Dort ist kein solcher Vorhang wie im jüdischen Tempel, sondern einer, der viel größere Ehrfurcht gebietet. Hört, welcher Art dieser Vorhang ist, damit ihr wißt, wie jenes alttestamentliche Allerheiligste beschaffen war und wie dagegen das unsere beschaffen ist. Die Schrift sagt: „Wir haben also die Zuversicht, durch das Blut Jesu in das Heiligtum einzutreten. Er hat uns den neuen und lebendigen Weg erschlossen durch den Vorhang hindurch, das heißt durch sein Fleisch" (Hebr 10,19f). Habt ihr gesehen, daß dieser Vorhang größere Ehrfurcht gebietet als jener alttestamentliche? In dies alles wollte ich euch heute einführen.

Die Sorge des Predigers wegen des Schwörens

2. Doch was soll ich tun? Die Sorge wegen eures Schwörens reibt meine Seele auf und läßt mich nicht los. Ich weiß, daß viele, wenn sie hören, daß es meine Seele aufreibt, mein Reden darüber als übertrieben mißbilligen. Sie meinen nämlich, der Fehler sei gering. Deswegen aber klage ich um so mehr. Denn die übrigen Fehler sind schlimm und werden für schlimm gehalten: Beispielsweise sind der Mord und der Ehebruch schlimm und werden für schlimm gehalten; das Schwören dagegen ist zwar auch schlimm, wird aber nicht für schlimm gehalten. Deswegen klage ich und fürchte diesen Fehler. Denn das, genau das gehört zur Methode des Teufels, uns die Sünde versteckt nahezulegen. Wie wenn er in die gewöhnliche Nahrung Gift hineinmischen würde, so bringt er es fertig, in die vorgefaßte Meinung der Menschen (auch) das Schwören hineinzuverstecken.

AH L || 24 μηχανᾶται ἐγκατακρύψαι: ἐγκατέκρυψεν AH L || τὸν ὅρκον: τῶν ὅρκων L

Τί οὖν; Εἰς τὸν ὅρκον ἅπασαν ἀναλώσομεν τὴν διδασκαλίαν; Οὐδαμῶς· καὶ γὰρ καὶ στοχάζομαι εἶναί τινας τοὺς κατωρθωκότας. Ὥσπερ γὰρ τοῦ σπείροντος ἐξελθόντος οὐχ ἅπας ὁ σπόρος εἰς τὰς ἀκάνθας ἔπεσεν, οὐδὲ ἅπας εἰς τὰς πέτρας, ἀλλὰ πολλὰ καὶ εἰς τὴν γῆν κατηνέχθη τὴν καλήν, οὕτω καὶ νῦν ἀδύνατον τοσαύτης διδασκα|λίας γενομένης ἐν πλήθει τοσούτῳ (I 174) μηδένα εἶναι τὸν δυνάμενον ἐπιδείξασθαι τὸν καρπόν. Οὐκοῦν ἐπειδὴ πολλοὶ μὲν κατώρθωσαν, οὔπω δὲ πάντες, μερίσωμεν καὶ ἡμεῖς τὸν λόγον. Ἔδει μὲν γὰρ τοὺς μὴ κατωρθωκότας μηδὲ ὅλως ἀκοῦσαι μυστικῶν λόγων· ἀλλ' ἵνα μὴ ἐπηρεάζωνται ἐκεῖνοι, χαρισώμεθα τοῖς ῥᾳθυμοτέροις διὰ τοὺς σπουδαιοτέρους· πολλῷ γὰρ βέλτιον τούτοις δι' ἐκείνους χαρίσασθαι ἢ τοὺς σπουδαιοτέρους ἐπηρεάσαι διὰ τοὺς ῥᾳθυμοτέρους.

3. Ἀναμνῆσαι δὲ βούλομαι χρέους ὑμᾶς, ὃ τῇ προτέρᾳ διαλέξει ὑπεσχόμην μέν, οὐ κατέβαλον δέ, πρὸς ἀναγκαιότερα τοῦ λόγου κατεπείξαντος ἡμᾶς. Τί οὖν ἦν τὸ χρέος ἐκεῖνο;

Ἐζήτουν πρὸς ὑμᾶς τίνος ἕνεκεν οἱ πατέρες οἱ ἡμέτεροι πάντα τὸν χρόνον τοῦ ἐνιαυτοῦ παραδραμόντες ἐν τούτῳ τῷ καιρῷ ἐνομοθέτησαν τὰς ὑμετέρας μυσταγωγεῖσθαι ψυχάς· καὶ ἔλεγον ὅτι οὐχ ἁπλῶς οὐδὲ εἰκῇ ἡ τοῦ καιροῦ παρατήρησις γέγονεν. Ἀεὶ μὲν γὰρ

---

1 οὖν *non distinxit ab* εἰς *Pap.* || ὅρκων L || ἀναλώσωμεν AH L || ἀναλώσωμεν ἅπασαν H || 2 διδασκαλίαν AH V *arm.*: καὶ τὸν χρόνον *add.* L || 5 ἅπας: πᾶς AH || 7 τοσούτων A || 8 τὸν δυνάμενον *om.* AH L || ἐπιδείξασθαι *om.* L || καρπόν: πλήρις μεταδιδόντα *add.* L || 9 ἐπειδὴ: ἐπειὴ A || πολλοὶ: πολλὺ L || 10 γὰρ *om.* L || 11 μὴ:

Was nun? Soll ich die gesamte Belehrung dem Thema des Schwörens widmen? Keineswegs. Denn ich vermute, daß manche von euch sich gebessert haben. Als der Sämann auszog, fiel nämlich nicht die ganze Saat in die Dornen, auch nicht alles auf felsigen Boden, sondern vieles geriet auch auf guten Boden (vgl. Mt 13,5–8). Daher muß es auch jetzt, nach einer so ausführlichen Belehrung unter so vielen Zuhörern manchen geben, der auf einen Erfolg hinweisen kann. Da also viele, aber noch nicht alle sich gebessert haben, werde ich die Predigt aufteilen. Eigentlich dürften jene, die sich nicht gebessert haben, meine Predigt über die Taufe gar nicht hören. Doch um die anderen, die sich gebessert haben, nicht schlecht zu behandeln, will ich um dieser Eifrigen willen den Nachlässigen gegenüber nachsichtig sein. Denn es ist viel besser, sich um der Eifrigen willen gegen die Nachlässigen nachsichtig zu erweisen, als wegen der Nachlässigen die Eifrigen schlecht zu behandeln.

Ostern als Tauftermin

3. Ich möchte euch daran erinnern, daß ich euch in der vorigen Predigt etwas schuldig geblieben bin. Ich hatte es versprochen, konnte aber das Versprechen nicht mehr einlösen, weil ich Dinge sagen mußte, die notwendiger waren. Was war ich euch also schuldig geblieben?

Ich versuchte euch zu sagen, warum unsere Väter den ganzen Jahreslauf im Geiste durchgingen und dann festlegten, daß ihr in dieser Zeit die Taufe empfangen sollt. Ich sagte, daß diese Zeit mit Bedacht und nicht ohne Grund eingehalten wird. Es ist zwar immer dieselbe Gnade, und

---

μὲν L || 13 σπουδαιοτέροις A || 14 ἐκείνοις L || 15 ῥαθύμους L || 16 δὲ: δέ μου L δὴ H ἢ A || 17 κατέβαλα H L || 17–18 ἀναγκαιότεραν L || 18 ἦν *om.* A || 19 ἐκείνῳ A || 20 ὑμᾶς AH L *arm.*: εἰπεῖν *add.* V *Pap.* || 22 ἡμετέρας H

ἡ αὐτὴ χάρις καὶ οὐκ ἐμποδίζεται χρόνῳ· θεία γάρ ἐστιν ἡ χάρις, ἔχει δὲ μυστικόν τι καὶ ἡ τοῦ καιροῦ παρατήρησις. Τίνος οὖν ἕνεκεν νῦν ἐνομοθέτησαν τὴν ἑορτὴν ταύτην οἱ πατέρες; Νῦν ὁ βασιλεὺς ἡμῶν ἐνίκησε τὸν πόλεμον τὸν πρὸς τοὺς βαρβάρους· βάρβαροι γάρ εἰσι καὶ βαρβάρων ἀγριώτεροι | [176] πάντες οἱ δαίμονες. Νῦν τὴν ἁμαρτίαν κατέλυσε, νῦν τὸν θάνατον ἔσβεσε καὶ τὸν διάβολον ὑπέταξε καὶ τοὺς αἰχμαλώτους ἔλαβε. Τῶν ἐπινικίων τοίνυν ἐκείνων ὑπομνήματα ἄγομεν τὴν παροῦσαν ἡμέραν.

Διὰ τοῦτο νῦν ἐνομοθέτησαν οἱ πατέρες τὰς βασιλικὰς δωρεὰς διανέμεσθαι· οὗτος γὰρ ἐπινικίων ὁ νόμος. Οὕτω καὶ οἱ ἔξωθεν βασιλεῖς ποιοῦσι· τὰς ἡμέρας τῶν ἐπινικίων πολλαῖς τιμῶσι τιμαῖς. Ἀλλ' ἐκείνης μὲν τῆς τιμῆς ὁ τρόπος ἀτιμίας γέμει· ποία γὰρ τιμὴ θέατρα καὶ τὰ ἐν θεάτροις πραττόμενα καὶ λεγόμενα; Οὐχὶ πάντα αἰσχύνης ἐμπέπλησται καὶ πολλοῦ τοῦ γέλωτος; Αὕτη δὲ ἡ τιμὴ τῆς τοῦ τιμήσαντός ἐστιν ἀξία μεγαλοδωρεᾶς.

Διὰ τοῦτο νῦν ἐνομοθέτησαν, ἵνα σε ἀναμνήσωσι διὰ τοῦ καιροῦ τῆς νίκης τοῦ δεσπότου, ἵνα ἐν τοῖς ἐπινικίοις ὦσί τινες οἱ τὰ λαμπρὰ φοροῦντες ἱμάτια καὶ εἰσιόντες εἰς τὴν τιμὴν τοῦ βασιλέως· οὐ διὰ τοῦτο δὲ μόνον, ἀλλ' ἵνα καὶ κατὰ τὸν καιρὸν κοινωνῇς τῷ δεσπότῃ. »Ἐσταυρώθη«, φησίν, »ἐκεῖνος ἐν τῷ ξύλῳ.« Σταυρώθητι σὺ διὰ τοῦ βαπτίσματος· σταυρὸς γὰρ τὸ βάπτισμα καὶ θάνατος, ἀλλὰ θάνατος τῆς ἁμαρτίας, ἀλλὰ σταυρὸς τοῦ παλαιοῦ ἀνθρώπου.

---

1 οὐκ: οὐδενὶ L || 2 ἐστιν: αὕτη L || μυστικόν τι: -κῶν λόγων L || 4 ἡμῶν *om.* A || 7 νῦν²: καὶ L || 8 καὶ² *om. Pap.* || 9 τοίνυν: νῦν AH L || 10 ἄγωμεν A L || 12 οὗτως V || 18 δὲ *om.* L || 18–19 μεγαλοδωρεᾶς ἀξία L || 21 δεσποτικοῦ AH || 22 τὰ λαμπρὰ φοροῦντες: λαμπροφοροῦντες L || 23 τὴν *om.* AH V *Pap.* || 24 καὶ *om.* L || 24–25 τοῦ δεσπότου L || 25 ἐσταυρώθη — ξύλῳ *om.* L || ἐν τῷ ξύλῳ *om.* H || 26 τὸ: φησι καὶ L *Pap.* || 27 τῆς *om.* VL *Pap.*

die Zeit legt ihr kein Hindernis in den Weg; denn die Gnade ist etwas Göttliches. Doch die Beachtung dieser Zeit hat etwas mit der Taufe selbst zu tun. Weshalb bestimmten die Väter diesen Festtag? Jetzt siegte unser König im Krieg gegen die Barbaren — Barbaren und wilder als Barbaren sind alle Dämonen —, jetzt setzte er der Sünde ein Ende, jetzt löschte er den Tod aus, unterwarf den Teufel und machte Gefangene (vgl. Eph 4,8; Ps 68,19: LXX Ps 67,19). Wir feiern also diesen Tag zum Gedenken an seinen Sieg.

Daher bestimmten die Väter, daß die Gaben des Königs jetzt verteilt werden. So will es der Brauch der Siegesfeste. So tun es die irdischen Könige auch: Die Tage des Siegesfestes zeichnen sie durch viele Ehrenbezeigungen aus. Doch deren Art ist voll von Unehrenhaftigkeit. Denn was für eine Ehre bezeigen Schauspiele und das, was dabei getan und gesagt wird? Ist das nicht alles sehr schändlich und lächerlich?[1] Dagegen ist diese Ehrenbezeigung hier der Hochherzigkeit dessen, der sie gewährt, würdig.

Deswegen haben unsere Väter es so festgelegt: Die Feier soll euch durch ihren Zeitpunkt an den Sieg des Herrn erinnern; es sollen bei dem Siegesfest Menschen dabeisein, die weiße Gewänder tragen und kommen, um den König zu ehren. Aber nicht nur das! Ihr sollt während dieser Zeit auch mit dem Herrn Gemeinschaft haben. Die Schrift sagt: „Er wurde am Holz gekreuzigt" (vgl. Gal 3,13). Laß du dich durch die Taufe kreuzigen! Denn die Taufe ist auch ein Kreuz und ein Tod: Sie ist der Tod der Sünde und das Kreuz des alten Menschen.

---

[1] Vgl. hierzu oben 144f Anm. 3.

4. Ἄκουσον γοῦν τί φησιν ὁ Παῦλος, πῶς ἀμφότερα 178 λέγει περὶ τοῦ βαπτίσματος, ὅτι θάνατός ἐστιν ἁμαρτίας καὶ σταυρός· »Ἢ ἀγνοεῖτε ὅτι ὅσοι εἰς Χριστὸν ἐβαπτίσθητε, εἰς τὸν θάνατον αὐτοῦ ἐβαπτίσθητε;« καὶ πάλιν· »Ὁ παλαιὸς ἡμῶν ἄνθρωπος συνεσταυρώθη, ἵνα καταργηθῇ τὸ σῶμα τῆς ἁμαρτίας.« Ἵνα οὖν μὴ ἀκούσας θάνατον καὶ ἀκούσας σταυρὸν φοβηθῇς, ἐπήγαγεν ὅτι ἁμαρτίας θάνατός ἐστιν ὁ σταυρός. Εἶδες, πῶς σταυρὸς τὸ βάπτισμα; Μάθε ὅτι καὶ τὸν σταυρὸν βάπτισμα ἐκάλεσεν ὁ Χριστός, ἀντιδιδούς σοι καὶ ἀντιλαμβάνων τὰ ὀνόματα. Τὸ βάπτισμα τὸ σὸν ἐκάλεσε σταυρόν· »Τὸν σταυρὸν τὸν ἐμόν«, φησί, »καλῶ βάπτισμα.«

Καὶ ποῦ τοῦτο φησί; »Βάπτισμα ἔχω βαπτισθῆναι, ὃ ὑμεῖς οὐκ οἴδατε.« Καὶ πόθεν δῆλον ὅτι περὶ τοῦ σταυροῦ λέγει; Προσῆλθον αὐτῷ οἱ υἱοὶ Ζεβεδαίου, μᾶλλον δὲ »ἡ μήτηρ τῶν υἱῶν Ζεβεδαίου« λέγουσα· »Εἰπὲ ἵνα οὗτοι καθίσωσιν, εἷς ἐκ δεξιῶν καὶ εἷς ἐξ εὐωνύμων ἐν τῇ βασιλείᾳ σου.« Μητρὸς ἡ αἴτησις, εἰ καὶ ἀπερίσκεπτος. Τί οὖν ὁ | Χριστός; »Δύνασθε πιεῖν | 18 τὸ ποτήριον ὃ ἐγὼ μέλλω πίνειν, καὶ τὸ βάπτισμα ὃ ἐγὼ βαπτίζομαι βαπτισθῆναι;« Ὁρᾷς ὅτι βάπτισμα τὸν σταυρὸν ἐκάλεσε. Πόθεν τοῦτο δῆλον; »Δύνασθε«, φησί, »πιεῖν τὸ ποτήριον ὃ ἐγὼ μέλλω πίνειν;« Ποτήριον τὸ πάθος λέγει καὶ διὰ τοῦτο φησί· »Πάτερ, εἰ δυνατόν ἐστι, παρελθέτω τὸ ποτήριον τοῦτο ἀπ'

2–3 ἁμαρτίας (τῆς ἁ. *arm.*) *om.* L || 3 καὶ L *arm.*: ὁ AH V καὶ ὁ *Pap.* || ἀγνοεῖτε: φησίν *add.* L || 6 καταργήσει L || 8–9 ὅτι — ὁ σταυρός AH V *arm. Pap.*: εἰπὼν ἁμαρτίας τὸν θάνατον καὶ τοῦ παλαίου ἀνθρώπου τὸν σταυρόν L || 9–10 ὅτι καὶ: πῶς L || 11 τὰ ὀνόματα AH L *arm.*: τὸ ὄνομα τοῦ βαπτίσματος V *Pap.* || 11–12 τὸ βάπτισμα τὸ σὸν: ὃν V || 13 φησί *om.* AH L || 14 ποῦ *om.* L || 14–15 βάπτισμα ἔχω βαπτισθῆναι ὃ: τὸ βάπτισμα ὃ ἐγὼ βαπτίζομαι L || 16 οἱ *om.* H V L *Pap.* || 18 οὗτοι AH V: υἱοί μου L οἱ δύο υἱοί μου *Pap.* || καθήσωσιν

Die Taufe als Kreuz und Tod

4. Hört nun, was Paulus sagt, wie er beides von der Taufe behauptet, daß sie der Tod der Sünde ist und das Kreuz: „Wißt ihr denn nicht, daß ihr alle, die ihr auf Christus getauft wurdet, auf seinen Tod getauft worden seid?“ (vgl. Röm 6,3) und andernorts: „Unser alter Mensch wurde mitgekreuzigt, damit der von der Sünde beherrschte Leib vernichtet werde“ (Röm 6,6). Damit ihr nicht erschreckt, wenn ihr Tod und Kreuz hört, fügte Paulus hinzu, daß das Kreuz der Tod der Sünde ist. Habt ihr gesehen, inwiefern die Taufe ein Kreuz ist? Erkennt nun, daß Christus auch das Kreuz eine Taufe nannte. Taufe und Kreuz waren für ihn austauschbare Begriffe. Deine Taufe nannte er Kreuz; „mein Kreuz nenne ich Taufe“, sagt er.

Und wo sagt er das? „Ich muß mit einer Taufe getauft werden, die ihr nicht kennt“ (vgl. Lk 12,50). Woran aber ist erkennbar, daß er vom Kreuz spricht? Es kamen die Söhne des Zebedäus zu ihm, richtiger „die Mutter der Söhne des Zebedäus“. Sie sagte: „Versprich, daß diese in deinem Reich rechts und links neben dir sitzen dürfen“ (Mt 20,20f). Es ist die Bitte einer Mutter, allerdings eine unüberlegte. Und was sagte Christus darauf? „Könnt ihr den Kelch trinken, den ich trinken werde, und die Taufe auf euch nehmen, mit der ich getauft werde?“ (Mt 20,22; Mk 10,38). Merkt ihr, daß er das Kreuz als Taufe bezeichnete? Woraus wird das deutlich? Er sagt: „Könnt ihr den Kelch trinken, den ich trinken werde?“ Kelch nennt er sein Leiden. Deshalb sagt er: „Vater, wenn es möglich ist, gehe dieser Kelch an mir vorüber“ (Mt 26,39). Habt ihr also

---

AH || 19 ἐν — σου *om.* A L || 22 ὅτι: καὶ *add.* L || 24 πίνειν: πιεῖν L || ποτήριον τὸ L *Pap.*: τὸ π. τὸ AH V || 26 ἐστι *om.* V L *Pap.* || *post* ποτήριον: *iter.* 24–26 ὃ ἐγὼ — ποτήριον L

ἐμοῦ.« Εἶδες πῶς βάπτισμα τὸν σταυρὸν ἐκάλεσε καὶ τὸ πάθος ποτήριον; Ἐκάλεσε δὲ οὕτως, οὐκ ἐπειδὴ αὐτὸς ἐκαθαίρετο — πῶς γάρ, »ὅς γε ἁμαρτίαν οὐκ ἐποίησεν οὐδὲ δόλος ἦν ἐν τῷ στόματι αὐτοῦ«; — ἀλλ' ἐπειδὴ αὐτὸς τῷ αἵματι τῷ ῥεύσαντι ἐκεῖθεν ἅπασαν τὴν οἰκουμένην ἐκάθηρε. Διὰ τοῦτο καὶ ὁ Παῦλος φησί· »Εἰ σύμφυτοι γεγόναμεν τῷ ὁμοιώματι τοῦ θανάτου αὐτοῦ διὰ τοῦ βαπτίσματος«. Οὐκ εἶπε »τῷ θανάτῳ«, ἀλλὰ »τῷ ὁμοιώματι τοῦ θανάτου | αὐτοῦ«. | 182 Θάνατος μὲν γὰρ κἀκεῖνο καὶ τοῦτο, ἀλλ' οὐ τοῦ αὐτοῦ πράγματος· ἐκεῖνο μὲν γὰρ σώματος, τοῦτο δὲ ἁμαρτίας· διὰ τοῦτο ὁμοίωμα θανάτου.

5. Τί οὖν; Ἀποθνῄσκομεν μόνον μετὰ τοῦ δεσπότου καὶ ἐν τοῖς σκυθρωποῖς κοινωνοῦμεν μόνον; Μάλιστα μὲν οὐδὲ τοῦτο σκυθρωπὸν τὸ κοινωνῆσαι θανάτῳ δεσποτικῷ. Πλὴν μικρὸν ἀνάμεινον καὶ ὄψει καὶ ἐν τοῖς χρηστοῖς κοινωνοῦντά σε· »Εἰ γὰρ ἀπεθάνομεν σὺν αὐτῷ«, φησί, »πιστεύομεν ὅτι καὶ συζήσομεν αὐτῷ.« Ὁμοῦ γὰρ καὶ ταφὴ καὶ ἀνάστασίς ἐστιν ἐν τῷ βαπτίσματι κατὰ τὸν αὐτὸν καιρόν· ἀφίησι κάτω τὸν παλαιὸν ἄνθρωπον καὶ λαμβάνει τὸν καινὸν καὶ ἀνίσταται, »ὥσπερ ἠγέρθη ὁ Χριστὸς διὰ τῆς δόξης τοῦ Πατρός«. Ὁρᾷς πῶς πάλιν τὴν ἀνάστασιν λέγει; Ἀλλὰ διὰ τί ἡ μὲν ἡμετέρα ἀνάστασις καὶ ἡ ταφὴ καὶ ὁ θάνατος ἐν τῷ αὐτῷ καιρῷ — ὁμοῦ γὰρ καὶ θαπτόμεθα

---

1 ἴδες V || πῶς *om.* AH || 1–2 καὶ τὸ πάθος ποτήριον *om.* AH V *arm.* || 3 ὅς: ὥς L || 5 αὐτὸς L *arm. Pap.*: *om.* AH V || τὸ αἷμα τὸ ῥεῦσαν V *Pap.* || 6 ἐκάθηρε V^{pc}L: καθῆρεν AH V^{ac} || 7 εἰ *om.* H V || σύμφοιτοι H L *Pap.* || 8–9 διὰ — αὐτοῦ *om.* L || οὐκ — αὐτοῦ *om.* A || 12 ὁμοίωμα θανάτου: ὁμοίῳ θανάτῳ L || 13 μετὰ: ὑπὲρ H || 17 κοινωνοῦντά σε: κοινωνοῦντας AH V *arm.* || ἀπεθάνωμεν A || 17–18 σὺν αὐτῷ *om.* L || 18 πιστεύωμεν L || συζήσωμεν A || 21 και-

gesehen, wie er das Kreuz als Taufe und das Leiden als Kelch bezeichnete? Er sprach nicht deshalb so davon, weil er sich selbst hätte reinigen müssen — denn „er hat keine Sünde begangen, und in seinem Mund war kein trügerisches Wort“ (1 Petr 2,22) —, sondern weil er selbst durch das Blut, das er vergoß, den ganzen Erdkreis reinigte. Deswegen sagt Paulus: „wenn wir durch die Taufe in der Ähnlichkeit mit seinem Tod ihm verbunden sind“ (vgl. Röm 6,5). Er sagt nicht „in seinem Tod“, sondern „in der Ähnlichkeit mit seinem Tod“. Denn beides ist Tod, aber nicht Tod derselben Sache: Das eine nämlich ist Tod des Leibes, das andere Tod der Sünde; deswegen spricht er von der Ähnlichkeit mit seinem Tod.

Die Taufe als Begrabenwerden und Auferstehen

5. Was nun? Sterben wir nur mit dem Herrn, und haben wir nur in den traurigen Dingen Gemeinschaft mit ihm? Zunächst einmal ist es gar nicht traurig, mit dem Tod des Herrn Gemeinschaft zu haben. Doch wartet noch etwas, und ihr werdet sehen, daß ihr auch in den erfreulichen Dingen mit ihm Gemeinschaft habt. (Denn es heißt weiter:) „Sind wir nun mit Christus gestorben, so glauben wir, daß wir auch mit ihm leben werden“ (Röm 6,8). In der Taufe geschieht beides im selben Augenblick, Begrabenwerden und Auferstehen. Wer getauft wird, läßt den alten Menschen unten zurück und nimmt den neuen und steht auf, „wie Christus durch die Herrlichkeit des Vaters auferweckt wurde“ (Röm 6,4). Seht ihr, wie er wieder die Auferstehung erwähnt? Aber warum ereignen sich unsere Auferstehung, unser Begrabenwerden und unser Tod im selben Augenblick — denn wir werden zugleich begraben und

---

νὸν: νέον H || 22 ἠγέρθη: ἀνέστι L || ὁ *om.* AH || 23 πάλιν πῶς AH || 24 ἡ μὲν: ἦμεν (*add.* ἡ μὲν *post corr.*) H || ἡ[2] *om.* L || ὁ *om.* L

καὶ ἀνιστάμεθα —, ἡ δὲ τοῦ δεσπότου ἐβράδυνεν; Ἐν τρισὶ | γὰρ ἡμέραις ἠγέρθη. Διὰ τί οὖν ἡ μὲν ἡμε- | 184
τέρα ἀνάστασις ἀθρόον, ἡ δὲ δεσποτικὴ βραδυτέρα;

Ἵνα μάθῃς ὅτι οὐ δι' ἀσθένειαν ἡ βραδυτής· ὁ γὰρ τὸν δοῦλον ἀναστῆσαι δυνηθεὶς ἐν βραχείᾳ καιροῦ ῥοπῇ, πολλῷ μᾶλλον ἑαυτὸν ἀναστῆσαι ἠδύνατο. Τίνος οὖν ἕνεκεν ἡ βραδυτής; Τίνος ἕνεκεν ἡ τριήμερος; Ἵνα βραδύναντος τοῦ θανάτου καὶ διὰ τῆς βραδυτῆτος ἀναμφισβήτητος τῆς ἀναστάσεως ἡ ἀπόδειξις γένηται. Ὅπου γὰρ καὶ νῦν μετὰ τοσαύτην ἀπόδειξιν εἰσὶν ἄνθρωποι λέγοντες ὅτι δοκήσει ἔπαθεν, εἰ μὴ τοσαύτη γέγονε βραδυτής, τί οὐκ ἂν εἶπον ἐκεῖνοι; Οὐδὲ γὰρ τῷ λόγῳ τῆς ἀναστάσεως ὁ διάβολος ἐπιβουλεῦσαι ἐβούλετο μόνον, ἀλλὰ καὶ τῇ πίστει τοῦ θανάτου· ᾔδει γάρ, ᾔδει σαφῶς ὅτι κοινὸν φάρμακον τῆς οἰκουμένης ὁ σωτήριος θάνατος ἦν καὶ ἐξελεῖν τοῦτον τῆς πίστεως τῶν ἀνθρώπων ἐσπούδαζεν, ἵνα ἀνέλῃ τὴν σωτηρίαν.

Διὰ τοῦτο βραδύνει ὁ δεσπότης ἐν τῇ ἀναστάσει καὶ 186
προσέρχονται οἱ Ἰουδαῖοι λέγοντες· »Δὸς ἡμῖν στρατιώτας, ἵνα τηρήσωμεν τὸν τάφον.« Ὢ τῆς ἀναισχυντίας· πότε νεκρὸν εἶδες, ὦ Ἰουδαῖε, τηρούμενον; Εἰ γὰρ κοινὸς νεκρὸς ἦν καὶ ψιλὸς ἄνθρωπος ὁ σταυρωθείς, τί ξένα καὶ παράδοξα ποιεῖς πράγματα; Τί φοβεῖ καὶ τρέμεις καὶ φύλακας συνάγεις; Πλὴν ἀλλ' οὐδὲ τοῦτο

2–3 οὖν — βραδυτέρα *om.* L || 3 ἀθρόως AH || βραδυτέρα: ναὶ συμφερόντως *add.* V *Pap.* || 5 βραχῇ AH || 6 ἐδύνατο A || 7 ἡ[1] — ἕνεκεν[2] *om.* A || ἡ[2] *om.* L || τριήμερος AH L: ταφή *add.* V *Pap.* || 8 καὶ *om.* H || 9 ἡ ἀποδ. τῆς ἀναστ. L || 10 γένηται: γέγωνεν L || 11 εἰσὶν: οἱ L || 12 τοσαύτη: αὕτη L || εἴποιεν AH || 15 ᾔδει γὰρ ᾔδει: ἴδη γάρ φησι ἴδη L || 16 οἰκουμενῶς AH L *Pap.* || 23 νεκρὸς ἦν: ὁ νεκρὸς ἦν V ἦν ὁ νεκρὸς AH

---

[2] Die Bewachung des Grabes Christi erbaten gemäß Mt 27,62 nicht „die Juden“, sondern „die Hohenpriester und die Pharisäer“. Zu einer gerechten Beurteilung der Polemik des Johannes Chrysostomus gegen die

auferweckt —, während sich dies beim Herrn länger hinzog? Denn er wurde erst nach drei Tagen auferweckt. Warum also ereignet sich unsere Auferstehung so rasch, die des Herrn aber langsamer?

Du mußt wissen, daß nicht Schwäche der Grund für das langsame Geschehen war. Wenn er seine Knechte nämlich in einem Augenblick auferstehen lassen kann, hätte er um so mehr selbst so auferstehen können. Weshalb also ging es so langsam? Weshalb war er drei Tage begraben? Damit durch das längere Totsein und aufgrund der Langsamkeit der Beweis für die Auferstehung unbestritten ist. Es gibt ja trotz des klaren Beweises immer noch Menschen, die sagen, er habe nur dem Schein nach gelitten. Was würden sie sagen, wenn nicht alles so langsam geschehen wäre? Der Teufel wollte nicht nur die Verkündigung der Auferstehung bekämpfen, sondern auch den Glauben an den Tod. Denn er wußte ganz genau, daß der Tod des Erlösers Heilmittel für den ganzen Erdkreis war. Daher bemühte er sich, ihn aus dem Glaubensbewußtsein der Menschen zu entfernen, um so ihr Heil zunichte zu machen.

Deswegen vollzog sich die Auferstehung des Herrn langsam. Die Juden kamen und sagten zu Pilatus: „Gib uns Soldaten, um das Grab zu bewachen“ (vgl. Mt 27,64). Welche Unverschämtheit! Ihr Juden, habt ihr jemals einen Toten gesehen, den man bewachen mußte? Wenn der Gekreuzigte ein gewöhnlicher Toter und ein normaler Mensch war, warum verhaltet ihr euch da so ungewöhnlich und sonderbar? Warum fürchtet ihr euch und zittert und treibt Wachen zusammen?[2] Gott verhinderte freilich auch

---

Juden, die aus der besonderen Situation in Antiochien erklärt werden muß, wo sich das Zusammenleben von Juden und Christen seit den neutestamentlichen Anfängen besonders schwierig gestaltete und es zur Zeit des Kirchenvaters eine große Anzahl judaisierender Christen gab, vgl. KACZYNSKI, *Wort Gottes* 45 f, und die dort angegebene Literatur.

ἐκώλυσεν ὁ Θεός, ἀλλ' ἀφῆκε φυλάττεσθαι, ἵνα »ἐν τοῖς ἔργοις τῶν χειρῶν αὐτοῦ συλληφθῇ ὁ ἁμαρτωλός«. Ἐκεῖνοι μὲν γὰρ ἔλεγον· »Δὸς ἡμῖν στρατιώτας, ἵνα μὴ κλέψωσιν αὐτὸν οἱ μαθηταὶ αὐτοῦ καὶ εἴπωσιν ὅτι ἀνέστη.« Συνέβη δὲ τοὐναντίον· ἔλαβον γὰρ στρατιώτας, ἵνα μὴ ἀναστάντος αὐτοῦ λέγωσιν ὅτι | ἔκλε- | 188
ψαν αὐτὸν οἱ μαθηταὶ αὐτοῦ καὶ οὐκ ἀνέστη, καὶ τὰ κατὰ τῆς ἀναστάσεως σκευωρούμενα ὑπὲρ τῆς ἀναστάσεως γέγονε καὶ τοὺς ἐπιβούλους αὐτοὺς μάρτυρας ἐποίησε τῆς ἀναστάσεως ὁ Χριστός, ἵνα ἐκκόψῃ τὴν ἀπολογίαν αὐτῶν τὴν ἐν ἐκείνῃ τῇ ἡμέρᾳ.

6. Τίνος μὲν οὖν ἕνεκεν ἐν τῷ καιρῷ τούτῳ μυσταγωγεῖσθαι ἐκέλευσαν οἱ πατέρες, ἱκανῶς — οἶμαι ἔγωγε — διὰ τῶν εἰρημένων ὑμῖν παρεστήσαμεν. Βούλομαι δὲ καὶ ἕτερον ὑμῖν ἀποδοῦναι χρέος, εἰ μὴ πρὸς τὴν ἀκρόασιν ἀπεκάμετε, καὶ εἰπεῖν τίνος ἕνεκεν γυμνοὺς καὶ ἀνυποδέτους ὑμᾶς πρὸς τὰς τῶν ἐξορκιζόντων ἐντεῦθεν παραπέμπομεν φωνάς· καὶ γὰρ καὶ ἐνταῦθα ἡ αὐτὴ αἰτία φανεῖται πάλιν, ὅτι πόλεμον νικήσας ὁ βασιλεὺς αἰχμαλώτους ἔλαβε. Τοιοῦτον δὲ τῶν αἰχμαλώτων τὸ σχῆμα. Ἄκουσον γοῦν, τί φησι πρὸς τοὺς Ἰουδαίους ὁ Θεός· »Ὃν τρόπον ἐπορεύθη ὁ παῖς μου Ἠσαΐας γυμνὸς καὶ ἀνυπόδετος«, οὕτως
| πορεύσονται υἱοὶ Ἰσραὴλ εἰς τὴν αἰχμαλωσίαν γυ- | 190
μνοὶ καὶ ἀνυπόδετοι. Βουλόμενος τοίνυν ἀναμνῆσαί σε τῆς προτέρας τοῦ διαβόλου τυραννίδος διὰ τοῦ

---

1 Θεός: δεσποτής L || 2 συλληφθήει L || 6 λέγουσιν L || 7 ἀνέστη: συνέβει δὲ τοῦναντίον *add.* L || 8 σκευορούμενα V σκεωρούμενα L || 9 αὐτοῦ AH L || 11 τὴν *om.* L || 12 οὖν *om.* H || ἐν *om.* L || 13–14 ἔγωγε οἶμαι AH L || 14 παραστήσαι L || 15 χρέους L ||

das nicht, sondern ließ die Bewachung zu, damit „sich der Frevler im eigenen Werk verstrickt“ (Ps 9,17). Denn sie sagten zwar: „Gib uns Soldaten! Sonst könnten seine Jünger ihn stehlen und sagen: Er ist auferstanden“ (vgl. Mt 27,64). Aber es geschah das Gegenteil: Sie nahmen Soldaten, und daher konnten sie nach seiner Auferstehung nicht sagen, seine Jünger hätten ihn gestohlen und er sei nicht auferstanden. So wurden die Beweismittel, die man gegen die Auferstehung beibringen wollte, zu solchen, die zugunsten der Auferstehung sprechen. Und Christus machte jene selbst, die gegen ihn gearbeitet hatten, zu Zeugen seiner Auferstehung, und so machte er die Verteidigung zunichte, die sie sich an jenem Tag ausgedacht hatten.

Der Gang zu den Exorzisten

6. Ich habe euch — so meine ich wenigstens — durch meine Predigt ausreichend klargemacht, warum die Väter diese Zeit für die Feier der Taufe festgelegt haben. Falls ihr nicht schon zu müde seid zum Hören, möchte ich euch noch etwas anderes sagen, was ich euch schuldig geblieben bin, nämlich, warum wir euch ohne Obergewand und barfuß von hier zu den Exorzisten schicken, damit ihr ihre Worte hört. Auch hier liegt wieder derselbe Grund vor: Der König gewann den Krieg und machte Gefangene (vgl. Eph 4,8; Ps 68,19: LXX Ps 67,19). So aber sehen Gefangene aus: entkleidet und barfuß. Hört doch, was Gott zu den Juden sagt: „Wie mein Knecht Jesaja nackt und barfuß umherging“, so werden die Söhne Israels in die Gefangenschaft gehen: nackt und barfuß (vgl. Jes 20,3). Er will euch durch die äußere Aufmachung an die frühere Gewaltherr-

---

16–17 γυμνοὺς: ἡμᾶς *add.* L || 17 ἀνυποδήτους V || ὑμᾶς *om.* HL || 18 καὶ[2] *om.* L || 19 πάλιν: πᾶσιν L || ὅτι: ὅτε L || 20 τοιοῦτο V || 20–21 δὲ τῶν: λέγω A λέγων H || 21 αἰχμάλωτον A || 23 ἀνυπόδητος V -δετως L || 24 πορεύσονται: οἱ *add.* A || 25 ἀνυπόδητοι V || 26 σε *om.* L || τυραννίδος τοῦ διαβόλου H

σχήματος παραπέμπει σε πρὸς τὴν μνήμην τῆς δυσγενείας τῆς παλαιᾶς. Διὰ τοῦτο οὐχὶ γυμνοὶ καὶ ἀνυπόδετοι μόνον ἑστήκατε, ἀλλὰ καὶ τὰς χεῖρας ὑπτίας ἔχοντες, ἵνα καὶ τὴν μετὰ ταῦτα ὁμολογῆτε τοῦ θεοῦ δεσποτείαν, ᾗ νῦν προσέρχεσθε.

Σκῦλά ἐστε καὶ λάφυρα πάντες ὑμεῖς· καὶ τῶν σκύλων τούτων ὁ Ἡσαΐας μέμνηται πόρρωθεν πρὸ τῆς τῶν πραγμάτων ἐκβάσεως προαναφωνῶν οὕτως· »Αὐτὸς τοῦ ἰσχυροῦ μεριεῖται σκῦλα.« Καὶ πάλιν· Ἦλθε »κηρῦξαι αἰχμαλώτοις ἄφεσιν«. Ὁ Δαυὶδ δὲ μετὰ τούτου τὴν αἰχμαλωσίαν ταύτην προφητεύων ἔλεγεν· »Ἀνέβης εἰς ὕψος, ᾐχμαλώτευσας αἰχμαλωσίαν.« Ἀλλὰ μὴ στυγνάσῃς ἀκούων αἰχμαλωσίαν· οὐδὲν γὰρ ταύτης τῆς αἰχμαλωσίας μακαριώτερον. Ἡ μὲν γὰρ τῶν ἀνθρώπων αἰχμαλωσία ἀπὸ ἐλευθερίας εἰς δουλείαν ἄγει, αὕτη δὲ ἀπὸ δουλείας εἰς ἐλευθερίαν μεθίστησι· καὶ ἡ μὲν τῶν ἀνθρώπων ἀποστερεῖ πατρίδος καὶ πρὸς τὴν ξένην ἄγει, αὕτη δὲ ἡ αἰχμαλωσία ἐκβάλλει τῆς ξένης καὶ ἄγει πρὸς τὴν πατρίδα, τὴν ἄνω Ἱερουσαλήμ. Ἡ τῶν ἀνθρώπων αἰχμαλωσία ἀποστερεῖ μητρός, αὕτη δὲ πρὸς τὴν μητέρα σε ἄγει τὴν κοινὴν πάντων ἡμῶν. Ἐκείνη καὶ συγγενῶν καὶ πολιτῶν διαζεύγνυσιν, αὕτη δὲ πρὸς τοὺς πολίτας ἄγει τοὺς ἄνω· καὶ γὰρ | »συμπολῖταί ἐστε«, φησί, »τῶν ἁγίων.« Τὸ μὲν | 192
οὖν σχῆμα τοῦτον ἔχει τὸν λόγον.

7. Τίνος δὲ ἕνεκεν αἱ τῶν ἐξορκιστῶν φωναί, αἱ φοβεραὶ ἐκεῖναι καὶ φρικώδεις, ἀναμιμνῄσκουσαι τοῦ κοινοῦ

1–2 δυσγενείας: συγγενίας L || 2–3 ἀνυπόδητοι V || 3 ἑστικότες L || 4 καὶ *om.* L || 5 ᾗ: ἣ A ᾧ L || 7 πόρρωθεν: καὶ *add.* AH || 9 μερεῖται A || 10 αἰχμαλώτους L || δὲ *om.* L || 11 λέγει AH || 11–12 ἀνέβη L ἀναβὰς H || 12 ᾐχμαλώτευσεν L || 12–13 ἀλλὰ — αἰχμαλωσίαν

schaft des Teufels erinnern und ruft euch eure alte unedle Herkunft ins Gedächtnis. Daher steht ihr nicht nur ohne Obergewand und barfuß da, sondern habt auch die Hände auf den Rücken gelegt, um der künftigen Herrschaft Gottes zuzustimmen, unter die ihr euch jetzt begebt.

Ihr alle seid eine Kriegsbeute. Diese Beute erwähnte Jesaja schon lange, bevor die Ereignisse eintraten, als er vorhersagte: „Er wird sich die Beute des Mächtigen zuteilen" (Jes 53,12). Und andernorts: Er kam, „um den Gefangenen die Entlassung zu verkünden" (Jes 61,1). David aber prophezeite folgendermaßen die Gefangennahme: „Du zogst hinauf zur Höhe, führtest Gefangene mit" (Ps 68,19: LXX Ps 67,19). Sei aber nicht traurig, wenn du (das Wort) Gefangennahme hörst: Nichts ist seliger als diese Gefangennahme. Denn die Gefangennahme durch Menschen führt aus der Freiheit in die Sklaverei, diese Gefangennahme aber wandelt Sklaverei in Freiheit. Die Gefangennahme durch Menschen beraubt der Heimat und führt in die Fremde, diese Gefangennahme aber holt aus der Fremde und führt zur Heimat, in das himmlische Jerusalem. Die Gefangennahme durch Menschen beraubt der Mutter, diese Gefangennahme aber führt dich zur gemeinsamen Mutter von uns allen. Die Gefangennahme durch Menschen trennt von Verwandten und Mitbürgern, diese Gefangennahme aber führt zu den Bürgern im Himmel; die Schrift sagt ja: „Ihr seid Mitbürger der Heiligen" (Eph 2,19). Das also ist der Grund für eure äußere Aufmachung.

Der Sinn der Exorzismen

7. Weshalb jene Furcht und Schrecken einjagenden Worte der Exorzisten, die an den gemeinsamen Herrn, an die

om. H || 16 ἀνάγει L || 19 ἄνω: ἁγίαν L || 21 σε ἄγει: εἰσάγει L || 22 συμπολιτῶν A || 24 γὰρ *om.* L || 26 ἐξορκόντων L || αἱ[2] *om.* L || 26–27 ἐκεῖναι φοβεραὶ L || 27 καὶ: αἱ L || ἀναμιμνῄσκουσι σε *Pap.*

δεσπότου, τῆς κολάσεως, τῆς τιμωρίας, τῆς γεέννης; Διὰ τὴν ἀναισχυντίαν τῶν δαιμόνων.

Καὶ γὰρ πρόβατον ἀσφράγιστον ὁ κατηχούμενός ἐστι καὶ πανδοχεῖον ἔρημον καὶ ἀθύρωτον καταγώγιον πᾶσι προκείμενον ἁπλῶς, λῃστῶν καταδρομή, θηρίων καταφυγή, δαιμόνων οἴκησις. Ἐπεὶ οὖν ἔδοξε τῷ βασιλεῖ διὰ πολλὴν φιλανθρωπίαν τὸ πανδοχεῖον τοῦτο τὸ ἔρημον, τὸ ἀθύρωτον, τὴν καταφυγὴν τῶν λῃστῶν βασιλικὰς αὐλὰς γενέσθαι, διὰ τοῦτο ἔπεμψε προετοιμάζοντας τὸ καταγώγιον ἡμᾶς τοὺς διδάσκοντας κἀκείνους τοὺς ἐξορκίζοντας.

Καὶ ἡμεῖς μὲν οἱ διδάσκοντες τοὺς τοίχους σαθροὺς ὄντας ποιοῦμεν ὀχυροὺς διὰ τῆς διδασκαλίας· »Πᾶς γάρ«, φησίν, »ὅστις ἀκούει μου τοὺς λόγους καὶ ποιεῖ αὐτούς, ὁμοιωθήσεται ἀνδρὶ φρονίμῳ, ὅστις ᾠκοδόμησε τὴν οἰκίαν αὐτοῦ ἐπὶ τὴν πέτραν.« Ἀσφαλῆ καταβάλλωμεν τὰ θεμέλια, ἕως ἂν παραγένηται ὁ βασιλεύς.

Εἴ που ῥῦπόν τινα καὶ βόρβορον ἴδωμεν, ἐξαντλοῦμεν· τοιοῦτον γὰρ ἡ συνήθεια τῆς ἁμαρτίας, δυσώδης καὶ ἀκάθαρτος. Ἄκουσον γοῦν πῶς αὐτῆς τὴν φύσιν ὁ Δαυὶδ | [194] λέγει· »Ὡσεὶ φορτίον βαρὺ ἐβαρύνθησαν ἐπ' ἐμέ· προσώζεσαν καὶ ἐσάπησαν οἱ μώλωπές μου.« Ἡμεῖς μὲν ἐξαντλοῦμεν τὴν δυσωδίαν καὶ τίθεμεν τὸ μύρον τὸ πνευματικόν, οἱ δὲ ἐξορκίζοντες διὰ τῶν φοβερῶν ἐκείνων φωνῶν περισκοποῦσι, μή που θηρίον, μή που ὄφις, μή που ἔχις, μή που σκορπίος· μετὰ γὰρ τὸ τὴν φωνὴν ἀκοῦσαι τὴν φοβερὰν ἐκείνην, κἂν χαλεπὸν ᾖ τὸ θηρίον, οὐ δύναται καταδύεσθαι οὐδὲ φωλεύειν, ἀλλ' ἄνεισι καὶ δραπετεύει καὶ μὴ βουλόμενον.

2 διὰ *om.* A ‖ 6 ᾤκησις L ‖ 12 ὑμεῖς L ‖ 13 ἰσχυροὺς AH ‖ διδασκαλίας: τῆς ἡμετέρας *add.* AH ‖ 14 λόγους: τούτους *add.* L *Pap.* ‖ 17 καταβάλωμεν H ‖ 19 τινα *om.* L ‖ ἴδωμεν *om.* H ‖ 21 αὐτῆς: αὐτῶν A ‖ τὴν φύσιν αὐτῆς H ‖ 22 λέγει ὁ Δαυὶδ A ‖

Züchtigung, an die Strafe und an die Hölle erinnern? Der Unverschämtheit der Dämonen wegen.

Denn der Taufbewerber ist ein Schaf ohne Eigentumsmarke, eine einsame Herberge, ein Unterschlupf ohne Tür, für alle ohne weiteres zugänglich, ein Lagerplatz für Räuber, ein Zufluchtsort für wilde Tiere, eine Wohnung von Dämonen. Dem König erschien es in seiner großen Menschenfreundlichkeit gut, daß diese einsame, unverschlossene Herberge, der Zufluchtsort der Räuber, zu einem Königspalast würde. Deswegen sandte er uns, die Lehrer und die Exorzisten, damit sie die Herberge vorbereiteten.

Wir Lehrer festigen die schadhaften Mauern durch unsere Belehrung. In der Schrift heißt es: „Wer meine Worte hört und danach handelt, ist wie ein kluger Mann, der sein Haus auf Fels baute“ (Mt 7,24). Wir wollen einen Grund legen, der sicher ist bis zum Erscheinen des Königs.

Wenn wir irgendwo Schmutz und Schlamm sehen, wollen wir ihn tilgen. So ist die Sünde, wenn man sich an sie gewöhnt hat: stinkend und unrein. Hört, wie David sich über ihr Wesen äußert: „Sie erdrücken mich wie eine schwere Last. Mir schwären, mir eitern die Wunden“ (Ps 38,5 f: LXX Ps 37,5 f). Wir tilgen den Gestank und legen die geistliche Salbe auf; die Exorzisten aber sorgen mit ihren furchtbaren Worten dafür, daß nicht irgendwo noch ein wildes Tier, eine Schlange, eine Natter, ein Skorpion lauert. Auch ein gefährliches wildes Tier kann sich nämlich, wenn es die furchtbaren Worte gehört hat, nicht einfach verkriechen und in seine Höhle zurückziehen, sondern es weicht zurück und läuft davon, obwohl es das gar nicht will.

---

23 μου AH V *arm.*: ἀπὸ προσώπου τῆς ἀφροσύνης μου *add.* L *Pap.* || 24 τὴν δυσωδίαν καὶ *om.* L || 29 ᾗ: ἣν A || καταλύεσθαι A || 29–30 οὐδὲ φωλεύειν: καὶ ἐμφολεύειν H L

8. Ἐβουλόμην εἰπεῖν καὶ ἕτερον, ὅπερ οὐχ ὑπεσχόμην εἰπεῖν· ἀναγκαῖον δὲ ἦν εἰπεῖν τίνος ἕνεκεν ἡμεῖς μὲν πιστοί, οἱ δὲ ἀμύητοι κατηχούμενοι. Καὶ γὰρ αἰσχρὸν ὄντως καὶ καταγέλαστον τιμὴν λαμβάνοντα μηδὲ τὸ ὄνομα τῆς τιμῆς εἰδέναι.

Ἀλλὰ τί πάθω; Ἐπέστη μοι πάλιν ἡ τῶν ὅρκων 196
φροντὶς καὶ βραδυτῆτα ἐνεκάλεσε καὶ τὸν λόγον ἕλκει πρὸς ἑαυτήν. Διὰ τοῦτο τούτους εἰς τὴν ἐπιοῦσαν ἀναβαλλόμενοι τοὺς λόγους πρὸς τὴν περὶ τῶν ὅρκων παραίνεσιν τρεψώμεθα νῦν. Δεινὸν ὁ ὅρκος, ἀγαπητέ, δεινὸν καὶ ἐπιβλαβές· φάρμακον ὀλέθριον, δηλητήριον χαλεπόν, τραῦμα κεκρυμμένον, ἕλκος ἀφανές, νομὴ συνεσκιασμένη καὶ τὸν ἰὸν ἐπὶ τὴν ψυχὴν ἄγουσα· βέλος σατανικόν, ἀκόντιον πεπυρωμένον, μάχαιρα δίστομος, ῥομφαία ἠκονημένη, ἁμαρτία ἀσύγγνωστος, παρανομία ἀπολογίαν οὐκ ἔχουσα, βάραθρον βαθύ, κρημνὸς ἀπότομος, παγὶς ἰσχυρά, δίκτυον ἐκτεταμένον, δεσμὸς λυθῆναι μὴ δυνάμενος, βρόχος ἀδιεξόδευτος. Ἆρα ἀρκεῖ ταῦτα καὶ πιστεύετε ὅτι δεινὸν ὁ ὅρκος καὶ πάντων ἁμαρτημάτων χαλεπώτερον; Πείσθητέ μοι, πείσθητε, παρακαλῶ.

Εἰ δέ τις ἀπιστεῖ, καὶ τὴν ἀπόδειξιν ἤδη παρέχομαι. Ὅπερ γὰρ οὐδεμία ἁμαρτία κέκτηται, τοῦτο αὕτη ἡ ἁμαρτία ἔχει. Τὰς μὲν γὰρ ἄλλας ἐντολὰς μὴ παραβαίνοντες ἀπαλλαττόμεθα τιμωρίας, τὸν δὲ ὅρκον πολλάκις καὶ φυλάττοντες καὶ παραβαίνοντες ὁμοίως κολαζόμεθα.

---

1 ἐβουλόμην: μὲν *add.* H || 1–2 καὶ — εἰπεῖν[1] *om.* AH || 3 πιστοί — καὶ *om.* AH || 4 ὄντως: οὕτως L || λαμβανόντας H || 5 τιμῆς: λαμβάνειν *add.* A || 7 ἐνεγκάλεσεν L || 9 ἀναβαλόμενοι H || 10 τρεπώμεθα L || ὁ *om.* H || ἀγαπιτοί L || 13 ἄγουσα: φέρουσα H || 16 οὐκ: μὴ L || 18 λυθῆναι: ὠθῆναι H || 18–19 ἀδιεξόλευτος

Nochmalige Ermahnung hinsichtlich des Schwörens

8. Ich wollte auch noch über etwas anderes sprechen, was ich allerdings nicht versprochen habe. Ich müßte etwas darüber sagen, warum wir Gläubige genannt werden, die Nicht-Eingeweihten aber Katechumenen. Denn es ist wirklich schändlich und lächerlich, wenn jemand eine Würde erhält und deren Namen gar nicht versteht.

Doch was soll ich tun? Die Sorge um euer Schwören bedrängte mich wieder, machte mir meine Trägheit bewußt und läßt mich wieder darüber predigen. Deshalb will ich die Erklärung der Namen „Gläubige" und „Katechumenen" auf die folgende Predigt verschieben und mich jetzt der Ermahnung über das Schwören zuwenden. Meine Lieben, gefährlich ist das Schwören, gefährlich und schädlich: ein Zaubermittel, das Unheil bringt, ein schlimmes Gift, eine versteckte Wunde, ein verborgenes Geschwür, etwas Dunkles, was um sich frißt und Gift in die Seele bringt; ein satanisches Geschoß, ein brennender Speer, ein zweischneidiges Schwert, ein scharfes Schwert, eine unverzeihliche Sünde, eine Gesetzwidrigkeit, für die es keine Entschuldigung gibt, ein tiefer Abgrund, ein jäher Abhang, eine sichere Falle, ein straff gespanntes Netz, eine Fessel, die nicht gelöst werden, eine Schlinge, der man nicht entkommen kann. Genügt das wohl, und glaubt ihr, daß das Schwören gefährlich und schlimmer als alle anderen Fehler ist? Glaubt mir, glaubt, ich bitte euch!

Wenn jemand es aber nicht glaubt, habe ich den Beweis schon bereit: Was bei keiner anderen Sünde der Fall ist, das trifft für diese zu. Wenn wir die übrigen Gebote nicht übertreten, sind wir von Strafe frei; hinsichtlich des Eides aber werden wir oft auf jeden Fall bestraft, ob wir ihn halten oder nicht.

A || 19 δεινὸς L || 20 χαλεπώτερον: ἁμάρτημα *add.* AH || 23 κέκτηται: κέχρηται AH || 24 μὲν *om.* L || μὴ *om.* H

Τάχα οὐκ ἐνοήσατε τὸ λεχθέν; Οὐκοῦν ἀνάγκη σαφέστερον αὐτὸ πάλιν εἰπεῖν.

Πολλάκις τις ὤμοσε πρᾶξαι πρᾶγμα παράνομον καὶ ἐνέπεσεν εἰς βρόχον ἄλυτον· ἀνάγκη γὰρ λοιπὸν ἢ φυλά|ξαντα τὸν ὅρκον παρανομεῖν, ἢ μὴ φυλάξαντα | 198 τὸν ὅρκον ἐγκλήματι ἐπιορκίας ἁλῶναι· καὶ γέγονεν ἑκατέρωθεν βαθὺς ὁ κρημνός, ἑκατέρωθεν ὁ θάνατος ἀπαραίτητος καὶ φυλάττουσι τὴν ἐντολὴν καὶ μὴ φυλάττουσιν. Ἆρα ἔστιν ὀλεθριώτερόν τι τοῦ πλημμελήματος τούτου, ὅταν φυλάττηται καὶ μὴ φυλάττηται;

9. Καὶ ἵνα μάθητε ὅτι τοῦτο οὕτως ἐστὶ καὶ πολλοὶ πολλάκις οὐχὶ παραβάντες τὸν ὅρκον μόνον, ἀλλὰ καὶ φυλάξαντες τὸν ὅρκον, κολάσει ἑαυτοὺς ὑπευθύνους ἐποίησαν, ἐγὼ διήγημα τοιοῦτον ὑμῖν ἐρῶ.

Ὁ Ἡρώδης γενέσιά ποτε ἐπετέλει καὶ τὴν ἡμέραν ἦγεν ἐν ᾗ ἐτέχθη. Καὶ βουλόμενος αὐτὴν ποιῆσαι λαμπρὰν εἰσήγαγεν ὀρχήσασθαι τὴν θυγατέρα τῆς βασιλίδος, οὐκ εἰδὼς ὅτι μᾶλλον αὐτὴν κατῄσχυνε· καὶ γὰρ δέον εὐχαριστῆσαι τῷ φιλανθρώπῳ Θεῷ ὅτι οὐκ ὄντα αὐτὸν ἐποίησεν, ὅτι ψυχὴν ἔδωκεν, ὅτι αὐτὸν εἰσήγαγεν εἰς τὸ σεμνὸν τοῦτο τῆς κτίσεως θέατρον, ὅτι θεατὴν ἐποίησε τῆς δημιουργίας τῆς καλλίστης ταύτης καὶ θαυμαστῆς, δέον ὕμνοις καὶ εὐχαρισ|τίαις ταῖς εἰς τὸν | 200

1 τάχα *om.* L ‖ ἐνόησας L ‖ 3 ὤμοσε: ὅρκωσε L ‖ 4–5 λοιπὸν — ἢ *om.* L ‖ 5–6 παρανομεῖν — ὅρκον H V[mg] L: *om.* A V[tx] ‖ 6 ἐγκλήματι *om.* L ‖ ἐπιορκίᾳ L ‖ 7 βαθύτερος L ‖ ὁ[2] *om.* L ‖ 10 φυλάττηται[1]: φυλάττη AH φυλάττει L ‖ φυλάττηται[2]: φυλάττη AH φυλάτ' την L ‖ 11 οὕτως: αὐτὸς L ‖ 13 κολάσεως AH L ‖ αὐτοὺς L ‖ 14 διήγημα —

Vielleicht habt ihr nicht verstanden, was ich da gesagt habe? Darum muß ich es noch einmal deutlicher sagen.

Oft hat einer geschworen, etwas Gesetzwidriges zu tun, und fiel in eine unauflösbare Schlinge: Denn danach mußte er entweder den Eid halten und gesetzwidrig handeln, oder er hielt ihn nicht, und es traf ihn der Vorwurf des Meineides. Auf beiden Seiten lag ein tiefer Abgrund, auf beiden Seiten der unvermeidliche Tod: für die, die das Gebot beachteten, und für die, die es nicht beachteten. Kann etwas größeres Unheil bringen als dieser Fehler — ganz gleich, ob das Gebot beachtet wird oder nicht?

Die Geschichte von Herodes

9. Damit ihr wißt, daß das so geschieht und viele sich oft nicht nur, wenn sie einen Eid brechen, sondern auch, wenn sie einen halten, der Strafe schuldig machen, möchte ich euch die folgende Geschichte erzählen.

Der Tanz der Tochter der Herodias

Herodes feierte einmal seinen Geburtstag, den Tag also, an dem er zur Welt gekommen war. Weil er ihn zu einem prächtigen Fest machen wollte, ließ er die Tochter der Königin holen, damit sie tanzte (vgl. Mt 14,6). Er wußte nicht, daß er dieses Fest dadurch sehr entehrte. Denn er hätte dem menschenfreundlichen Gott dafür danken müssen, daß er ihn aus dem Nichts ins Dasein gerufen, ihm eine Seele gegeben, ihn in dieses ehrwürdige Theater der Schöpfung geführt und ihn zum Zuschauer in dieser so schönen und wunderbaren Schöpfung gemacht hatte. Ja, er hätte den Tag mit Hymnen und Danksagungen an den Herrn

---

ἐρῶ: διηγήσομαι ὑμῖν τοιούτων ἐρῶν AH || 15 ἐτέλει L || ἦγεν: ἐκείνην *add.* A || 16 ἐν ᾗ: ὅτε A L ἦν ὅτε H || 18 εἶδὸς H || 20 δέδωκεν H || εἰσήγαγεν αὐτὸν L || 21 κτίσεως: τὸ *add.* L

δεσπότην τιμῆσαι τὴν ἡμέραν, ὁ δὲ τῇ ἀτιμίᾳ ἐτίμησεν. Τί γὰρ τῆς ὀρχήσεως ἀτιμότερον; Κατὰ ταύτην τὴν ἡμέραν ὠρχήσατο ἡ θυγάτηρ Ἡρωδιάδος.

Ἀκούσατε, ἄνδρες καὶ γυναῖκες, ὅσοι τοιούτοις ὀρχήμασι καὶ τοιούτοις ᾄσμασι τὰ ἄριστα τιμᾶτε τὰ ἑαυτῶν· οὐκ ἔστι ταῦτα μικρὰ τὰ κακά, εἰ καὶ δοκεῖ ἀδιάφορα εἶναι· διὰ γὰρ τοῦτό ἐστι μεγάλα κακά, ἐπειδὴ ἀδιάφορα εἶναι δοκεῖ· οὐδὲ γὰρ πολλῆς ἀπολαύει τῆς προνοίας· τὸ μὲν γὰρ μέγα νόσημα καὶ ἐπιμελείας τυγχάνον σβέννυται, τὸ δὲ μικρὸν εἶναι δοκοῦν, δι' αὐτὸ τοῦτο καταφρονούμενον, μέγα γίνεται. Τί λέγεις; Εἰς οἰκίαν πιστοῦ τολμᾷ τις ὄρχησιν εἰσάγειν καὶ οὐ δέδοικε μὴ σκηπτὸς ἄνωθεν κατενεχθεὶς καταφλέξῃ πάντα; Ταῦτα καὶ πρὸς τὰς γυναῖκας λέγω, ἵνα καὶ τοὺς ἄνδρας σωφρονίζωσι καὶ τῆς τοιαύτης ἀπαγάγωσι τέρψεως.

Κατὰ ταύτην τὴν ἡμέραν εἰσῆλθε καὶ ὠρχήσατο ἡ θυγάτηρ τῆς βασιλίδος.

Εὐλογητὸς ὁ Θεός· πρὸς ὅσην σωφροσύνην τὸν βίον 202
ἡμῶν μετέβαλεν. Ἀκούσατε, οἱ πιστοί, ποίῳ προσέρχεσθε νυμφίῳ, ὃς τὴν ζωὴν ἡμῶν ἀσχημονοῦσαν πρὸ τούτου κατεκόσμησεν αἰδοῖ καὶ σωφροσύνῃ καὶ σεμνότητι· ἃ γὰρ ἡ βασιλὶς τότε οὐκ ἐπῃσχύνετο πρᾶξαι, νῦν θεραπαινίδιον εὐτελὲς οὐκ ἂν ἕλοιτο ὑπομεῖναι.

---

2 τῆς L *arm.*: *om.* AH V || κατὰ ταύτην: κατ' αὐτὴν L || 4 ἄνδρες AH L: καὶ ἄνδρες V *Pap.* || γυναῖκες: καὶ *add.* L || 5 ὀρχήσμασι V || καὶ τοιούτοις ᾄσμασι *om.* V^{tx} (*add.* V^{mg}) || 6 εἰ *om.* L || 7–8 διὰ — εἶναι *om.* L || 8–9 ἀπολαύεις H || 13 εἰσάγειν V: εἰσαγαγεῖν AH

ehren müssen, doch er ehrte ihn mit Unehre. Denn was ist unanständiger als der Tanz? An diesem Tag tanzte die Tochter der Herodias.

Hört, Männer und Frauen, die ihr eure eigenen Feste mit solchen Tänzen und Liedern feiert. Sie sind kein geringes Übel, auch wenn sie weder gut noch böse zu sein scheinen. Gerade weil sie nämlich weder gut noch böse zu sein scheinen, handelt es sich bei ihnen um ein großes Übel. Da sie unbedeutend zu sein scheinen, sorgt man sich nicht sehr darum: Einer schweren Krankheit schenkt man Aufmerksamkeit und heilt sie; bei einer Krankheit aber, die unbedeutend zu sein scheint, ist man unbesorgt, und dadurch wird sie schlimm. Was meint ihr? Da besitzt einer die Dreistigkeit, in das Haus eines Gläubigen den Tanz hineinzubringen, und er fürchtet nicht einmal, daß ein Blitz vom Himmel kommen und alles verbrennen könnte? Ich spreche damit auch die Frauen an, damit sie ihre Männer zur Besonnenheit bringen und von solchen Vergnügungen abhalten.

An diesem Tag kam also die Tochter der Königin herein und tanzte.

Gepriesen sei Gott! Zu welch großer Besonnenheit wandelte er unser Leben! Hört, ihr Gläubigen, welchem Bräutigam ihr euch naht! Er hat unser früheres häßliches Leben erfaßt und mit Sittsamkeit, Besonnenheit und Ehrbarkeit ausgestattet. Was damals die Prinzessin, ohne sich zu schämen, tat, würde heutzutage die geringste Dienerin nicht ohne weiteres auf sich nehmen wollen.

εἰσαγαγῆν L || 14 καὶ *om.* AH || 15 σωφρονίζουσιν L || τῆς *om.* A || 16 ἀπάγωσι H ἀπαλλαγῶσιν L || 17 κατὰ ταύτην: κατ᾽ αὐτὴν L || 20 μετέβαλεν: εἰσήγαγεν L || 21 ἄσχιμον οὖσαν L || πρὸ: πρὸς A || 22 αἰδοῖ καὶ: αἰδῶ καὶ H ἔδωκεν L || 22–23 σωφροσύνην καὶ σεμνότητα L || 23 πρᾶξαι οὐκ ἐπῃσχύνετο L

Ὠρχήσατο τοίνυν ἐκείνη καὶ μετὰ τὴν ὄρχησιν ἑτέραν ἁμαρτίαν χαλεπωτέραν ἔπραξεν· ἔπεισε γὰρ τὸν ἀνόητον ἐκεῖνον ὁμολογῆσαι αὐτῇ μεθ᾽ ὅρκου δοῦναι ὃ ἂν αἰτήσῃ. Ὁρᾷς ὅπως καὶ ἀνοήτους ὁ ὅρκος ποιεῖ; Ὅπερ ἂν αἰτήσῃ, ἁπλῶς ὤμοσε δοῦναι. Τί οὖν, εἰ τὴν κεφαλὴν ᾔτησε τὴν σήν; Τί δέ, εἰ τὴν βασιλείαν ἅπασαν; Πλὴν ἀλλ᾽ οὐδὲν τούτων ἐκεῖνος συνεῖδεν. Ἐφειστήκει γὰρ ὁ διάβολος τὴν παγίδα ποιῶν ἰσχυράν, καὶ ἐξ οὗ τὸν ὅρκον ἀπήρτισε καὶ ἔθηκε τὴν παγίδα καὶ τὸ δίκτυον ἐξέτεινε πανταχοῦ, τότε ἐπάγει τὴν αἴτησιν ἐκείνην, ἵνα ἄφευκτος γένηται ἡ λαβή. | »Δός μοι«, | 204
φησίν, »ἐπὶ πίνακι τὴν κεφαλὴν Ἰωάννου τοῦ Βαπτιστοῦ.« Ἀναίσχυντος ἡ αἴτησις, ἀνόητος ἡ δόσις καὶ βλαβερά. Ἀμφοτέρων τούτων ὁ ὅρκος αἴτιος. Τί οὖν ἔδει ποιῆσαι; Μνημονεύετέ μου ὅ τι ἔλεγον, ὅτι καὶ φυλάττοντες τὴν ἐντολὴν καὶ παραβαίνοντες ὁμοίως κολαζόμεθα. Δοῦναι τὴν κεφαλὴν ἔδει τοῦ προφήτου; ἀλλ᾽ ἀφόρητος ἡ κόλασις. Ἀλλὰ μὴ δοῦναι; ἀλλ᾽ ἐκδέξεται ἐπιορκίας ἔγκλημα. Εἶδες πῶς ἑκατέρωθεν ὁ κρημνός;

»Δός μοι«, φησίν, »ὧδε ἐπὶ πίνακι τὴν κεφαλὴν Ἰωάννου τοῦ Βαπτιστοῦ.« Ὢ τῆς ἐναγοῦς αἰτήσεως· ἀλλ᾽ ὅμως ἔπεισε καὶ ἐνόμιζεν ἐπιστομίζειν τὴν γλῶτταν ἐκείνην τὴν ἱεράν, ἣ δὲ μέχρι νῦν βοᾷ· καὶ γὰρ καθ᾽ ἑκάστην ἡμέραν, μᾶλλον δὲ καθ᾽ ἑκάστην ἐκκλησίαν ἀκούετε Ἰωάννου διὰ τῶν εὐαγγελίων βοῶντος καὶ λέγοντος· »Οὐκ ἔξεστί σοι ἔχειν τὴν γυναῖκα Φιλίππου τοῦ ἀδελφοῦ σου.« Ἐξέτεμε τὴν κε-

2 ἔπραξεν: ἔδιξεν L || 4 αἰτήσηται A L || ὁρᾷς V: *om.* AH L || ὅπως: ὤπως H || καὶ: δὲ καὶ L || ὁ ὅρκος: ὅρκους L || 5 ἂν: ἔαν V || δώσειν AH || εἰ: εἰς *add.* L || 6 δὲ: δεὶ *ut vid.* H || εἰ: ἡ *ut vid.* L || 7 ἐκεῖνος *om.* A || σύνηδεν L συνίδεν H || 8 ὁ διάβολος: ἁπλῶς L || 8–9 ποιῶν — παγίδα *om.* A || 8 καὶ *om.* L || 10 ἐξέτεινε: ἐπιτείνων A || 11 ἐκείνη ≡ L || ἄφυκτος AH || λαβή V *arm.*: βλαβή AH L ||

Der Eid des Herodes

Jene damals tanzte also, und nach dem Tanz beging sie eine andere noch schwerere Sünde: Sie überredete den törichten Herodes zu der eidlichen Versicherung, ihr zu geben, was sie erbitten würde. Seht ihr, wie das Schwören auch töricht macht? Er schwor einfach, ihr zu geben, was sie erbitten würde. Was wäre gewesen, wenn sie seinen Kopf erbeten hätte oder das ganze Königreich? Indessen war dem Herodes das alles gar nicht bewußt. Der Teufel stand dabei und stellte eine sichere Falle. Sobald der Eid geleistet war, legte er die Falle und spannte überall sein Netz aus. Dann fügte er jene Bitte hinzu, so daß es kein Entrinnen mehr gab. „Laß mir", sagte die Prinzessin, „auf einer Schale den Kopf des Täufers Johannes herbringen" (Mt 14,8). Unverschämt war die Bitte, sinnlos und verderbenbringend die Gabe. Der Eid war schuld an beidem. Was also hätte er tun müssen? Erinnert euch, was ich sagte: Wir werden auf jeden Fall bestraft, ob wir das Gebot beachten oder übertreten. Mußte er ihr den Kopf des Propheten geben? Die Bestrafung war unerträglich. Hätte er ihn ihr nicht geben sollen? Dann hätte man ihm einen Meineid vorgeworfen. Seht ihr den Abgrund auf beiden Seiten?

„Laß mir", sagte sie, „auf einer Schale den Kopf des Täufers Johannes herbringen." Welch abscheuliche Bitte! Dennoch überredete sie ihn und meinte, jenen heiligen Mund zum Schweigen zu bringen. Doch er ruft bis heute: Denn an jedem Tag, besser noch in jeder Kirche hört ihr Johannes in den Evangelien rufen: „Du hattest nicht das Recht, die Frau deines Bruders Philippus zur Frau zu nehmen" (vgl. Mk 6,18). Er schnitt ihm den Kopf ab,

---

15 μοι A || 16 παραμένοντες A || 17 προφήτου: προδρόμου L || 18 ἀλλ'[1] *om.* L || 18–19 ἀλλ' ἐκδέξεται: ἐδεδείει τὸ τῆς L || 19 ἴδες V || 23 ἐπιστομήσαι L || 25 καθ' ἑκάστην[2]: κατὰ πᾶσαν L || 26 τοῦ εὐαγγελίου L

φαλήν, ἀλλ᾽ οὐκ ἐξέτεμε τὴν φωνήν· ἐπεστόμισε τὴν γλῶτταν, ἀλλ᾽ οὐκ ἐπεστόμισε τὸν ἔλεγχον.

10. Ἴδετε, τί ποιεῖ ὁ ὅρκος· προφητῶν ἀποτέμνει κεφαλάς. Εἶδες τὸ δέλεαρ, φοβήθητι τὸν ὄλεθρον· εἶδες τὸ δίκτυον, μὴ ἐμπέσῃς. Ἀλλ᾽ ἀνάγκη λοιπὸν φείσασθαι, ὥστε μὴ βαθυτέραν γενέσθαι τὴν τομήν· ἀνάγκη λοιπὸν ἀνασχεῖν τὴν χεῖρα καὶ τὸ σιδήριον ᾑμαγμένον καὶ τὸν λόγον ἀπὸ τῶν τραυμάτων τῆς ἐπιορκίας εἰς σιγὴν ἀποθέσθαι.

Τοῦτο δὴ μέμνησθε καὶ οὐδέποτε ἁμαρτήσεσθε, ὅτι 206 καὶ φυλάττοντες τὸν ὅρκον καὶ μὴ φυλάττοντες ὁμοίως κολάζεσθε. Ποῦ νῦν εἰσιν οἱ λέγοντες. »Ἐὰν ἐπὶ δικαίῳ ὀμόσω;« Ποῦ γὰρ δίκαιον τοῦτο, ὅταν νόμου παράβασις ᾖ; Ποῦ δίκαιον, ὅταν ὁ Θεὸς κωλύῃ, σὺ δὲ ποιεῖς; Ἀλλὰ γὰρ ἀνάσχεσθε λοιπὸν ἐπιδεσμούντων ἡμῶν τὰ τραύματα· ἔχει γάρ τι καὶ ὁ ἐπίδεσμος ὀδυνηρόν.

Χαλεπὴ μὲν γὰρ καὶ τῆς ἐπιορκίας καὶ τῆς εὐορκίας ἡ κόλασις καὶ πρὸ τῆς διδασκαλίας τῆς ἡμετέρας, χαλεπωτέρα δὲ καὶ μετὰ τὴν διδασκαλίαν τὴν ἡμετέραν. »Εἰ γὰρ μὴ ἦλθον«, φησί, »καὶ ἐλάλησα αὐτοῖς, ἁμαρτίαν οὐκ εἶχον· νῦν δὲ πρόφασιν οὐκ ἔχουσι περὶ τῆς ἁμαρτίας.« Τοῦτο καὶ ἐφ᾽ ὑμῶν ἐστιν εἰπεῖν ὅτι οὐδὲ μία λοιπὸν ὑμῖν ἀπολογία παραβαίνουσι.

Νῦν μὲν οὖν τὸ βάπτισμα, κἂν ἐπιορκίαν εὕρῃ, κἂν εὐορκίαν, κἂν πορνείαν, κἂν μοιχείαν, κἂν πᾶσαν τὴν

---

1 ἐπεστόμισε: ἀπεστόμησεν L || 3 ἴδετε: ἴδε L || 4 ἴδες V L || 6 βαρυτέραν L || 8 ἀπὸ τῶν V L: ἄκοτον AH || τραυμάτων V: *om.* AH L || 10 δὴ: δεῖ A || μέμνησθε: τέμνησθαι L || 12 κολάζονται L || νῦν: τοίνυν L || ἐὰν: ἂν AH || 13 ὀμώσω V L ὠμώσω A || 13–14 ὅταν — δίκαιον *om.* L || 14 ὁ *om.* AH || κωλύει V κολύσει L || δὲ *om.* L || 15 ἀνάσχεσθε: ἀνέχεσθαι L || ἐπιδεσμούτω A || ὑμῶν H || 17 καὶ[1]: ἡ AH || 17–18 καὶ[2] — ἡ *om.* A || 18 ἡ *om.*

jedoch nicht das Wort; er ließ den Mund verstummen, jedoch nicht die Zurechtweisung.

Abschließende Mahnung zu Wachsamkeit und Bewahrung der Taufgnade

10. Habt ihr gesehen, was der Eid bewirkt? Er schlägt Propheten den Kopf ab. Du hast die Verlockung gesehen, fürchte dich vor dem Verderben! Du hast das Netz gesehen, stürze nicht hinein! Du mußt in Zukunft sorgfältiger sein, damit die Wunde nicht tiefer wird. Du mußt in Zukunft deine Hand mit der blutbespritzten eisernen Waffe zurückhalten. Du mußt dein Reden vor den Wunden des Meineids bewahren und schweigen.

Das behaltet im Gedächtnis, und ihr werdet niemals sündigen, weil ihr auf jeden Fall bestraft werdet, ob ihr den Eid haltet oder nicht. Wo sind jetzt die, die sagen: „Wenn ich aber recht schwöre?" Wie kann etwas recht sein, wenn dabei das Gesetz übertreten wird? Wie kann recht sein, wenn ihr etwas tut, was Gott verbietet? Ihr werdet später zu leiden haben, wenn wir die Wunden verbinden müssen. Denn auch der Verband ist schmerzhaft.

Streng war die Bestrafung des falschen und des richtigen Schwörens schon, bevor wir euch belehrten, noch strenger ist sie aber nach unserer Belehrung. Denn Jesus sagte: „Wenn ich nicht gekommen wäre und nicht zu ihnen gesprochen hätte, wären sie ohne Sünde; jetzt aber haben sie keine Entschuldigung für ihre Sünde" (Joh 15,22). Das kann man auch in eurem Fall sagen: Es gibt für euch in Zukunft keine Entschuldigung mehr für eure Übertretung.

Wenn jetzt die Taufe in euch falsch oder richtig geschworene Eide, Unzucht oder Ehebruch oder alle andere

---

H || 20 μὴ γὰρ H || φησί *om.* L || 22 ἁμαρτίας: αὐτῶν *add.* H || 23 λοιπὸν ὑμῖν: ἡμῶν λοιπῶν L || 25 – *p.* 226,1 κἂν[1] — κακίαν *om.* L || 25 κἂν[3]: καὶ A

κακίαν, ἀπορρύπτει καὶ καθαίρει μετὰ πολλῆς τῆς ἀκριβείας.

Γένοιτο δὲ καὶ εἰς τὸ ἑξῆς καὶ ὑμᾶς τὴν καθαρότητα διατηρῆσαι ταύτην, πάσης ἀπηλλαγμένους κηλῖδος, καὶ ἡμᾶς δυνηθῆναι παρρησίας τινὸς μετασχεῖν εὐχαῖς ταῖς ὑμετέραις. Ἔξεστι γὰρ ὑμῖν καὶ ὑπὲρ διδασκάλων εὔχεσθαι | λοιπόν· καὶ γὰρ μετὰ μικρὸν ἡμῖν | 208 ἀπὸ τῶν οὐρανῶν μέλλετε φαίνεσθαι τῶν ἀστέρων αὐτῶν φαιδρότερον λάμποντες.

Γένοιτο οὖν εὐχαῖς ταῖς ὑμετέραις παρρησίας ἡμᾶς μετασχεῖν ἅπαντας ἔμπροσθεν τοῦ βήματος τοῦ Χριστοῦ, δι' οὗ καὶ μεθ' οὗ τῷ Πατρὶ ἡ δόξα ἅμα τῷ ἁγίῳ Πνεύματι νῦν καὶ ἀεὶ καὶ εἰς τοὺς αἰῶνας τῶν αἰώνων. Ἀμήν.

---

1 ἀπορρίπτει A V || 3 τὸ: τὰ L || 4 ἀπηλλαγμένην A || ἀπηλλαγμένους πάσης L || 7 γὰρ καὶ L || ἡμῖν *om.* L || 9 αὐτῶν *om.* AH || 10–11 μετασχεῖν ὑμᾶς πάντας L || 12 καὶ *om.* L || ἡ *om.* L || 13 νῦν καὶ ἀεὶ καὶ *om.* AH

Schlechtigkeit antrifft, so wäscht und reinigt sie euch vollkommen.

Mögt ihr euch in Zukunft diese Reinheit bewahren, nachdem ihr von allem Schmutz befreit seid. Mögen wir an eurer Zuversicht teilhaben können durch euer Gebet. Denn es ist euch möglich, von jetzt an auch für eure Lehrer zu beten. Bald nämlich werdet ihr für uns heller als die Sterne vom Himmel her leuchten.

Mögen wir also alle durch euer Gebet an eurer Zuversicht teilhaben vor dem Richterstuhl Christi. Durch ihn und mit ihm gebührt dem Vater und dem Heiligen Geist die Verherrlichung jetzt und allezeit und in Ewigkeit. Amen.

<Κατηχησις τριτη>

Τοῦ αὐτοῦ πρὸς τοὺς μέλλοντας φωτίζεσθαι κατήχησις ἐσχάτη. Λόγος Γ'.

1. Ἐσχάτη τῆς κατηχήσεως ἡ σήμερον ἡμέρα· διὸ καὶ 212
ὁ πάντων ἔσχατος εἰς τὴν ἐσχάτην ἀφῖγμαι· ἀφῖγμαι
δὲ ἔσχατος ἀπαγγέλλων ὑμῖν ὅτι μετὰ δύο ἡμέρας ὁ
νυμφίος ἔρχεται. Ἀλλὰ διανάστητε καὶ τὰς λαμπάδας
ἀνάψατε καὶ φαιδρῷ τῷ φωτὶ τὸν βασιλέα τῶν οὐρα-
νῶν ὑποδέξασθε. Ἀνάστητε καὶ γρηγορήσατε· οὐ γὰρ
ἐν ἡμέρᾳ, ἀλλὰ μέσον τῶν νυκτῶν ὁ νυμφίος πρὸς ὑμᾶς
ἔρχεται· καὶ γὰρ τῆς νυμφαγωγίας τοῦτο τὸ ἔθος, ἐν
ἑσπέρᾳ βαθείᾳ τὰς νύμφας παραδίδοσθαι τοῖς νυμ-
φίοις.

Ἀλλὰ μὴ παραδράμητε ἁπλῶς τὸ ῥῆμα ἀκούσαντες
ὅτι νυμφίος ἔρχεται· μέγα γὰρ ὄντως καὶ πολλῆς γέμον
φιλανθρωπίας. Οὐχὶ τὴν φύσιν τῶν ἀνθρώπων πρὸς
αὐτὸν ἀπελθεῖν ἐκέλευσεν, ἀλλ' αὐτὸς πρὸς ἡμᾶς παρ-
εγένετο· καὶ γὰρ οὕτῳς γάμων ὁ νόμος, τὸν νυμφίον
ἔρχεσθαι πρὸς τὴν νύμφην, κἂν ὁ μὲν εὐπορώτατος ᾖ,
ἡ δὲ εὐτελὴς καὶ ἀπερριμμένη. Ἀλλ' ἐπ' ἀνθρώπων μὲν
οὐδὲν θαυμαστὸν τοῦτο γίνεσθαι· κἂν γὰρ τῆς ἀξίας
πολὺ τὸ διάφορον ᾖ, ἀλλὰ τῆς φύσεως οὐδέν ἐστι τὸ
μέσον· κἂν γὰρ εὔπορος ὁ νυμφίος, πτωχὴ δὲ ἡ νύμφη
καὶ εὐτελής, ἀλλὰ τῆς αὐτῆς | ἀμφότεροι φύσεως. Ἐπὶ | 214
δὲ τοῦ Χριστοῦ καὶ τῆς ἐκκλησίας τὸ θαῦμά ἐστιν, ὅτι

Titulus: Τοῦ αὐτοῦ κατήχησις ἐσχάτη πρὸς τοὺς μέλλοντας φωτίζεσθαι I
8 τοῦτο *om.* I || 15 οὗτος I || 17 ἀπερριμμένη I *Pap.*: ἀπεριμένη V

---

1 Die Aussage, daß der Bräutigam „in drei Tagen" (wörtlich: „nach zwei Tagen"), d. h. in der Nacht vom Samstag auf den Sonntag, komme, belegt in Verbindung mit dem Hinweis in Kap. 4, daß „übermorgen" der

<Dritte Katechese>

Letzte Unterweisung der Taufbewerber.

Das Kommen des Bräutigams

1. Heute findet eure letzte Unterweisung statt. So bin auch ich, der letzte von allen, bei meiner letzten Unterweisung angelangt. Ich bin als letzter gekommen, um euch zu verkünden, daß in drei Tagen der Bräutigam kommt[1]. So erhebt euch, zündet die Lampen an, und empfangt mit ihrem hellen Licht den König des Himmels. Erhebt euch und wacht! Denn nicht am Tag, sondern mitten in der Nacht kommt der Bräutigam zu euch. Bei Hochzeitsfeiern ist es ja der Brauch, die Braut am späten Abend dem Bräutigam zu übergeben.

Wenn ihr den Ruf hört: „Der Bräutigam kommt!" (vgl. Mt 25,6), dann überhört seine Bedeutung nicht! Denn er ist wirklich bedeutsam und ist erfüllt von großer Menschenfreundlichkeit. Der Herr verlangte nicht, daß die Menschen zu ihm kämen, sondern er kam selbst zu uns. Denn so ist es bei Hochzeiten üblich: Der Bräutigam kommt zur Braut, auch wenn er sehr reich, sie aber einfach und verachtet ist. Doch bei Menschen ist das nicht verwunderlich; denn wenn auch in der Würde ein großer Unterschied bestehen mag, so gibt es doch keinen in der Natur. Wenn der Bräutigam nämlich reich ist, die Braut aber arm und einfach, so haben doch beide dieselbe menschliche Natur. Bei Christus und der Kirche ist das Wunderbare,

---

Karfreitag sei, den Mittwoch der Karwoche als Tag, an dem diese Katechese gehalten wurde. Chrysostomus bezeichnet sich hier als den letzten von allen, deutet aber durch die Wendung, er sei „als letzter" (Presbyter) gekommen, an, daß die Taufbewerber vorher (in der gleichen Feier oder in anderen) auch von anderen Lehrern im Glauben unterrichtet worden sind. Als wirklich letzter sprach dann der Bischof (vgl. unten 238 f Anm. 4).

Θεὸς ὢν καὶ τῆς μακαρίας καὶ ἀκηράτου οὐσίας ἐκείνης (ἴστε δὲ ὅσον τὸ μέσον Θεοῦ πρὸς ἀνθρώπους) κατηξίωσε πρὸς τὴν ἡμετέραν φύσιν ἐλθεῖν· καὶ τὸν πατρῷον οἶκον ἀφείς, οὐ τῇ μεταβάσει, ἀλλὰ τῇ κατὰ τὴν σάρκα οἰκονομίᾳ πρὸς τὴν νύμφην ἔδραμε. Τοῦτο γοῦν καὶ αὐτὸς ὁ μακάριος Παῦλος εἰδὼς καὶ θαυμάσας τῆς κηδεμονίας καὶ τῆς τιμῆς τὴν ὑπερβολὴν ἀνέκραγε μέγα καὶ εἶπεν· »Ἀντὶ τούτου καταλείψει ἄνθρωπος τὸν πατέρα αὐτοῦ καὶ τὴν μητέρα αὐτοῦ, καὶ προσκολληθήσεται πρὸς τὴν γυναῖκα αὐτοῦ. Τὸ μυστήριον τοῦτο μέγα ἐστίν· ἐγὼ δὲ λέγω εἰς Χριστὸν καὶ εἰς τὴν ἐκκλησίαν.«

2. Καὶ τί θαυμαστόν, εἰ πρὸς τὴν νύμφην ἦλθεν, ὅπου γε καὶ τὴν ψυχὴν θεῖναι ὑπὲρ αὐτῆς οὐ παρῃτήσατο; Καίτοι γε οὐδεὶς νυμφίος ὑπὲρ νύμφης ψυχὴν ἔθηκεν· οὐδεὶς γάρ, οὐδεὶς ἐραστής, κἂν σφόδρα ᾖ μανικός, οὕτω τῆς ἐρωμένης περικαίεται τῆς ἑαυτοῦ, ὡς ὁ Θεὸς τῆς σωτηρίας τῶν ἡμετέρων ἐφίεται ψυχῶν. »Κἂν ἐμπτυσθῆναι δέῃ«, φησίν, »κἂν ῥαπισθῆναι, κἂν εἰς αὐτὸν ἀναβῆναι τὸν σταυρόν, οὐδὲ σταυρωθῆναι παραιτήσομαι, ὥστε τὴν νύμφην λαβεῖν.« | Ταῦτα δὲ ἔπασχε, καὶ ὑπέμενεν οὐχὶ τὸ κάλλος | 216 αὐτῆς θαυμάσας· οὐδὲν γὰρ ταύτης αἰσχρότερον οὐδὲ ἀτερπέστερον ἦν πρὸ τούτου. Ἄκουσον γοῦν, πῶς ὁ Παῦλος τὴν ἀμορφίαν αὐτῆς καὶ τὴν αἰσχρότητα διαγράφει· »Ἦμεν γάρ ποτε καὶ ἡμεῖς ἀνόητοι, ἀπειθεῖς, πλανώμενοι, δουλεύοντες ἐπιθυμίαις καὶ ἡδοναῖς ποικίλαις, στυγητοί, μισοῦντες ἀλλήλους.« Ἀλλήλους ἐμισοῦμεν (τοσαύτη τῆς κακίας ἦν ἡ ὑπερβολή), ὁ δὲ Θεὸς ἡμᾶς τοὺς ἀλλήλους μισοῦντας οὐκ ἐμίσησεν, ἀλλὰ τοὺς ἐν αἰσχρότητι τοσαύτῃ, τοὺς ἐν ἀμορφίᾳ ὄντας ψυχῆς, τούτους διέσωσε.

---

5 ἔδραμε πρὸς τὴν νύμφην I || 6–7 θαυμάσας *post* ὑπερβολὴν I || 7 τῆς[1] *om.* I || 9 αὐτοῦ[2] *om.* I || 22 ὑπέμενεν V I: ὑπέμεινεν *Pap.* || 27 πλανώμενοι *om.* I || 28–29 ἀλλήλους ἐμισοῦμεν *om.* I || 30 μι-

daß er es als Gott, als jenes selige und reine Wesen — ihr wißt, welch großer Unterschied zwischen Gott und den Menschen besteht — für angemessen hielt, zu uns Menschen zu kommen. Er verließ das Haus des Vaters und lief, nicht weil er sich verändert hätte, sondern aufgrund des Heilsplanes, nach dem er Fleisch annahm, zur Braut. Das wußte auch der selige Paulus; er bewunderte die überreiche Sorge des Herrn um uns und die uns erwiesene Auszeichnung und rief aus: „Darum wird der Mann seinen Vater und seine Mutter verlassen und sich an seine Frau binden. Dies ist ein tiefes Geheimnis; ich beziehe es auf Christus und die Kirche" (Eph 5,31f).

2. Und was ist daran verwunderlich, daß er zur Braut kam, da er sich ja auch nicht weigerte, sein Leben für sie hinzugeben? Kein Bräutigam hat je für seine Braut das Leben hingegeben. Denn kein Liebhaber, wirklich keiner, auch wenn er noch so schwärmerisch wäre, ist für seine Geliebte so entbrannt wie Gott in seinem Verlangen, unsere Seelen zu retten. Es heißt in der Schrift: „Auch wenn ich angespien und geschlagen werde und sogar auf das Kreuz steigen muß, werde ich mich nicht weigern, gekreuzigt zu werden, um die Braut zu erhalten."[2] Das aber litt und ertrug er nicht, weil er die Schönheit der Braut bewunderte; denn nichts war häßlicher und jämmerlicher, als sie damals war. Hört nur, wie Paulus ihre Mißgestalt und Häßlichkeit beschreibt: „Denn auch wir waren früher unverständig und ungehorsam; wir gingen in die Irre, waren Sklaven von allen möglichen Begierden und Leidenschaften, waren verhaßt und haßten einander" (Tit 3,3). Unsere Schlechtigkeit war so groß, daß wir einander haßten. Gott aber haßte uns, die wir einander haßten, nicht, sondern rettete, die so schändlich und an ihrer Seele so häßlich waren.

---

[2] Der Text ist in der Heiligen Schrift nicht zu finden.

σοῦντας ἀλλήλους I || 31 τοὺς ἐν[1] V: καὶ I

Καὶ ἐλθὼν καὶ εὑρὼν τὴν μέλλουσαν αὐτῷ νυμφαγωγεῖσθαι γυμνὴν καὶ ἀσχημονοῦσαν ἱμάτιον αὐτὴν περιέβαλε καθαρὸν καὶ οὗ τὴν λαμπρότητα καὶ τὴν δόξαν οὐδεὶς οὐ λόγος οὐ νοῦς παραστῆσαι δυνήσεται. Πῶς εἴπω; Ὡς ἱμάτιον ἑαυτὸν ἡμῖν περιέβαλεν· »Ὅσοι γὰρ εἰς Χριστὸν ἐβαπτίσθητε, Χριστὸν ἐνεδύσασθε.« Τοῦτο τὸ ἱμάτιον ἄνωθεν ἰδὼν προφητικοῖς ὀφθαλμοῖς ὁ Δαυὶδ ἐβόα καὶ ἔλεγε· »Παρέστη ἡ βασίλισσα ἐκ δεξιῶν σου.« Βασίλισσα ἀθρόον γέγονεν ἡ πτωχὴ καὶ ἀπερριμμένη καὶ πλησίον ἕστηκε τοῦ βασιλέως. Καὶ
καθάπερ νυμφίον καὶ νύμφην ἐν | ἱερᾷ παστάδι ἑστῶ- | 218
τας οὕτω δείκνυσι τὴν ἐκκλησίαν καὶ τὸν Χριστὸν ὁ προφήτης· »ἐν ἱματισμῷ διαχρύσῳ περιβεβλημένη, πεποικιλμένη«. Ἰδοὺ καὶ τὸ ἱμάτιον εἶπέ σοι. Εἶτα, ἵνα μὴ χρυσὸν ἀκούσας πρὸς τὰ αἰσθητὰ καταπέσῃς, ἀνάγει σου τὴν διάνοιαν καὶ παραπέμπει πρὸς τὴν τῶν νοητῶν θεωρίαν ἐπάγων καὶ λέγων· »Πᾶσα ἡ δόξα τῆς θυγατρὸς τοῦ βασιλέως ἔσωθεν.«

Βούλει καὶ τὰ ὑποδήματα αὐτῆς ἰδεῖν; Οὐδὲ ταῦτα ἀπὸ αἰσθητῆς ὕλης ἐστὶν ἐρραμμένα, οὐδὲ ἀπὸ κοινῶν συγκείμενα δερμάτων, ἀλλ' ἀπὸ εὐαγγελίου καὶ εἰρήνης· »Ὑποδήσασθε γάρ«, φησί, »τοὺς πόδας ὑμῶν ἐν ἑτοιμασίᾳ τοῦ εὐαγγελίου τῆς εἰρήνης.« Θέλεις σοι δείξω καὶ τὴν ὄψιν τῆς νύμφης αὐτὴν ἀπαστράπτουσαν καὶ κάλλος ἀμήχανον ἔχουσαν, πολὺ μὲν περὶ αὐτὴν πλῆθος ἀγγέλων, ἀρχαγγέλων; Πλὴν ἀλλ' ἐπιλαβώμεθα τῆς χειρὸς τοῦ νυμφαγωγοῦ Παύλου, καὶ τὸ πλῆθος διατεμὼν εἰσαγαγεῖν ἡμᾶς πρὸς αὐτὴν δυνήσεται. Τί οὖν οὗτός φησιν; »Οἱ ἄνδρες, ἀγαπᾶτε τὰς ἑαυτῶν γυναῖκας, καθὼς καὶ ὁ Χριστὸς ἠγάπησε τὴν ἐκκλησίαν καὶ παρέδωκεν ἑαυτὸν ὑπὲρ αὐτῆς, ἵνα αὐτὴν ἁγιάσῃ καθαρίσας τῷ λουτρῷ τοῦ ὕδατος ἐν ῥήματι.« Εἶδες αὐτῆς τὸ σῶμα καθαρὸν καὶ φαιδρόν;

---

2 αὐτῇ I || 6 ἐβαπτίσθημεν ... ἐνεδυσάμεθα I || 8 καὶ ἔλεγε: λέγων I || 9 σου: ἐν ἱματισμῷ διαχρύσῳ *add.* I (*iuxta* LXX) || 26–27 ἐπιλαβό-

Als er kam und die nackte und häßliche Braut fand, die ihm zugeführt werden sollte, da bekleidete er sie mit einem reinen Gewand, dessen herrlicher Glanz für Wort und Verstand unbeschreiblich ist. Ach, was sage ich? Er bekleidete uns mit sich selbst wie mit einem Gewand: „Denn ihr alle, die ihr auf Christus getauft seid, habt Christus (als Gewand) angelegt“ (Gal 3,27). Als David dieses Gewand vor langer Zeit mit prophetischen Augen sah, rief er aus: „Die Königstochter steht dir zu Rechten“ — auf einmal ist die Arme und Verachtete eine Königstochter und steht neben dem König; und der Prophet stellt Christus und die Kirche wie Bräutigam und Braut im heiligen Brautgemach dar — „mit golddurchwirktem Gewand bekleidet, geschmückt“ (Ps 45,10: LXX Ps 44,10). Seht, auch das Gewand hat euch etwas zu sagen. Damit ihr nicht, wenn ihr von Gold hört, an Sichtbares denkt, leitet er euch zur Betrachtung unsichtbarer Dinge an und fügt hinzu: „Alle Herrlichkeit der Königstochter kommt von innen“ (Ps 45,14: LXX Ps 44,14).

Wollt ihr auch ihre Sandalen sehen? Sie sind nicht aus sichtbarem Stoff genäht, nicht aus gewöhnlichem Leder gefertigt, sondern sie bestehen aus dem Evangelium und dem Frieden; es heißt doch: „Zieht euch als Schuhe die Bereitschaft für das Evangelium des Friedens an“ (vgl. Eph 6,15). Soll ich euch auch die ganze äußere Erscheinung der Braut zeigen, die in überwältigender Schönheit erstrahlt, von einer großen Menge von Engeln und Erzengeln umgeben? Doch ergreifen wir nur die Hand des Brautführers Paulus; er wird die Menge teilen und uns zu ihr hinführen können. Was sagt Paulus? „Ihr Männer, liebt eure Frauen, wie Christus die Kirche geliebt und sich für sie hingegeben hat, um sie im Wasser und durch das Wort rein und heilig zu machen“ (Eph 5,25f). Habt ihr ihren reinen und blen-

---

μεθα *ut vid.* V || 27 καὶ: ὃς *Pap.* || 28 πλῆθος: οὗτος *add.* I || πρὸς αὐτὴν ἡμᾶς I

Εἶδες ὡραίαν ὑπὲρ τὰς ἡλιακὰς ἀστράπτουσαν ἀκτῖνας; Εἶτα ἐπάγει· »Ἵνα ᾖ ἁγία καὶ ἄμωμος, μὴ ἔχουσα σπῖλον ἢ ῥυτίδα ἤ τι τῶν τοιούτων.« Εἶδες αὐτὸ τῆς νεότητος τὸ ἄνθος, αὐτὴν τῆς ἡλικίας τὴν ἀκμήν; Βούλει καὶ τὸ ὄνομα αὐτῆς μαθεῖν; Πιστὴ καλεῖται καὶ ἁγία. »Παῦλος γάρ«, φησίν, »ἀπόστολος Χριστοῦ Ἰησοῦ τοῖς ἁγίοις τοῖς οὖσιν ἐν Ἐφέσῳ καὶ πιστοῖς ἐν Χριστῷ Ἰησοῦ.«

3. Ἀλλὰ τὸ ὄνομα τῆς νύμφης ἀκούσας ἀνέμνησα 220
ἐμαυτὸν ὀφλήματος παλαιοῦ· καὶ γὰρ ἤμην ὑποσχόμενος ὑμῖν εἰπεῖν τίνος ἕνεκεν πιστοὶ λεγόμεθα.

Τίνος οὖν ἕνεκεν λεγόμεθα; Πράγματα ἐπιστεύθημεν οἱ πιστοί, ἅπερ οἱ τοῦ σώματος ἡμῶν ὀφθαλμοὶ ἰδεῖν οὐ δύνανται· οὕτως ἐστὶ μεγάλα καὶ φρικώδη καὶ τὴν φύσιν ὑπερβαίνει τὴν ἡμετέραν. Οὔτε γὰρ λογισμὸς εὑρεῖν οὔτε λόγος ἀνθρώπινος ἑρμηνεῦσαι αὐτὰ δυνήσεται, μόνη δὲ ἡ τῆς πίστεως οἶδεν αὐτὰ διδασκαλία καλῶς. Διὰ τοῦτο διπλοῦς ἡμῖν ἐποίησεν ὀφθαλμοὺς ὁ Θεός, τοὺς μὲν τῆς σαρκός, τοὺς δὲ τῆς πίστεως. Ὅταν εἰσέλθῃς εἰς τὴν ἱερὰν μυσταγωγίαν, οἱ μὲν ὀφθαλμοὶ τῆς σαρκὸς τὸ ὕδωρ ὁρῶσιν, οἱ δὲ ὀφθαλμοὶ τῆς πίστεως τὸ Πνεῦμα βλέπουσι· κἀκεῖνοι μὲν τὸ σῶμα θεωροῦσι βαπτιζόμενον, οὗτοι δὲ τὸν παλαιὸν ἄνθρωπον θαπτόμενον· ἐκεῖνοι τὴν σάρκα λουομένην, οὗτοι τὴν ψυχὴν καθαιρομένην· ἐκεῖνοι τὸ σῶμα ἀναβαῖνον ἀπὸ τῶν ὑδάτων, οὗτοι τὸν καινὸν ἄνθρωπον καὶ ἀποστίλβοντα βλέπουσιν ἀναβαίνοντα ἀπὸ τῆς
ἱερᾶς ταύτης καθάρσεως. | Κἀκεῖνοι μὲν τὸν ἱερέα | 222
βλέπουσιν ἄνωθεν ἐπιτιθέντα τὴν χεῖρα τὴν δεξιὰν καὶ

1–2 ἀστράπτουσαν ἀκτῖνας: ἀστραπάς *omoeoarct.* I || 6–7 Ἰησοῦ Χριστοῦ I || 11 ὑμῖν *om.* I || εἰπεῖν *om.* V *Pap.* || λεγόμεθα *om.* I ||

denden Leib gesehen? Habt ihr die Schönheit gesehen, die den Sonnenschein noch überstrahlt? Paulus fügt dann hinzu: „Heilig soll sie sein und makellos, ohne Flecken, Falten oder andere Fehler“ (Eph 5,27). Habt ihr die Blüte ihrer Jugend, die Vollkraft ihres Alters gesehen? Wollt ihr auch ihre Namen wissen? Gläubig wird sie genannt und heilig. Denn in der Schrift steht: „Paulus, Apostel Christi Jesu, an die Heiligen in Ephesus, die an Christus Jesus glauben“ (Eph 1,1).

Die geistliche Wirklichkeit der Taufe

3. Als ich den Namen der Braut hörte, erinnerte ich mich an eine alte Schuld: Ich hatte euch zu erklären versprochen, weshalb wir Gläubige genannt werden.

Warum also heißen wir so? Uns Gläubigen wurden Dinge anvertraut, die wir mit den leiblichen Augen nicht sehen können: So groß und ehrfurchtgebietend sind sie und übersteigen unsere Natur. Mit unseren Überlegungen können wir sie nicht finden, mit menschlichen Worten nicht erklären, allein die Glaubenslehre kennt sie gut. Daher macht Gott uns zwei Arten von Augen, die des Leibes und die des Glaubens. Wenn ihr die heilige Taufe empfangt, erblicken eure leiblichen Augen das Wasser, die Augen des Glaubens aber schauen den Geist; die einen sehen den Körper, der getauft wird, die anderen den alten Menschen, der begraben wird; die einen den Leib, der abgewaschen wird, die anderen die Seele, die gereinigt wird; die einen sehen den Körper, der aus dem Wasser heraufsteigt, die anderen schauen den neuen, strahlenden Menschen, der aus dieser heiligen Reinigung heraufsteigt. Die leiblichen Augen erblicken den Priester, wie er von oben seine Rechte auflegt

---

13 οἱ πιστοί *om.* I || 14 φρικώδη: φρικτὰ I || 16 εὑρεῖν οὔτε λόγος *om.* I || 18–19 ὀφθαλμοὺς ἐποίησεν I || 21 τῆς σαρκὸς ὀφθαλμοὶ I || ὀφθαλμοί[2] *om.* I

τῆς κεφαλῆς ἁπτόμενον, οὗτοι δὲ τὸν ἀρχιερέα τὸν μέγαν ἐκ τῶν οὐρανῶν θεωροῦσι τὴν δεξιὰν τὴν ἀόρατον ἐκτείνοντα καὶ τῆς κεφαλῆς ἁπτόμενον. Οὐ γὰρ ἄνθρωπός ἐστιν ὁ τότε βαπτίζων, ἀλλ' αὐτὸς ὁ μονογενὴς τοῦ Θεοῦ παῖς.

Καὶ ὅπερ ἐπὶ τῆς δεσποτικῆς ἐγένετο σαρκός, τοῦτο καὶ ἐπὶ τῆς ἡμετέρας γίνεται. Καθάπερ γὰρ ἐκείνην τῷ μὲν δοκεῖν Ἰωάννης ἀπὸ τῆς κεφαλῆς κατεῖχεν, ὁ δὲ Θεὸς Λόγος εἰς τὰ Ἰορδάνεια ῥεῖθρα κατῆγε καὶ ἐβάπτιζε καὶ ἄνωθεν ἡ πατρικὴ φωνὴ λέγουσα· »Οὗτός ἐστιν ὁ Υἱός μου ὁ ἀγαπητός«, οὕτω καὶ τὸ Πνεῦμα τὸ ἅγιον διὰ τῆς ἐπιφοιτήσεως. Τοῦτο καὶ ἐπὶ τῆς σῆς γίνεται σαρκός· εἰς γὰρ ὄνομα Πατρὸς καὶ Υἱοῦ καὶ ἁγίου Πνεύματος τὸ βάπτισμα γίνεται. Διὰ τοῦτο καὶ Ἰωάννης ἔλεγε παιδεύων ἡμᾶς ὅτι οὐκ ἄνθρωπος ἡμᾶς βαπτίζει, ἀλλ' ὁ Θεός· »Ὀπίσω μου ἔρχεται ὁ ἰσχυρότερός μου, οὗ οὐκ εἰμὶ ἱκανὸς | 224 λῦσαι τὸν ἱμάντα τοῦ ὑποδήματος αὐτοῦ· αὐτὸς ὑμᾶς βαπτίσει ἐν Πνεύματι ἁγίῳ καὶ πυρί.«

Διὰ τοῦτο καὶ ὁ ἱερεὺς βαπτίζων οὐ λέγει »Βαπτίζω τὸν δεῖνα«, ἀλλὰ »Βαπτίζεται ὁ δεῖνα εἰς τὸ ὄνομα τοῦ Πατρὸς καὶ τοῦ Υἱοῦ καὶ τοῦ ἁγίου Πνεύματος«, δεικνὺς ὅτι οὐκ αὐτός ἐστιν ὁ βαπτίζων, ἀλλ' ὁ Πατὴρ καὶ ὁ Υἱὸς καὶ τὸ Πνεῦμα τὸ ἅγιον, ὧν καὶ τὸ ὄνομα ἐπικέκληται. Διὰ τοῦτο καὶ ἡ σήμερον ἡμῶν ἀπαγγελία πίστις λέγεται, καὶ οὐδὲν ἕτερον ὑμῖν ἐπιτρέπομεν εἰπεῖν πρότερον, ἕως ἂν εἴπητε ὅτι »Πιστεύω«. Τὸ ῥῆμα τοῦτο θεμέλιος ἄσειστος, οἰκοδομὴν ἔχων ἄνωθεν ἀσάλευτον. Διὰ τοῦτο καὶ Παῦλός φησι· »Πιστεῦσαι γὰρ δεῖ τὸν προσερχόμενον τῷ Θεῷ, ὅτι ἔστι.« Διὰ τοῦτο καὶ σὺ προσερχόμενος τῷ Θεῷ πρῶτον πιστεύεις

---

3 ἐκτείναντα I || 9 Ἰορδάνεια I *Pap.*: Ἰορδάνια V || 12 ἐπιφυτήσεως V || 16–17 ἰσχυρώτερος I || 17 μου: φησίν *add.* I || 18 αὐτοῦ *om.* I || 20 βαπτίζων V^{mg} I: *om.* V^{tx} I || 21 ὁ δεῖνα *reduplic.* V

und das Haupt berührt, die Augen des Glaubens aber schauen den großen Hohenpriester, wie er aus dem Himmel seine unsichtbare Rechte ausstreckt und das Haupt berührt. Denn der, der dann tauft, ist kein Mensch, sondern der eingeborene Sohn Gottes selbst.

Was beim Leib des Herrn geschah, das geschieht auch bei unserem. Dem Augenschein nach war es nämlich Johannes, der den Herrn am Kopf hinunterbeugte[3], es war aber das göttliche Wort, das ihn in die Fluten des Jordan hinunterführte und taufte — vom Himmel sagte die Stimme des Vaters: „Dies ist mein geliebter Sohn“ (Mt 3,17) —, und ebenso der Heilige Geist durch sein Herabkommen. Das geschieht auch mit eurem Leib: Denn im Namen des Vaters und des Sohnes und des Heiligen Geistes wird die Taufe vollzogen. Daher belehrte uns auch Johannes, daß nicht ein Mensch uns tauft, sondern Gott: „Nach mir kommt einer, der stärker ist als ich, und ich bin nicht wert, ihm die Schuhe aufzuschnüren. Er wird euch mit dem Heiligen Geist und mit Feuer taufen“ (vgl. Lk 3,16; Joh 1,27).

Deshalb sagt auch der Priester bei der Taufe nicht: „Ich taufe den und den“, sondern: „Der und der wird getauft im Namen des Vaters und des Sohnes und des Heiligen Geistes.“ Dadurch macht er deutlich, daß nicht er selbst es ist, der tauft, sondern der Vater und der Sohn und der Heilige Geist, deren Namen auch angerufen werden. Das ist auch der Grund, warum unser heutiges Bekenntnis „Glaube“ heißt. Nichts anderes dürft ihr sagen, bevor ihr nicht gesagt habt: „Ich glaube.“ Dieses Wort ist ein sicheres Fundament, das ein nicht zu erschütterndes Gebäude trägt. Deswegen schreibt Paulus auch: „Denn wer zu Gott kommen will, muß glauben, daß er ist“ (Hebr 11,6). Daher müßt auch ihr, wenn ihr zu Gott kommt, zuerst an Gott glauben und dann

---

[3] Der Text deutet darauf hin, daß in Antiochien durch Untertauchen getauft wurde (vgl. oben 86).

καὶ τότε τοῦτο φθέγγει τὸ ῥῆμα· ἐὰν γὰρ μὴ τοῦτο ῇ, οὐδὲν τῶν ἄλλων οὔτε εἰπεῖν οὔτε νοῆσαι δύνασαι.

Καὶ ἵνα τὴν ἄρρητον ἐκείνην καὶ ἀμάρτυρον παραλείπω γέννησιν, ταύτην τὴν κάτω γενομένην, ἧς πολλοὶ μάρτυρες ἐγένοντο, παραγαγὼν εἰς μέσον, δι' αὐτῆς σε τῶν πραγμάτων τῆς ἀποδείξεως πιστώσομαι ὅτι πίστεως ἄνευ οὐ δυνατὸν οὐδὲ ταύτην καταδέξασθαί ποτε. Ὁ ἀχώρητος, ὁ | πάντα συνέχων καὶ διακρατῶν, | 226 εἰς μήτραν ἦλθε παρθενικήν. Πῶς, εἰπέ μοι, καὶ τίνι τρόπῳ; Ἀποδεῖξαι μὲν οὐκ ἔστιν· ἂν δὲ ἐπὶ τὴν πίστιν ἔλθῃς, ἐκείνη σε πληροφορῆσαι δυνήσεται. Τὰ γὰρ ὑπερβαίνοντα τῶν ἡμετέρων λογισμῶν τὴν ἀσθένειαν τῇ τῆς πίστεως ἐπιτρέπειν διδασκαλίᾳ χρή. Τοῦτον τὸν τρόπον τῆς γεννήσεως οὔτε Ματθαῖος οἶδεν αὐτὸς ὁ γράψας. Ὅτι μὲν γὰρ »εὑρέθη ἐν γαστρὶ ἔχουσα ἐκ Πνεύματος ἁγίου« εἶπεν, τὸν δὲ τρόπον οὐκ ἐδίδαξεν. Οὔτε Γαβριὴλ ἐπίσταται, καὶ γὰρ καὶ ἐκεῖνος τοῦτό φησι μόνον· »Πνεῦμα ἅγιον ἐπελεύσεται ἐπὶ σὲ καὶ δύναμις ὑψίστου ἐπισκιάσει σοι.« Τὸ δὲ πῶς καὶ τίνι τρόπῳ οὐδὲ αὐτὸς ἐπίσταται.

4. Ἀλλὰ τὸν μὲν περὶ πίστεως λόγον τῷ διδασκάλῳ παραχωρήσομεν, καὶ ἡμῖν δὲ δυνατὸν ἐν ἑτέρῳ καιρῷ πρὸς ὑμᾶς εἰπεῖν, ὅταν πολλοὶ τῶν ἀμυήτων παρῶσιν· ἃ δὲ ἀνάγκη μόνους ἀκοῦσαι ὑμᾶς νῦν καὶ οὐ δυνατὸν ἐκείνων ἀναμεμιγμένων ὑμῖν εἰπεῖν, ταῦτα τήμερον ἀναγκαῖον εἰπεῖν. Τίνα οὖν ἐστι ταῦτα; Μετὰ τὴν

1 φθέγγη V || 4 γενομένην κάτω I || 8 ἀχώρητος I *Pap.*: ἀφόρητος V || 9 ἦλθε V: ἐχωρήθη I

[4] Mit dem „Lehrer" ist der Bischof (FLAVIAN) gemeint, der jeweils als letzter nach den Presbytern und ggf. auswärtigen Bischöfen das Wort ergriff.

dieses Wort aussprechen. Wenn das nämlich nicht der Fall wäre, könntet ihr sonst nichts sagen oder verstehen.

Ich lasse die geheimnisvolle Geburt, die Menschen nicht bezeugen können, hier außer acht und spreche von jener, die sich auf Erden ereignete und von vielen bezeugt wurde. Durch die Darlegung der Geschehnisse will ich euch glaubhaft machen, daß man auch diese ohne Glauben niemals annehmen kann. Der Unfaßbare, der alles umfaßt und beherrscht, kam in den jungfräulichen Mutterschoß. Und wie? Auf welche Weise? Man kann es nicht erklären; doch wenn man glaubt, wird man überzeugt sein können. Denn was unser schwaches Vorstellungsvermögen übersteigt, muß uns der Glaube lehren. Die Art und Weise der Geburt kennt auch Matthäus nicht, der davon geschrieben hat. Er sagt zwar: Es „zeigte sich, daß sie ein Kind erwartete — durch das Wirken des Heiligen Geistes“ (Mt 1,18), belehrt aber nicht über die Art und Weise. Auch Gabriel weiß es nicht, denn auch er sagt nur: „Der Heilige Geist wird über dich kommen, und die Kraft des Höchsten wird dich überschatten“ (Lk 1,35). Wie und auf welche Weise es geschehen soll, weiß auch er nicht.

Die geheimnisvolle Stunde der Taufe

4. Doch die Unterweisung über den Glauben will ich dem Lehrer überlassen[4]. Ich kann euch bei anderer Gelegenheit, wenn viele von den Nicht-Eingeweihten hier sind, dazu etwas sagen. Heute habe ich über das zu sprechen, was nur ihr hören müßt und worüber wir zu euch nicht reden können, wenn die anderen dabei sind[5]. Was ist das? Über-

---

[5] Die Einführung in die Mysterien, d.h. die Erklärung der christlichen Initiationssakramente, wurde auch in Antiochien damals den für die Taufe noch nicht eingeschriebenen Katechumenen vorenthalten; vgl. PERLER, *Arkandisziplin* 671–676.

αὔριον τῇ παρασκευῇ, ὥραν ἐνάτην, ἀνάγκη τινὰ ὑμᾶς ἀπαιτηθῆναι | ῥήματα καὶ συνθήκας θέσθαι πρὸς τὸν | 228 δεσπότην. Οὐχ ἁπλῶς δὲ ὑμᾶς οὐδὲ τὴν ἡμέραν οὐδὲ τὴν ὥραν ἀνέμνησα ταύτην· ἀλλὰ ἔστι καὶ ἀπὸ τούτων μαθεῖν τι μυστικόν. Καὶ γὰρ τῇ παρασκευῇ, ἐνάτῃ ὥρᾳ, ὁ λῃστὴς εἰς τὸν παράδεισον εἰσῆλθε καὶ τὸ σκότος κατελύθη τὸ ἀπὸ τῆς ἕκτης ὥρας ἕως τῆς ἐνάτης, καὶ τὸ αἰσθητὸν καὶ τὸ νοητὸν φῶς τότε ὑπὲρ τῆς οἰκουμένης ἀνηνέχθη θυσία· τότε γάρ φησιν ὁ Χριστός· »Πάτερ, εἰς χεῖράς σου παραθήσομαι τὸ πνεῦμά μου.« Τότε τὸν ἥλιον τῆς δικαιοσύνης ἰδὼν ἀπὸ τοῦ σταυροῦ λάμποντα ὁ αἰσθητὸς οὗτος ἥλιος τὰς ἀκτῖνας ἀπέστρεψεν. Ὅταν οὖν μέλλῃς εἰσάγεσθαι καὶ σὺ κατὰ τὴν ἐνάτην ὥραν, ἀναμιμνῄσκου καὶ σὺ τοῦ μεγέθους τῶν κατορθωμάτων καὶ τὰς δωρεὰς ἀρίθμει ταύτας παρὰ σαυτῷ, καὶ οὐκ ἔσῃ λοιπὸν ἐπὶ τῆς γῆς, ἀλλὰ διαναστήσῃ καὶ τῶν οὐρανῶν αὐτῶν ἐπιλήψῃ τῇ ψυχῇ.

Δεῖ τοίνυν εἰσαχθέντας ὑμᾶς τότε κοινῇ πάντας. Καὶ γὰρ καὶ τοῦτο παρατήρει, ὅτι πάντα κοινῇ δίδοται πᾶσιν ὑμῖν, ἵνα μήτε ὁ πλούσιος ὑπερίδῃ τοῦ πένητος, μήτε ὁ πένης ἔλαττον ἔχειν τι τοῦ πλουσίου νομίζῃ· ἐν γὰρ Χριστῷ Ἰησοῦ οὔτε ἄρσεν οὔτε θῆλυ, οὐ Σκύθης, οὐ βάρβαρος, οὐκ Ἰουδαῖος, οὐχ Ἕλλην· οὐχ ἡλικίας δὲ μόνον καὶ φύσεως, ἀλλὰ καὶ ἀξίας πάσης ἀνωμαλία ἀνῄρηται· ἓν πᾶσιν ἀξίωμα, | μία δωρεά, εἷς | 230 ἀδελφότητος ἡμῖν σύνδεσμος, ἡ αὐτὴ χάρις. Δεῖ τοίνυν εἰσαχθέντας ὑμᾶς τότε κοινῇ κλῖναι γόνυ πάντας, οὐκ

1 ὥρᾳ ἐνάτῃ *Pap.* || 6 εἰσῆλθε εἰς τὸν παράδεισον I || 8 φῶς τότε V: ἀνέτειλε φῶς ἥ τε I || 10 πάτερ *om.* I || παρατίθημι I || 13 ἀπέστρεψεν: ἀπέκρυψεν I || εἰσάγεσθαι *om.* I || 14 κατὰ *om.* I || ὥραν: προσ-

morgen, am Freitag zur neunten Stunde, müßt ihr auf bestimmte Fragen antworten und mit dem Herrn einen Vertrag schließen. Ich habe euch nicht ohne Grund an diesen Tag und diese Stunde erinnert; vielmehr hat auch das eine geistliche Bedeutung, um die man wissen muß. Am Freitag zur neunten Stunde gelangte nämlich der Räuber ins Paradies, und die Finsternis, die von der sechsten bis zur neunten Stunde gedauert hatte, löste sich auf (vgl. Lk 23,43f). Das sichtbare wie das geistliche Licht wurde damals als Opfer für die ganze Welt dargebracht; denn damals sagte Christus: „Vater, in deine Hände lege ich meinen Geist“ (Lk 23,46). Damals verbarg die sichtbare Sonne ihre Strahlen, als sie die Sonne der Gerechtigkeit vom Kreuz leuchten sah. Wenn ihr also zur neunten Stunde in die Kirche hereingeführt werdet, dann erinnert euch an die Größe der Heilsgüter und zählt die Gaben, die euch erwarten. So werdet ihr künftig nicht mehr auf Erden sein, sondern ihr werdet euch erheben und mit der Seele den Himmel ergreifen.

Die Taufe als Feier einer Gemeinschaft

Wenn ihr nun alle gemeinsam in die Kirche hineingeführt seid — beachtet auch dies: alles wird euch allen gemeinsam gegeben, damit der Reiche nicht auf den Armen herabsieht und der Arme nicht meint, weniger zu haben als der Reiche; denn in Christus Jesus gibt es nicht mehr Mann und Frau, Skythen, Fremde, Juden und Griechen (vgl. Gal 3,28; Kol 3,11); nicht nur die Unterschiede des Alters und der Natur, sondern auch alle Rangunterschiede sind aufgehoben; allen gilt die gleiche Wertschätzung, ein und dieselbe Gabe, das uns einigende brüderliche Band, dieselbe Gnade — wenn ihr also hereingeführt seid, müßt ihr alle ge-

---

ελθεῖν *add.* I || καὶ σὺ[2] *om.* I || 20 δέδοται I || 21 ἡμῖν I || 22 τι *om.* I || 24 οὐκ: οὐχ I || οὐχ[2]: οὐκ V || 27 ἡ αὐτὴ χάρις *om.* I

ὀρθοὺς ἑστάναι, καὶ τὰς χεῖρας ἀνατείναντας εἰς τὸν οὐρανὸν εὐχαριστῆσαι τῷ Θεῷ τῆς δωρεᾶς ἕνεκεν ταύτης. Ἐπὶ γόνυ δὲ οἱ ἱεροὶ κελεύουσι κεῖσθαι νόμοι, ὥστε καὶ διὰ τοῦ σχήματος ὁμολογῆσαι τὴν δεσποτείαν. Ὅτι γὰρ τὸ γόνυ κάμψαι <τῶν> τὴν δουλείαν ὁμολογούντων ἐστίν, ἄκουσον τί φησιν ὁ Παῦλος, ὅτι »αὐτῷ κάμψει πᾶν γόνυ ἐπουρανίων καὶ ἐπιγείων καὶ καταχθονίων«. Κλίναντας οὖν τὰ γόνατα κελεύουσι λέγειν μυσταγωγοῦντες ταῦτα τὰ ῥήματα· »Ἀποτάσσομαί σοι, Σατανᾶ.«

5. Δακρῦσαί μοι νῦν ἐπῆλθε καὶ συνεχύθην τὴν διάνοιαν καὶ πικρὸν ἐστέναξα. Τίνος ἕνεκεν ἀνεμνήσθην τῆς ἱερᾶς ἑσπέρας ἐκείνης, καθ' ἣν τὴν μακαρίαν ταύτην κατηξιώθην ἀφεῖναι φωνήν, καθ' ἣν ἐπὶ τὴν φρικώδη καὶ ἁγίαν μυσταγωγίαν ἠγόμην; Ἀνεμνήσθην τῆς τότε καθαρότητος καὶ τῶν ἁμαρτημάτων ὅσα μετ' ἐκείνην εἰς τὴν παροῦσαν ἡμέραν συνέλεξα. Καθάπερ οὖν γυναικῶν ὅσαι περ ἂν ἀπὸ πλούτου καὶ εὐπορίας εἰς πτωχείαν τὴν ἐσχάτην κατενεχθῶσιν, ὁρῶσαι κόρας ἑτέρας νυμφευομένας καὶ εὐπόροις διδομένας νυμφίοις καὶ πολλῆς ἀπολαυούσας τιμῆς καὶ μετὰ θεραπείας καὶ πομπῆς ἀπαγομένας, ἀλγοῦσι καὶ ὀδυνῶνται, οὐ τοῖς ἀλλοτρίοις φθονοῦσαι καλοῖς, ἀλλ' ἐν ταῖς ἑτέρων | εὐπραγίαις ἀκριβέστερον τὰς ἑαυτῶν | 232
καταμανθάνουσαι συμφοράς, τοιοῦτον δή τι καὶ αὐτὸς πέπονθα νῦν. Ἀλλ' ἵνα μὴ τὰ ἐμαυτοῦ διηγούμενος κακὰ νῦν ἐπὶ τὸ σκυθρωπότερον τὸν λόγον ἀγάγω, φέρε πρὸς ὑμᾶς ἐπανέλθωμεν πάλιν.

---

5 <τῶν> *Pap.*: *om.* V I || 12 τίνος: οὖν *add.* I || 13 ἐκείνης ἑσπέρας I ||

meinsam die Knie beugen, dürft also nicht aufrecht stehen, müßt die Hände zum Himmel erheben und Gott für diese Gabe danken. Die heiligen Vorschriften bestimmen, daß man auf den Knien liegt und somit auch durch die äußere Haltung die Herrschaft Christi anerkennt. Daß es sich nämlich um das Kniebeugen derer handelt, die ihrem Knechtsein zustimmen, hört ihr von Paulus: Vor ihm werden „alle im Himmel, auf der Erde und unter der Erde ihre Knie beugen“ (Phil 2,10). Wenn ihr niedergekniet seid, lassen euch jene, die euch in die Mysterien einführen, folgende Worte sprechen: „Ich widersage dir, Satan.“

Ein Erlebnis der eigenen Schwäche

5. Ich mußte eben weinen, war im Geist verwirrt und seufzte bitter. Warum erinnerte ich mich an jenen heiligen Abend, an dem ich gewürdigt wurde, dieses heilige Wort zu sprechen, und zu den ehrfurchtgebietenden und heiligen Sakramenten geführt wurde? Ich erinnerte mich an die damalige Reinheit und an die Sünden, die ich seitdem bis heute begangen habe. Wenn Frauen, die von Reichtum und Wohlstand in äußerste Armut geraten sind, andere junge Frauen sehen, die heiraten und reichen Ehemännern vermählt werden, hohe Ehre erfahren und mit Bediensteten und im Festzug heimgeführt werden, sind sie betrübt und empfinden Schmerz, nicht weil sie die anderen Frauen um ihre Güter beneiden, sondern weil sie sich angesichts des Glücks der anderen ihres eigenen Schicksals deutlicher bewußt werden. So etwas habe ich auch eben erlitten. Doch ich will meinen eigenen Kummer nicht weiter vor euch ausbreiten und somit ein düsteres Thema behandeln. Vielmehr will ich wieder auf euch zu sprechen kommen.

---

25 τοιοῦτον *Pap.*: τοιούτω V τοιοῦτο I

6. »'Αποτάσσομαί σοι, Σατανᾶ.« Τί γέγονε; Τί τὸ ξένον καὶ παράδοξον; Ὁ δεδοικώς, ὁ τρέμων, κατεξανέστης τοῦ τυράννου; Καταφρονεῖς αὐτοῦ τῆς ὠμότητος; Τίς σε εἰς τοσαύτην ἀπόνοιαν ἐπῆρε; Πόθεν σοι τὸ θαρρεῖν ἐγένετο; »Ὅπλον ἔχω«, φησίν, »ἰσχυρόν.« Ποῖον ὅπλον, ποίαν συμμαχίαν; εἰπέ μοι. »Συντάσσομαί σοι, Χριστέ«, φησί. »Διὰ τοῦτο θαρρῶ καὶ κατεξανίσταμαι· ἰσχυρὰν γὰρ ἔχω καταφυγήν. Αὕτη με τοῦ δαίμονος ἐποίησεν ἀνώτερον, τὸν πρὸ τούτου δεδοικότα καὶ τρέμοντα. Διὰ τοῦτο οὐχὶ αὐτῷ μόνῳ, ἀλλὰ καὶ πάσῃ αὐτοῦ ἀποτάσσομαι τῇ πομπῇ.«

Πομπὴ δὲ διαβόλου πᾶν εἶδος ἁμαρτίας ἐστί· θέατρα παρανομίας, ἱπποδρομίαι, συνέδρια γέλωτος καὶ αἰσχρολογίας γέμοντα· πομπὴ διαβόλου οἰωνισμοὶ καὶ μαντεῖαι, | 234 κληδόνες καὶ παρατηρήσεις καιρῶν, καὶ σύμβολα καὶ περίαπτα καὶ ἐπῳδαί. Θαυμαστὸν περίαπτον ὁ σταυρὸς ἔχει καὶ μεγίστην ἐπῳδήν, καὶ μακαρία ἡ ψυχὴ ἡ λέγουσα τὸ ὄνομα 'Ιησοῦ Χριστοῦ τοῦ σταυρωθέντος· τοῦτο κάλεσον καὶ πᾶν νόσημα φεύξεται, πᾶσα ἐπιβουλὴ παραχωρήσει σοι σατανική.

Τούτων οὖν μέμνησο τῶν ῥημάτων· αὗται αἱ συνθῆκαι πρὸς τὸν νυμφίον εἰσί. Καθάπερ γὰρ ἐπὶ τῶν γάμων τὰ τῶν ἕδνων καὶ τῆς φερνῆς ἀνάγκη συντελεῖσθαι γραμματεῖα, οὕτω καὶ νῦν πρὸ τῶν γάμων γίνεται· γυμνήν σε εὗρε καὶ πτωχὴν καὶ ἀσχημονοῦσαν, καὶ οὐ παρέδραμε· τῆς προαιρέσεώς σου γὰρ δεῖται μόνης. 'Αντὶ προικὸς τοίνυν ταῦτα εἰσένεγκε τὰ ῥήματα καὶ μέγαν ἡγήσεται πλοῦτον ὁ Χριστός, ἂν ταῦτα φυλάττῃς διὰ παντός· πλοῦτος γὰρ ἐκείνου τῶν

---

17 ἔχει *om.* I || 18 ἡ ψυχὴ *om.* I || 20 σατανικὴ παραχωρήσει σοι I || 21 αὗται: σου *add.* I || 22 – *p.* 250,28 καθάπερ — ἀλλήλοις *deest* I

Die Absage an Satan und Bindung an Christus

6. „Ich widersage dir, Satan." Was ist geschehen? Welch ungewöhnliche und unerwartete Veränderung der Lage? Obwohl du dich fürchtest und zitterst, hast du dich gegen den Tyrannen aufgelehnt, verachtest seine Wildheit? Wer hat dich zu solcher Tollkühnheit veranlaßt? Woher nimmst du den Mut? „Ich habe eine starke Waffe", sagst du. Was ist das für eine Waffe, für ein Bündnis? „Ich binde mich an dich, Christus", sagst du. „Aus diesem Grund bin ich mutig und lehne mich auf: Ich habe eine sichere Zuflucht. Vorher fürchtete ich mich und zitterte; sie hat mich über den Dämon erhoben. Deshalb widersage ich nicht nur ihm allein, sondern auch all seiner Pracht."

Pracht des Teufels sind alle Arten der Sünde, unsittliche Schauspiele, Pferderennen[6], Zusammenkünfte voll Gelächter und unflätiger Reden. Pracht des Teufels sind die Deutung des Vogelflugs und von Orakeln, die Beachtung von Vorbedeutungen, bestimmten Zeiten und Vorzeichen, der Gebrauch von Amuletten und Zauberformeln. Doch die Kraft eines wunderbaren Amuletts und einer mächtigen Zauberformel hat das Kreuz, und selig ist der Mensch, der den Namen Jesu Christi, des Gekreuzigten, im Mund führt. Ihn rufe an, und jede Krankheit wird fliehen, jede Nachstellung des Satans wird von dir weichen.

An diese Worte also erinnere dich! Das ist der Vertrag mit dem Bräutigam. Wie bei der Hochzeit Urkunden über Mitgift und Aussteuer angefertigt werden müssen, so geschieht es auch vor dieser Hochzeit: Nackt hat er dich gefunden, arm und mißgestaltet, und er ist nicht vorbeigelaufen; es bedarf allein deiner freien Entscheidung. Statt einer Mitgift bringe diese Worte mit, und Christus wird es für einen großen Reichtum erachten, wenn du dich dein Leben lang an sie hältst. Denn Christus sieht seinen Reich-

---

[6] Vgl. hierzu oben 144f Anm. 3.

ἡμετέρων ψυχῶν ἡ σωτηρία. Ἄκουσον, πῶς φησιν ὁ Παῦλος· »Πλουτῶν εἰς πάντας καὶ ἐπὶ πάντας τοὺς ἐπικαλουμένους αὐτόν.«

7. Μετὰ δὲ τὰ ῥήματα ταῦτα, μετὰ τὴν ἀποταγὴν τοῦ διαβόλου, μετὰ τὴν συνταγὴν τὴν πρὸς τὸν Χριστόν, ἅτε οἰκείους γεγενημένους λοιπὸν καὶ οὐδὲν κοινὸν ἔχοντας πρὸς ἐκεῖνον, εὐθέως σφραγίζεσθαι κελεύει καὶ ἐπὶ τοῦ μετώπου | δίδωσί σοι τὸν σταυρόν. Ἐπειδὴ | 236
γὰρ εἰκὸς τὸ θηρίον ἐκεῖνο ταῦτα ἀκοῦσαν τὰ ῥήματα ἀγριωθῆναι μᾶλλον — ἀναίσχυντον γάρ ἐστι — καὶ αὐτῇ βούλεται ἐπιπηδῆσαι τῇ ὄψει, διὰ τοῦ χρίσματος ἐντυπῶν σου τῷ προσώπῳ τὸν σταυρὸν ἅπασαν αὐτοῦ καταστέλλει τὴν μανίαν· οὐ γὰρ τολμήσει πρὸς τοιαύτην ἀντιβλέψαι λοιπὸν ὄψιν, ἀλλ' ὥσπερ ἀκτῖνας ὁρῶν ἐκπηδώσας ἐκεῖθεν, οὕτως ἀποτυφλωθεὶς τοὺς ὀφθαλμοὺς ἄπεισιν.

Ἐντυποῦται δὲ ὁ σταυρὸς διὰ τοῦ χρίσματος· τὸ δὲ χρῖσμα τοῦτο ἔλαιον ὁμοῦ καὶ μύρον ἐστί, μύρον μὲν ὡς νύμφην, ἔλαιον δὲ ὡς ἀθλητήν. Καὶ ὅτι πάλιν οὐκ ἄνθρωπος, ἀλλ' αὐτός σε χρίει ὁ Θεὸς διὰ τῆς τοῦ ἱερέως χειρός, ἄκουσον τοῦ Παύλου λέγοντος· »Ὁ δὲ βεβαιῶν ἡμᾶς σὺν ὑμῖν εἰς Χριστὸν καὶ χρίσας ἡμᾶς Θεός«. Ἐπειδὰν δὲ τοῦτο τὸ ἄλειμμα ἀλείψῃ πάντα τὰ μέλη, μετὰ ἀδείας τὸν δράκοντα κατέχειν δύνασαι καὶ οὐδὲν πείσῃ δεινόν.

9 ἀκοῦσαν τὰ *Pap.*: ἀκούσαντα τὰ V

tum in der Rettung unserer Seelen. Hört, was Paulus sagt: „Aus seinem Reichtum beschenkt er alle, die ihn anrufen" (Röm 10,12).

Die Besiegelung und Salbung der Taufbewerber

7. Nach diesen Worten, nach der Absage an den Teufel und der Bindung an Christus, läßt er euch, die ihr nun die Seinen seid und nichts mehr mit dem Teufel gemeinsam habt, sogleich besiegeln und gibt euch auf die Stirn das Kreuz. Jenes wilde Tier ist unverschämt und wird, wenn es diese Worte hört, natürlich noch wilder; es will euch ins Gesicht springen. Da prägt er euch mit dem Salböl das Kreuz auf die Stirn ein und hemmt so die ganze Raserei des Teufels. Dieser wird nicht mehr in ein solches Antlitz zu schauen wagen, sondern wie wenn er in die Sonne schaut und von dort wegspringt, so werden seine Augen (von eurem Anblick) geblendet werden, und er wird sich zurückziehen.

Das Kreuz wird durch das Salböl eingeprägt. Dieses Salböl ist eine Mischung aus Olivenöl und Balsam, Balsam für eine Braut, Olivenöl für einen Athleten. Und wieder ist es nicht ein Mensch, sondern Gott selbst, der euch durch die Hand des Priesters salbt, wie wir es von Paulus hören: „Gott, der uns und euch in der Treue zu Christus festigt und der uns alle gesalbt hat" (2 Kor 1,21). Wenn er dann mit dieser Salbe alle eure Glieder salbt, könnt ihr furchtlos den Drachen aufhalten und werdet nichts Böses erleiden[7].

---

[7] Der Prediger ist im Anschluß an die Beschreibung der Stirnsalbung mit der Erwähnung der Salbung des ganzen Körpers fast unmerklich bereits zur Erklärung der Riten der Osternacht übergegangen; vgl. dagegen *cat.* 3/2,23 f.

8. Μετὰ τὴν χρῖσιν τοίνυν ταύτην ἐπὶ τὴν κολυμβήθραν τῶν ἁγίων ὑδάτων λείπεται ἐλθεῖν. Τότε ἀποδύσας σε τὸ ἱμάτιον ὁ ἱερεύς, αὐτός σε κατάγει ἐπὶ τὰ νάματα. Τίνος οὖν ἕνεκεν γυμνόν; Ἀναμιμνῄσκει σε τῆς προτέρας γυμ|νότητος, ὅτε ἦς ἐν τῷ παραδείσῳ | 238 καὶ οὐκ ᾐσχύνου· »ἦσαν γάρ«, φησίν, »Ἀδὰμ καὶ Εὔα γυμνοὶ καὶ οὐκ ᾐσχύνοντο«, ἕως ἔλαβον τὸ τῆς ἁμαρτίας ἱμάτιον, τὸ πολλῆς γέμον αἰσχύνης. Μὴ τοίνυν μηδὲ ἐνταῦθα αἰσχύνου· πολὺ γὰρ τοῦ παραδείσου βελτίων ἡ κολυμβήθρα. Οὐκ ἔστιν ἐνταῦθα ὄφις, ἀλλὰ Χριστός ἐστιν ἐνταῦθα μυσταγωγῶν σε πρὸς τὴν ἐξ ὕδατος καὶ Πνεύματος ἀναγέννησιν. Οὐκ ἔστιν ἐνταῦθα δένδρα καλὰ καὶ ὡραῖα ἰδεῖν, ἀλλ' ἔστιν ἐνταῦθα χαρίσματα πνευματικά. Οὐκ ἔστιν ἐνταῦθα ξύλον γνωστὸν καλοῦ καὶ πονηροῦ, οὐδὲ νόμος καὶ ἐντολαί, ἀλλὰ χάρις καὶ δωρεαί. »Ἁμαρτία γὰρ ὑμῶν οὐ κυριεύσει· οὐ γάρ ἐστε ὑπὸ νόμον, ἀλλ' ὑπὸ χάριν.«

9. Ἀλλ' ἐπειδὴ μετὰ τοσαύτης ἡδονῆς ἠκούσατε τῶν εἰρημένων, μίαν ὑμᾶς αἰτήσω τῆς ἡδονῆς ἀμοιβήν, ἣν καὶ παρὰ τὴν ἀρχὴν ὑμᾶς ᾔτησα. Ὅταν εἰς τὴν κολυμβήθραν καταβῆτε τῶν ὑδάτων ἐκείνων, μνήσθητέ μου τῆς εὐτελείας. Τοῦτο καὶ πρώην ὑμῶν ἐδεήθην, ὅτε καὶ τοῦ Ἰωσὴφ ἀνέμνησα, ὃς πρὸς τὸν ἀρχιοινοχόον ἔλεγε· »Μνήσθητί μου, ὅταν εὖ σοι γένηται.« Κἀγὼ πρὸς ὑμᾶς παρὰ τὴν ἀρχὴν εἶπον· »Μνήσθητέ μου, ὅταν εὖ ὑμῖν γένηται.« Νυνὶ δὲ οὐ λέγω »Μνήσθητέ μου, ὅταν εὖ ὑμῖν γένηται«, ἀλλὰ

1 – *p.* 250, 15 μετὰ — κατορ]θώματα *quoad nos deest ex defectu photogr.*

Das Taufbad

8. Nach der Salbung geht ihr nur noch zum Taufbecken mit dem heiligen Wasser. Der Priester zieht euch dort euer Gewand aus und führt euch in die Fluten hinunter. Warum denn nackt? Das erinnert euch an die einstige Nacktheit, als ihr im Paradies wart und euch nicht schämtet. Denn die Schrift sagt: „Adam und Eva waren nackt, aber sie schämten sich nicht voreinander“ (Gen 2,25), bis sie das Gewand der Sünde anlegten, das voll von Beschämung war. Also schäme dich auch hier nicht; denn das Taufbecken ist viel besser als das Paradies. Hier gibt es keine Schlange, sondern Christus ist da, der dich zum Sakrament der Wiedergeburt aus dem Wasser und dem Geist führt. Es gibt keine schönen Bäume mit reifen Früchten zu sehen, sondern geistliche Gnadengaben. Es gibt hier keinen Baum der Erkenntnis von Gut und Böse (vgl. Gen 2,9), auch nicht Gesetz und Gebote, sondern Gnade und Gaben. „Die Sünde soll nicht über euch herrschen; denn ihr steht nicht unter dem Gesetz, sondern unter der Gnade“ (Röm 6,14).

Bitte um das Gebet für die Kirche, den Bischof und das Presbyterium

9. Da ihr meine Worte mit so großer Freude angehört habt, möchte ich euch — wie anfangs schon — um eine Gegengabe für diese Freude bitten. Wenn ihr in das Taufbecken mit jenem Wasser hinuntersteigt, erinnert euch meiner Armseligkeit. Das erbat ich neulich schon von euch und erinnerte auch an Josef, der zu dem Obermundschenk sagte: „Denk an mich, wenn es dir gutgeht“ (Gen 40,14). Auch ich habe euch zu Anfang gesagt: „Denkt an mich, wenn es euch gutgeht.“ Jetzt aber sage ich nicht: „Denkt an mich, wenn es euch gutgeht“, sondern: „Denkt an mich, da

---

V, *attamen secuti sumus Pap.* || 22 ὑμῶν *nos*: ἡμῶν *Pap.*

μνήσθητέ μου, ἐπειδὴ εὖ ὑμῖν ἐγένετο. Κἀκεῖνος μὲν ἔλεγε· »Μνήσθητι, ὅτι οὐδὲν ἐποίησα κακόν.« Ἐγὼ δὲ λέγω· »Μνήσθητέ μου, ὅτι πολλὰ καὶ πονηρὰ ἐποίησα κακά.«

Πολλὴ παρρησία πρὸς τὸν βασιλέα νῦν ὑμῖν ἅπασι· κοινοὺς ὑμᾶς πέμπομεν πρέσβεις ὑπὲρ τῆς φύσεως τῶν | ἀνθρώπων· οὐ χρυσοῦν στέφανον αὐτῷ προσφέρετε, | 240 ἀλλὰ πίστεως στέφανον· μετὰ πολλῆς ὑμᾶς δέξεται εὐνοίας. Δεήθητε τοίνυν ὑπὲρ τῆς κοινῆς ἁπάντων μητρός, ὥστε ἀσάλευτον εἶναι αὐτὴν καὶ ἄσειστον, καὶ ὑπὲρ τοῦ ἀρχιερέως, δι' οὗ τῶν χειρῶν καὶ τῆς φωνῆς τῶν ἀγαθῶν τούτων τυγχάνετε. Ὑπὲρ τῶν συνεδρευόντων ἡμῖν ἱερέων πολλὰ αὐτῷ διαλέχθητε, ὑπὲρ τοῦ ἀνθρωπείου γένους, ὥστε μὴ ἡμῖν χρημάτων λοιπάδας ἀλλὰ ἁμαρτημάτων ἀφεῖναι. Κοινὰ γενέσθω τὰ κατορθώματα· πολλὴ γὰρ παρρησία πρὸς τὸν δεσπότην ὑμῖν καὶ ἀπὸ φιλήματος ὑμᾶς δέξεται.

10. Ἀλλ' ἐπειδὴ φιλήματος ἐμνήσθην, βούλομαι καὶ περὶ τούτου νῦν ὑμῖν εἰπεῖν. Ἐπειδὰν μέλλωμεν τῆς ἱερᾶς ἅπτεσθαι τραπέζης, φιλεῖν ἀλλήλους κελευόμεθα καὶ ἀσπάζεσθαι ἀσπασμὸν ἅγιον. Τίνος ἕνεκεν; Ἐπειδὴ τοῖς σώμασι ἐσμὲν διῃρημένοι, τὰς ψυχὰς ἀλλήλαις συμπλέκομεν κατ' ἐκεῖνον τὸν καιρὸν διὰ τοῦ φιλήματος, ὥστε γενέσθαι τὸν σύλλογον ἡμῶν τοιοῦτον οἷος ἦν ἐκεῖνος ὁ ἀποστολικός, ὅτε πάντων τῶν πιστευόντων ἦν ἡ καρδία καὶ ἡ ψυχὴ μία. Οὕτως γὰρ δεῖ προσιέναι τοῖς ἱεροῖς μυστηρίοις συνδεδεμένους ἀλλήλοις. Ἄκουσον, τί φησιν ὁ Χριστός· »Ἐὰν | προσφέρῃς τὸ δῶρόν σου ἐπὶ τὸ θυσιαστήριον κἀκεῖ | 242 μνησθῇς ὅτι ὁ ἀδελφός σου ἔχει τι κατὰ σοῦ, ὕπαγε πρῶτον διαλλάγηθι τῷ ἀδελφῷ σου καὶ τότε πρόσφερε

es euch gutgegangen ist." Jener sagte zwar: „Bedenke, daß ich nichts Schlechtes getan habe" (vgl. Gen 40, 15), ich aber sage: „Bedenkt, daß ich viel Böses und Schlechtes getan habe."

Ihr alle könnt euch jetzt ganz freimütig an den König wenden. Wir schicken euch als öffentliche Gesandte für die Menschheit zu ihm. Bringt ihm keine goldene Krone, sondern eine Krone des Glaubens. Er wird euch mit großem Wohlwollen aufnehmen. Bittet ihn dann für die gemeinsame Mutter aller, daß sie unerschütterlich sei und feststehe, und für den Bischof, durch dessen Hände und Worte ihr diese Güter erlangt. Sprecht lange mit ihm über die Priester, die mit mir zum Presbyterium gehören, und über die Menschheit, damit er uns nicht die Geldschulden erlasse, sondern die Schulden für unsere Sünden. Laßt das Heil allen gemeinsam sein; denn ihr könnt euch freimütig an den Herrn wenden, und er wird euch mit einem Kuß aufnehmen.

Der heilige Kuß

10. Da ich eben den Kuß erwähnte, will ich euch jetzt auch über ihn etwas sagen. Bevor wir zum heiligen Tisch gehen, werden wir aufgefordert, einander zu lieben und uns den heiligen Kuß zu geben. Warum? Weil wir körperlich voneinander geschieden sind, verbinden wir in diesem Augenblick durch den Kuß unsere Seelen miteinander, damit unsere Gemeinschaft jener zur Zeit der Apostel gleiche, als alle Gläubigen ein Herz und eine Seele waren (vgl. Apg 4, 32). Auf diese Weise miteinander verbunden, müssen wir zur Eucharistiefeier hinzutreten. Hört, was Christus sagt: „Wenn du deine Opfergabe zum Altar bringst und dir dabei einfällt, daß dein Bruder etwas gegen dich hat, dann geh und versöhne dich zuerst mit deinem Bruder, dann

28 – *p.* 252, 9 ἄκουσον — συνειδότος πο[*adest* I

τὸ δῶρόν σου.« Οὐκ εἶπε »πρότερον προσένεγκε«, ἀλλὰ »πρότερον διαλλάγηθι καὶ τότε προσένεγκε«. Διὰ τοῦτο καὶ ἡμεῖς, τοῦ δώρου προκειμένου, πρότερον ἀλλήλοις καταλλαττόμενοι τότε τῇ θυσίᾳ προσερχόμεθα.

Ἔστι δὲ καὶ ἕτερος μυστικὸς λόγος τοῦ φιλήματος τούτου. Ναοὺς ἡμᾶς ἐποίησε τοῦ Χριστοῦ τὸ Πνεῦμα τὸ ἅγιον. Φιλοῦντες οὖν ἀλλήλων τὰ στόματα, τὰ πρόθυρα τοῦ ναοῦ καταφιλοῦμεν. Μηδεὶς τοίνυν μετὰ συνειδότος πονηροῦ, μετὰ ὑπούλου διανοίας τοῦτο ποιείτω· ἅγιον γάρ ἐστι τὸ φίλημα· »'Ασπάσασθε γάρ«, φησίν, »ἀλλήλους ἐν φιλήματι ἁγίῳ.«

Τούτων πάντων μεμνημένοι ταῦτα διὰ παντὸς διατηρῶμεν τὴν συνταγήν, τὴν ἀποταγήν, τὴν παρρησίαν, ἣν νῦν ἡμῖν ὁ δεσπότης χαρίζεται, καὶ ἀκηλίδωτον καὶ ἀκέραιον διαφυλάξωμεν, ἵνα μετὰ πολλῆς τῆς δόξης ἀπαντήσωμεν τῷ βασιλεῖ τῶν οὐρανῶν καὶ καταξιωθῶμεν ἐν νεφέλαις ἁρπαγῆναι καὶ φανῆναι τῆς βασιλείας τῶν οὐρανῶν ἄξιοι· ἧς γένοιτο πάντας ἡμᾶς ἐπιτυχεῖν χάριτι καὶ φιλανθρωπίᾳ τοῦ κυρίου ἡμῶν 'Ιησοῦ Χριστοῦ, ᾧ ἡ δόξα εἰς τοὺς αἰῶνας. 'Αμήν.

---

4 καταλλατόμενοι *Pap.*: καταλατόμενοι V *om.* I || 9 – *ad fin.* πο[νηροῦ — ἀμήν] *deest* I || 10 ἀσπάσεσθε V || 16 ἀπαντήσομεν V ||

opfere deine Gabe“ (Mt 5,23f). Er sagte nicht „opfere zuerst“, sondern „versöhne dich zuerst, dann opfere“. Daher versöhnen auch wir uns zuerst miteinander, wenn die Gabe bereitliegt, und dann treten wir zum Opfer hinzu.

Es gibt auch eine andere geistliche Erklärung für diesen Kuß. Der Heilige Geist hat uns zum Tempel Christi gemacht. Wenn wir also einander den Mund küssen, dann küssen wir den Eingang zum Tempel. Niemand soll das mit schlechtem Gewissen und mit Hintergedanken tun. Denn der Kuß ist heilig. Paulus sagt: „Grüßt einander mit dem heiligen Kuß“ (1 Kor 16,20).

All dessen wollen wir immer eingedenk sein und es das ganze Leben hindurch beachten: die Bindung an Christus, die Absage an den Satan, die Zuversicht, die uns der Herr schenkt. Und wir wollen all das unbefleckt und unversehrt bewahren, damit wir mit hohem Ansehen dem König des Himmels begegnen und gewürdigt werden, auf den Wolken entrückt und in das Himmelreich aufgenommen zu werden. Das mögen wir alle erlangen durch die Gnade und Menschenfreundlichkeit unseres Herrn Jesus Christus. Ihm gebührt Verherrlichung in Ewigkeit. Amen.

---

20 ἀμήν: τοῦ αὐτοῦ πρὸς τοὺς φωτισθέντας εἰς τὸ πάσχα λόγος δ'εὐλογητὸς ὁ θεός (*cf. Wenger*, SCh 50bis, *p.* 151) *add.* V

<ΚΑΤΗΧΗΣΙΣ ΤΕΤΑΡΤΗ>

Τοῦ αὐτοῦ πρὸς τοὺς φωτισθέντας εἰς τὸ πάσχα.

151 1. Εὐλογητὸς ὁ Θεός· ἰδοὺ καὶ ἀπὸ γῆς ἀστέρες φαίνουσιν, ἀστέρες τῶν οὐρανῶν φαιδρότεροι. Ἐπὶ γῆς ἀστέρες διὰ τὸν ἐξ οὐρανῶν ἐπὶ γῆς φανέντα· οὐκ ἐπὶ γῆς δὲ μόνον ἀστέρες, ἀλλὰ καὶ ἐν ἡμέρᾳ ἀστέρες· τοῦτο δεύτερον θαῦμα. Ἐν ἡμέρᾳ | 152 ἀστέρες τῶν ἐν νυκτὶ φαιδρότεροι. Ἐκεῖνοι μὲν γὰρ τοῦ ἡλίου φανέντος κατακρύπτονται, οὗτοι δὲ τοῦ ἡλίου τῆς δικαιοσύνης φανέντος μᾶλλον ἐκλάμπουσιν. Εἶδες ἀστέρας ποτὲ μετὰ ἡλίου φανέντας;

2. Ἐκεῖνοι τῆς συντελείας φανείσης ἀφανίζονται, οὗτοι τῆς συντελείας καταλαβούσης μειζόνως διαφαίνουσι. Καὶ περὶ μὲν ἐκείνων φησὶ τὸ εὐαγγέλιον ὅτι »τὰ ἄστρα τοῦ οὐρανοῦ πεσοῦνται ὡς πίπτουσι φύλλα ἀπὸ ἀμπέλου«· περὶ δὲ τούτων, ὅτι »οἱ δίκαιοι ἐκλάμψουσιν ὡς ὁ ἥλιος ἐν τῇ βασιλείᾳ τῶν οὐρανῶν.«

Sermo ad neophytos

168 1. Benedictus Deus, ecce stellae et de terra micuerunt, stellis caelestibus clariores lucentes; in terra stellae propter eum qui in terra de caelis apparuit. Nec sufficit in terris stellas monstrari, sed et die suo luce lucente fulgescunt, et hoc plus admirationis affertur, quod fulgore stellarum noctium ministrarum a praesentibus lumina clariora redduntur. Illae namque solis adventu suo perfunguntur officio, hae luce sole iustitiae properante maiore lucescunt.

2. Et illae saeculorum confusione depereunt, hae temporum fine sese clariores offendunt. De illis etenim dictum est quod: „stellae de caelo cadent, sicut cadunt folia de vite"; de his autem: „fulgebunt", inquit, „iusti sicut stellae caeli."

<Vierte Katechese>

An die Neugetauften zu Ostern.

Vergleich der Neugetauften mit den Sternen

1. Gepriesen sei Gott! Seht, auch von der Erde her leuchten Sterne, und zwar hellere als die am Himmel. Auf der Erde sind Sterne, weil der Herr vom Himmel her auf Erden erschien. Doch die Sterne sind nicht nur auf Erden, sondern sie leuchten auch am Tag. Das ist ein zweites Wunder. Die Sterne am Tag sind heller als die in der Nacht. Denn die einen kann man nicht sehen, wenn die Sonne scheint, die anderen aber leuchten heller, wenn die Sonne der Gerechtigkeit scheint. Habt ihr jemals Sterne gesehen, wenn die Sonne schien?

2. Die einen vergehen, wenn das Ende der Zeiten kommt, die anderen leuchten noch mehr, wenn die Vollendung der Welt gekommen ist. Von jenen sagt das Evangelium: „Die Sterne werden vom Himmel fallen wie Blätter vom Weinstock“ (vgl. Mt 24,29; Jes 34,4), von diesen aber: „Die Gerechten werden im Himmelreich wie die Sonne leuchten“ (Mt 13,43).

Titulus: τοῦ αὐτοῦ ὁμιλία λεχθεῖσα πρὸς νεοφωτίστους S τοῦ αὐτοῦ πρὸς τοὺς φωτισθέντας, τῇ λεγομένῃ πλοῖο Μαρία P
2 τῶν οὐρανῶν: τῶν ἐν οὐρανῷ MP || 3–4 ἐπὶ γῆς δὲ: ἐν νυκτὶ P || 4 μόνον ἀστέρες: ἀστέρες μόνον MP || 5 τοῦτο δεύτερον θαῦμα *om.* P *per homot.* || 8 ἐκλάμπουσιν SM λάμπουσιν P || 9 φανέντας SP φαίνοντας M || 10 ἐκεῖνοι: μὲν *add.* MP || φανείσης: καταλαβούσης P || 10–11 φανείσης *usque* καταλαβούσης *om.* M *per homot.* || 11 οὗτοι: δὲ *add.* P || 12 καὶ περὶ μὲν: περὶ μὲν γὰρ MP || τὸ εὐαγγέλλιον *om.* MP || 14 τούτων: φησί *add.* MP || 15 ὁ ἥλιος ἐν τῇ βασιλείᾳ τῶν οὐρανῶν: τὰ ἄστρα τοῦ οὐρανοῦ MP

3. Τί ἐστιν »ὡς πίπτει φύλλα ἀπὸ ἀμπέλου οὕτως οἱ ἀστέρες τοῦ οὐρανοῦ πεσοῦνται«; Καθάπερ ἡ ἄμπελος ἕως μὲν ἂν τρέφῃ τοὺς βότρυας χρείαν ἔχει καὶ τῆς σκέπης τῆς ἀπὸ τῶν φύλλων, ἐπειδὰν δὲ ἀποθῆται τὸν καρπὸν καὶ τὴν κόμην τὴν ἀπὸ τῶν φύλλων ἀποτίθεται, οὕτω δὴ καὶ ὁ κόσμος ἅπας ἕως μὲν ἔχῃ ἐν ἑαυτῷ τῶν ἀνθρώπων τὴν φύσιν, κατέχει καὶ τὰ ἄστρα ὁ οὐρανός, καθάπερ ἡ ἄμπελος τὰ φύλλα· νυκτὸς γὰρ τότε οὐκ οὔσης, οὐδὲ ἄστρων χρεία λοιπόν.

4. Πυρώδης τῶν ἄστρων ἐκείνων ἡ φύσις, πυρώδης καὶ τούτων τῶν ἄστρων ἡ οὐσία. Ἀλλ' ἐκεῖ μὲν πῦρ αἰσθητόν, ἐνταῦθα δὲ πῦρ νοητόν. »Αὐτὸς ὑμᾶς βαπτίσει«, φησίν, »ἐν Πνεύματι ἁγίῳ καὶ πυρί.« Βούλει καὶ τὰ ὀνόματα ἑκατέρων μαθεῖν; Ἐν ἐκείνοις τοῖς ἄστροις εἰσὶ ταῦτα τὰ ὀνόματα ὠρίων, ἀρκτοῦρος, ἕσπερος καὶ φωσφόρος· ἐν δὲ τοῖς ἄστροις τούτοις ἕσπερος μὲν οὐδείς, φωσφόροι δὲ πάντες.

3. Quid sibi vult quod dixit: „Sicut cadunt folia de vite, 169
sic stellae de caelo cadent?" Sicut enim vites cum uvarum fructibus praegravantur, foliorum auxilium necessarium ut protegantur exposcunt, cum autem deposuerint fructum necesse est ut foliis denudentur, sic se habet hoc saeculum: quamdiu habuerit in se humanum genus, tenebit et caelum stellas, sicut et vitis folia. Nam nocte pereunte, sine dubio stellarum utilitas simul cum nocte deficiet.

4. Illarum ignea natura stellarum est; et istae edocentur sortiri et igneam naturam. Sed ibi quidem ignis quem humanus sensus invenit, hic autem quem secreta mentis ostendunt. „Ipse namque vos," ait, „baptizabit spiritu sancto et igni." Vultis et utriusque nomina partis audire? Illis quidem stellis nomina haec sunt: Orion, Mazaroth, Arcturus, Vesperus, Lucifer. In his Vesperus nullus sed Luciferi universi.

3. Was heißt: „Wie Blätter vom Weinstock, so werden die Sterne vom Himmel fallen“? Solange die Trauben am Weinstock hängen, braucht dieser auch den Schutz der Blätter; wenn aber die Trauben geerntet sind, wirft er auch die Blätter ab. Das gilt ebenso für das Weltall: Solange Menschen darin leben, gibt es die Sterne am Himmel wie die Blätter am Weinstock. Wenn es aber später einmal keine Nacht mehr geben wird, werden auch keine Sterne mehr nötig sein.

4. Feurig ist die Natur der Sterne am Himmel, feurig auch das Wesen dieser Sterne hier. Doch dort ist es Feuer, das man sehen kann, hier dagegen Feuer, das nur der Glaube erkennt. Es heißt: „Er wird euch mit dem Heiligen Geist und mit Feuer taufen“ (Mt 3,11). Wollt ihr auch die Namen der beiden Arten von Sternen erfahren? Die Sterne am Himmel heißen Orion, Arktur, Abendstern, Morgenstern. Unter den Sternen hier aber gibt es keinen Abendstern, alle sind Morgensterne.

---

3 καὶ *om.* MP || 4 ἀπὸ *om.* MP || 6 ἅπας *om.* MP || ἔχῃ: ἔχει S ἂν *add.* MP || 9 χρεία SP χρεῖαι M || 10–11 πυρώδης καὶ τούτων τῶν ἄστρων ἡ οὐσία *om.* MP *sed male, occurrit namque in transl. latina*: et iste edocentur sortiri et igneam naturam || 12 αὐτὸς: γὰρ *add.* MP || 15 εἰσὶ ταῦτα τὰ ὀνόματα: τὰ ὀνόματα ταῦτα MP || ὠρίων: οὐρίων P καὶ *add.* M || ἀρκτοῦρος: καὶ *add.* MP || 16–17 ἕσπερος *usque* ἕσπερος *om.* P *per homot.* || 16 ἐν δὲ τοῖς ἄστροις τούτοις: ἐνταῦθα δὲ M, *om.* P, in his *latini*

---

1 quid sibi vult quod dixit: quid est PP' || 5–7 sic se habet — vitis folia *ed. Ven. concordans cum codd. Gr.*: ita et mundum humani generis natura viventis stellas quoque conservat PP' || 9–10 et istae — igneam naturam *ed. Ven.* PP': πυρώδης καὶ τούτων τῶν ἄστρων ἡ οὐσία *cod. Gr.* S, *non occurrit in codd. Gr.* MP || 11–12 quem secreta mentis ostendunt *ed. Ven.* PP': νοητόν *codd. Gr.; recte animadvertit We. verba* secreta mentis *idem declarare, quod Chrysostomi in sermone* τὰ ἀπόρρητα τῆς διανοίας || 14–15 illis quidem stellis — Lucifer: illis Orion nomen, Arcturus, Vesperus, Lucifer PP' || 14 Mazaroth *om.* PP' *codd. Gr.*

5. »Εὐλογητὸς ὁ Θεός«, πάλιν εἴπωμεν, »ὁ ποιῶν 153
θαυμάσια μόνος«, ὁ ποιῶν πάντα καὶ μετασκευάζων αὐτά. Οἱ πρὸ τῆς χθὲς αἰχμάλωτοι, νῦν ἐλεύθεροι καὶ πολῖται τῆς ἐκκλησίας· οἱ πρώην ἐν αἰσχύνῃ ἁμαρτιῶν, νῦν ἐν παρρησίᾳ καὶ δικαιοσύνῃ. Οὐ γὰρ ἐλεύθεροι μόνον ἀλλὰ καὶ ἅγιοι, οὐχ ἅγιοι μόνον ἀλλὰ καὶ δίκαιοι, οὐ δίκαιοι μόνον ἀλλὰ καὶ υἱοί, οὐχ υἱοὶ μόνον ἀλλὰ καὶ κληρονόμοι, οὐ κληρονόμοι μόνον ἀλλὰ καὶ ἀδελφοὶ τοῦ Χριστοῦ, οὐκ ἀδελφοὶ τοῦ Χριστοῦ μόνον ἀλλὰ καὶ συγκληρονόμοι, οὐ συγκληρονόμοι μόνον ἀλλὰ καὶ μέλη, οὐ μέλη μόνον ἀλλὰ καὶ ναός, οὐ ναὸς μόνον ἀλλὰ καὶ ὄργανα τοῦ Πνεύματος.

6. »Εὐλογητὸς ὁ Θεὸς ὁ ποιῶν θαυμάσια μόνος.« Εἶδες πόσαι τοῦ βαπτίσματος αἱ δωρεαί; Καίτοι γε πολλοῖς δοκεῖ ὅτι μόνον ἁμαρτημάτων ἄφεσιν ἔχει ἡ
δωρεά, ἡμεῖς δὲ δέκα | ἀπηριθμησάμεθα τιμάς. Διὰ | 154
τοῦτο γοῦν καὶ τὰ παιδία βαπτίζομεν καίπερ ἁμαρτίας οὐκ ἔχοντα ἵνα προστεθῇ ἁγιασμός, δικαιοσύνη, υἱο-

5. Benedictus deus, iterum dicamus, qui facit mirabilia solus, qui facit universa et convertit universa. Ecce libertatis serenitate perfruuntur qui tenebantur paulo | ante cap- | 170
tivi. Et cives ecclesiae sunt qui fuerunt in peregrinationis errore, et iustitiae in sorte versantur qui fuerunt in confusione peccati. Non enim sunt tantum liberi sed et sancti, non tantum sancti sed et iusti, et nec solum iusti sed et filii, nec solum filii sed et heredes, nec solum heredes sed et fratres Christi, nec tantum fratres Christi sed coheredes, non solum coheredes sed et membra, non membra tantum sed et templum, nec tantum templum sed organa spiritus.

6. Benedictus Deus qui facit mirabilia solus! Vides quot sunt baptismatis largitates? Sed multis quidem videtur caelestem gratiam in peccatorum tantum remissione consistere, nos autem honores computavimus decem. Hac de causa etiam infantulos baptizamus, ut non sint coinquinati peccato, ut eis addatur sanctitas, iustitia, adoptio, hereditas,

Die vielfältigen Wirkungen der Taufe

5. Sagen wir es noch einmal: „Gepriesen sei Gott! Er allein tut Wunder“ (Ps 72, 18: LXX Ps 71, 18), er, der alles erschafft und es verwandelt. Die vor kurzem noch gefangen waren, sind nun frei und Bürger der Kirche. Die sich neulich noch in der Verworfenheit der Sünden befanden, leben nun in Zuversicht und Gerechtigkeit. Sie sind nämlich nicht nur frei, sondern auch heilig, nicht nur heilig, sondern auch gerecht, nicht nur gerecht, sondern auch Söhne, nicht nur Söhne, sondern auch Erben, nicht nur Erben, sondern auch Brüder Christi, nicht nur Brüder Christi, sondern auch seine Miterben, nicht nur seine Miterben, sondern auch seine Glieder, nicht nur seine Glieder, sondern auch sein Tempel, nicht nur sein Tempel, sondern auch seine Werkzeuge des Geistes.

6. „Gepriesen sei Gott! Er allein tut Wunder.“ Habt ihr gesehen, wie groß das Geschenk der Taufe ist? Viele meinen, daß die Taufe nur den Nachlaß der Sünden gewährt; wir aber zählten zehn Gaben auf. Deswegen taufen wir ja auch kleine Kinder, obgleich sie keine Sünden haben, damit sie geheiligt und gerecht gemacht werden, damit sie die

---

1–5 εὐλογητὸς ὁ θεὸς ὁ ποιῶν — δικαιοσύνῃ *citatur a Ioanne Damasceno, Sacra Parallela PG 95, 1276–77* || 1 εἴπωμεν: εὐλογητὸς ὁ θεὸς *add.* M || 2 μετασκευάζων SMP, κατασκευάζων *Damasc. Recte animadvertit Haidacher in graeco requiri* μετασκευάζων *propter latinum* convertit || 3 πρὸ τῆς χθὲς SMP, χθὲς *Damasc.* || 4–5 ἁμαρτιῶν: ἁμαρτίας MP, ἁμαρτημάτων *Damasc.* || 5 καὶ δικαιοσύνῃ: δικαιοσύνης MP *Damasc.* || 6 οὐχ ἅγιοι: οὐκ ἄξιοι *mendose* S || 7 οὐ δίκαιοι: δὲ *add.* P || οὐχ υἱοὶ: δὲ *add.* MP || 8 ἀλλὰ καὶ κληρονόμοι — μόνον *om.* M *per homot.* || οὐ κληρονόμοι: δὲ *add.* P || 9 οὐκ ἀδελφοὶ: δὲ *add.* P || 12 ὄργανα: ὄργανον P || 15 ὅτι *om.* MP || ἔχει: ἔχειν MP || 16 ἀπηριθμησάμεθα SP, ἀπηριθμήσαμεν M || 16–18 διὰ τοῦτο — ἔχοντα *citatur a S. Augustino, Contra Iulianum I, 6, 22, PL 44, 656* || 17 γοῦν *om.* MP *Aug.* || καίπερ: καίτοι MP *Aug.* || ἁμαρτίας: ἁμαρτήματα MP *Aug.*

ϑεσία, κληρονομία, ἀδελφότης, τὸ μέλη εἶναι τοῦ Χριστοῦ, τὸ κατοικητήριον γενέσϑαι τοῦ Πνεύματος.

7. Ἀλλ' ὦ ποϑεινότατοι ἀδελφοί, εἴ γε ἔξεστί μοι ἀδελφοὺς ὑμᾶς καλεῖν, τῶν μὲν γὰρ ὠδίνων ὑμῖν ἐκοινώνησα τῶν αὐτῶν, ἀλλὰ τῇ μετὰ ταῦτα ῥᾳϑυμίᾳ τὴν συγγένειαν ἀπώλεσα τὴν ἀκριβῆ καὶ γνησίαν. Πλὴν δότε μοι καλέσαι ὑμᾶς ἀδελφοὺς διὰ τὴν πολλὴν ἀγάπην καὶ παρακαλέσαι ὑμᾶς ὥστε ὅσῳ | [155] πλείονος ἀπελαύσατε τῆς τιμῆς τοσούτῳ μείζονα ἐπιδείξασϑαι τὴν σπουδήν.

8. Ὁ μὲν γὰρ πρὸ τούτου χρόνος παλαίστρα καὶ γυμνάσιον ἦν καὶ συγγνώμην εἶχε τὰ πτώματα· ἀπὸ δὲ τῆς σήμερον ἡμέρας τὸ στάδιον ἀνέῳγεν, ὁ ἀγὼν ἐφέστηκε, τὸ ϑέατρον ἄνω κάϑηται, οὐκ ἀνϑρώπων φύσις μόνον ἀλλὰ καὶ ἀγγέλων δῆμος ϑεωρεῖ τὰ παλαίσματα καὶ βοᾷ Παῦλος Κορινϑίοις γράφων· »Θέατρον ἐγενήϑημεν τῷ κόσμῳ, οὐκ ἀνϑρώποις δὲ μόνον ἀλλὰ καὶ

fraternitas Christi, ut eius membra sint omnes, ut spiritus habitatio fiant.

7. Sed vos, dilectissimi fratres, si tamen mihi conceditur fraterno vestro nomine gloriari. Et me quidem similis beatitudo conceperat, similis ornavit gratia, sed posteriore negligentia firmum nexum cognationis amisi; | [171] sed date vos mihi fraterno vocabulo nuncupari propter nimiam scilicet caritatem et vos rogari permittite, ut tantae gloriae honorem animositas consequatur et tanto magis vos dignos gratia properetis ostendere quanto vos inspicitis in culmine positos gloriarum.

8. Etenim transactum tempus palaestra fuit atque contentio et lapsus facile veniam merebatur. Ab hodierna vero die campus patet virtutum, exercitationibus dedicatus, agon instat, theatrum praeparatur et ad spectaculum convenit non tantum hominum genus sed et caelestis etiam coetus angelorum. „Spectaculum enim“, inquit, „facti sumus mundo non hominibus tantum sed etiam angelis.“

Sohnschaft und das Erbe erhalten, damit sie Brüder und Glieder Christi werden, und der Heilige Geist in ihnen Wohnung nimmt.

7. Liebe Brüder — wenn es mir überhaupt erlaubt ist, euch Brüder zu nennen —, ich erlebte dieselbe Geburt wie ihr, aber durch meine spätere Nachlässigkeit verlor ich die vollkommene und echte Verwandtschaft. Laßt mich euch dennoch der großen Liebe wegen Brüder nennen und euch bitten, so eifrig zu sein, daß ihr dem großen Geschenk entsprecht, das ihr empfangen habt.

Der Kampf gegen den Teufel

8. Die Zeit vor der Taufe war noch wie ein Übungsplatz; über Niederlagen sah man hinweg. Vom heutigen Tag an steht euch das Stadion offen, der Wettkampf steht bevor, die Zuschauer sitzen auf den Rängen. Nicht nur die Menschen, sondern auch die Engel schauen den Wettkämpfen zu. So ruft ja Paulus im Brief an die Korinther: „Wir sind zum Schauspiel geworden für die Welt, nicht nur für die Menschen, sondern auch für die Engel" (1 Kor 4,9). Die

---

1 ἀδελφότης: τοῦ Χριστοῦ *add.* M, Χριστοῦ *add.* P || 1–2 τοῦ Χριστοῦ *om.* MP || 3 μοι *om.* P || 7 μοι: με P || 8 ὥστε *om.* MP || 8–9 ἀπελαύσατε: ἀπελαύσαμεν MP || 9 μείζονα: μεῖζον P || ἐπιδείξασθαι SP, ἐπιδειξώμεθα M || 12 γυμνάσιον: γυμνάσια P || 14–15 φύσις μόνον: μόνον φύσις M, φύσις P || 16 καὶ βοᾷ Παῦλος Κορ. γράφων *om.* MP || θέατρον: γάρ φησι *add.* MP || 17 δὲ *om.* MP

---

6 cognationis *coni. We. (συγγένειαν codd. Gr.):* cogitationis *omn. edd. et* PP' || 14 virtutum exercitationibus dedicatus: *ea verba cum non occurrant in codd. Gr., We. videntur esse glossa*

ἀγγέλοις.« Ἄγγελοι τοίνυν θεωροῦσιν, ὁ τῶν ἀγγέλων δεσπότης ἀγωνοθετεῖ· τοῦτο οὐ τιμὴ μόνον ἐστὶν ἀλλὰ καὶ ἀσφάλεια. Ὅταν γὰρ ὁ τὴν ψυχὴν αὐτοῦ θεὶς ὑπὲρ ἡμῶν οὗτος κρίνῃ τὰ παλαίσματα, ποίας οὐ τιμῆς τοῦτο, πόσης οὐκ ἀσφαλείας;

9. Ἐπὶ μὲν οὖν τῶν Ὀλυμπιακῶν ἀγώνων ὁ βραβεύων μέσος ἕστηκε τῶν ἀγωνιζομένων, οὔτε τούτῳ οὔτε ἐκείνῳ προσκείμενος, ἀλλὰ ἀναμένων τὸ τέλος. Διὰ τοῦτο καὶ μέσος ἕστηκεν ἐπεὶ καὶ τῇ γνώμῃ μέσος ἐστίν. Ἐπὶ δὲ ἡμῶν καὶ τοῦ διαβό|λου οὐ μέσος ἕστηκεν | 156 ὁ Χριστός, ἀλλ' ἡμῶν ὅλος ἐστί. Καὶ ὅτι οὐκ ἔστι μέσος ἀλλὰ μεθ' ἡμῶν ὅλος ἐστί, σκόπει ἐντεῦθεν. Ἡμᾶς εἰς τὸν ἀγῶνα εἰσιόντας ἤλειψεν, ἐκεῖνον ἔδησεν· ἡμᾶς ἤλειψεν ἔλαιον ἀγαλλιάσεως, ἐκεῖνον ἔδησε δεσμοῖς ἀλύτοις ἵνα συμποδίζηται πρὸς τὰ παλαίσματα. Ἐμοὶ

Angeli expectant, angelorum dominus praesidet, corona certaminis. Hoc non tantum honor sed et magna cautela quando is qui pro nobis animam suam posuit ipse sit probamentum iudiciumque certaminis.

9. Olympiaco namque certamine et frivolo perditoque spectaculo, impositor coronarum in ipso contentionis examine praeesse consuevit et in medio certantium loco consistens, nulli parti favorabili nutu subvenire procurat sed ipsius certaminis expectat incertum et cum mente sit et loco medio continetur. Inter nostrum etiam diaboli certamen Christus non media lance consistit, sed | totus noster fautor | 172 expectat. Et ut scias nostrarum partium spectatorem, pervide quomodo nos tanquam suos unxit oleo laetitiae, illum ut impediretur nodis instrinxit, ut cum illum perviderit cecidisse, „calcate", inquit, „super ipsum." Nos autem etsi

1 τοίνυν *om.* MP || 2 τοῦτο: καὶ τοῦτο M || 3 γὰρ *om.* MP || 4 οὗτος MP, οὕτω *male* S || 4–5 ποίας οὐ τιμῆς κλπ *om.* MP || 6 οὖν: γὰρ MP || 6–7 βραβεύων: βραβεῶν P || 7 τούτῳ: τούτου P || 8 ἐκείνῳ προσκείμενος: ἐκείνου προκείμενος P || 9–10 ἐπεὶ καὶ τῇ γνώμῃ μέσος

Engel schauen also zu, und der Herr der Engel ist der Kampfrichter. Dies ist nicht nur eine Ehre für uns, sondern gibt uns auch Sicherheit. Oder ist es etwa keine hohe Ehre und keine große Sicherheit für uns, wenn als Kampfrichter bei den Wettkämpfen der mitwirkt, der sein Leben für uns hingegeben hat?

9. Bei den olympischen Spielen steht der Kampfrichter in der Mitte zwischen den Wettkämpfern; er ergreift für keinen der beiden Partei, sondern wartet das Ende des Wettkampfes ab. In der Mitte steht er auch deswegen, weil er in seinem Urteilen unparteiisch ist. Doch beim Wettkampf zwischen uns und dem Teufel steht Christus nicht unparteiisch in der Mitte, sondern ist ganz auf unserer Seite. Und dazu, daß er nicht unparteiisch ist, sondern ganz auf unserer Seite steht, bedenke folgendes: Uns hat er gesalbt, als wir in den Wettkampf gingen, den Teufel gebunden. Uns hat er mit dem Öl der Freude gesalbt, den Teufel mit nicht zu sprengenden Fesseln gebunden, damit er beim Wettkampf an den Füßen gefesselt ist. Mir reicht

---

ἐστίν *om.* P || 11 *et* 12 ὅλος: ὅλως *scripsit* S || 12 ἐστί, σκόπει ἐντεῦθεν *om.* MP || ἡμᾶς: μὲν *add.* MP || 13 *et* 14 ἐκεῖνον: δὲ *add.* MP || 15 – *p.* 264,4 ἐμοὶ κἂν — τοῦ ἐχθροῦ: κἂν ἴδητε πεσόντα, »πατεῖτε«, φησίν, »ἐπάνω αὐτοῦ·« Εἶδον γὰρ τὸν σατανᾶν ὡς ἀστραπὴν πεσόντα· πατεῖτε ἐπάνω αὐτοῦ. Ἡμᾶς δὲ καὶ πεσόντας διανίστησι καί φησι· »Μὴ ὁ πίπτων οὐκ ἀνίσταται;« Καὶ καθεύδοντας ἐγείρει· »Ἔγειρε γάρ«, φησίν, »ὁ καθεύδων.« Βούλει καὶ τὸ μεῖζον ἰδεῖν; »Ἡμῖν ὁ θεὸς μετὰ τὴν νίκην οὐρανὸν ἡτοίμασεν.« Κἂν εἴδητε πεσόντα πατεῖτε, φησίν, ἐπάνω αὐτοῦ M, P *plura omittens*

1–2 praesidet corona certaminis: ἀγωνοθετεῖ *codd. Gr.* || 3–4 sit probamentum — certaminis: κρινῇ *codd. Gr.* || 5–6 et frivolo — spectaculo: *non occurrit in codd. Gr.* || 11 totus PP': tutus *ed. Ven., at* ὅλος (-ως) *codd. Gr.* || 12–13 pervide quomodo *ed. Ven.* PP' *concordantes cum cod. Gr.* S: *non occurrit in codd. Gr.* MP || 14 nodis PP': nobis *ed. Ven., at* δέσμοις *codd. Gr.* || 14 – *p.* 264,5 ut cum illum perviderit — post victoriam praeparavit[1] *ed. Ven.* PP' *concordantes cum codd. Gr.* MP || 14 perviderit (*sc.* Christus) *ed. Ven.* PP', at ἴδητε *codd. Gr.* MP

κἂν ὑποσκελισθῆναι συμβῇ χεῖρα ὀρέγει καὶ πεσόντα ἀνίστησι καὶ πατεῖν αὐτὸν πάλιν ποιεῖ· »Πατεῖτε γάρ«, φησίν, »ἐπάνω ὄφεων καὶ σκορπίων καὶ ἐπὶ πᾶσαν δύναμιν τοῦ ἐχθροῦ.«

10. Ἐκείνῳ μετὰ τὴν νίκην γέενναν ἠπείλησεν· ἐγὼ ἐὰν νικήσω στεφανοῦμαι· ἐκεῖνος ἐὰν νικήσῃ κολάζεται. Καὶ ἵνα γνῷς ὅτι τότε μᾶλλον τιμωρεῖται ὅταν κρατήσῃ, φέρε σοι δείξω ἐκ τῶν πραγμάτων. Ἐνίκησε τὸν Ἀδὰμ καὶ ὑπεσκέλισε. Τί οὖν τὸ ἔπαθλον τῆς νίκης; »Ἐπὶ τῷ στήθει καὶ τῇ κοιλίᾳ πορεύσῃ καὶ γῆν φαγῇ πάσας τὰς ἡμέρας τῆς ζωῆς σου.« Εἰ δὲ τὸν αἰσθητὸν ὄφιν οὕτως ἐκόλασε, ποίᾳ τιμωρίᾳ κολάσει τὸν | νοητόν; Εἰ τοιαύτη καταδίκη τοῦ ὀργάνου, εὔδηλον ὅτι πολλῷ μείζων κόλασις μένει τὸν τεχνίτην. Καθάπερ γὰρ πατὴρ φιλόστοργος τὸν ἀποκτείναντα τὸν υἱὸν τὸν ἑαυτοῦ εὑρὼν οὐχὶ τὸν φονέα τιμωρεῖται μόνον ἀλλὰ καὶ τὴν μάχαιραν αὐτὴν κατακόπτει, οὕτω | 157

cecidisse perviderit, auxilio suo relevat maiestatis et dicit: „Numquid qui decidit non adiciet ut resurgat?“ et dormientes excitat „Exurge“, inquit, „qui dormis.“

10. Vis amplius admirationis inspicere? Nobis Deus caelum post victoriam praeparavit, illi post victoriam praeparavit gehennam, minatur et poenam. Ego si vicero coronabor, ille si vicerit punietur. Et ut scias maiora ei cum superaverit praeparari tormenta, vicit Adam et supplantavit. Quid igitur meretur victoriae suae? „Supra pectus“, inquit, „et ventrem ambulabis et terram manducabis omnibus diebus vitae tuae.“ Si igitur sensibilem ita punivit damnavitque serpentem, qua poena invisibilem punietur? Si tantis minister eius tormentis cruciatibusque succubuit, incunctanter auctorem maiores stimuli atque eculei consequentur. Etenim si piissimus pater sui filii | reperire valuerit occisorem, non solummodo dolorem suum iramque convertit in eum sed etiam ipsum gladium quo filius perierat particulatim comminuit; ita et Christus noster, cum a dia- | 173

er die Hand, wenn ich fallen sollte, und wenn einer gefallen ist, hebt er ihn auf und läßt ihn wieder gehen. Er hat nämlich gesagt: „Tretet auf Schlangen und Skorpione und auf die ganze Macht des Feindes“ (vgl. Lk 10,19).

10. Dem Teufel droht er nach dem Sieg die Hölle an. Wenn ich siege, werde ich bekränzt; wenn der Teufel siegt, wird er bestraft. Du mußt wissen, daß der Teufel dann mehr bestraft wird, wenn er siegt. Das will ich dir an einem Beispiel deutlich machen: Er besiegte den Adam und brachte ihn zu Fall. Was war der Preis für diesen Sieg? „Auf Brust und Bauch sollst du kriechen und Staub fressen alle Tage deines Lebens“ (Gen 3,14). Wenn er aber die Schlange, die man sehen konnte, schon so bestraft hat, mit welcher Strafe wird er erst den unsichtbaren Teufel belegen? Wenn das die Strafe für das Werkzeug war, muß doch eine viel größere den erwarten, der es gebrauchte. Wenn ein liebender Vater den Mörder seines Sohnes findet, nimmt er nicht nur an ihm Rache, sondern zerstört auch das Schwert. So

5 ἐκείνῳ: ἐκείνου P, δὲ *add.* M || γέενναν: γεέννην P || 6 ἐὰν: δὲ ἂν P || 7 μᾶλλον: μάλιστα MP || 8 φέρε σοι δείξω ἐκ τῶν πραγμάτων *om.* MP || 14 μείζων κόλασις μένει: μεῖζον μενεῖ τιμωρία MP || 16 τὸν ἑαυτοῦ: αὐτοῦ M, τοῦ ἑαυτοῦ υἱοῦ P || 17 κατακόπτει SP, κατακάμπτει M

1 auxilio suo — maiestatis: *non occurrit in codd. Gr.* MP || 14 eculei *ed. Ven.*: *inveniuntur ut vid. in codd.* PP' *lectiones* eculei *et* aculei

δὴ καὶ ὁ Χριστὸς εὑρὼν τὸν διάβολον ἀποκτείναντα τὸν ἄνθρωπον, οὐχὶ τὸν διάβολον μόνον ἐκόλασεν ἀλλὰ καὶ αὐτὴν τὴν μάχαιραν κατέκλασεν.

11. Οὐκοῦν θαρροῦντες ἀποδυσώμεθα πρὸς τὰ παλαίσματα· καὶ γὰρ ὅπλα ἡμῖν περιέβαλε χρυσίου παντὸς στιλπνότερα, ἀδάμαντος παντὸς ἰσχυρότερα, πυρὸς παντὸς θερμότερα καὶ σφοδρότερα, ἀέρος παντὸς κουφότερα. Οὐδὲ γὰρ βαρύνει τὰ γόνατα τῶν ὅπλων τούτων ἡ φύσις, ἀλλ' ἀναπτεροῖ τὰ μέλη, καὶ μετεωρίζει, κἂν εἰς τὸν οὐρανὸν ἀναπτῆναι βουληθῇς μετὰ τῶν ὅπλων τούτων, τὸ κωλῦον οὐδέν. Καινὴ γὰρ τῶν ὅπλων ἡ φύσις ἐπειδὴ καὶ καινὸς τῆς μάχης ταύτης ὁ τρόπος· ἄνθρωπος γὰρ ὢν δαίμοσι πυκτεύειν ἀναγκάζομαι, σάρκα περικείμενος πρὸς ἀσωμάτους δυνάμεις παλαίω. Διὰ τοῦτό μοι τὸν θώρακα οὐκ ἀπὸ σιδήρου ἀλλ' ἀπὸ δικαιοσύνης ἐποίησεν ὁ Θεός· διὰ τοῦτό μοι τὸν θυρεὸν οὐκ ἀπὸ χαλκοῦ ἀλλ' ἀπὸ | 158 πίστεως κατεσκεύασεν. Ἔχω καὶ μάχαιραν ἠκονημένην, τὸ τοῦ

bolo hominem interemptum esse perviderit, non solum eum tormentis afficit, sed etiam eius gladium obtundit et ad nihilum redegit.

11. Confidenter igitur nos praeparemus ad pugnam: etenim nobis arma suppeditant ultra splendorem totius auri fulgentia et fortia, adamantis robore firmiora, totius ignis ardorem vincentia, cunctarum pondere leviora pennarum. Nec enim quisquam haec arma portando quassatur, sed sublevant membra et in excelsa perducunt et in caelum si cupieris cum his sine dubio perfereris, penitus impedimento cessante. Rudis namque natura horum armorum videtur quia novalis novus quotidie exercitator: homo factus cum daemonibus litigare compellor. Natus in corpore incorporales inimicos agnosco. Hac de causa thoracem divinitus non aere confectum, non arte compositum sed iustitiae simplicitate praeparavit, fidei clipeo roboravit. Armat me gladius meus, verbum teneo spiritus sanctitatis. Ille suis

hat auch Christus, als er den Teufel fand, der den Menschen getötet hat, nicht nur den Teufel bestraft, sondern auch sein Schwert zerschmettert.

11. So wollen wir zuversichtlich für den Wettkampf die Kleider ablegen. Denn er rüstete uns auch mit Waffen aus, die glänzender sind als Gold, härter als Stahl, heißer und stärker als Feuer, leichter als die Luft. Diese Waffen drükken nicht in die Knie, sondern beflügeln den Körper und heben ihn in die Höhe; und wenn man mit diesen Waffen in den Himmel fliegen will, behindern sie einen nicht. Es ist eine neue Art von Waffen, weil auch die Art und Weise des Kampfes neu ist: Obwohl ich nämlich ein Mensch bin, muß ich gegen Dämonen Faustkämpfe austragen, obwohl ich ein körperliches Wesen bin, ringe ich mit körperlosen Mächten. Deshalb hat mir Gott nicht einen Panzer aus Eisen, sondern den Panzer der Gerechtigkeit gemacht. Deshalb hat er mich nicht mit einem Schild aus Erz, sondern mit dem Schild des Glaubens ausgerüstet. Ich habe auch ein scharfes Schwert: das Wort des Geistes. Der Teufel

---

3 κατέκλασεν: κατέκαμψεν M, κατέκοψεν P || 4 οὐκοῦν θαρροῦντες: θαρροῦντες οὖν MP || 5 περιέβαλε: περιβάλλει P || 6 στιλπνότερα: τιμιώτερα MP, *latini concordant cum* S: fulgentia || 6 *et* 7 παντὸς *om.* P || 7 ἀέρος παντὸς: ἀέρων ἁπάντων MP || 9–12 ἀλλ' ἀναπτεροῖ *usque* φύσις *om.* SP *per homot.* || 11 καινὴ *correxi,* κενὴ M || 12 καινὸς: κενὸς MP || 12–13 ταύτης ὁ τρόπος: ὁ πόλεμος M, ὁ νόμος P || 13 γὰρ *om.* MP || 17 πίστεως: τῆς *praem.* P || 18 τὸ *om.* P

---

4 praeparemus PP': reparemus *ed. Ven.* || 11 rudis *concordat cum lect. corrupta* κενή || 17 sanctitatis *non occurrit in codd. Gr.*

πνεύματος ῥῆμα. Ἐκεῖνος ἀφίησι βέλη κατ᾽ ἐμοῦ, ἔχω μάχαιραν ἐγώ· ἐκεῖνος τοξότης ἐστίν, ἐγὼ ὁπλίτης εἰμί. Μάθε καὶ ἀπὸ τούτου τὴν διάνοιαν ἐκείνου· ὁ τοξότης ἐγγὺς ἐλθεῖν οὐ τολμᾷ ἀλλὰ πόρρωθεν βάλλει.

12. Τί δαί; Ἆρα ὅπλα κατεσκεύασε μόνον; Οὐχί, ἀλλὰ καὶ τράπεζαν ἡτοίμασεν ὅπλου παντὸς δυνατωτέραν, ἵνα μὴ κάμνων πολεμῇς, ἵνα τρυφῶν περιγίνῃ τοῦ πονηροῦ. Ἂν γὰρ ἴδῃ σε μόνον ἀπὸ τῶν δείπνων ἐπανιόντα τῶν δεσποτικῶν, καθάπερ λέοντα ἰδών τις πῦρ ἀπὸ τοῦ στόματος ἀφιέντα, οὕτω φεύγει παντὸς ἀνέμου σφοδρότερον· κἂν δείξῃς αὐτῷ τὴν γλῶτταν ᾑμαγμένην τῷ αἵματι τῷ τιμίῳ, οὐδὲ στῆναι δυνήσεται· ἂν δείξῃς τὸ στόμα πεφοινιγμένον, καθάπερ θηρίον εὔτελες οὕτως ἐπὶ τὰ ὀπίσω δραμεῖται.

13. Βούλει τοίνυν τοῦ αἵματος τούτου μαθεῖν τὴν ἰσχύν; Ἀναδράμωμεν ἐπὶ τὸν τύπον αὐτοῦ, ἐπὶ τὰ παλαιὰ διηγήματα τὰ ἐν Αἰγύπτῳ. Δεκάτην ἔμελλε

sagittis armatus est, ego meum gladium teneo; ille sagittarum iaculatione confidit, mihi arma diversa non desunt. Et ut eius for|mido monstretur, in cominus litigare non audet: | 174
iaculorum longitudinem semper assectat<ur> ut mittat si perviderit negligentem.

12. Et aliam mihi Deus ultra tutelam donavit armorum. Quid illud? Mensam praeparavit, cibum satietatis ostendit ut post epularum refectionem inimicum possim robustius superare. Cum enim te egredientem post convivium dominicum viderit inimicus post caelestes epulas tanquam ignem leonis ore flammantem fugit et deserit omni vento velocior nec approximare contendit. Et cum cruentam linguam tuam de longe ille crudelis perspexerit, mihi crede, non stabit. Et cum os tuum senserit rutilare, gressum suum retro cum timore torquebit.

13. Vis huius sanguinis audire virtutem? Redeamus ad eius exemplum et priorem typum recordemur et pristinam scripturam narremus. In Aegypto nocte media Aegyptiis

schießt auf mich, doch ich habe ein Schwert. Er ist ein Bogenschütze, ich bin ein schwer bewaffneter Soldat. Erkennt daraus die Taktik des Teufels: Der Bogenschütze wagt nicht, nahe heranzukommen, sondern er schießt aus der Ferne.

Die Kraft des Blutes Christi

12. Was denn? Hat Gott dich nur mit Waffen ausgerüstet? Nein, er hat dir auch ein Mahl bereitet, das mehr vermag als alle Waffen. So brauchst du nicht ermattet den Krieg zu führen, sondern kannst gestärkt den Bösen überwinden. Denn schon wenn er dich nur vom Mahl des Herrn kommen sieht, flieht er in Windeseile, wie einer, der einen feuerspeienden Löwen sieht. Und wenn du ihm die vom kostbaren Blut gerötete Zunge zeigst, wird er das nicht ertragen können. Wenn du ihm den rot gefärbten Mund zeigst, wird er wie ein gemeines Tier davonlaufen.

13. Wollt ihr erfahren, welche Kraft das Blut Christi besitzt? Dann gehen wir zurück zu seinem Vorausbild, zu den alten Erzählungen in Ägypten. Gott wollte die zehnte

---

1–2 ἔχω μάχαιραν ἐγώ: ἐγὼ μάχαιραν ἔχω MP || 3 διάνοιαν: δειλίαν MP || 5 Τί δαί *om.* MP || ὅπλα: οὖν *praem.* M, *add.* P || κατεσκεύασε: μοι *praem.* M, add. P || 6 ἡτοίμασεν: ἡτοίμαζεν P || 7 μὴ: μηδέ MP || περιγίνῃ: περιγίγνῃ M || 8–9 τῶν δείπνων ἐπαν. τῶν δεσποτικῶν: τὸν δεῖπνον ἐπαν. τὸν δεσποτικόν M, *sicque editor Papadopoulos-Kerameus qui observat: nota* ἀπὸ *cum accus.!* || 9 τις *om.* MP || 10 ἀφιέντα SM, βαλλόμενον P || οὕτω: οὕτως M || 12 τῷ αἵματι τῷ τιμίῳ *om.* MP *necnon latini* || 14 ἐπὶ: εἰς MP || 15 τοῦ αἵματος τούτου μαθεῖν: μαθεῖν τοῦ αἵματος τούτου M, ἀπὸ τοῦ αἵματος τούτου P || 16 αὐτοῦ: τὸν πρῶτον *add.* M, *necnon latini:* pristinum || τὰ *om.* MP || 17 δεκάτην: μέσῃ μὲν νυκτὶ M, καὶ ἧν P

---

2 mihi arma diversa non desunt: ἐγὼ ὁπλίτης εἰμί *codd. Gr.* || 4 assectatur *corr. We.* || 10–11 tanquam ignem — flammantem *sic ed. Ven.* PP', *sed vide codd. Gr.*

πληγὴν ἐπάγειν ὁ Θεὸς τοῖς Αἰγυπτίοις· τὰ πρωτότοκα γὰρ αὐτῶν ἐβούλετο ἀνελεῖν ἐπειδὴ τὸν πρωτότοκον αὐτοῦ κατεῖχον λαόν. Τί οὖν ἵνα γένηται ὥστε μὴ συμπλέκεσθαι τοὺς Ἰουδαίους τοῖς Αἰγυπτίοις, | ἐπειδὴ I 159
εἷς κατεῖχεν αὐτοὺς τόπος; Μάθε τοῦ τύπου τὴν δύναμιν ἵνα μάθῃς καὶ τῆς ἀληθείας τὴν ἰσχύν. Πληγὴ θεήλατος ἔμελλεν ἄνωθεν φέρεσθαι καὶ ὁ ὀλοθρεύων ἐπῄει ταῖς οἰκίαις.

14. Τί οὖν ὁ Μωϋσῆς; »Θύσατε«, φησίν, »ἀμνὸν ἄμωμον καὶ τὸ αἷμα αὐτοῦ ἐπιχρίσατε ταῖς θύραις.« Τί λέγεις; Αἷμα ἀλόγου σῴζειν ἀνθρώπους τοὺς λογικοὺς οἶδε; Ναί, φησίν, οὐκ ἐπειδὴ αἷμά ἐστιν ἀλλ' ἐπειδὴ τοῦ αἵματος τοῦ δεσποτικοῦ τύπος ἐστί. Καθάπερ γὰρ οἱ ἀνδριάντες οἱ βασιλικοὶ ἄψυχοι ὄντες καὶ ἀναίσθητοι τοὺς καταφεύγοντας εἰς αὐτοὺς ἀνθρώπους αἰσθητικοὺς καὶ ἐμψύχους ὄντας διασῴζουσιν, οὐκ ἐπειδὴ χαλκός εἰσιν ἀλλ' ἐπειδὴ εἰκὼν τοῦ βασιλέως εἰσίν, οὕτω δὴ καὶ τὸ αἷμα ἐκεῖνο τὸ ἀναίσθητον

Deus plagam decimam minabatur ut eorum primogenita deperirent quia primogenitum eius populum detinebant. Sed ne amata plebs Iudaeorum una cum illis periclitaretur, quia unus locus continebat universos, remedium discretionis inventum est. Pervide exemplum mirabile, ut discas in veritate virtutem. Ira divinae indignationis sperabatur et mortifer domus singulas circuibat.

14. Quid igitur Moses? „Occidite", inquit, „agnum 175
anniculum et sanguine eius linite ianuas." Quid ais Moses? Sanguis ovis rationabilem hominem liberare consuevit? Valde, inquit, non eo quod sanguis est, sed quia dominici sanguinis per eum demonstratur exemplum. Nam sicut regnantium statuae quae sine causa sunt atque sermone, nonnumquam ad se confugientibus hominibus anima atque rationibus decoratis subvenire consuerunt, non quia sunt aere confectae sed quia retinent imaginem principalem, ita et sanguis ille qui irrationalis fuit animos habentes homines

Plage über die Ägypter kommen lassen: Weil sie sein erstgeborenes Volk zurückhielten, wollte er ihre Erstgeborenen töten. Was geschah, damit nicht die Juden zusammen mit den Ägyptern zugrunde gingen, wo sie doch alle am gleichen Ort lebten? Erkennt die Kraft des Vorausbildes, damit ihr auch die Kraft der Wahrheit versteht. Die von Gott verhängte Plage sollte vom Himmel herabkommen, und der Vernichter ging durch die Häuser (vgl. Ex 11,1 bis 12,13).

14. Und was tat Mose? Er sprach: „Tötet ein fehlerfreies Lamm, und streicht sein Blut an die Türen" (vgl. Ex 12, 21f). Was sagst du da, Mose? Konnte das Blut eines vernunftlosen Tieres die vernunftbegabten Menschen retten? Ja, aber nicht weil es Blut war, sondern weil es auf das Blut Christi verwies. Die Standbilder des Kaisers retten, obwohl sie unbeseelt und empfindungslos sind, die beseelten und empfindenden Menschen, die sich zu ihnen flüchten. Und das geschieht nicht, weil sie aus Erz sind, sondern weil sie Bilder des Kaisers sind[1]. Ebenso rettete auch das Blut

---

[1] Chrysostomus bezieht sich auf das Asylrecht, das Kaiser THEODOSIUS im Jahr 386 mit den Kaiserstatuen verbunden hat; vgl. BAUR, *Johannes Chrysostomus I* 215.

---

1 πληγὴν ἐπάγειν: ἐπάγειν πληγὴν M, ἐπαγάγειν πληγὴν P || 4 συμπλέκεσθαι SP, συναπολέσθαι M || τοὺς ἰουδαίους τοῖς αἰγ.: τοῖς αἰγ. τοὺς ἰουδαίους MP || 5 τοῦ τύπου: ἐν τῷ τύπῳ M, ἐν τῷ τόπῳ P || 6 καὶ τῆς ἀληθείας: ἐν τῇ ἀληθείᾳ MP || 8 ταῖς οἰκίαις: τὰς οἰκίας MP || *Cap.* 14–15 *citatur a Ioanne Damasceno, Sacra Parallela, PG 96, 17 AB* (=D) *necnon in florilegio cod. Argentoratensis gr. 12, f. 75 v* (=A) || 9 ἀμνὸν: πρόβατον *add.* MPD || 10 ταῖς θύραις: τὰς θύρας P || 11 τούς *om.* PD || 14 γὰρ *om.* PD || 14–15 ὄντες καὶ ἀναίσθητοι: καὶ ἀναίσθητοι ὄντες MPD || 15 αὐτοὺς: αὐτὸν P || 16 αἰσθητικοὺς καὶ ἐμψύχους ὄντας: τοὺς (*om.* D) ἐμψύχους καὶ αἴσθησιν ἔχοντας MPD || διασῴζουσιν: οἱ ἀναίσθητοι καὶ ἄψυχοι *add.* MPD || 17 χαλκός: χαλκοῖ M

---

5 pervide PP': proinde *ed. Ven.*, *at* μάθε *codd. Gr.* || 9 ais *corr. We.* (λέγεις *codd. Gr.*): agis *ed. Ven.* PP'

καὶ ἄψυχον τοὺς ψυχὴν ἔχοντας ἀνθρώπους ἔσωσεν, οὐκ ἐπειδὴ αἷμα ἦν ἀλλ' ἐπειδὴ τοῦ αἵματος τούτου τύπος ἦν.

15. Τότε εἶδεν ὁ ὀλοθρεύων τὸ αἷμα ταῖς θύραις ἐπικεχρισμένον καὶ οὐκ ἐτόλμησεν εἰσπηδῆσαι· νῦν ἂν ἴδῃ ὁ διάβολος οὐχὶ θύραις ἐπικεχρισμένον τὸ αἷμα τοῦ τύπου ἀλλὰ τῷ στόματι τῶν πιστῶν ἐπικεχρισμένον τὸ αἷμα τῆς ἀληθείας ταῖς θύραις τοῦ ναοῦ τοῦ Χριστοφόρου, οὐ πολλῷ μᾶλλον ἑαυ|τὸν καθέξει; Εἰ | 160
γὰρ ἄγγελος ἰδὼν τὸν τύπον ᾐδέσθη, πολλῷ μᾶλλον ὁ διάβολος ἰδὼν τὴν ἀλήθειαν φεύξεται.

16. Βούλει μαθεῖν καὶ ἑτέρωθεν τοῦ αἵματος τούτου τὴν ἰσχύν; Βλέπε πόθεν ἔρρευσε τὴν ἀρχὴν καὶ πόθεν τὴν πηγὴν ἔσχεν, ἄνωθεν ἀπὸ τοῦ σταυροῦ, ἀπὸ τῆς πλευρᾶς τῆς δεσποτικῆς. Τεθνηκότος γάρ, φησί, τοῦ Χριστοῦ καὶ ἐν τῷ σταυρῷ ὄντος ἔτι, προσελθὼν ὁ στρατιώτης ἔνυξε τὴν πλευρὰν τῇ λόγχῃ, εἶτα ἐξῆλθεν ὕδωρ καὶ αἷμα. Καὶ τὸ μὲν τοῦ βαπτίσματος σύμβολον ἦν, τὸ δὲ τῶν μυστηρίων. Διὰ τοῦτο οὐκ εἶπεν· Ἐξῆλ-

liberavit non quia sanguis fuit sed quia huius sanguinis ostendebat adventum.

15. Et tunc angelus ille vastator cum linitos postes atque aditus pervideret transiecit gressus et non est ausus intrare. Nunc ergo si viderit inimicus non postibus impositum sanguinem typi sed fidelium ore lucentem sanguinem veritatis, Christi templi postibus dedicatum, multo magis se subtrahit. Si enim angelus cessit exemplo, quanto magis terrebitur inimicus si ipsam perspexerit veritatem?

16. Vis et aliam huius sanguinis scrutari virtutem? Volo unde primum cucurrit inspicias et de quo fonte manavit. De ipsa primum cruce processit, latus illud domi|nicum | 176
initium fuit. Mortuo enim, ait, Iesu et adhuc in cruce pendente, approximat miles, latus lancea percussit et exinde aqua fluxit et sanguis. Unum baptismatis symbolum, aliud sacramenti. Ideo non ait: „exivit sanguis, et aqua“ sed

empfindungsloser und unbeseelter Tiere die beseelten Menschen nicht, weil es Blut war, sondern weil es Vorausbild des Blutes Christi war.

15. Der Vernichter sah damals das an die Türen gestrichene Blut und wagte nicht, die Häuser zu betreten. Wenn der Teufel nicht an Haustüren das Blut des Vorausbildes sieht, sondern auf den Lippen der Gläubigen, an den Türen des christustragenden Tempels, das Blut der Wahrheit, wird er sich dann nicht noch viel weiter zurückziehen? Wenn der Engel sich scheute, als er das Vorausbild sah, wird doch um so eher der Teufel fliehen, wenn er die Wahrheit sieht.

Die durchbohrte Seite Christi als Ursprung der Kirche

16. Wollt ihr noch aus einer anderen Sicht erfahren, welche Kraft das Blut Christi hat? Schaut, woher es kam und wo es seine Quelle hatte: von oben, vom Kreuz, aus der Seite des Herrn. Denn die Schrift berichtet: Als Christus bereits tot war, aber noch am Kreuz hing, kam ein Soldat und stieß mit der Lanze in seine Seite, und sogleich flossen Wasser und Blut heraus (vgl. Joh 19,33 f): Das eine war Symbol für die Taufe, das andere für die Eucharistie. Deswegen sagt die

---

1 ἄψυχον: ὃν *add.* P || ψυχὴν: ψυχὰς D || ἔσωσεν SD ἔσῳζεν MP || 4 τότε: εἰ ὅτε D || 4–5 τὸ αἷμα ταῖς θύραις ἐπικεχρισμένον: ταῖς θύραις ἐπικεχρ. τὸ αἷμα MPD || 6 ἐπικεχρισμένον SD, ἐπικείμενον MP || 7 τοῦ τύπου SP, τοῦτο M, τοῦ σήματος D, τοῦ σώματος *Migne* || 8 ταῖς θύραις SMP, τὸ αἷμα D *quod sensu multum differt* || 9 οὐ *om.* PD || 12–13 τούτου τὴν ἰσχύν SP, τὴν ἰσχὺν τούτου M || 13 πόθεν[2] *om.* MP || 16 Χριστοῦ: Ἰησοῦ MP || 17 ἐξῆλθεν: φησίν *add.* MP || 18 καὶ[2] *om.* MP || 19 ἦν *om.* MP

θεν αἷμα καὶ ὕδωρ ἀλλὰ πρῶτον ἐξῆλθε τὸ ὕδωρ καὶ τότε τὸ αἷμα, ἐπειδὴ πρῶτον τὸ βάπτισμα καὶ τότε τὰ μυστήρια. Ἔνυξε τοίνυν τὴν πλευρὰν ὁ στρατιώτης ἐκεῖνος, διώ|ρυξε τὸν τοῖχον τοῦ ἁγίου ναοῦ καὶ ἐγὼ | 161 τὸν θησαυρὸν εὗρον καὶ τὸν πλοῦτον ἔλαβον. Οὕτω καὶ ἐπὶ τοῦ ἀμνοῦ γέγονεν· οἱ Ἰουδαῖοι ἔσφαζον τὸ πρόβατον καὶ ἐγὼ τὴν σωτηρίαν τὴν ἀπὸ τῆς θυσίας ἐκαρπωσάμην.

17. »Ἐξῆλθεν ἀπὸ τῆς πλευρᾶς ὕδωρ καὶ αἷμα.« Μὴ παραδράμῃς ἁπλῶς, ἀγαπητέ, τὸ μυστήριον. Ἔχω γὰρ καὶ ἕτερον λόγον εἰπεῖν μυστικόν· εἶπον ὅτι τοῦ βαπτίσματος σύμβολον καὶ τῶν μυστηρίων ἐστὶ τὸ αἷμα ἐκεῖνο καὶ τὸ ὕδωρ. Ἐξ ἑκατέρων τούτων ἡ ἐκκλησία γεγέννηται, »διὰ λουτροῦ παλιγγενεσίας καὶ ἀνακαινώσεως Πνεύματος ἁγίου«, διὰ βαπτίσματος καὶ διὰ μυστηρίων. Τὰ δὲ σύμβολα τοῦ βαπτίσματος καὶ τῶν μυστηρίων ἀπὸ τῆς πλευρᾶς. Ἀπὸ τῆς πλευρᾶς ἄρα τὴν ἐκκλησίαν ἐδημιούργησεν ὁ Χριστός, καθάπερ ἀπὸ τῆς πλευρᾶς τοῦ Ἀδὰμ τὴν Εὔαν ἐδημιούργησε.

exiit aqua primum et sanguis quia prius baptismate diluimur et postea mysterio dedicamur. Latus miles aperuit et templi sancti parietem patefecit et ego thesaurum praeclarum inveni et fulgentes divitias me gratulor reperire. Sic et de illo agno factum est. Iudaei ovem occiderunt et ego fructum de sacramento cognovi.

17. „De latere sanguis et aqua.“ Nolo tam facile, auditor, transeas tanti secreta mysterii. Restat enim mihi mystica atque secretalis oratio. Dixi baptismatis symbolum et mysteriorum aquam illam et sanguinem demonstrari. Ex his enim sancta fundata est ecclesia, per lavacri regenerationem et renovationem spiritus sancti, per baptisma, inquam et mysteria quae ex latere uidentur esse prolata. Ex latere igitur suo Christus aedificavit ecclesiam, sicut de latere Adam eius coniux Eva prolata est.

Schrift nicht: Blut und Wasser flossen heraus, sondern zuerst floß das Wasser heraus und dann das Blut, da zuerst die Taufe kommt und dann erst die Eucharistie[2]. Der Soldat also stieß in die Seite, durchstieß die Mauer des heiligen Tempels, und ich fand den Schatz und erhielt den Reichtum. So geschah es auch beim Paschalamm: Die Juden schlachteten das Tier, und ich gewann aus dem Opfer das Heil.

17. „Aus der Seite flossen Wasser und Blut heraus." Meine Lieben, lauft nicht einfach am Mysterium vorbei! Denn ich muß noch eine andere geistliche Erklärung dazu geben: Ich sagte, daß das Symbol für die Taufe das Wasser ist, das für die Eucharistie das Blut. Aus beiden entstand die Kirche: „Durch das Bad der Wiedergeburt und der Erneuerung im Heiligen Geist" (Tit 3,5), durch Taufe und Eucharistie. Die Symbole für Taufe und Eucharistie flossen aus der Seite Christi. Aus seiner Seite also erschuf Christus die Kirche, so wie er aus der Seite Adams Eva erschuf.

---

[2] Chrysostomus irrt sich an dieser Stelle in der Zitation; denn tatsächlich steht in Joh 19,34: „Blut und Wasser".

---

1 πρῶτον ἐξῆλθε τὸ ὕδωρ: ἐξῆλθε ὕδωρ πρῶτον MP || 2 τό[1] *om.* MP || 3–9 ἔνυξε *usque* καὶ αἷμα *citatur a Ioanne Damasceno* (=D), *ibid. PG 96, 17 B* || 3 τοίνυν *om.* MD || 4 καὶ ἐγὼ SP, κἀγὼ MD || 6 ἔσφαζον SP, ἔσφαξαν MD || 9 ἐξῆλθεν ἀπὸ (ἐκ M) τῆς πλευρᾶς ὕδωρ καὶ αἷμα SM, ἐκ τῆς πλευρᾶς αἷμα PD, καὶ ὕδωρ *add.* D || μὴ: *praem.* καὶ P || 12 σύμβολον: τὸ *praem.* MP || 12–13 τὸ αἷμα ἐκεῖνο καὶ τὸ ὕδωρ SP, τὸ ὕδωρ καὶ τὸ αἷμα M || 14 γεγέννηται S, γεγένηται P, δεδημιούργηται M || 15 διὰ[1] MP, καὶ S || 17 ἀπὸ τῆς πλευρᾶς *om.* SP || 17 – *p.* 276,11 ἀπὸ τῆς πλευρᾶς[2] — θάνατος *Citatur a Ioanne Damasceno* (=D) *ibid. PG 95, 1433 CD* || 17–18 ἄρα τὴν SMD, ἀρχὴν P || 19 ἐδημιούργησε S, ἐποίησεν MPD

3–4 et ego — reperire: καὶ ἐγὼ τὸν θησαυρὸν εὗρον καὶ τὸν πλοῦτον ἔλαβον *codd. Gr.* || 6 sacramento: sacrificio *dubitanter coni. We.* (ἀπὸ τῆς θυσίας *codd. Gr.*)

18. Διὰ τοῦτο καὶ Μωϋσῆς περὶ τοῦ πρώτου ἀνθρώπου διεξιὼν λέγει· »Ὀστοῦν ἐκ τῶν ὀστέων μου καὶ σὰρξ ἐκ τῆς σαρκός μου«, τὴν πλευρὰν ἡμῖν αἰνιττόμενος τοῦ δεσπότου. | [162] Ὥσπερ γὰρ τότε ἔλαβεν ὁ Θεὸς τὴν πλευρὰν καὶ διέπλασε γυναῖκα, οὕτως ἔδωκεν ἡμῖν αἷμα καὶ ὕδωρ ἐκ τῆς πλευρᾶς αὐτοῦ καὶ ἀνέπλασε τὴν ἐκκλησίαν. Ὥσπερ οὖν τότε ἐν τῇ ἐκστάσει τὴν πλευρὰν ἔλαβε, καθεύδοντος τοῦ Ἀδάμ, οὕτω καὶ νῦν μετὰ τὸν θάνατον τὸ αἷμα καὶ τὸ ὕδωρ ἔδωκεν, ἐν πρώτοις δὲ τὸ ὕδωρ εἶτα τὸ αἷμα. Ἀλλ' ὅπερ τότε ἡ ἔκστασις, τοῦτο νῦν ὁ θάνατος γέγονεν ἵνα μάθῃς ὅτι ὁ θάνατος οὗτος ὕπνος λοιπόν ἐστιν.

19. Εἴδετε πῶς συνῆψεν ἑαυτῷ τὴν νύμφην ὁ Χριστός; Εἴδετε ποίᾳ πάντας ἡμᾶς τρέφει τροφῇ; Ἐκ τῆς αὐτῆς τροφῆς καὶ συνεστήκαμεν καὶ τρεφόμεθα. Καθάπερ γὰρ γυνὴ τὸ τεχθὲν οἰκείῳ τρέφει αἵματι καὶ γάλακτι, οὕτω καὶ ὁ Χριστὸς οὓς ἐγέννησεν αὐτὸς οἰκείῳ τρέφει διηνεκῶς αἵματι.

18. Nam hac de causa Paulus quoque testatur dicens: „De corpore eius et de ossibus eius sumus" latus vide| [177] licet illud significans. Nam sicut de illo latere Deus fecit feminam procreari, sic et de suo latere Christus aquam nobis et sanguinem dedit, unde repareretur ecclesia. Et sicut in sopore quiescentis Adae, Deus lateris membra patefecit, sic modo post mortem aquam nobis donavit et sanguinem. Et sopor ille nunc mors est, ut discas mortem nulla soporis separatione discerni.

19. Videte quemadmodum sponsam sibi Christus coniunxit, videte quo nos cibo satietatis enutrit. Ipse nobis cibi substantia est atque nutrimentum. Nam sicut mulier affectionis natura cogente genitum alere sui lactis fecunditate festinat, sic et Christus quos ipse regenerat suo sanguine semper enutrit.

18. Deswegen sagt auch Mose im Bericht von den ersten Menschen: „Bein von meinem Bein und Fleisch von meinem Fleisch“ (Gen 2,23), und weist damit auf die Seite des Herrn hin. Denn wie damals Gott die Rippe Adams nahm und die Frau formte, so gab Christus uns Blut und Wasser aus seiner Seite und bildete die Kirche[3]. Wie er also damals während des tiefen Schlafs Adams die Rippe nahm, so gab er jetzt nach dem Tod Blut und Wasser, zuerst Wasser, dann Blut. Was damals der tiefe Schlaf war, ist jetzt der Tod: Ihr sollt nämlich wissen, daß dieser Tod nur ein Schlaf ist.

19. Habt ihr gesehen, wie Christus sich seine Braut vermählte? Habt ihr gesehen, mit welcher Speise er uns alle nährt? Aus derselben Speise sind wir gebildet und werden wir genährt. Wie eine Frau ihr Kind mit ihrem eigenen Blut und ihrer eigenen Milch nährt, so nährt Christus seine Kinder ständig mit seinem Blut[4].

---

[3] *Sermo ad neophytos* 13–18 bildete mit geringfügigen Abweichungen die Lesungen in der Zweiten Nokturn der Matutin am „Fest des kostbaren Blutes unseres Herrn Jesus Christus“ (1. Juli) im *Breviarium Romanum.*

[4] *Sermo ad neophytos* 13–19 bildet in Auswahl die *Lectio altera* im *Officium lectionis* am Karfreitag in der *Liturgia Horarum*, im deutschen Stundenbuch im Lesejahr I.

1–4 διὰ τοῦτο — τοῦ δεσπότου: διὰ τοῦτο καὶ Παῦλός φησι: »Καὶ ἐκ τῆς σαρκὸς αὐτοῦ καὶ ἐκ τῶν ὀστῶν αὐτοῦ ἐσμεν« τὴν πλευρὰν αἰνιττόμενος MPD || 4–5 ὁ θεὸς τὴν πλευρὰν: τὴν πλευρὰν ὁ θεὸς MPD || 5 διέπλασε: ἀνέπλασε MP, ἔπλασε D || 6 αἷμα καὶ ὕδωρ SPD, ὕδωρ καὶ αἷμα M || πλευρᾶς αὐτοῦ: αὐτοῦ πλευρᾶς PD, ἑαυτοῦ πλ. M || 7 οὖν: γὰρ M, *om.* PD || 8 οὔτω: οὕτως MP || 9 τὸ αἷμα καὶ τὸ ὕδωρ *sic omnes* || 9–10 ἐν πρώτοις δὲ — τὸ αἷμα S, *alii omittunt, videtur nam esse glossa* || 10 ἀλλ' ὅπερ: καὶ ὅπερ MD, καὶ ὥσπερ P || ἡ *om.* MPD || 11 ὁ *om.* MPD || θάνατος *hic explicit* D || γέγονεν *om.* MP || 12 λοιπόν *om.* MP || 13 συνῆψεν ἑαυτῷ: ἑαυτῷ συνῆψεν MP || 16 καθάπερ *usque* αἵματι *citatur a Ioanne Damasceno* (=D), *ibid. PG 96, 17 B* || καθάπερ γὰρ SM, γὰρ *om.* P, ὥσπερ D || 16 γυνὴ: ἡ γυνὴ M || 17 οὔτω: οὕτως M

---

11 satietatis *non occurrit in codd. Gr.*

20. Ἐπεὶ οὖν τοσαύτης ἀπελαύσαμεν δωρεᾶς πολλὴν ἐπιδειξώμεθα τὴν σπουδὴν καὶ ἀναμνησθῶμεν τῶν συνθηκῶν ὧν ἐθέμεθα πρὸς αὐτόν. Ὑμῖν λέγω καὶ τοῖς νῦν μεμυημένοις καὶ τοῖς πάλαι καὶ πρὸ πολλῶν ἐτῶν· κοινὸς γὰρ πρὸς πάντας ἡμᾶς ὁ λόγος ἐπειδὴ καὶ πάντες ἐθέμεθα πρὸς αὐτὸν συνθήκας ἃς ἐγράψαμεν οὐ μέλανι ἀλλὰ πνεύματι, οὐ καλάμῳ ἀλλὰ | γλώττῃ. 163 Τούτῳ γὰρ τῷ καλάμῳ αἱ συνθῆκαι αἱ πρὸς τὸν Θεὸν γράφονται· διὰ τοῦτο καὶ ὁ Δαβίδ φησιν· »Ἡ γλῶσσά μου κάλαμος γραμματέως ὀξυγράφου.« Ὡμολογήσαμεν αὐτοῦ τὴν δεσποτείαν, ἠρνησάμεθα τὴν τυραννίδα τὴν διαβολικήν, τοῦτο χειρόγραφον ἐγένετο, τοῦτο συνθήκη, τοῦτο γραμματεῖον.

21. Ὁρᾶτε μὴ πάλιν ὑποχείριοι γενώμεθα τῷ γραμματείῳ τούτῳ. Ἦλθεν ἅπαξ ὁ Χριστός, εὗρεν ἡμῶν χειρόγραφον πατρῷον ὅπερ ἔγραψεν ὁ Ἀδάμ. Ἐκεῖνος

20. Igitur quoniam nos tantis bonis agnovimus esse perfunctos, vitam congruam peragamus et symbola illa atque pactiones quibus sumus constricti cordibus nostris inhaereant. Vobis proclamo, cautiones vel chirographa peccatorum nostrorum scinduntur, quia nunc estis recenti lumine illustrati. Sed et vos hac admonitione constringo quos olim quoque similis beatitudo suscepit. Communis etenim haec ratio nobis est, idem sermo, communis obligatio, quoniam aeque et foedera nobiscum illa communia, non atramento sed spiritus recordatione | conscripta, non calamo sed lin- 17 guae puritate firmata. Hoc enim cum calamo de Deo pactiones conscribi consuerunt. Et ideo David ait: „Lingua mea calamus scribae velociter scribentis.“ Confessi sumus huius imperium, diabolicam negavimus tyrannidem. Hoc chirographum, hoc pactum, hoc symbolum docetur esse conscriptum.

21. Videte ne chirographario inveniamur iterum debitores. Venit Christus et paternis nos cautionibus invenit adstrictos quas conscripsit Adam. Ille initium obligationis

20. Da wir also eine so große Gabe erhalten haben, wollen wir großen Eifer zeigen und uns des Vertrags erinnern, den wir mit ihm geschlossen haben. Euch alle meine ich, die Neugetauften und die, die früher und vor vielen Jahren getauft wurden. Die Rede geht uns alle an, weil wir ja alle einen Vertrag mit ihm geschlossen haben; wir haben ihn nicht mit Tinte, sondern mit dem Geist geschrieben, nicht mit dem Griffel, sondern mit der Zunge. Denn mit diesem Griffel (der Zunge) werden die Verträge mit Gott geschrieben. Deshalb sagt ja auch David: „Meine Zunge gleicht dem Griffel des flinken Schreibers“ (Ps 45,2: LXX Ps 44,2). Wir haben uns zur Herrschaft Gottes bekannt, wir haben der Tyrannei des Teufels abgesagt. Das ist unser Schuldschein, das die Übereinkunft, das der Vertrag.

21. Achten wir darauf, uns nicht wieder dem alten Vertrag zu unterwerfen. Christus ist ein für allemal gekommen, er fand den väterlichen Schuldschein, den Adam ge-

---

3 ὧν: ἃς MP || 5 κοινὸς SP, κοινῶς M || 8 αἱ συνθῆκαι αἱ πρὸς τὸν θεὸν: αἱ πρὸς τὸν θεὸν συνθῆκαι MP || 13 συνθήκη SP, συνθῆκαι M || 14 ὑποχείριοι: ὑπόχρεοι MP || 14–15 τῷ γραμματείῳ τούτῳ: γραμματείῳ τοιούτῳ M, γραμμάτων τοιούτων P || 15 – *p.* 280,2 ἦλθεν *usque* ἁμαρτίαις *citatur a S. Augustino, Contra Iulianum I, 6, 26, PL 44, 658* || 15 ἦλθεν SMP, ἔρχεται *Aug.* || 16 ὅπερ ἔγραψεν SMP, ὅ τι ἔγραφεν *Aug.*

4–5 cautiones — scinduntur *non occurrit in codd. Gr.* || 8–9 quoniam aeque *corr. We.* quoniam neque *ed. Ven.* P’ neque *om.* P || 18 venit Christus *ed. Ven.* P’: ἦλθεν ἅπαξ ὁ Χριστός *codd. Gr., quibuscum concordat* P

τὴν ἀρχὴν εἰσήνεγκε τοῦ χρέους, ἡμεῖς τὸ δάνειον ηὐξήσαμεν ταῖς μετὰ ταῦτα ἁμαρτίαις. Κατάρα ἦν ἐκεῖ καὶ ἁμαρτία καὶ θάνατος καὶ νόμου κατάκρισις· πάντα ταῦτα ἀνεῖλεν ὁ Χριστὸς καὶ συνεχώρησε. Καὶ βοᾷ ὁ Παῦλος λέγων· »Τὸ χειρόγραφον τῶν ἁμαρτιῶν ἡμῶν ὃ ἦν ὑπεναντίον ἡμῖν, καὶ αὐτὸ ἦρκεν ἀπὸ τοῦ μέσου, προσηλώσας αὐτὸ τῷ σταυρῷ.« Οὐκ εἶπεν »ἀπαλείψας αὐτό«, οὐκ εἶπεν »χαράξας« ἀλλὰ »προσηλώσας αὐτὸ τῷ σταυρῷ«, ἵνα μηδὲ ἴχνος αὐτοῦ μείνῃ. Διὰ τοῦτο οὐκ ἀπήλειψεν ἀλλὰ διέρρηξεν· οἱ γὰρ ἧλοι τοῦ σταυροῦ διέρρηξαν αὐτὸ καὶ διέφθειραν ἵνα ἄχρηστον γένηται τοῦ λοιποῦ.

22. Καὶ οὐκ ἐν γωνίᾳ καὶ λάθρᾳ ἀλλ' ἐν μέσῳ τῆς οἰκουμένης ἐφ' ὑψηλοῦ τοῦ ἰκρίου τὴν διάλυσιν ἐποιήσατο. Βλεπέτωσαν ἄγγελοι, φησίν, βλεπέτωσαν ἀρχάγγελοι, βλεπέτωσαν αἱ | ἄνω δυνάμεις, βλεπέτωσαν καὶ | 164 οἱ πονηροὶ δαίμονες καὶ αὐτὸς ὁ διάβολος, οἱ ποιήσαντες ὑπευθύνους ἡμᾶς τῶν ὀφλημάτων ἐπὶ τῶν δανει-

ostendit, peccatis nostris foenus accrevit. Ibi maledictio fuit, et peccatum et mors et legisque condemnatio et haec omnia Christus delevit atque concessit et clamat Paulus dicens: „Chirographum peccatorum nostrorum quod erat adversarium et ipsum tulit de medio, affigens cruci.“ Non dixit „delens“, non „caraxans“, sed „cruci affigens“, ut prorsus eius nec vestigia remanerent. Ideo non delevit sed conscidit. Crucis enim clavi dissipaverunt illud ut in eo ulla de postero remaneret utilitas.

22. Et hoc non in angulo, non secretim, sed in mundo medio, omnibus videntibus oculis, in excelso ligno nexum eius evacuat. Inspiciant quidem angeli, considerent archangeli, et cum omni admiratione caelestes pervideant potestates. Nec adversarios hoc lateat, nec daemones, nec ipsum diabolum qui nos debitis obnoxios fecerunt. Scinduntur

schrieben hatte. Adam hat sich die Schuld zugezogen, wir haben sie durch die nachfolgenden Sünden vergrößert. Sie brachte uns Fluch, Sünde, Tod und Verurteilung durch das Gesetz. All dies hat Christus hinweggenommen und uns vergeben. Und Paulus ruft: „Den Schuldschein unserer Sünden, der gegen uns sprach, hat er dadurch getilgt, daß er ihn ans Kreuz geheftet hat" (Kol 2,14). Er sagt weder, „daß er ihn wegwischte", noch „daß er ihn ausstrich", sondern „daß er ihn ans Kreuz heftete", damit keine Spur von ihm übrigblieb. Deswegen wischte er ihn nicht weg, sondern zerriß ihn. Denn die Nägel am Kreuz zerrissen und vernichteten ihn, damit er in Zukunft ungültig sei.

22. Und nicht in irgendeinem Winkel und heimlich, sondern inmitten des Erdkreises, hoch oben auf einem Brettergerüst löste er ihn ein. Sehen sollten es die Engel und die Erzengel, alle Mächte in den Höhen; sehen sollten es auch die bösen Geister und der Teufel selbst, die uns bei unseren Gläubigern für unsere Schuld verantwortlich ge-

---

1 εἰσήνεγκε SMP, εἰσήγαγε *Aug.* || τὸ δάνειον SMP, τὸν δανεισμὸν *Aug.* || 2 μετὰ ταῦτα SMP, μεταγενεστέραις *Aug.* || 4 πάντα *praem.* καὶ MP || 6 ὃ *om.* MP || καὶ *om.* MP || ἀπὸ: ἐκ MP || 9 μείνῃ: μένῃ MP || 10 διέρρηξεν: ἔσχισεν MP || 16 αἱ ἄνω: πᾶσαι αἱ ἄνω M, αἱ πᾶσαι ἄνω P || 18 ἡμᾶς τῶν ὀφλημάτων: τῶν ὀφλ. ἡμᾶς MP

---

6 caraxans *correxi ex* cararxans P' *(*χαράξας *codd. Gr.)*: cataractans *ed. Ven.* relaxans P

στῶν· διαρρήγνυται τὸ χειρόγραφον ἵνα μὴ μετὰ ταῦτα ἡμῖν ἐπιπηδήσωσιν.

23. Ἐπεὶ οὖν διερράγη τὸ πρότερον, σπουδάσωμεν ὅπως μὴ γένηται πάλιν ἄλλο χειρόγραφον· δεύτερος γὰρ σταυρὸς οὐκ ἔστιν, οὐ δευτέρα ἄφεσις διὰ λουτροῦ παλιγγενεσίας. Ἄφεσις μὲν γὰρ ἔστι, διὰ λουτροῦ δὲ οὐκ ἔστι δευτέρα ἄφεσις. Ἀλλὰ μὴ ῥᾳθυμώτεροι γενώμεθα, παρακαλῶ. Ἐξῆλθες ἐξ Αἰγύπτου, ὦ ἄνθρωπε, μηκέτι πάλιν Αἴγυπτον καὶ τὰ Αἰγύπτου ζήτει κακά· μηκέτι τοῦ πηλοῦ καὶ τῆς πλινθείας μέμνησο· | πηλὸς | 165
γὰρ καὶ πλινθεία τὰ παρόντα τοῦ βίου πράγματα, ἐπεὶ καὶ αὐτὸ τὸ χρυσίον πρὶν ἢ γενέσθαι χρυσίον οὐδὲν ἕτερόν ἐστιν ἢ γῆ.

24. Εἶδον θαύματα Ἰουδαῖοι· καὶ σὺ νῦν μείζονα ὄψει καὶ πολλῷ λαμπρότερα ἢ τότε ὅτε οἱ Ἰουδαῖοι ἐξῄεσαν ἐξ Αἰγύπτου. Οὐκ εἶδες τὸν Φαραὼ μετὰ τῶν ὅπλων ἀποπνιγόμενον, ἀλλ' εἶδες τὸν διάβολον μετὰ τῶν ὅπλων καταποντιζόμενον. Διέβησαν ἐκεῖνοι

sub feneratoribus cautiones, ne nobis in posterum molestiae praeparentur.

23. Quoniam igitur prius chirographum omnibus viri- 179
bus caret, vigilemus ne nos alia obligatio alterque nexus adstringat. Crux nam secunda non est, nec altera remissio peccatorum per lavacri regenerationem. Est namque remissio sed non conceditur per lavacrum. Et ideo invigilemus et arripiamus sollicitudinem, propter hoc nam de Aegypti finibus emigrastis, nec illius terrae iterum servitia cogitemus, nec veluti lateris commemoratio habeatur. Later enim est istius vitae dementia, nam et ipsa species auri fulgentis, nondum arte composita, nihil aliud nisi terra monstratur.

24. Vidisti mirabilia longe maiora quam Iudaei in illo tempore Aegyptum relinquentes. Non vidisti armatum Pharaonem suffocatum, sed vidisti diabolum mole suppressum. Illi fluctus et pelagus transierunt, tu mortem

macht haben. Der Schuldschein ist zerrissen, damit sie uns in Zukunft nicht mehr angreifen.

Vergleich der Taufe mit dem Auszug aus Ägypten

23. Da also der frühere Schuldschein zerrissen ist, wollen wir uns bemühen, daß wir keinen neuen entstehen lassen. Denn ein zweites Kreuz gibt es nicht, und ebenso keine zweite Vergebung durch das Wasser der Wiedergeburt. Eine Vergebung ist zwar noch möglich, aber nicht durch das Bad[5]. Ich bitte euch, werden wir nicht nachlässiger! Mensch, du hast Ägypten verlassen, suche nicht von neuem Ägypten und die Bosheit Ägyptens auf! Denke nicht mehr an den Lehm und das Ziegelbrennen! Denn die Dinge dieses Lebens sind Lehm und Ziegelbrennen, da auch das Gold, bevor es zu Gold gemacht ist, nichts anderes ist als Erde.

24. Die Juden sahen Wunder. Du wirst noch größere und deutlichere sehen als die Juden damals beim Auszug aus Ägypten. Du hast nicht gesehen, wie der Pharao mit seinen Waffen ertrank, sondern wie der Teufel mit seinen Waffen versank. Die Juden gingen durch das Meer, du gingst durch

---

[5] Zu den verschiedenen Möglichkeiten der Sündenvergebung (Psalmengesang, Gebet, Fasten, Almosen, Schriftlesung, Eucharistieempfang), auf die Chrysostomus immer wieder zu sprechen kommt, vgl. KACZYNSKI, *Wort Gottes* 103 f. 254–257.

---

1 διαρρήγνυται: ῥήγνυται MP ‖ 5 οὐ δευτέρα: οὐδὲ δευτέρα MP ‖ 6–7 διὰ λουτροῦ δὲ οὐκ ἔστι MP, *om.* S *per homot.* ‖ 7 ἀλλὰ: ἀλλ' ὅμως MP ‖ 8 παρακαλῶ *om.* MP ‖ ἐξῆλθες: διὰ τοῦτο *praem.* MP ‖ ὦ *om.* MP ‖ 9 μηκέτι: μοι *add.* MP ‖ 14 εἶδον θαύματα ἰουδαῖοι: εἶδες θαύματα MP ‖ 15 πολλῷ: νῦν *add.* P ‖ 17–18 ἀποπνιγόμενον *usque* τῶν ὅπλων *om.* M *per homot.*

---

3 quoniam PP': quomodo *ed. Ven.* ‖ 11 dementia: τὰ πράγματα *codd. Gr.*

πέλαγος, διέβης σὺ θάνατον· ἀπηλλάγησαν Αἰγυπτίων ἐκεῖνοι, ἠλευθερώθης δαιμόνων σύ· δουλείαν ἀπέθεντο βαρβαρικὴν Ἰουδαῖοι, σὺ δὲ τὴν πολλῷ χαλεπωτέραν τὴν τῆς ἁμαρτίας.

25. Βούλει καὶ ἑτέρωθεν μαθεῖν πῶς μειζόνων ἠξιώθης σύ; Ἰουδαῖοι τότε οὐκ ἠδυνήθησαν ἰδεῖν τὸ πρόσωπον Μωϋσέως δοξαζόμενον καὶ ταῦτα συνδούλου καὶ συγγενοῦς ὄντος· σὺ δὲ τὸ πρόσωπον εἶδες τοῦ Χριστοῦ ἐν τῇ δόξῃ αὐτοῦ. Καὶ βοᾷ Παῦλος λέγων· »Ἡμεῖς δὲ ἀνακεκαλυμμένῳ προσώπῳ τὴν δόξαν κυρίου κατοπτριζόμεθα.« Εἶχον ἐκεῖνοι τὸν Χριστὸν ἑπόμενον τότε, ἀλλὰ πολλῷ μᾶλλον ἡμῖν νῦν ἕπεται. Ἐκείνοις μὲν γὰρ τότε ὁ Κύριος ἠκολούθει διὰ τὴν χάριν Μωϋσέως, ἡμῖν δὲ οὐ διὰ τὴν χάριν Μωϋσέως μόνον ἀλλὰ καὶ διὰ τὴν | 166 οἰκείαν ὑμῶν εὐπείθειαν. Ἐκείνοις μετὰ τὴν Αἴγυπτον ἔρημος, σοὶ δὲ μετὰ τὴν ἔξοδον οὐρανός. Εἶχον ἐκεῖνοι ἡγεμόνα καὶ στρατηγὸν ἄρι-

transisti. Illi Aegyptiorum separatione alienati sunt, tu daemonum liberatione gratularis. Illi iugum amiserunt barbaricae servitutis, tu quod durius est a peccatorum servitute liberatus es.

25. Vis aliunde quoque cognoscere unde honor tibi est amplior attributus? Iudaeis tunc Mosis vultum glorificatum non fuit videre concessum et adde conservi, adde sanguinis necessitate coniuncti, tu autem Christi | 180 vultum in sua gloria pervidisti. Et clamat Paulus dicens: „Nos autem omnes revelata facie gloriam domini speculamur." Illi tunc habuerunt Christum subsequentem, sed nos hodie plus meremur habere protegentem. Et illos quidem propter Mosi gratiam Christus dominus sequebatur, nobis autem hoc non tantum novelli Mosi causa conceditur, sed etiam propter oboedientiam vestram. Illis post Aegyptum cuncta deserta serpentibus plena, sed nobis caelum post Aegyp-

den Tod. Sie wurden von den Ägyptern erlöst, du von den Dämonen befreit. Die Juden schüttelten die Sklaverei der Barbaren ab, du die viel schlimmere der Sünde.

25. Willst du noch aus anderer Sicht erfahren, daß du größerer Dinge für würdig gehalten wurdest? Die Juden konnten damals das strahlende Antlitz des Mose nicht sehen, obwohl er ihr Mitsklave und Verwandter war. Du aber hast das Antlitz Christi in seiner Herrlichkeit gesehen. Und Paulus rief: „Wir spiegeln mit enthülltem Angesicht die Herrlichkeit des Herrn wider" (2 Kor 3, 18). Die Juden hatten damals Christus, der mit ihnen zog (vgl. 1 Kor 10, 4); doch mit uns zieht er jetzt noch viel mehr. Mit ihnen zog der Herr damals nämlich um Mose willen, mit uns aber zieht er nicht nur um Mose willen, sondern wegen unseres eigenen Gehorsams. Für die Juden kam nach Ägypten Wüste, für dich kommt nach dem Auszug der Himmel. Sie hatten in Mose den besten Führer und Feldherrn, wir

---

1 πέλαγος: τὸ *praem.* P || διέβης SM, διαβήσει P, *quod manus recens correxit in* διάβηθι || 2 δουλείαν: δουλείας MP *coniungendo cum praecedent.* || 3 ἰουδαῖοι: θλῖψιν *add.* M || 6 σύ *om.* MP || ἰουδαῖοι: οἱ *praem.* MP || 6–7 ἰδεῖν *reiecit post* δοξαζόμενον P || 8 καὶ συγγενοῦς ὄντος: ὄντος καὶ συγγενοῦς P || 8–9 τοῦ Χριστοῦ: τοῦ δεσπότου Χριστοῦ P || 10 ἡμεῖς δὲ: πάντες MP || 10–11 κυρίου: θεοῦ P || 12 ἡμῖν νῦν ἕπεται: ἡμεῖς νῦν MP || 14 Μωϋσέως[2]: τοῦ νέου *praem.* M || 15 ὑμῶν: ἡμῶν MP || 16 ἔρημος: ἐτασμός P || δὲ *om.* M || ἔξοδον: αἴγυπτον MP || 17 οὐρανός: ναός P || 17 – *p.* 286, 2 εἶχον ἐκεῖνοι — στρατηγοῦντα: ἔχομεν καὶ ἡμεῖς στρατηγὸν ἄριστον (Χριστόν P) ἔχομεν τὸν θεὸν ἡμῶν ἡγούμενον, ἔχομεν Μωσέα παρόντα καὶ στρατηγοῦντα MP

---

7 et adde conservi, adde *corr. We.* (καὶ ταῦτα συνδούλου καὶ συγγενοῦς ὄντος *codd. Graec.*): et Adae conservi, Adae *ed. Ven.* PP' || 16 serpentibus plena *non occurrit in* PP' *et codd. Gr.*

στον Μωσέα, ἔχομεν καὶ ἡμεῖς ἄλλον Μωϋσῆν τὸν Θεὸν προηγούμενον ἡμῖν καὶ στρατηγοῦντα.

26. Τί γὰρ τὸ τεκμήριον τοῦ Μωϋσέως ἐκείνου; »Ἦν γάρ«, φησίν, »Μωσῆς πραότερος ἁπάντων ἀνθρώπων τῶν ἐπὶ τῆς γῆς.« Τοῦτό τις εἰπὼν καὶ περὶ τούτου τοῦ Μωϋσέως οὐκ ἂν ἁμάρτοι. Καὶ γὰρ καὶ τούτῳ συμπαρῆν τὸ πραότατον Πνεῦμα ὡς ὁμοούσιον καὶ συγγενές. Μωϋσῆς τότε ἀνέτεινε τὰς χεῖρας εἰς τὸν οὐρανὸν καὶ κατήνεγκεν ἄρτον ἀγγέλων τὸ μάννα. Οὗτος ὁ Μωϋσῆς ἀνατείνων τὰς χεῖρας εἰς τὸν οὐρανὸν φέρει τὴν αἰώνιον τροφήν. Ἐκεῖνος ἔπληξε τὴν πέτραν καὶ ἐξέβαλε ποταμοὺς ὑδάτων· οὗτος ἅπτεται τῆς τραπέζης, πλήττει τὴν νοητὴν τράπεζαν καὶ πηγὰς Πνεύματος ἀναβλύ|ζειν ποιεῖ. Διὰ τοῦτο καθάπερ πηγὴ ἐν | 167 τῷ μέσῳ ἡ τράπεζα κεῖται, ἵνα πανταχόθεν τὰ ποίμνια περιρρέῃ τὴν πηγήν, ἵνα ἀπολαύῃ τῶν σωτηρίων ναμάτων.

tum diversis mansionibus plenum. Illi habebant ducem Mosen nos dominum salvatorem.

26. Hoc de isto Mose si quis dixerit, mihi crede, non errat. Nam et huius labia spiritus lenitatis amplexus est, huius anima spiritus mansuetudinem tenet. Moses tunc manus ad caelum levavit et mana panem protulit angelorum. Iste Moses dexteram tetendit ad caelum et protulit panem caelestem. Ille percussit petram et fontes aquarum protulit; iste proximans mensae petram per|cussit spirita- | 181 lem et fontes spiritales ostendit. Ideo namque mensa ut fons affluens in loco medio collocatur ut undique circumstantia satientur armenta, ut salutaris ille meatus abundanti largitate decurrens nullum sitis rabie deperire permittat.

---

3 τοῦ Μωϋσέως ἐκείνου: Μωσέως MP || 3–4 ἦν γὰρ — πραότερος: πραότατος, φησίν, ἦν MP || 5 τούτου *om.* P || 6 ἁμάρτοι: διαμάρτοι

haben einen anderen Mose, nämlich Gott, der uns führt und befehligt.

26. Was war das Kennzeichen des alttestamentlichen Mose? Es heißt, „Mose war sanftmütiger als alle Menschen auf der Erde". Man kann das gleiche zweifellos von unserem Mose sagen. Denn auch bei ihm war der Geist der Sanftmut, ihm wesensgleich und verwandt[6]. Mose erhob damals die Hände zum Himmel und ließ das Brot der Engel, das Manna, zur Erde herabkommen. Unser Mose erhebt seine Hände zum Himmel und bringt die ewige Speise. Mose schlug an den Felsen und ließ Ströme von Wasser hervorkommen. Unser Mose berührt den Tisch, schlägt auf den geistlichen Tisch und läßt Quellen des Geistes hervorsprudeln. Deswegen steht der Tisch wie eine Quelle in der Mitte, damit die Herden von allen Seiten an die Quelle herankommen und vom rettenden Wasser trinken.

---

[6] Unter „unserem Mose" ist vermutlich Bischof FLAVIAN zu verstehen, und die Aussage, daß der Geist ihm wesensgleich sei, läßt aber auch an Christus denken.

MP || 6–8 καὶ γὰρ — συγγενές: καὶ γὰρ καὶ τούτου πνεῦμα πραότητος ἐνιζάνει τοῖς χείλεσι, πνεῦμα πραότητος κατέχει τὴν ψυχήν MP || 9 ἄρτον ἀγγέλων τὸ μάννα: μάννα ἄρτον ἀγγ. MP || 10 ἀνατείνων: ἀνατείνει M, ἀνέτεινε P || φέρει: καὶ καταφέρει MP || 11 αἰώνιον τροφήν: ἄρτον οὐράνιον MP || 11 ἔπληξε: ἔκρουσε MP || 12 ποταμοὺς ὑδάτων: ὑδάτων νάματα MP || τῆς *om.* P || 13 πλήττει: κρούει MP || νοητὴν τράπεζαν: πέτραν τὴν νοητὴν MP || 13–14 πνεύματος: πνευμάτων P || 15 ἡ τράπεζα κεῖται: κεῖται ἡ τράπ. P || 16 τὴν πηγήν: τῇ πηγῇ M || τῶν *om.* P

---

1 diversis mansionibus plenum *non occurrit in* PP' *et codd. Gr.* || 1–2 illi habebant — salvatorem *ed. Ven.*: est et nobis Deo praeeunte dux optimus; habemus comitem praesentem Moisen. Quae nam Moisis significatio fuit PP' *concordantes cum codd. Gr.* MP || 3 hoc de isto Mose: Ἦν γάρ, φησίν, Μωσῆς — ἐπὶ τῆς γῆς *praem. codd. Gr.* || 4–5 nam et huius labia — mansuetudinem tenet *ed. Ven.* PP' *concordantes cum codd. Gr.* MP

27. Ἐπεὶ οὖν τοιαύτη μὲν ἐνταῦθα ἡ πηγή, τοιαύτη δὲ ἡ ζωὴ καὶ μυρίων ἡ τράπεζα γέμει τῶν ἀγαθῶν καὶ πανταχόθεν ἡμῖν βρύει τὰ δῶρα τὰ πνευματικά, μετὰ ἀληθινῆς καρδίας προσέλθωμεν, μετὰ συνειδότος καθαροῦ, ἵνα λάβωμεν χάριν καὶ ἔλεον εἰς εὔκαιρον βοήθειαν· χάριτι καὶ φιλανθρωπίᾳ τοῦ μονογενοῦς Υἱοῦ, κυρίου δὲ σωτῆρος ἡμῶν Ἰησοῦ Χριστοῦ δι' οὗ καὶ μεθ' οὗ τῷ Πατρὶ καὶ τῷ ζωοποιῷ Πνεύματι δόξα, τιμή, κράτος, νῦν καὶ ἀεὶ καὶ εἰς τοὺς αἰῶνας τῶν αἰώνων. Ἀμήν.

27. Quoniam igitur talis nobis hic fons est talisque vita nostra conceditur et omnibus bonis mensa completur, et undique nobis affluat largitio spiritalis, accedamus cum corde veritate suffulto, cum pura conscientia, ut accipiamus gratiam et misericordiam et auxilium opportuno tempore, gratia et misericordia domini nostri Iesu Christi, per quem et cum quo gloria Patri cum Spiritu sancto et nunc et semper et in saecula saeculorum, amen.

2 καὶ *om.* P || 6–7 μονογενοῦς υἱοῦ, κυρίου δὲ σωτῆρος: κυρίου ἡμῶν MP || 8 καὶ μεθ' οὗ *om.* P || καὶ τῷ ζωοποιῷ *praem.* S *mendose:* σὺν τῷ ἀνάρχῳ πατρί, ἅμα τῷ ἁγίῳ MP, καὶ ἀγαθῷ *add.* M || 8–9 δόξα, τιμή, κράτος S, *sed post* πατρὶ, *mendose.*

27. Da wir also hier eine solche Quelle haben und ein solches Leben, da der Tisch voll ist von tausend Gütern und uns von allen Seiten her geistliche Gaben zufließen, wollen wir aufrichtigen Herzens und reinen Gewissens hinzutreten, damit wir Gnade und Erbarmen empfangen und Hilfe zur rechten Zeit durch die Gnade und Menschenfreundlichkeit des eingeborenen Sohnes, unseres Herrn und Retters Jesus Christus. Durch ihn und mit ihm gebühren dem Vater und dem lebenspendenden Geist Verherrlichung, Ehre und Macht jetzt und allezeit und in Ewigkeit. Amen[7].

[7] *Cat.* 2/4,24–27 bildet die *Lectio altera* im *Officium lectionis* am Montag der zweiten Woche der Fastenzeit in der *Liturgia Horarum*, im deutschen Stundenbuch im Lesejahr II.